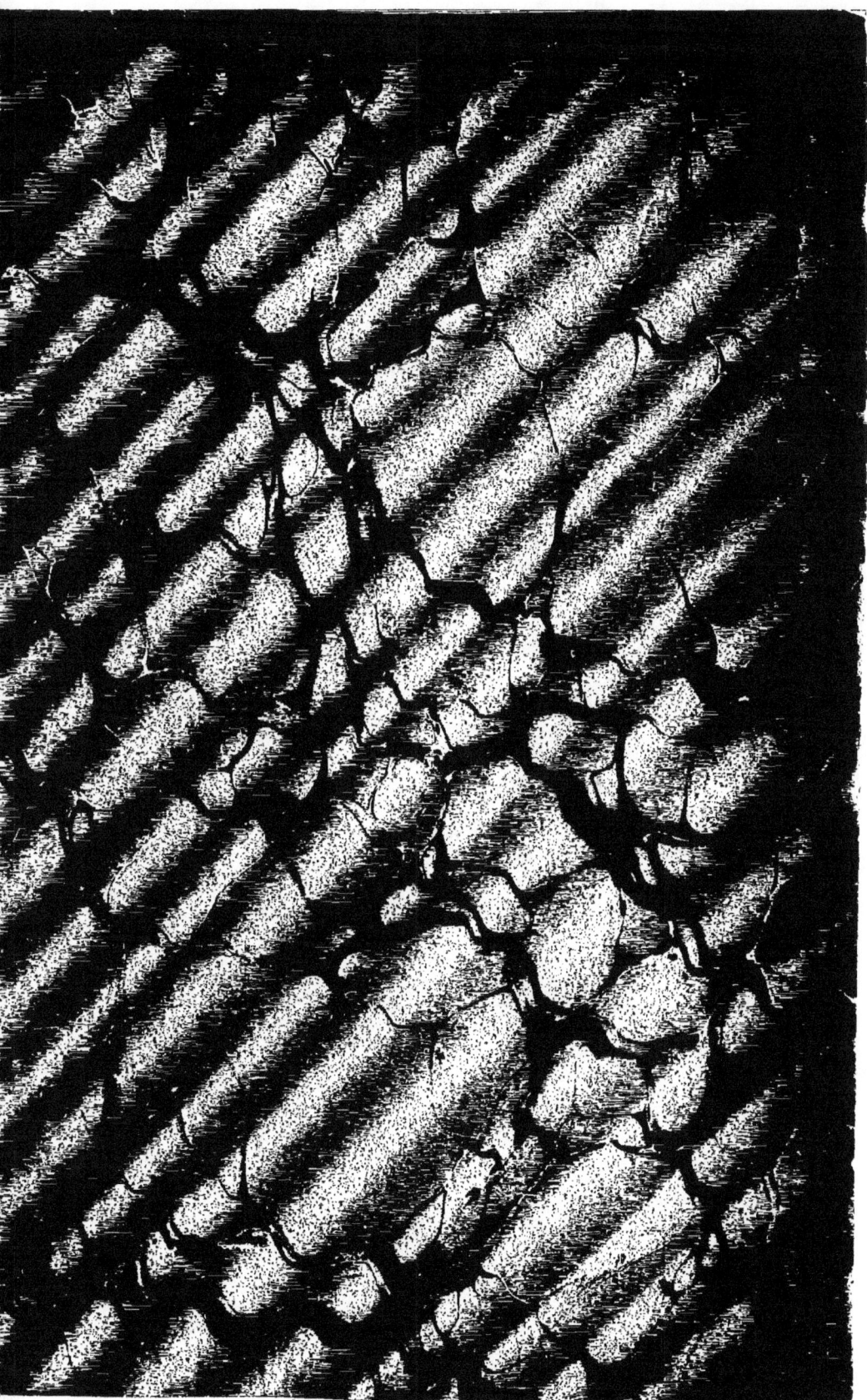

LE
MERVEILLEUX
SCIENTIFIQUE

Par J.-P. DURAND (de Gros)

Frappe, mais écoute.

PARIS
FÉLIX ALCAN, ÉDITEUR
108, BOULEVARD SAINT-GERMAIN
—
1894

DU MÊME AUTEUR :

Essais de Physiologie philosophique. 1 vol. in-8° de 600 pages, avec figures. Paris, 1886. Prix. **8 fr.**

Ontologie et Psychologie physiologique, *Etudes critiques.* 1 vol. in-18 de 360 pages. Paris, 1871. Prix.................................... **3 fr. 50**

Les origines animales de l'Homme *éclairées par la physiologie et l'anatomie comparatives*, ouvrage illustré de 42 figures gravées sur bois et intercalées dans le texte. 1 vol. gr. in-8°. Paris, 1871. Prix............... **5 fr.**

La Philosophie physiologique et médicale *à l'Académie de médecine.* 1 vol. in-8°. Paris, 1869. Prix..................................... **2 fr.**

De l'Influence des Milieux *sur les caractères de race chez l'Homme et chez les Animaux.* In-8°. Paris, 1868. Prix....................................... **1 fr.**

De l'hérédité dans l'épilepsie. 1869. In-8°. **0 f. 50**

Genèse naturelle des formes animales. 1888. 1 br. in-8°.............................. **1 fr. 25**

SOUS LE PSEUDONYME DE PHILIPS :

Electrodynamisme Vital *ou les relations physiologiques de l'Esprit et de la Matière démontrées par des expériences entièrement nouvelles et par l'histoire raisonnée du système nerveux.* 1 vol. in-8°. Paris, 1855. Prix.... **7 fr.**

Cours théorique et pratique de Braidisme *ou hypnotisme nerveux, considéré dans ses rapports avec la psychologie, la physiologie et la pathologie, et dans ses applications à la médecine, à la chirurgie, à la physiologie expérimentale, à la médecine légale et à l'éducation.* 1 vol. in-8°. Paris, 1860. Prix..................... **3 fr. 50**

A Madame Vireuque
hommage d'affectueux respect
J. C. Dan[...]

LE

MERVEILLEUX

SCIENTIFIQUE

LE
MERVEILLEUX

SCIENTIFIQUE

Par J.-P. DURAND (de Gros)

Frappe, mais écoute.

PARIS

FÉLIX ALCAN, Editeur

108, BOULEVARD SAINT-GERMAIN

1894

LE MERVEILLEUX

SCIENTIFIQUE

UN BOUT DE PRÉFACE

Aujourd'hui ceux qui observent et réfléchissent sont généralement d'accord que notre monde civilisé entre dans une grande crise où seront en jeu les institutions les plus fondamentales de la société en même temps que les mœurs et les croyances sur lesquelles ces institutions reposent.

La Science, c'est-à-dire le savoir raisonné, qui se fonde sur l'observation et l'interprétation exactes des faits, va-t-elle nous préparer un nouvel ordre social et moral pour remplacer avantageusement le vieil empirisme, de jour en jour plus discrédité, qui régit encore jusqu'à présent les rapports des hommes entre eux et les idées qu'ils se font de ce que ces rapports doivent être ?

Elle a déjà réalisé une transformation analogue dans le monde industriel, transformation admirable dont ce siècle a été le témoin. Mais là son action a été de prime abord créatrice ; tout en s'attaquant aux vieilles méthodes, tout en démontrant leur insuffisance et leurs vices, elle apportait un système complet de procédés nouveaux qui étaient l'application pratique de découvertes merveilleusement fécondes. Ici, au contraire, son intervention a été jusqu'à présent purement critique, négative et dissolvante.

Depuis moins de cent ans les sciences dites biologiques — la physiologie, la pathologie, l'histoire naturelle, etc. — ont aussi réalisé sans contredit de grands progrès à côté de la physique, de la chimie et de la mécanique appliquée ; mais, interprétés comme ils l'ont été, ces progrès se sont montrés absolument ruineux pour l'établissement moral et social actuel, et absolument stériles pour la formation d'un établissement meilleur ou quelconque dans des conditions viables. C'est un résultat dont il est facile de se rendre compte en passant en revue les conclusions philosophiques et sociologiques que nos biologistes n'hésitent plus à tirer des faits constatés, et qu'on énonce déjà explicitement.

De ce qu'ils ont vu ou cru voir dans le cerveau, ils ont conclu, cela depuis longtemps, que cet organe « sécrète la pensée comme le foie sécrète la bile » ; que sentir, juger, vouloir, aimer, haïr, être bon, être méchant, montrer le génie d'un Newton et le grand cœur d'un Vincent de Paul, ou bien l'intelligence bornée d'un idiot et les penchants pervers du dernier scélérat, ne sont qu'autant de propriétés ou manières d'être différentes de ce produit sécrétoire par eux positivement comparé, je le répète, à la bile, à la salive, au suc gastrique, à l'urine, etc.

Deux conséquences qui se dégagent inexorablement de ces prémisses, et devant lesquelles la physiologie n'essaye plus guère de reculer, sont les suivantes :

Premièrement, le cerveau une fois sans vie, désorganisé, détruit, ç'en est fait, et à tout jamais, de la sécrétion cérébrale, c'est-à-dire de la pensée, du sentiment, des affections et de l'intelligence, autrement dit de la conscience, du moi ; et dès lors adieu la consolante chimère appelée l'âme, adieu la foi en un lendemain à la mort, plus d' « au delà » à espérer ni à redouter.

Secondement, les dispositions morales de l'individu, son caractère en un mot, n'étant qu'une façon d'être particulière de cette sécrétion dite la pensée, il est aussi peu raisonnable de demander compte à cet individu de ses mauvais penchants et de ses mauvaises actions, conséquence adéquate de ce même état d'une sécrétion, qu'il le serait de le rendre responsable de la prédisposition à la jaunisse, de la scrofule, de la tuberculose, qu'il aurait apportées en naissant, ou de toute autre maladie ou difformité congénitale quelconque dont il se trouverait affligé.

Enfin, voici : L'histoire naturelle, récemment convertie à la doctrine de Darwin, à son tour constate que c'est une loi universelle et providentielle de la nature que les forts éliminent les faibles, que les gros dévorent les petits. Et, se ralliant à ces principes, qui sont revêtus de la consécration scientifique, voilà une nouvelle école de moralistes qui vient conclure à son tour que la loi de la nature doit aussi être celle de la société humaine, c'est-à-dire en bon français que la seule morale rationnelle est celle qui enseigne à chacun de faire de son mieux pour avoir le dessus dans le *struggle for life*, pour s'adjuger la meilleure place et croquer les meilleurs morceaux au banquet — si court ! — de la vie, sans avoir souci de ses voisins de table, sans avoir égard à eux autrement que dans la mesure strictement nécessaire pour s'éviter de se les rendre trop incommodes. Et quant à ces idées antiques de devoir, de justice, de pitié, de moralité, d'honneur, etc., qui pourraient entraver nos efforts dans la lutte vitale, on nous rappelle que ce sont là des fantômes théologiques et métaphysiques que le grand jour du positivisme est venu chasser, et qui ne peuvent plus en imposer qu'à des esprits ridiculement naïfs.

Si j'avais ici à juger ces conclusions peu gaies de notre science matérialiste, déterministe et struggle-for-lifiste, je me verrais peut-être forcé de convenir que ce n'est pas sur de pures erreurs que de telles propositions se fondent, mais plutôt sur des vérités en voie de formation, inachevées et informes, auxquelles il reste beaucoup à ajouter, beaucoup à retrancher, beaucoup à redresser ; autrement dit, sur des rudiments de vérités que je comparerais volontiers à des fruits verts de nos meilleures sortes, qui, actuellement détestables au goût et dangereux à la santé, seront plus tard rendus sains et doux par la maturité.

Toutefois, il ne s'agit pas ici d'apprécier ; pour le moment, nous avons simplement à constater. Eh bien, constatons qu'une pareille philosophie, qu'une pareille morale — qu'elles soient vraies ou qu'elles ne soient que mensonge, la question n'est pas là pour le moment — une fois généralement adoptées, et Dieu sait si nous marchons bon train vers ce résultat, c'est la mort et la dissolution rapide de notre organisme social sans aucun espoir de renaissance tant que de telles doctrines resteront en possession des esprits. Déjà on les voit saper à ciel ouvert, par l'enseignement et la discussion, et les fondements de notre droit criminel et les fondements de notre droit civil ; et, d'autre part, ceux qui sont à la tête de la société ne négligent aucune occasion de nous convaincre qu'ils n'ont plus qu'une boussole affolée pour se diriger moralement soit comme hommes publics, soit comme hommes privés.

On me fera observer que des opinions analogues se sont produites de tout temps, et sans que l'édifice social en ait été ébranlé. Sans doute, mais autrefois ces opinions ne revêtaient pas la forme d'un enseignement scientifique et officiel, et, en outre, les masses, privées de toute instruction, y restaient étrangères. Mais aujourd'hui chacun sait lire, et nous avons le journal à un sou qui, tous les matins, avec un empressement fiévreux, nous apporte partout la dernière nouvelle à sensation, celle du monde scientifique, philosophique, sociologique, comme toute autre. C'est bien différent !

Nous en étions là quand, il y a quelques douze ou treize ans, un événement s'est produit qui est venu compliquer cette situation d'une façon extraordinaire.

Tout ce qui, jusque-là, dans les doctrines ou pratiques laïques sentait tant soit peu le merveilleux et le surnaturel, depuis la baguette de coudrier de nos inoffensifs sourciers jusqu'aux prétendus maléfices des prétendus ensorceleurs ; depuis les évocations des morts pratiquées par le spiritisme jusqu'aux jeux de société des magnétiseurs de salon, était frappé de réprobation et d'anathème. — Par qui ? Par l'Eglise, sans doute ? — Oui, mais aussi et non moins par la Science.

Et voilà que tout à coup l'on apprend que M. le docteur Charcot, membre de l'Institut, professeur à la Faculté de médecine de Paris, médecin de l'hospice de la Salpêtrière, etc., etc., en un mot un personnage scientifique de haut parage, vient de se convertir, avec toute une légion de disciples, à l'hypnotisme.

Mais qu'est-ce que l'Hypnotisme? N'est-ce pas là le frère siamois, sinon le Sosie, du Magnétisme animal, cet imposteur insigne, ce conspué, ce pelé, ce galeux, sur le dos duquel la Faculté et l'Académie daubent à qui mieux mieux depuis un siècle ?

Etant donnée la haute situation de M. Charcot, les récalcitrants prirent le parti de ronger leur frein ; les autres battirent des mains et, à l'exemple du maître, se mirent à adorer ce qu'ils brûlaient la veille. L'hypnotisme et son congénère le magnétisme animal franchissaient ainsi enfin la porte de la science officielle, qui si longtemps et si ignominieusement leur était restée fermée.

« M. Charcot a eu la bonne fortune, non seulement de réha-
» biliter l'hypnotisme, mais encore de le venger de ses mésa-
» ventures académiques en lui faisant faire une rentrée triom-
» phale à l'Académie des sciences. » C'est ainsi que s'expriment dans un mouvement de légitime admiration deux disciples et collaborateurs de l'illustre maître, MM. Alfred Binet et Charles Féré, dans un ouvrage présenté au public sous la raison sociale de ces deux noms (1).

Cependant le mouvement nouveau ainsi suscité par M. Charcot, auquel se joignaient bientôt plusieurs professeurs distingués de diverses écoles de médecine, de celle de Nancy principalement, avait une bien autre portée que celle que lui accordaient ses promoteurs, tout au moins au début. *Tout le merveilleux se tient*, j'ai dit cela depuis longtemps. On ouvre la porte à l'hypnotisme, qui montre patte blanche, et toute une troupe de mine beaucoup moins rassurante se rue à sa suite dans la maison et y élit domicile avec lui. En 1860, pour Paul Broca, cet avant-coureur de M. Charcot, qui s'abattait sur la piste de l'hippodrome dès les premiers pas, l'hypnotisme était rapetissé aux

---

(1) LE MAGNÉTISME ANIMAL, *par Alfred Binet et Charles Féré, médecin adjoint à la Salpêtrière*, 1 vol. in-8°. Paris, 1887, page 60.

minimes proportions d'un anesthésique chirurgical. Aux yeux de M. Charcot, reprenant vingt ans plus tard, on sait avec quel succès, la tentative avortée de Broca, ce n'était non plus qu'un modeste auxiliaire de la médecine, cette fois un moyen d'étude expérimentale de l'hystérie à employer uniquement sur des hystériques.

Nous avons fait du chemin depuis.

Aujourd'hui, M. Charcot préside à Paris une Société dite de « Psychologie physiologique » (j'ai l'honneur d'en faire partie), qui, dernièrement, sur une motion de son savant secrétaire général, le docteur Charles Richet, professeur de physiologie à la Faculté de médecine de Paris, a mis à son ordre du jour, devinez quoi...? — *La question des apparitions !* LA QUESTION DES REVENANTS !!

Et le président et le secrétaire sont loin, bien loin d'être les seuls personnages considérables de cette compagnie. Dans la longue liste de ses membres on voit briller des noms tels que ceux-ci : Helmholtz, l'illustre médecin-physicien de l'Université de Berlin; Donders, célèbre naturaliste et physiologiste hollandais; Heidenhain, autre célébrité de la physiologie allemande; le docteur Lombroso, médecin aliéniste italien d'une réputation universelle. Et en France, à côté des professeurs de médecine Azam, Beaunis, Charcot, Letourneau, Manouvrier, Ch. Richet, et d'un professeur du Muséum d'histoire naturelle, M. Perrier, on y compte des philosophes, des psychologues, des littérateurs de haute distinction, dont plusieurs membres de l'Institut et professeurs à la Sorbonne ou au Collège de France, nommément M. Paul Janet, M. Ribot, M. Taine, M. Sully-Prudhomme.

On conviendra qu'une société d'études ne peut être plus respectablement composée (1).

---

(1) On m'apprend à l'instant que la Société de Psychologie physiologique de Paris a cessé de vivre. Il est à présumer que la dose de merveilleux que le Dr Richet venait de lui faire absorber en dernier lieu aura été plus forte que la constitution du sujet. Mais la société anglaise faisant pendant à celle de Paris, la célèbre « Society for

Et pendant que la Faculté de médecine de Paris, par son représentant autorisé, le titulaire de sa chaire de physiologie, et autres médecins marquants, pousse une pointe si hardie sur le terrain de la télépathie et des relations possibles reliant le monde d'ici-bas à « l'autre monde », les salles de l'hôpital de la Charité sont témoins des démonstrations expérimentales — plus ou moins concluantes — par lesquelles M. le professeur Luys s'efforce de donner gain de cause aux prétentions les plus exorbitantes de la médecine « magnétique » et « sympathique » du vieux temps, laquelle se faisait forte de faire opérer la vertu des remèdes à distance, à toute distance, soit par exemple de guérir une blessure en pansant, non pas la plaie, mais l'arme, poignante, tranchante ou contondante, qui l'avait faite, et où que fut actuellement le blessé ! Et en même temps notre Ecole Polytechnique, ce sanctuaire de la rigueur et de l'austérité mathématiques, voit son savant administrateur, M. le colonel de Rochas, se constituer le champion de l'art contesté des envoûteurs, et reproduire leurs hideux maléfices avec tout le perfectionnement moderne en utilisant pour cela la photographie, ce qui lui permet notamment de faire des égratignures saignantes au visage des gens rien qu'en éraillant du bout de son canif les parties correspondantes de l'épreuve négative de leur portrait photographique.

La chose n'est donc plus contestable, il y a désormais mainmise du merveilleux, de l'occulte, du surnaturel, sur la science classique. Mais si le merveilleux tient la science, celle-ci à son tour ne l'étreint pas moins. Les voilà comme prisonniers l'un

Psychical research », tient toujours bon — *una avulsa non deficit altera* — et ne fait aucunement mine de vouloir se démettre, surtout au lendemain du brillant congrès universel de phsychologie expérimentale qui s'est tenu à Londres, il y a quelques mois, sous ses auspices et par ses soins. D'autre part, on peut compter que l'intrépide tenacité de M. Ch. Richet triomphera des quelques défaillances qui ont amené l'éclipse de la société dont il était l'âme, et que le grand mouvement réformateur qu'il a tant contribué à inaugurer ne sera pas enrayé par cet accident de l'autre. La science a à compter avec son nouvel hôte, qui fait un peu déjà le maître chez elle, qui s'ingère d'y opérer tout un remue ménage, de changer les dispositions de l'ameublement, de le renouveler en partie, et de mettre sans façon de côté maint meuble estimé jusqu'ici du plus haut prix, mais qui pourtant, vérification faite, ne se trouve plus être qu'un mauvais bois recouvert de méchants oripeaux. Mais l'audacieux intrus a bien son tour : des pieds à la tête il se voit dépouillé de son accoutrement de Croquemitaine, qui entrait pour une belle part dans son prestige de mystère et de terreur, et le voilà réduit à revêtir le costume tout simple, tout bourgeois de la maison, et à se soumettre à la règle de céans, faite de froide raison, de précision, d'exactitude et de clarté.

Que va-t-il sortir de cette union inattendue entre notre science positiviste et le merveilleux, qui, malgré vous, vous rappelle bien un peu le mariage de la carpe et du lapin ? J'espère qu'il en sortira cette salutaire et suprême réforme, à la fois scientifique, philosophique, morale et sociale, dont mon imagination tout à l'heure me faisait entrevoir l'aurore. Mais il faut pour cela qu'une telle union se consomme, qu'elle soit rendue intime et féconde. La simple immixtion dans la science d'un merveilleux qui ne se combinerait pas entièrement avec elle n'aurait d'autre effet que de la troubler et de rendre son influence morale encore plus mauvaise.

Il faut se réjouir que le vieux scepticisme scientifique converti se soit chargé d'opérer ce rapprochement ; la tâche, sans lui, eut été plus que difficile, cela pour une ou deux raisons que je vais indiquer en passant.

Le stock du merveilleux est un mélange, mal aisé à débrouiller, de vérités, d'illusions et de fables. Or, le triage de ce grain impur s'impose comme un premier soin à prendre pour faire passer le merveilleux à l'état de science. Les vieux adeptes étaient-ils aptes à cette épuration préliminaire ? Non ; enthousiastes par nature, ils manquent en général de défiance critique en face de l'inconnu, et s'ils ne vont pas jusqu'au *credo quia absurdum* de Tertullien, ils n'en ont pas moins une trop forte pente à délivrer les yeux fermés un laisser-passer à tout ce que la science officielle arrête à sa frontière avec un parti pris de prohibition non moins aveugle. D'autre part, les découvertes et les conceptions de quelques novateurs de génie ne suffisant pas pour bâtir une science, et le concours plus modeste d'ouvriers nombreux apportant dans l'accomplissement de leur tâche des habitudes de soin patient, d'ordre et de régularité déjà acquises ailleurs par la pratique scientifique, étant non moins nécessaire, il fallait amener au pied de l'œuvre ces indispensables coopérateurs. Or, un appel adressé par les maîtres de la science officielle pouvait seul être entendu des travailleurs de cette catégorie.

Par ces considérations et d'autres encore, l'école dite de l'hypnotisme scientifique taillée par M. Charcot en plein drap, et dans le meilleur drap de notre physiologie expérimentale, semblait réunir toutes les conditions pour présider au grand œuvre de la scientification du merveilleux. Cependant voici près de quinze ans — *grande vitœ spatium* — que ce néo-hypnotisme, et l'expérimentalisme psychologique qui en procède, sont à la besogne ; n'est-il pas temps de chercher à voir dans quelle mesure ils ont réalisé nos espérances? Demandons-nous donc ce qui a été produit, ce qui a été fait de neuf, d'utile, de grand. A-t-on entrepris d'abord de dresser un inventaire aussi méthodique et aussi complet que possible du vieux fonds de l'hypnotisme, et généralement de tout ce qui s'est intitulé science occulte? A-t-on examiné avec soin et par ordre les diverses valeurs constituant ce vieux fonds pour mettre toutes les bonnes à part et jeter les autres au panier comme un fatras dénué de prix et encombrant? Et ce vieux fonds une fois épuré et classé, s'est-on appliqué et a-t-on réussi à l'accroître en y ajoutant de nouveaux faits bien observés, ou des explications lumineuses de faits restés obscurs, ou en appliquant soit à la recherche, soit au classement, soit à l'interprétation des faits, des méthodes plus vraies, plus sûres et plus puissantes que celles dont on s'était auparavant contenté ?

Mais non, la chose me paraît incontestable, le principal sinon l'unique service rendu à la création d'une science du merveilleux par la nouvelle école qui s'est fondée spécialement pour cette grande tâche, reste celui d'avoir réconcilié l'opinion du monde savant, et consécutivement de tout le monde, avec cette entreprise, qui était généralement regardée jusque-là comme la plus absurde des chimères.

C'est là sans doute un grand pas de fait, une grande victoire remportée sur les préjugés classiques, mais cela ne constitue pas un progrès scientifique dans le sens strict du mot, c'est-à-dire une révélation de lois ou faits de la nature qui n'existât déjà, bien que méconnue des savants officiels. D'où vient donc cette stérilité, que rien ne semblait présager? Elle tient à plusieurs causes ; je vais toucher ici brièvement à une seule en me réservant de revenir plus amplement sur ce sujet dans le cours du présent travail.

Les savants médecins français, M. Charcot en tête, qui ont provoqué le mouvement scientifique si extraordinaire qui nous occupe ici, étaient assurément de taille à le féconder en y apportant leur intelligence et leur savoir. Mais leurs devoirs professionnels les retenant ailleurs, ils se sont déchargés de ce soin sur des disciples. Ceux-ci, tout à l'ambition, naturelle d'ailleurs, de se signaler par des découvertes dans des régions nouvelles qu'on se plaisait à tenir pour inexplorées, se sont aveuglés sur leur insuffisance en face de difficultés contre lesquelles rien de la science, de l'expérience et de l'habileté des maîtres n'eut été de trop. Ils ont voulu faire entièrement par eux-mêmes, *fare da se*, et ne rien devoir à des précurseurs méprisés. Mais les forces leur ont manqué, le génie d'invention a surtout fait défaut. Ils avaient d'abord jeté un voile de dédain sur l'œuvre du vieil hypnotisme, la déclarant nulle et non avenue ; forcés ensuite d'y recourir et d'y puiser, ils ont usé de l'expédient vulgaire de la contrefaçon. Mais dérober un coffre-fort qu'on ne peut pas ouvrir ne sert pas à grand'chose, et briser un objet d'art que l'on vole pour l'emporter plus facilement, ou défigurer le chef-d'œuvre pour cacher le larcin, ce n'est là que pur vandalisme. Or c'est à des travaux de ce mérite que certains pionniers des plus en vue de notre néo-hypnotisme officiel se sont principalement employés. Inutile de dire ce que valent les fruits d'un tel labeur.

Que la jeune école cesse de s'attarder dans ce maraudage sournois où elle a trop peu de gloire et d'honneur à cueillir, et où le progrès des connaissances humaines n'a qu'à perdre. Que désormais elle se présente franchement, ouvertement et honnêtement à la caisse du vieil hypnotisme, pour lui faire de loyaux emprunts; non certes pour accepter sans compter et sans vérification tout ce qu'on lui offrira, mais au contraire en soumettant les espèces à un sévère contrôle, en n'acceptant que la monnaie de bon aloi, et en clouant impitoyablement sur le comptoir les pièces reconnues fausses.

Je ne suis pas dépourvu de tous titres, je crois, pour donner ce conseil, ayant travaillé bientôt un demi-siècle, et gratis, pour la science particulière dont les intérêts nous occupent ici. Et à ce conseil j'ai voulu ajouter quelques indications précises touchant le moyen d'en profiter. C'est pour cela qu'a été entrepris le présent travail.

On trouvera peut-être que c'est me remettre bien tard à la peine, et que la continuation du repos convenait mieux à mon âge. C'est possible. Mais j'ai été poussé un peu par les épaules à faire ce coup-là. Un jeune médecin, mon compatriote aveyronnais, cédant à un mouvement généreux, prenait il y a quelque temps dans les journaux la défense de mes droits, à son avis méconnus, de vétéran chevronné et balafré du vieil hypnotisme. Et tout en faisant valoir mes vieux services avec chaleur et éloquence, il me reprochait indirectement, m'a-t-il semblé, d'avoir pris trop tôt ma retraite... Et j'ai été sensible au reproche.

Le vieux coursier a senti l'aiguillon.

Si mon ami le docteur Artus me fait faire là un pas de clerc, n'est-il pas juste qu'ayant participé à la faute, il participe aussi aux conséquences ? J'ai cru que oui, et par suite je vais faire figurer ici, en tête de mon travail, la page du cher docteur qui a été mon instigatrice.

C'était à propos d'un ouvrage sur l'hypnotisme d'un autre médecin du pays, M. le Dr Bonnefous. L'auteur, aux yeux de M. Artus, avait eu le double tort de s'être montré injuste, et injuste envers un fils de l'Aveyron, en négligeant totalement de me mentionner dans un écrit consacré à un sujet de science auquel, je ne puis en disconvenir, me rattachent des liens étroits. Le Dr Artus s'exprimait ainsi :

....

« Cela dit, M. Eugène Bonnefous voudra bien nous permettre de lui signaler dans son travail une omission à coup sûr involontaire, mais bien regrettable. Nous avons vainement cherché, dans son chapitre sur l'hypnotisme contemporain, « au milieu de » cette phalange de chercheurs, médecins, philosophes, profes- » seurs de droit, membres de l'Institut » ayant donné l'impulsion à l'étude des faits hypnotiques, le nom de notre compatriote, M. J.-P. Durand (de Gros). Nous pensons que cette omission constitue une injustice et que M. Eug. Bonnefous tiendra à honneur de la réparer.

» Tous ceux qui s'occupent d'hypnotisme savent, en effet, que M. Durand (de Gros) a été un des premiers en France qui aient entrepris, comme il le dit lui-même « d'intéresser le » monde médical à des questions pour lesquelles il n'avait eu » jusque-là que des préventions et des répugnances » et que, dès 1853, il parcourait dans ce but une partie de l'Europe, faisant successivement à Bruxelles, à Alger, à Genève, à Marseille, des conférences qui obtenaient le plus vif succès. De ces conférences sortit, en 1855, le beau livre intitulé : *Electro dynamisme vital ou les relations physiologiques de l'esprit et de la matière démontrées par des expériences nouvelles et par l'histoire raisonnée du système nerveux*. Cinq ans après, en 1860, notre savant compatriote publiait le *Cours théorique et pratique de Braidisme ou Hypnotisme nerveux*. — Que M. le docteur Eug. Bonnefous veuille bien prendre connaissance de ces deux remarquables ouvrages. Quand il en aura achevé la lecture, il reconnaîtra que l'hypnotisme ne date pas seulement de Liébeault, et qu'avant les prétendues découvertes des Charcot, des Luys, des Bernheim, des Ch. Richet, avant le conflit survenu entre la Salpêtrière et Nancy, il y avait un savant éminent, un philosophe aux vues hardies et profondes, un chercheur, armé d'une méthode puissante, qui avait déjà fait le tour de ce domaine nouveau offert par Braid aux légitimes curiosités de la science.

» Je dis que M. Durand (de Gros) avait fait le tour de ce domaine nouveau. En effet, non seulement il avait constaté, avec la plus grande rigueur scientifique, des faits jusqu'alors méconnus, mais encore il s'était attaché à faire voir, ainsi qu'il l'écrivait en 1860 « que ces faits ne viennent pas seulement
» accroître les ressources de la thérapeutique et de la chirurgie,
» mais qu'en outre ils éclairent les questions biologiques les
» plus élevées et les plus obscures, et mettent la science cer-
» taine en possession de ces hautes régions de l'histoire natu-
» relle et de la culture de l'homme où le dogmatisme ténébreux
» et le stérile empirisme ont régné seuls jusqu'à ce jour ; qu'ils
» ne viennent pas seulement apporter l'ordre dans le chaos de
» la médecine, mais qu'ils viennent constituer l'intégralité et
» l'unité de la philosophie positive, en ramenant à une même
» loi supérieure les manifestations de l'ordre physique et les
» manifestations de l'ordre moral, en créant un lien entre la
» psychologie et la physiologie dans la science jusqu'ici à peine
» entrevue des forces nerveuses, en constituant une médecine
» intégrale dont la morale devient l'un des deux grands aspects,
» et en faisant de la théologie elle-même une division trans
» cendante de la biologie ».

» Ainsi, entre 1853 et 1860, par conséquent dès la première heure, M. Durand (de Gros) avait décrit et analysé, autant en expérimentateur qu'en philosophe, les phénomènes et les procédés qui constituent l'hypnotisme ; il avait montré les applications qu'on en pouvait faire à la médecine, à la chirurgie, à l'anesthésie opératoire, à la médecine légale, à l'orthopédie morale et à l'éducation. En outre, il en avait signalé les dangers.

» Je sais bien qu'on a fait beaucoup de bruit, surtout dans ces dernières années, sur toutes ces questions. A-t-on fait mieux ou plus que notre compatriote pour les résoudre ? Il est permis d'en douter. Qu'on veuille bien parcourir les publications relatives à l'hypnotisme qui ont vu le jour depuis 1880 (c'est-à-dire 20 ans après l'apparition du *Cours de Braidisme*) et qu'on nous dise si les faits qui y sont relatés sont plus intéressants ou plus nouveaux que ceux qu'on trouve à profusion dans cet ouvrage ? Il est vrai qu'on les trouvera présentés avec une terminologie plus neuve, j'allais dire plus prétentieuse, et que ceux qui les rapportent ont souvent très peu de probité scientifique et presque toujours pas du tout de philosophie. »

M. Artus sera heureux d'apprendre que si les élèves de M. Charcot qui se font les organes habituels de l'école de la Salpêtrière pratiquent à mon égard un mutisme qu'on dirait l'effet d'une consigne, le maître éminent, si je suis bien informé, a saisi dernièrement une occasion officielle de me marquer son estime et sa bienveillance (1). Voilà pour l'école parisienne. Et maintenant, quant à celle de Nancy, je serais tout bonnement ingrat si j'allais me plaindre de ses procédés. Mon vieil ami le Dr Liébeault, et les célèbres professeurs Beaunis, Bernheim et Liégeois, se sont tous montrés bons et gracieux pour leur ancien; plusieurs d'entre eux ont fait le plus flatteur éloge de ses travaux et de l'auteur.

Et pour ce qui est du docteur Bonnefous, s'il m'a passé sous silence dans son livre, ce n'était pas à mauvaise intention. Averti, il a mis un loyal et courtois empressement à me faire réparation dans une lettre aux journaux.

Mais pourquoi faut-il, grands dieux, qu'à propos d'intérêts purement scientifiques, l'haïssable moi se mette de la partie! Ayant ici à examiner et à discuter diverses doctrines, et à faire

(1) Allusion à la distinction (prix Lallemand) que la section de médecine de l'Académie des sciences, présidée par M. Charcot, vient d'accorder à l'auteur pour ses travaux sur le système nerveux. (NOTE DE L'ÉDITEUR.)

leur historique, je me vois condamné à m'occuper en même temps des hommes qui y ont attaché leur nom à un titre quelconque ; et le sort, qui n'est pas moins bizarre qu'inexorable, a fait que celui qui trace ces lignes est en même temps un de ces hommes-là.

Arsac, décembre 1892.

APERÇU GÉNÉRAL

Parmi les événements scientifiques les plus mémorables de cette fin de siècle, qui compte déjà à son actif des découvertes telles que le téléphone, le phonographe et la poudre sans fumée, l'histoire inscrira certainement, et en première ligne, la conversion de la science officielle au merveilleux. C'est que la grande convertie — j'allais presque dire la grande pécheresse — n'a pas fait les choses à demi : à la thaumaturgie, honnie et conspuée, elle a ouvert tout à coup ses portes à deux battants, et sans rien, mais rien exclure de ce que hier encore elle stigmatisait comme le nec plus ultrà de l'imposture et de la sottise humaine.

Le vrai philosophe applaudira à ce revirement, grand acte de courage réparateur, qui vient enrichir le trésor de ce qu'on nomme les connaissances acquises dans des proportions incalculables. Il pourra toutefois se demander en même temps, avec une certaine inquiétude, ce qu'il va advenir d'une telle fortune entre les mains de nos savants. Car, ne l'oublions pas, les promoteurs et directeurs de la réforme sans exemple dont il s'agit sont principalement des physiologistes qui n'ont pas cessé de se faire honneur d'appartenir à l'école dite expérimentale, et de rester les fidèles disciples de Magendie. C'est dire qu'ils demeurent les hommes du fait brut et décousu, et qu'ils veulent ne rien apprendre, ne rien connaître que par leurs yeux et leurs oreilles; à la vérité, en aidant ces organes du mètre, de la balance, du thermomètre, du microscope et autres instruments bien tangibles, bien matériels, bien réels, mais en rejetant comme chimérique l'emploi de cet autre prétendu instrument de vérité — celui-ci impalpable, invisible, *métaphysique*, pour tout dire en un mot — qu'on nomme l'entendement. C'est qu'en effet les préventions de ces hauts partisans de l'expérience pure ont été poussées si loin qu'ils n'ont pas craint de se prononcer, en des déclarations magistrales, contre tout ce qui, dans l'étude de la nature, est « raisonnement », « idées », « principes », « théories », « conceptions » ; c'est-à-dire, si les mots n'ont pas été fort au delà de leur pensée, contre la méthode elle-même et contre la logique entière (1).

Dépouiller enfin les préjugés du savant devant les prodiges avérés de la magie de toute couleur et de toute appellation, et ce que la veille on dénonçait au monde comme illusion pure ou pur mensonge, le recommander aujourd'hui à sa plus sérieuse attention comme une réalité prouvée, est, répétons-le, éminemment méritoire. Mais on ne fera pas vraiment œuvre scientifique en se bornant systématiquement à vérifier les faits allégués par les adeptes du merveilleux, aussi rigoureuse que cette vérification puisse être, et, ces faits une fois reconnus matériellement exacts et réhabilités comme tels, à les marquer au poinçon du contrôleur. Un fait nouveau, c'est un nouveau problème qui se pose, et établir la réalité de ce fait c'est simplement établir que le problème est légitime, qu'il n'est pas vide de sens ou d'objet, qu'il n'est pas illusoire, comme le fut par exemple la

(1) Je fais ici allusion, je ne chercherai pas à le dissimuler, à une profession de foi philosophique, ou plutôt *antiphilosophique*, très catégoriquement formulée, à mon encontre, par M. le professeur Charles Richet, dans la *Revue Philosophique* du mois d'avril 1891, et à laquelle j'ai répondu dans le numéro de juin 1891 du même recueil. Si je prends à partie ce savant, dont j'estime hautement le caractère, plutôt que d'autres qui professent les mêmes doctrines que je combats, c'est qu'il est à la fois l'apôtre de l'expérimentalisme le plus intransigeant et le grand moteur actuel de la scientification du merveilleux en France. Car si cette suprême tentative de faire passer par le creuset de la vérification scientifique les prétendus faits du monde occulte n'échoue pas encore une fois chez nous par la pusillanimité et la frivolité de l'opinion, on le devra, j'y insiste, à ce que M. Ch. Richet a compris mieux que tout autre qu'aucun préjugé et aucune fausse honte ne doivent prévaloir contre la vérité, quelle que soit cette vérité, et qu'il a le très rare courage et l'inappréciable mérite de conformer exactement sa conduite à son principe.

fameuse question de la dent d'or, et qu'il y a au fond une vérité cachée à dégager. Excellente et indispensable, cette précaution n'est toutefois qu'un prélude, et c'est vouloir s'en tenir au prélude et renoncer à l'exécution du morceau que de s'interdire la solution du problème, autrement dit l'explication du fait proposé.

Ce sera sans doute un immense étonnement mêlé de quelque épouvante pour la masse des esprits, qui en matière de science professe une foi aveugle en l'orthodoxie académique, d'apprendre de la bouche même de cette autorité suprême que l'art fantastique des sorciers, des magiciens et des nécromants, a cessé d'être une fable ridicule, et qu'il produit réellement les merveilles dont il se vante. Mais si nos savants entendent qu'on se contente d'acquiescer dans une stupeur muette à l'affirmation de ces faits si extraordinairement incroyables, et qu'il ne soit rien tenté pour en pénétrer le mystère, je soutiens qu'ils auront rendu en somme un assez médiocre service. En effet, de quel profit nous sera-t-il d'être informés que, sans que nous nous en fussions doutés, le miracle nous enserre de toutes parts de ses puissances redoutables que la physique et la physiologie avaient eu jusqu'ici l'aveuglement de méconnaître et de nier, s'il faut en même temps se garder comme d'une hérésie scientifique d'interroger la nature de ces forces prodigieuses pour tâcher de dévoiler leur secret, pour tâcher de découvrir le mécanisme de leur action, et de nous rendre compte comment elles peuvent co-exister et se combiner avec les forces dont les physiciens et les biologistes nous enseignent les lois, alors qu'elles apparaissent comme l'antithèse et la contradiction flagrante de ces mêmes lois? Comment, s'il nous est défendu de nous hausser tant soit peu sur nos pauvres petites facultés intellectuelles jusqu'à la moindre compréhension du principe actif qui opère dans les fabuleuses réalités dont il s'agit, comment pourrons-nous acquérir une mesure quelconque du bien et du mal dont le prodigieux agent est capable, et comment, nous interdisant systématiquement de le connaître, pourrons-nous régler notre conduite à son égard avec discernement et utilité?

Mais ce n'est pas tout de stériliser la notion brute du fait, c'est-à-dire la pure et obscure notion de son existence, en se refusant, en haine des idées et des théories, à la soumettre à l'élaboration de l'esprit; de plus c'est rendre cette connaissance malfaisante quand il s'agit du merveilleux. Affirmer et prouver expérimentalement qu'un homme peut instantanément, et cela par les moyens les plus insignifiants et les plus nuls en apparence, agir sur l'état sensoriel, l'état intellectuel, l'état moral et l'état physique de son semblable au point de changer de fond en comble cet être humain à tous ces points de vue, et de le retourner pour ainsi dire comme on retourne son bonnet de nuit; en d'autres termes, qu'il peut faire de cette personne humaine et lui faire faire tout ce que la fantaisie, la passion ou l'intérêt lui dictera ; — Affirmer et démontrer expérimentalement que nos sens peuvent acquérir une perception parfaitement exacte et claire de ce qui a lieu actuellement aux antipodes, ce qui revient à dire que l'organe visuel et la lumière, que l'organe auditif et les vibrations sonores, ne sont qu'une nécessité contingente dans l'exercice de la vue et de l'ouïe ; — Affirmer et établir expérimentalement que non seulement on peut voir sans le secours des yeux et à toute distance, mais, qui plus est, qu'on peut se faire voir soi-même là où l'on n'est pas, et non seulement s'y montrer, mais prouver qu'on y est effectivement (bien qu'on soit ailleurs !), et cela non pas uniquement en produisant une impression trompeuse sur les sens d'individus dont des centaines ou des milliers de kilomètres et l'épaisseur du globe nous séparent, mais en déterminant des modifications matérielles persistantes sur leurs personnes et sur les choses qui les entourent ; — Affirmer et faire voir qu'un Home, un Simon le mage, ou un vulgaire fakir quelconque peut affranchir son corps de la loi de la pesanteur par un acte de sa volonté et se soutenir de soi-même en l'air entre le plancher et le plafond de sa chambre, et qu'en outre ce même personnage a le pouvoir de passer en chair et en os au travers d'épaisses murailles comme un rayon de soleil à travers un carreau de vitre sans que son intégrité et sa santé en éprouvent aucun dommage appréciable ; — Affirmer encore et démontrer par expérience actuelle que les préparations pharmaceutiques sont susceptibles de produire sur l'économie leurs effets spéciaux et les plus énergiques sans entrer en contact avec le corps, et sans perdre un seul atome de leur substance, à telles enseignes qu'un purgatif renfermé dans un flacon de verre bouché au chalumeau sera apte à provoquer la purgation et la superpurgation par simple approche tout comme par voie d'ingestion ; — Affirmer et rendre visible et palpable que les substances les plus dénuées de spécificité et d'action physiologiques deviennent tout à coup, à la volonté d'un praticien, des émétiques, des cathartiques, des sialagogues, des emménagogues, des sudorifiques, des diurétiques, des narcotiques, des rubéfiants, des vésicants et des caustiques, sans que rien ait été changé à leur nature intrinsèque, de telle façon, par exemple, qu'une rondelle de papier écolier qui vient d'être découpée d'un cahier tout neuf, étant collée illico sur la peau avec un peu de salive, s'y comportera exactement comme un emplâtre saupoudré de cantharides ou de tartre stibié ; — Produire toutes ces diverses constatations avec d'autres semblables ou plus stupéfiantes encore que j'omets, et s'en tenir là, et s'opposer par prévention doctrinale à ce que l'esprit use de ses pouvoirs pour s'efforcer de rattacher de tels effets si apparamment miraculeux à des causes naturelles et rationnelles, pour s'efforcer d'arriver à une conception saisissable de leur *modus agendi*, et enfin pour essayer de trouver les points de raccord permettant de rapprocher et de réunir en un tout logique, cohérent et consistant, les deux côtés opposés du réel, tellement opposés que pour les distinguer on a pris les deux termes qui peignent le plus haut degré imaginable d'opposition et d'incompatibilité, le *naturel* et le *surnaturel*, ce qui équivaut à dire ce qui existe en vertu des lois de la nature et ce qui existerait contrairement à ces mêmes lois ; — Je dis que procéder de la sorte n'est pas sage, que ce n'est pas s'employer à élever d'un nouvel étage l'édifice perpétuellement en construction de nos connaissances, mais que c'est, au contraire, saper cet édifice dans ses fondements et travailler à sa ruine.

Qu'on se donne la peine d'y réfléchir pour un instant avec un peu d'attention en mettant de côté tout parti pris, autant que la chose est humainement possible, et puis qu'on nous dise ce que la psychologie, la physique, la physiologie, la médecine, la morale, la médecine légale, la jurisprudence criminelle, etc., vont gagner en lumière, en certitude et en utilité : 1° A ce que les propriétés classiques de la matière et les lois de ses différents états soient mises en présence des faits dits de *lévitation*, et de transport de personnes et d'objets solides de toute sorte à travers d'autres corps solides, sans altération mécanique ou autre de ceux-ci ou de ceux-là ? — 2° A ce que les lois tant physiologiques que physiques de l'optique et de l'acoustique viennent se heurter aux faits de seconde vue et de seconde ouïe, lesquels font absolument litière de toutes les propriétés de la lumière et du son, de l'œil et de l'oreille ? — 3° A ce que la notion de la matérialité, de l'inhérence et de la constance des propriétés des agents qui affectent spécifiquement les fonctions de notre organisme comme agents physiologiques proprement dits, comme poisons, comme remèdes ou comme modificateurs quelconques, ait à compter avec le fait d'une pilule de mie de pain agissant à la discrétion d'un opérateur soit comme vomitif, soit comme purgatif, soit comme sédatif, soit comme anesthésique, soit comme fébrifuge, soit comme tout ce qu'on voudra ? Ou encore avec cet autre fait consistant à donner le tétanos à quelqu'un rien qu'en approchant de son dos et à son insu un tube de strychnine hermétiquement clos ? — 4° A ce que l'inviolabilité du for intérieur, l'unité et l'identité du moi, le libre arbitre et la responsabilité aient à se mesurer avec le fait de pénétration et de communication de pensée, et avec le fait de suggestion, suggestion exprimée ou tacite, qui de tout honnête homme peut faire sur-le-champ un coquin, et qui ruine l'autorité du témoignage par son pouvoir de faire témoigner à faux et en même temps en parfaite sincérité en glissant dans l'esprit du témoin un roman à la place de ses souvenirs véridiques ? — Oui, qu'on nous dise si retirer du fond de l'abîme les mystères du monde occulte et les dresser en face de notre enseignement traditionnel sans s'attacher à les expliquer afin de résoudre par cette explication leur apparente contradiction avec les choses de *l'ordre ordinaire*, objet exclusif de cet enseignement, ce n'est pas apporter le trouble et l'anarchie dans nos connaissances et nos croyances, et par conséquent dans leurs applications et dans les institutions dont elles sont le support, et amener ainsi une désorganisation et un désordre effrayants avec l'impuissance de rien bâtir sur l'emplacement de ces ruines...

Nos maîtres de l'école expérimentale sont les dupes d'un malentendu. Ils veulent construire la science sur des données certaines, et ils ont mille fois raison ; et ces données certaines, dans l'ordre des choses de la nature, ils les voient dans le fait matériel, dans le fait qui tombe sous les sens, dans le fait observé, et en ceci encore je veux bien accorder que d'une manière générale ils n'ont pas tort. Mais voici à quoi ils n'ont pas pris garde : le fait (ou, pour parler plus rigoureusement, sa notion purement sensible) n'est autre chose que le minerai dont la vérité scientifique proprement dite est le pur métal. Et dès lors ils auront beau amasser des tonnes et des tonnes de ce minerai, aussi riche qu'il soit, la science n'en sera guère enrichie s'il est entendu qu'on s'interdira à tout jamais de le mettre au creuset. Or ici le creuset, c'est le raisonnement.

D'autre part il n'est que trop vrai, je l'accorde, que certains alchimistes de la philosophie ont eu la prétention de produire du métal sans minerai, c'est-à-dire d'obtenir des vérités scientifiques sans autre matière première que des faits imaginaires, ou si l'on veut en spéculant à vide. Certes ce fut là une grande faute, mais pour la redresser comment s'y sont pris les métallurgistes de l'expérimentalisme, si je puis ainsi parler ? Ils ont brisé les creusets, ils ont renversé les fourneaux, ils ont supprimé le réducteur indispensable, la raison.

Cette manière toute négative d'entendre le traitement des faits, qui consiste, après les avoir extraits de la mine, à les conserver religieusement intacts dans leur état primitif, étant appliquée au merveilleux, est faite, je le répète, pour aboutir à un encombrement à la fois inutile et funeste. Non, le baptême scientifique du merveilleux sur les fonts de la Salpêtrière n'est pas l'événement d'importance moyenne que les parrains, dans leur modestie, se bornent à y voir. Pour tout esprit qui pénètre un peu à l'intérieur des choses, c'est l'avant-coureur d'une entière rénovation des idées scientifiques, philosophiques et religieuses, et conséquemment des idées « sociales » ; mais au lieu d'une évolution régulière et féconde, attendons-nous à une révolution d'écroulements si, imprudemment retirée de son puits, la nouvelle vérité n'est pas assujettie à suivre le rail de la vraie science, c'est-à-dire à se diriger suivant la droite et sûre méthode, celle qui fait sa juste part et à l'expérience et au jugement.

Donc, quoi qu'en puissent dire nos chers maîtres, qui d'ailleurs en reviendront j'en suis sûr, ne nous contentons pas avec eux de proclamer que le merveilleux est objet légitime de considération scientifique, et de nous assurer par un sévère contrôle que ses manifestations sont de bon aloi ; en présence de ces faits à part d'une importance sans égale, et qui en même temps pourraient devenir pour la société un nouveau péril, le plus grand peut-être, gardons-nous de nous abstenir, comme on nous le prescrit, de nous poser les questions du pourquoi et du comment, gardons-nous de nous abstenir d'en rien induire, d'en rien déduire, d'en rien conclure, c'est-à-dire d'en rien tirer ; poussons au contraire la curiosité de ces mystères aux dernières limites du raisonnable et du possible ; appliquons-nous de toutes nos forces à faire le plein jour à la place de ces ténèbres redoutables, c'est-à-dire à élever à cette place une science, une vraie science, une science répandant lumière et bienfaits.

Il y a déjà bien des années, je m'employai à cette tâche de toutes mes forces, et incontestablement avec courage. Vieux, je viens m'y atteler de nouveau, sinon cette fois en vigoureux et ardent limonier, du moins au titre plus modeste de simple cheval de renfort.

L'œuvre de *scientification* du merveilleux par la science officielle, qui se poursuit en France depuis une douzaine d'années, ayant débuté par les célèbres expériences de la Salpêtrière sur l'hypnotisme de Braid, ce mot *hypnotisme*, exclusivement appliqué d'abord à l'une des formes du merveilleux, a fini par l'englober tout entier et devenir son appellation scientifique générale. C'est là certainement un abus ; mais l'usage l'a consacré, et le mieux est de le subir provisoirement (d'autant plus que les mots n'ont après tout que la signification qu'on leur prête) pour porter d'emblée la discussion sur des points essentiels qu'il est urgent d'élucider.

Se proposerait-on uniquement de collectionner les faits du merveilleux pour les ranger dans une armoire, qu'on ne pourrait se dispenser de les soumettre à un certain ordre de distribution d'après une règle de comparaison convenue. Mais cette nécessité d'une classification est bien autrement impérieuse quand on se propose de tirer d'un ensemble d'observations une science générale qui nous éclaire une fois pour toutes sur la nature essentielle de tous les faits possibles, présents ou à venir, connus ou à connaître, d'une catégorie donnée, et nous amène aux conséquences logiques et aux applications pratiques que chacun de ces faits comporte. Or ceux qui se sont donnés comme les fondateurs de l'hypnotisme savant, ne voyant qu'observations et expériences à multiplier, et ayant une insurmontable aversion pour tout ce qui sent la théorie, se sont abstenus jusqu'ici de nous tracer le plan, ne fut-ce même qu'un simple croquis à main levée, du mystérieux domaine qu'ils se flattent d'avoir ajouté récemment aux vieilles possessions de la science positive ; de telle sorte que ces émules de Christophe Colomb ou du capitaine Cook nous laissent dans la plus complète ignorance touchant la situation, les limites, la configuration et les démarcations intérieures des nouvelles terres par eux découvertes et conquises, tout en nous conviant à les explorer à notre tour.

Pour nous exprimer plus simplement, disons que ceux qui se présument les créateurs de l'hypnotisme scientifique semblent en être encore à ne pas se douter qu'ils nous doivent la définition de leur hypnotisme, qu'ils doivent nous apprendre à quel ensemble de choses s'applique un tel mot, et quelles sont les parties principales à distinguer dans ce tout.

Mon dessein n'est pas de reprendre ici en sous-œuvre toute cette tâche si mal entreprise ; je veux seulement jeter un coup d'œil sur la question du programme méthodique de l'hypnotisme, ou, pour m'exprimer en naturaliste, de la classification naturelle de ses espèces.

Un trait commun unit entre elles toutes les espèces hypnotiques (le mot hypnotisme étant pris dans la large acception que nous sommes convenus ici de lui donner). Toutefois, il faut se dire que cette caractéristique générique n'a rien de bien essentiel, qu'elle est plutôt relative qu'absolue, plus artificielle que naturelle. Elle consiste, en effet, dans la qualité *thaumaturgique* de certains actes ou phénomènes, et le *thauma*, c'est-à-dire ce qui étonne par sa rareté et une étrangeté saisissante, et que l'ignorance attribue à une volonté mystérieuse qui se jouerait en quelque sorte des lois de la nature, a un cercle variablement étendu, qui s'étend ou se rétrécit en raison des lumières scientifiques de l'époque. Quoi qu'il en soit, il s'agit là actuellement d'un groupe de faits qui, sans être homogènes, demandent à être considérés dans leur ensemble ; et dès lors il était expédient de les embrasser tous sous une désignation collective. C'est ainsi, pour emprunter une image à l'agriculture, que le fermier rentre ses grains de toute sorte dans un local commun pour cette raison appelé le grainier. Mais là malheureusement s'arrête la similitude entre la manière d'opérer d'une économie agricole intelligente et celle propre à l'économie de notre hypnotisme officiel. Tandis que la première a le soin de ménager dans le partage du grainier unique un compartiment spécial pour chaque espèce distincte de grains, la seconde jette tout pêle-mêle dans le tas, mêlant ainsi froment et avoine, seigle et sarrazin, maïs et chènevis. La promiscuité est, en effet, entière dans l'esprit de nos savants hypnotistes entre les espèces hypnotiques les plus profondément tranchées, et sans s'en douter ils confondent à tout instant les choses les plus hétérogènes et les plus disparates. C'est ce que je montrerai par plusieurs exemples dans la suite du présent travail. Contentons-nous en attendant de constater que l'hypnotisme de nos académiciens est encore vierge de tout essai de classification, et qu'il se démène en plein chaos.

A vrai dire, la philosophie des sciences n'a pas de difficulté plus ardue que celle de la classification, de la classification *naturelle*, j'entends. Où trouverons-nous le principe, la base de cette classification vraie dans l'ordre des faits hypnotiques ? Je me dispenserai encore de répondre à cette question, parce que cela porterait le débat trop haut et nous entraînerait dans des disgressions trop longues et d'un caractère trop abstrait pour le cadre de cet opuscule. Je me bornerai à dire que la classification en hypnotisme doit se faire à deux points de vue opposés, mais en même temps complémentaires : Premièrement, sur la distinction des effets quant à leur nature intrinsèque, quant à leur forme propre, abstraction faite des causes génératrices ; et, secondement, sur la distinction de ces causes. C'est cette dernière qui va principalement nous occuper ici.

Etant strictement expérimentaliste et n'admettant pas qu'on remonte de l'effet à la cause, notre hypnotisme scientifique, ainsi nommé, ne fait aucune distinction entre les agents hypnotiques, bien que très divers, bien qu'ils diffèrent entre eux parfois autant que noir et blanc. Il ne s'inquiète d'ailleurs pas le moins du monde de ce qu'ils sont ou peuvent être, et si même ils existent ; il ne lui faut que des faits, des faits et encore des faits, *rien que des faits* (1).

Et pourtant, que l'on songe de quel intérêt pratique il est, en présence du *fait* farine et du *fait* mouture, de remonter à l'origine de ces faits, c'est-à-dire de déterminer la *cause* moulin, puis de distinguer entre eux exactement le moulin à vent, le moulin à eau, le moulin à vapeur, et enfin de préciser,

(1) On n'a pas oublié le mémorable apophthegme de Magendie : « Des faits, rien que des faits, *sans aucun mélange de raisonnement.* » (*Eloge de Magendie*, par Cl. Bernard.)

et la nature de ces trois différents moteurs, et la structure des mécanismes qu'ils comportent respectivement. Eh bien, qu'on l'apprenne, les effets hypnotiques, qu'ils soient semblables ou divers entre eux quant à eux-mêmes, peuvent être dus suivant le cas à des agents qui diffèrent entre eux de nature autant et plus que diffèrent entre eux le courant d'air, la chute d'eau et la vapeur comprimée.

Quand, sa pensée violemment tendue vers une personne absente, un adepte de la télépathie parvient, sans que son intention soit soupçonnée du sujet de l'expérience, à faire apparaître certaines images dans le sensorium de ce dernier et à déterminer en lui certains désirs, certaines volitions et certains actes résolus d'avance, mais restés cachés dans l'esprit de l'opérateur, il est manifeste que de celui-ci au sujet un mouvement de la matière a cheminé ; que ce mouvement, parti du cerveau du premier, s'est transmis de proche en proche jusqu'au cerveau du second. L'effet s'est donc produit ici par un *moyen physique*, un moyen vraisemblablement analogue à celui qui intervient entre l'aiguille de la boussole et l'aimant qui l'influence. Mais le même résultat final, le même phénomène, peut être dû à un travail purement intellectuel : à une *persuasion* intense, spontanée ou provoquée en nous par la voie d'un enchaînement d'idées, que nous sommes actuellement dans certains états d'esprit ou de corps, lesquels, à ce moment purement imaginaires, se réaliseront l'instant d'après par la vertu même de cette imagination.

Nos savants confondent néanmoins tout cela sous le nom banal de *suggestion*. Il est question chez eux à la vérité d'une « suggestion mentale » et d'une « suggestion parlée », mais ils semblent apercevoir tout au plus entre les deux une nuance, une variante de procédé sans importance, alors qu'il y a un véritable abîme, l'abîme qui sépare le fait objectif du fait subjectif.

Supposons un revenant du XVIIIe siècle, ne sachant rien des merveilleuses découvertes du XIXe, à qui une épreuve photographique tombe sous les yeux. Dans cette image il ne verra qu'une sorte de dessin ou de gravure obtenue par un procédé spécial, mais qui ne peut être sans aucun doute qu'une simple modification de ceux en usage chez les dessinateurs ou les graveurs de son temps, quelque chose par exemple comme le procédé lithographique comparé au procédé de la gravure sur bois. Bien loin sera notre homme de se douter que l'œuvre qu'il regarde est le produit d'un art entièrement, absolument neuf, application complexe et délicate d'une savante combinaison de lois mathématiques, de lois physiques et de lois chimiques, et où l'artiste, c'est le soleil ! Eh bien, non moindre est l'erreur de ceux qui ne distinguent pas entre les deux agents de suggestion, un agent physique mis en mouvement par la volonté d'un opérateur et émanant de lui, et un ressort de mécanisme idéologique appartenant en entier au sujet lui-même.

L'école de Mesmer provoque le sommeil par des *passes*, ou tout uniment par une forte tension de la volonté de l'opérateur, et cela à distance et hors de la vue des patients, qui peuvent ne se douter actuellement ni des manœuvres ni de l'entreprise à laquelle ils sont en butte. Ici encore transport nécessaire de l'action hypnotique à travers l'espace à l'aide d'un messager matériel appartenant suivant toute apparence à la famille des impondérables ou dynamides admis par les physiciens. De son côté, Braid produit aussi le sommeil artificiel, mais son procédé est évidemment dénué de toute parenté avec le précédent. Pesez bien ceci : Braid vous invite à fixer vos regards sur un objet brillant et à concentrer votre attention sur ce point de mire, de façon à vous isoler le plus possible des excitations du monde ambiant, et, cela fait, l'opérateur s'éloigne, et il entre tellement peu dans ses vues d'exercer sur vous une *influence magnétique*, que son but a été justement de démontrer par cette expérience l'inanité du prétendu magnétisme animal. Et le sommeil arrive par ce procédé comme par celui de Mesmer ; et il arrive encore pareillement alors que, au lieu de captiver l'attention par la vue, on l'enjole au moyen de sensations auditives ou musculaires d'un rhythme monotone. Cette fois, l'agent hypnotique qui opère, c'est, nous l'apprendrons plus tard, un état négatif de la pensée consécutif à un état d'excitation sensorielle uniforme et étroitement circonscrite.

Ainsi l'action somnifère du braidisme est entièrement *sui generis*, et a aussi peu d'affinité avec celle du mesmérisme qu'elles en ont l'une et l'autre avec celle de l'opium ou du chloroforme. Et pourtant entre mesmérisme et braidisme nos savants ne voient guère qu'une différence de mots. « Magnétisme et hypnotisme sont au fond des termes synonymes », articulent magistralement deux interprètes autorisés des doctrines de la Salpêtrière (1).

Mais n'anticipons pas, l'examen de ces déplorables confusions sera mieux à sa place un peu plus loin.

L'histoire du merveilleux, ou si l'on veut de l'hypnotisme, est éminemment instructive au point de vue de sa théorie. Il ne sera donc pas hors de propos de faire ici une courte digression de ce côté.

Dans ce qui s'écrit journellement sur le sujet qui nous occupe on peut lire que M. Charcot et ses élèves ou émules de la Faculté ont retiré l'hypnotisme des bas-fonds de l'empirisme et du charlatanisme, et l'ont élevé à la dignité de science positive.

« La méthode qui a renouvelé l'hypnotisme, — proclament les deux auteurs que nous venons de citer, — se résume en ces mots : production de symptômes matériels donnant en quelque sorte une démonstration anatomique de la réalité d'un état particulier du système nerveux. *Un siècle de divagations insensées et de discussions stériles s'est passé avant qu'on en vint là.* C'est à M. Charcot qu'appartient l'honneur d'être entré le premier dans cette voie, où l'ont suivi de nombreux observateurs (2) ».

« C'est M. Charcot qui le premier a fait entrer l'hypnotisme

---

(1) Voir LE MAGNÉTISME ANIMAL, par Binet et Féré. Paris, 1887, page 46.
(2) LE MAGNÉTISME ANIMAL, *op. cit.*, p. 60.

dans la voie véritablement scientifique », affirme M. Gilles de la Tourette (1).

« Il était réservé à un homme illustre, préparé de longue date à ces études difficiles par une connaissance approfondie des maladies du système nerveux, à M. le professeur Charcot, de faire de l'hypnotisme une véritable science ». Cette dernière appréciation est de M. Pierre Janet, professeur de philosophie de l'Université (2).

Je conçois l'enthousiasme des disciples de M. Charcot pour un tel maître. Mais celui-ci, j'en suis sûr, n'encourage pas cette exaltation quand elle en arrive à de tels outrages à la vérité historique, et à une injustice qui dépouille de dignes ouvriers de la science de leur salaire d'honneur pour ajouter à l'avoir de ce savant, déjà si riche de son propre fonds; et enfin à faire le plus grand tort à la nouvelle science, qu'on prétend servir, en la privant des fruits dus au travail honnête, et non pas toujours inhabile, de ceux qui cultivèrent son jardin jusqu'au moment tardif où d'autres jardiniers, des jardiniers improvisés, sont venus brusquement leur ôter la bêche et se mettre à leur place.

En tout cas, redresser de semblables erreurs sera ici mon devoir : je ferai mon possible pour m'acquitter de ce devoir sans tomber dans des personnalités inutilement irritantes.

L'art des prodiges, de même que tous les arts, a des origines obscures qui se perdent, comme on dit, dans la nuit des temps. Et aussi, comme la plupart des autres arts, il a débuté par l'empirisme religieux ou superstitieux, deux choses qu'il est d'ailleurs malaisé de ne pas confondre. Dans cette condition première, la connaissance des procédés utiles est considérée comme une révélation d'en haut, ou d'en bas, suivant les points de vue,

---

(1) L'HYPNOTISME ET LES ÉTATS ANALOGUES AU POINT DE VUE MÉDICO-LÉGAL, par le docteur Gilles de la Tourette, chef de clinique des maladies du système nerveux à la Faculté de Paris, etc., 1 vol. in-8°. Paris, 1889. *In* dédicace.

(2) Voir *La Revue philosophique*, n° d'avril 1892, p. 414.

c'est-à-dire comme émanant de personnages invisibles et surnaturels que l'antiquité païenne distinguait en *dii*, *dii manes*, *daemones* ; que chez les chrétiens on nomme Dieu et Diable, et que les peuplades primitives, antiques et modernes, sur ce point remarquablement unanimes, tiennent pour être les esprits des morts.

Quoi qu'il en soit de ces croyances relativement à la source révélatrice des arts, les enseignements techniques que l'on imaginait en découler étaient regardés comme *sacrés*, c'est-à-dire comme devant être conservés et transmis intacts, suivis à la lettre, et fermés à tout examen critique, à toute recherche indiscrète de la raison. Agir autrement était sacrilège, c'était encourir le courroux des mystérieuses puissances qui tiennent le sort de l'homme entre leurs mains.

Mais un jour chez quelques indépendants s'éveille l'esprit de libre recherche, c'est-à-dire la curiosité scientifique ou philosophique, ce qui est tout un. L'on a soupçonné que les mystères, soit ceux de la nature, soit ceux des arts révélés, ne sont pas insondables, et qu'il existe de part et d'autre des *causes* adéquates à l'intelligence humaine, c'est-à-dire faites à sa mesure, qui, une fois connues, nous permettront de *comprendre* la technique naturelle et la technique artificielle tout à la fois, et par suite de tirer de la première des applications profitables, et de perfectionner et développer les procédés de la seconde ; de manier ces procédés d'une main plus intelligente et plus ferme, et en d'autres termes d'opérer, non plus avec une crainte aveugle, mais d'une manière raisonnée et avec une confiance virile en la raison.

C'est à ce moment que la philosophie vient au monde, c'est-à-dire que commence l'émancipation de l'esprit humain, et c'est bien aussi par conséquent l'instant où se lève le jour de la vraie science, quelques faibles, quelques douteuses que soient encore ses clartés naissantes. En effet, dans l'évolution d'un ordre de connaissances quelconque, la phase scientifique qui succède à la nuit d'empirisme et de superstition a pour point de départ, non pas l'achèvement, la constitution définitive de la science sur les bases de l'observation et de la raison, mais sa *fondation* sur ces bases ; car autrement, l'astronomie n'ayant reçu sa clef de voûte que des mains de Newton, et la physiologie attendant encore la sienne de l'aveu des plus grandes autorités physiologiques de l'époque (1), il faudrait en conclure que Copernic et Kepler, Bichat et Claude Bernard, n'ont été que de pauvres empiriques portant sur les yeux le bandeau de la superstition.

Les arts thaumaturgiques, tenant à l'essence même des religions, ont été les derniers à briser leur coque. Si je suis bien informé (ce dont je ne suis pas sûr), ce n'est pas avant la Renaissance que certains côtés du merveilleux ont commencé à être traités scientifiquement, et par de véritables savants, bien que la plupart n'eussent encore dépouillé le vieil homme qu'à demi, au point, par exemple, de se croire obligés de faire la part du diable à côté de celle du libre examen. Sans doute dès l'antiquité plusieurs hommes adonnés aux sciences positives déjà fondées et les philosophes proprement dits s'occupèrent de ce ténébreux sujet ; mais chez la plupart ce fut pour prononcer l'incompétence de la raison humaine en semblable matière et constater que la science divine avait seule à en connaître. Ainsi, le bon Hippocrate se plaint un peu quelque part de la concurrence des magnétiseurs, homéopathes et autres médecins-sorciers de son temps ; mais ce n'est point qu'il leur reproche de pratiquer un art chimérique et d'abuser les malades, loin de là ; il les accuse de sacrilège, c'est-à-dire d'entreprendre sur les prérogatives médicales des prêtres (2).

D'autres, libres penseurs jusqu'au bout, tel le grand Lucrèce, considérèrent aussi les questions de cet ordre, mais ce fut pour s'évertuer à démontrer qu'elles sont vaines, que la réalité manque aux prétendus faits qui en sont le point de départ. Le pro-

(1) « En physiologie nous en sommes aujourd'hui au temps où en était l'alchimie avant la fondation de la chimie. » CL. BERNARD. (*Rapport sur les progrès de la Physiologie générale en France*, p. 209.)

(2) Voir l'écrit hippocratique *De la maladie sacrée* (Chap. I).

blème du merveilleux a été également écarté, et par les mêmes motifs, comme il a été dit plus haut, par la science orthodoxe du XVIIIe siècle et du siècle présent jusqu'à ces dernières années.

Et maintenant, c'est le moment de se demander quels furent les initiateurs clairvoyants et courageux à qui reviendra le mérite d'avoir les premiers bravé la crédulité fanatique des uns et la non moins fanatique incrédulité des autres, pour poser la question dans ses termes scientifiques, autrement dit pour affirmer les droits de la science positive sur le surnaturel comme partie méconnue mais intégrante de la nature ; auxquels reviendra le mérite de s'être volontairement faits la bête noire des croyants et des esprits forts, des savants et des ignorants, en examinant sans préjugé d'aucune sorte les prétentions de la thaumaturgie, en reconnaissant après vérification qu'il y a du bien fondé en elles, puis en étudiant curieusement les faits qui en font la base, en observant, en expérimentant et méditant ces faits avec patience, et finissant par en tirer la révélation de nouveaux agents physiques, de nouvelles fonctions physiologiques, et de nouvelles facultés humaines !

Cette œuvre de précurseurs porte sans doute un cachet de rudesse attaché à sa grandeur, et en quelque sorte rappelle plutôt les murs des Pélasges que l'architecture du Parthénon ; mais en dépit de tout ce qu'on pourra y découvrir de grossier, de défectueux et d'inachevé, je dis que cette œuvre est néanmoins scientifique : scientifique par son esprit, qui a été de croire aux droits illimités de la raison ; scientifique par ses procédés, qui ont été ceux de l'observation, de l'expérimentation et du raisonnement ; scientifique enfin et éminemment par les résultats, résultats grandioses, qui ont été de mettre en lumière et d'établir plusieurs faits biologiques capitaux qui forcent la physiologie et la physique elle-même à élargir, à doubler leurs cadres pour donner place à tout un ordre nouveau de vérités.

La légion des hypnotistes scientifiques de la première heure et de la période militante se partage en deux séries successives.

La première nous offre une suite de médecins ou physiciens des XVIe, XVIIe et XVIIIe siècles, dont plusieurs se sont fait un nom illustre dans l'art médical, dans la chimie, dans la physique, dans les mathématiques, par des services signalés et incontestés, mais qui en même temps ont fait attacher à leurs noms l'épithète dérisoire d'illuminés pour le seul tort d'avoir osé pénétrer dans l'antre des sciences occultes le flambeau de la méthode positive à la main.

Ces hardis novateurs, pour ne citer que les plus en vue dans l'histoire, se nomment Paracelse, Cardan, Van Helmont, Athanase Kircher, Wirdig, Maxwel, et la liste se termine par le fameux Mesmer, lequel n'a guère fait que reproduire ses devanciers, mais qui, peut-être avec un moindre génie et un moindre bagage scientifique, est devenu le porte-drapeau et comme la personnification de la doctrine commune, grâce à la lutte héroïque, titanesque, qu'il soutînt pour elle en face des corps savants et des pouvoirs publics de l'Europe.

Viennent ensuite les continuateurs de Mesmer, qui en même temps sont souvent ses adversaires ou ses rivaux. Ce sont aussi des médecins pour la plupart, ou tout au moins des esprits formés à la culture des sciences positives.

Résumant en lui les magnétistes des deux siècles précédents, Mesmer représente d'abord la démonstration expérimentale du fait que la volonté de l'homme a le pouvoir d'agir matériellement et directement, en dehors du corps et sans aucune intervention appréciable des organes, soit sur d'autres organismes vivants, soit sur la matière inorganique; et secondement, il représente l'affirmation théorique comme quoi ce pouvoir occulte de la pensée aurait pour instrument un agent physique spécial de la famille qui comprend le magnétisme minéral, l'électricité, la lumière, et enfin tout ce que la physique moderne réunit vaguement sous la dénomination générique de *dynamides*, et considère comme autant de modes de mouvement distincts d'un hypothétique milieu impondérable qu'elle nomme l'éther.

Ce sont trois autres découvertes bien positives, et d'une importance vraiment extraordinaire, qui constituent l'apport de ses successeurs : le somnambulisme lucide, le braidisme proprement dit, et la suggestion ou idéoplastie, que l'on confond avec le précédent par la plus impardonnable des méprises.

Enfin à ces trois brillantes découvertes de faits, il faut ajouter, pour rendre pleine justice à cette période post-mesmérienne, la mention des premiers essais d'une théorisation large et solide de l'hypnotisme, à la vérité restés jusqu'ici comme non avenus grâce à l'hostile parti pris des savants et à l'incompétence indifférente du public.

Et cela dit, demandons-nous quelle est l'œuvre de M. Charcot et de son école, quelle est leur part dans la création progressive de la nouvelle science.

Un point incontestable, c'est que l'accession à l'hypnotisme de l'éminent médecin de la Salpêtrière, entraînant aussitôt celle de la Faculté, celle de l'Institut et celle du monde de la science orthodoxe dans son entier, a déterminé dans l'existence de ce pauvre hypnotisme, jusque-là un vrai paria, une crise du plus grand et du plus salutaire effet. L'hypnotisme était à l'état de science marronne, de réfractaire forcé de se cacher dans les bois ; cet événement a fait de lui comme par enchantement une science reconnue, classée, une vraie science enfin pouvant se présenter maintenant partout sans honte et sans crainte, et, que dis-je, tout étonnée de se voir recherchée et choyée de ceux qui la veille en faisaient le plus fi.

Et ce n'est pas tout : L'école de M. Charcot, et par l'organe de la Société de Psychologie physiologique, qu'il a présidée, et dont le noyau était formé d'un groupe important de médecins, de physiologistes et de psychologues académiciens ; et par l'organe des *Bulletins* de cette Société, et par celui des *Annales des Sciences psychiques*, recueil publié sous le patronage et avec l'active collaboration du secrétaire général de la même société, M. Charles Richet, professeur de physiologie à la Faculté de Médecine de Paris, M. Charcot et son école ont proclamé le merveilleux sous toutes ses formes, et sous ses formes les plus extra-scientifiques en apparence, objet légitime d'investigation scientifique — cette fois, pour se faire justement, noblement et glorieusement, on peut le dire, les confesseurs de la souveraineté du fait, souveraineté jusqu'alors méconnue par les savants et les philosophes niant le merveilleux *à priori*, et se bouchant les yeux pour ne pas le voir.

Mais pour grand que soit ce service rendu par M. Charcot et ses élèves à la cause de l'hypnotisme, il n'est que ce que nous venons de dire, et c'est s'en former une idée tout à fait exagérée que d'y voir, avec certains organes compromettants de son école, et le public trompé par eux, la transformation d'une aveugle routine en un art savamment raisonné. Rien de pareil n'est dû, jusqu'à présent du moins, au groupe de savants dont il s'agit. Au risque d'abuser du procédé explicatif de la comparaison, je vais encore y recourir pour rendre aussi claire que je le puis mon appréciation sur ce point.

Mesmer, ses devanciers et ses successeurs jusqu'à M. Charcot, avaient réuni d'importants matériaux sur le chantier, mais en se contentant de les déposer provisoirement çà et là, et laissant à l'avenir de les ranger, de les façonner et de les mettre en œuvre. M. Charcot a trouvé les choses en cet état; qu'a-t-il fait pour le modifier, pour l'améliorer? A-t-il introduit l'ordre dans la confusion? A-t-il dégrossi, écarri, poli les pierres et les bois bruts? Les a-t-il ensuite assemblés en une construction agencée avec harmonie et solidité suivant un plan par lui conçu et tracé d'avance? Non, rien de tout cela n'a été réalisé par M. Charcot (inutile de parler de ses élèves), uniquement sans doute parce qu'il n'a pas essayé, car je suis loin de lui dénier les capacités d'un architecte scientifique.

Mais si on s'est abstenu de coordonner les faits antérieurement acquis, on aura du moins accru ce stock? Oui, le maître a ouvert la voie à une étude féconde, l'étude comparative de l'hypnotisme purement expérimental, artificiel, et de l'hypnotisme pathologique. Il a découvert en même temps des connexions remarquables, mais qui demandent peut-être à être plus rigoureusement établies, entre les diverses manifestations psychiques de l'état hypnotique et divers symptômes somatiques. Enfin ses élèves, et aussi des émules que son exemple lui a suscités, ont institué d'ingénieuses expériences de psychologie physiologique. Sans doute ces diverses initiatives ne sont pas sans avoir eu quelques précédents dans l'œuvre si injustement dédaignée des vieux hypnotistes, notamment dans les observations si précises, si importantes du médecin lyonnais Pétetin, et aussi dans tout un ordre de recherches poursuivies par des Anglais — le Dr Elliotson, le Dr Gregory, notamment — qu'on trouve consciencieusement rappelées dans les écrits de Braid. Mais ceux qui dans ces derniers temps ont repris et mis en faveur les études expérimentales dont il s'agit ont rendu un incontestable service dont pour ma part je suis heureux de leur faire honneur.

Cependant, si l'on compare ces apports de la nouvelle école à ceux de l'ancienne, force sera de reconnaître qu'ils sont relativement bien faibles. Sont-ils plus que des grains de sable, en effet, ô mes vieux maîtres, auprès des blocs cyclopéens extraits de la carrière par vos bras puissants, qui se nomment : la découverte de la force mesmérique et de ses applications thérapeutiques, hypnagogiques et autres ; la découverte du somnambulisme lucide artificiel ; la découverte de la fascination braidique ; la découverte de l'immense et formidable suggestion idéoplastique ?

J'y reviens, car cela importe : Le grand, le vrai titre de l'école nouvelle, c'est d'être intervenue en quelque sorte entre les ouvriers de l'hypnotisme et leurs détracteurs, ceux-ci soutenant que l'entreprise n'était que mensonge et folie, et que les prétendus faits dont on voulait construire une nouvelle science étaient dénués de réalité. M. Charcot a procédé à l'examen de ces matériaux contestés ; il a constaté et puis il a attesté à la face du monde que c'est bien là de la vraie et bonne pierre à bâtir, du vrai et bon bois à charpente, et non du carton peint pour tromper les yeux. Et le monde s'est rendu à cet imposant témoignage. Mais sur le chantier de l'hypnotisme scientifique tout est néanmoins resté, ou à peu près, tel que M. Charcot l'avait trouvé ; c'est-à-dire que la maison est encore toute entière à construire et attend toujours son édificateur.

En d'autres termes, il reste tout comme devant à constituer un corps de science avec les matériaux scientifiques amoncelés par les carriers et les bûcherons du vieil hypnotisme, et le peu qu'y ont ajouté déjà et tout ce qu'y ajouteront, espérons-le, par la suite, nos néo-hypnotistes.

Pourquoi ceux-ci, qui ont à leur tête une élite de praticiens et de savants, n'ont-ils pas été tentés par une tâche aussi glorieuse ? Pourquoi jusqu'ici ont-ils reculé devant cette tâche de dégager des faits obscurs de l'hypnotisme les lois qui les dominent et les éclaireront, et de codifier ces lois en un corps théorique qui soit à la masse confuse de ces faits ce qu'une belle maison bien distribuée et bien bâtie est à un tas de pierres ? La vraie cause de cette défaillance m'apparaît dans l'influence mortelle que deux philosophies pseudo-scientifiques ont faite peser sur nos dernières générations de savants : l'expérimentalisme grossier de Magendie, qui tend à faire de tout physiologiste un manœuvre, que dis-je, un simple instrument enregistreur ; secondement, le positivisme d'Auguste Comte, de Littré, de Charles Robin, qui, visant maladroitement les écarts d'une métaphysique imparfaite, a atteint l'esprit philosophique en plein cœur et l'a tué raide, on peut le dire, sur le terrain de la biologie.

Et ce n'est pas tout : le positivisme a été frapper la philosophie jusque dans son tabernacle en transformant nos philosophes en savants d'une nouvelle science spéciale, la psychologie expérimentale et descriptive.

Et alors, les facultés d'observation se trouvant tendues outre mesure, et les facultés de réflexion étant condamnées à une inaction complète, les premières sont devenues fourbues, les secondes se sont atrophiées. Tels le canard et l'oie, ces oiseaux de haut vol dans l'état de nature, qui, réduits à la condition de volaille de basse-cour, n'ont plus qu'une aile sans force incapable de les enlever de terre, et sont condamnés à se traîner sur le sol d'une jambe boiteuse.

Mais avec ou sans la jeune école, et dut-on l'avoir contre soi, on doit, sans plus attendre, inaugurer la deuxième période de l'évolution scientifique de l'hypnotisme, celle de sa constitution théorique. Ce jugement a été je crois suffisamment motivé dans ce qui précède. Occupons-nous donc tout d'abord de pourvoir cette science de sa méthode.

A cette fin j'ai proposé de commencer par la différenciation et le classement des agents hypnotiques ; j'ai fait remarquer ensuite que le développement historique de l'hypnotisme dans sa phase de tâtonnements, mais de tâtonnements heureux, pouvait nous être un guide précieux vers ce résultat, et j'ai indiqué alors dans leur ordre d'avènement les découvertes principales qui forment la base d'observation ou fonds matériel, si on peut ainsi dire, de la nouvelle science. Nous allons maintenant revenir sur nos pas pour examiner ces découvertes de plus près et une à une.

Il va s'agir de découvertes ; il est peut-être à propos de s'expliquer d'abord sur l'acception que comporte ce mot en tant qu'appliqué aux phénomènes, spontanés ou provoqués, de l'hypnotisme, et à ses procédés techniques.

C'est aux érudits de nous donner la solution de la difficulté que voici : Les vérités d'observation, les *faits* constituant l'avoir actuel de l'hypnotisme, par quelles voies se sont-ils révélés à ses fondateurs scientifiques ? Est-ce par la voie du hasard, est-ce par voie d'intuition ou d'induction, et au prix de recherches laborieuses ? Ou bien au contraire nos inventeurs n'ont-ils eu d'autre peine que de puiser dans le trésor de l'hypnotisme occulte, de l'hypnotisme empirique, religieux, divin ou diabolique, dont la tradition ne fut jamais entièrement perdue et dont les documents historiques abondent d'ailleurs ?

Sauf pour le braidisme, dont la genèse est clairement établie, je ne saurais pour ma part répondre à cette question. Mesmer se donne pour le créateur original de son art, et aussi, bien entendu, de sa conception théorique ; et, quand à sa prétention il est objecté que la doctrine du magnétisme animal a été formulée antérieurement à lui et dans des termes quasi identiques, il se borne à répondre que s'il a eu des devanciers, c'est à son insu, et que par conséquent ce n'est point d'eux qu'il s'est inspiré. Pareillement, Maxwel, le Père Kircher, Van Helmont, Cardan et le grand Paracelse ont pu s'attribuer plus ou moins justement, mais sincèrement, la priorité d'invention comme magnétistes, L'histoire des sciences nous apprend que, faute de la connaître, ils ont été nombreux ceux qui se sont crus inventeurs originaux, et qui ne l'étaient pas ; et sans aller bien loin, nous trouverons un exemple topique de cette erreur dans l'illusion complaisante que se font la plupart de nos néo-hypnotistes sur les origines de leur science, qu'ils ne font pas remonter au delà de douze ou quinze ans, et cela, peut-on charitablement supposer, par manque d'information historique plutôt que de bonne foi.

Cependant, cette question de priorité et d'origine, bien que fort intéressante, ne présente qu'un intérêt relativement secondaire ; ce qui est d'une importance vraiment majeure, le voici : c'est que tout ce que l'hypnotisme scientifique moderne a à nous offrir en tant qu'effets et artifices a appartenu de tout temps à la thaumaturgie occulte avec une multitude d'autres secrets, dont certains encore bien plus étonnants, et que par conséquent cette thaumaturgie occulte est en quelque sorte le grand bazar où notre hypnotisme positif devra s'approvisionner pour compléter son matériel, encore d'une insuffisance toute primitive.

Pourtant, quelle que soit l'indigence relative de notre hypnotisme scientifique en productions et en procédés, il possède déjà néanmoins le principal, il est en possession des agents magistraux auxquels peuvent se rattacher et par lesquels peuvent s'expliquer tous les prodiges, et les plus divers d'aspect, que nous offre la magie de toute dénomination, la magie sacrée et la magie profane, celle qui s'arroge le privilège de l'aide d'en haut, et celle qui en est réduite à se contenter d'un concours inférieur et plus ou moins décrié.

Ces agents magistraux sont au nombre de trois, ils sont les trois grandes fontaines où puise l'art des prodiges, tantôt et le plus souvent en les faisant concourir à la fois aux mêmes œuvres, tantôt en ne les mettant à contribution que séparément.

LE MESMÉRISME

(Magnétisme animal, Biomagnétisme, Agent télépathique, etc.)

Tous les corps de la nature, ou vivants ou inertes, possèdent un rayonnement spécial qui est autre que la lumière, que la chaleur, que l'électricité et que le magnétisme proprement dit, bien qu'il soit apparemment leur congénère.

Ce rayonnement s'accuse par certaines modifications imprimées aux corps soumis à son action, à son *influence*. Toutefois, de telles modifications ne se décèlent chez les corps bruts que par leurs réactions sur des êtres vivants. L'agent physique ou matière supposée de ce rayonnement *sui generis* a été nommé, par assimilation avec le magnétisme terrestre, « magnétisme universel », « magnétisme animal ». Le créateur de cette dernière expression est, paraît-il, le P. Kircher, savant jésuite allemand du XVIIe siècle, chez qui on la rencontre sous la forme grecque de *zoomagnetismus*.

A ces dénominations insuffisamment satisfaisantes, je proposerai de substituer celle de *biomagnétisme*, en me fondant sur cette considération que si le principe rayonnant en question est supposé appartenir à la matière inerte en même temps qu'à la matière organisée, ce n'est toutefois que par son action consécutive sur celle-ci qu'il se manifeste dans la première.

Mais avant de disserter plus avant sur les caractères et propriétés de l'énigmatique agent ici en cause, ne serait-il pas à propos de se demander quels sont les faits positifs, les faits dûment constatés qui nous autorisent à admettre son existence ?

Ces faits, nous les analyserons tout à l'heure successivement dans leur ordre logique. En attendant je me borne à dire qu'il s'agit là de vérités d'observation et d'expérimentation dont les plus difficiles à admettre sont admises aujourd'hui en tant que prouvées, ou tout au moins en tant qu'extrêmement probables, par une élite de physiciens, de naturalistes et de philosophes dont la plupart combattaient encore hier aux avant-postes du matérialisme, du positivisme ou du scepticisme.

Quelle que soit la variété des formes sous lesquelles ils se produisent, les faits en question sont tous au fond très homogènes. Mais ils se présentent à l'esprit sous différents points de vue qu'il importe de distinguer avec soin. Considérés dans leurs rapports à l'homme, ils accusent d'une part l'influence occulte, « biomagnétique », exercée par lui sur le monde environnant, et d'autre part l'action de même nature que le monde extérieur exerce réciproquement sur lui.

Les phénomènes d'influence occulte dans lesquels l'être humain joue un rôle actif se divisent à leur tour en deux groupes : les uns se produisent spontanément, involontairement et mécaniquement, pour ainsi dire ; les autres sont des actes voulus et plus ou moins réfléchis. A cette dernière catégorie appartiennent les manifestations si particulièrement surprenantes dans lesquelles notre agent hypothétique sert d'instrument et de matière à la pensée pour produire des idées qu'on peut dire corporelles, c'est-à-dire des projections objectives d'elle-même pouvant manifester les formes et les énergies propres aux choses réelles que ces idées représentent dans notre esprit.

Nous rencontrons à chaque pas dans la vie ordinaire des cas du premier groupe, dont leur vulgarité nous empêche de remarquer la signification profonde. Telle est par exemple la contagion du bâillement, qui sans doute le plus souvent est de nature suggestive, c'est-à-dire imitative, mais qui parfois aussi a une cause tout autre. C'est ce qui a lieu quand le bâillement se communique entre personnes se tournant le dos et n'ayant aucune connaissance du petit phénomène respiratoire qui se produit chez leur voisin, qui peuvent même ignorer jusqu'à ce voisinage. Une impression d'inconcevable malaise moral allant parfois jusqu'à paralyser nos facultés et notre langue, à nous troubler, à nous décontenancer, au milieu d'une réunion, sera due à la présence d'une certaine personne que nous n'aurons pourtant pas aperçue, ceci pour dire que l'impression ressentie ne peut s'être produite par le canal de l'imagination. L'effet opposé s'observe également et dans des conditions semblables : Vous étiez affaissé, écrasé sous un poids d'indéfinissable gêne qui vous rendait sot et muet ; tout à coup l'assurance vous revient, vous redevenez maître de vous-même, votre esprit s'éclaire comme par miracle, les idées vous viennent en foule

Et les mots pour *les rendre* arrivent aisément.

Et ce miracle, ce qui l'a produit, c'est tout simplement l'entrée dans la salle — à votre insu et sans que vous vous en soyez avisé — d'un individu « sympathique », dont la seule approche a le pouvoir *physique*, bien qu'invisible, de vous influencer en bien, de même que l'être « antipathique » vous influencera également en mal. (Faisons observer en passant que les mots « sympathique » et « antipathique » qui dans leur acception accoutumée réveillent l'idée d'attrait ou d'aversion, seraient avantageusement remplacés, dans le cas qui nous occupe, par les expressions de *eupathique* et de *dyspathique*.)

Les personnes qui exercent ces influences de nature indifférente, bonne ou mauvaise, en sont généralement inconscientes. Il en est de même, je suppose, de la plupart des individus qui, d'après la croyance populaire, ont le don du « mauvais œil ».

J'ai connu des magnétiseurs qui se plaignaient d'être *saignés à blanc* par tel ou tel « sujet », rien que par son approche, et sans qu'ils eussent actuellement aucune intention de le magnétiser, tout au contraire. Ce sujet, disaient-ils, aspirait leur « fluide », du reste sans le vouloir et sans y penser.

Je me permettrai de faire un rapprochement entre ce fait et un certain épisode de la carrière thaumaturgique du Christ. C'est ce que l'évangéliste rapporte de Jésus, qui étant pressé, foulé par la multitude qu'il haranguait, s'interrompt tout à coup pour se plaindre que *quelqu'un l'a touché*. Sur quoi l'apôtre Pierre lui ayant exprimé son étonnement d'une semblable remarque, le Seigneur explique qu'*il a senti une vertu qui s'échappait de lui*. Et l'évangéliste ajoute que, se voyant découverte, une femme de l'assistance fait l'aveu que, affligée depuis longues années d'une perte de sang que les médecins n'avaient pu guérir tout en la ruinant en consultations et en remèdes, elle s'était avisée de toucher le vêtement de Jésus, confiante qu'il en résulterait un bien pour elle, ce qui en effet s'était réalisé sur l'heure (1).

Il est toutefois à observer que, dans ce dernier exemple, c'est l'*émission* seule de la force ou vertu biomagnétique qui a été involontaire, la *soustraction* en ayant eu lieu au contraire par un effort intentionnel bien caractérisé.

N'y aurait-il pas lieu de comprendre dans cette catégorie des effets involontaires du biomagnétisme, une *contagion biomagnétique* dont seraient susceptibles certaines maladies? Je suis porté à penser qu'il en est ainsi, en présence de ce fait si remarquable — quoique bien peu remarqué des médecins — que lorsqu'une épidémie atteint une famille, ce ne sont pas seulement ceux de ses membres habitant actuellement le lieu contaminé qui pourront prendre le mal, mais aussi ceux qui résident dans des localités indemnes plus ou moins éloignées, et qui n'auront eu aucun contact direct ou indirect avec les premiers. J'ai eu

---

(1) *Et mulier quædam erat in fluxu sanguinis ab annis duodecim, quæ in medicos erogaverat omnem substantiam, nec ab ullo potuit curari : — Accessit retro, et tetigit fimbriam vestimenti ejus; et confestim stetit fluxus sanguinis ejus. — Et ait Jesus : Quis est qui me tetigit ? Negantibus autem omnibus, dixit Petrus, et qui cum illo erant : Præceptor. turbæ te comprimunt, et affligunt, et dicis : Quis me tetigit ? — Et dixit Jesus : Tetigit me aliquis ; nam ego novi virtutem de me exiisse. — Videns autem mulier quia non latuit, tremens venit, et procidit ante pedes ejus; et ob quam causam tetigerit eum, indicavit coram omni populo, et quemadmodum confestim sanata sit.* Luc, viii, 43. Il est curieux de remarquer que l'auteur de ce récit, saint Luc, était médecin.

sous les yeux des cas multiples et bien frappants de ce phénomène pour ce qui est de la fièvre typhoïde.

Je suis également porté à croire que l'attrait irrésistible ou l'aversion insurmontable que nous éprouvons pour certaines personnes sans aucune cause appréciable est le contre-coup moral d'un état physique d'attraction ou de répulsion mutuelle existant entre nos atmosphères biomagnétiques individuelles.

Ces quelques exemples suffiront pour donner une première idée de ce qui distingue le phénomène du rayonnement ou émission involontaire de la force biomagnétique ou mesmérique. Voici maintenant quelques indications illustratives du phénomène opposé, c'est-à-dire de l'action magnétique voulue.

Comme spécimens familiers de cet ordre, signalons d'abord la poignée de main, le baiser, l'accolade, actions machinales sans doute, mais volontaires quoique non raisonnées, dont le but caché paraît être d'établir d'une personne à l'autre un lien, un « rapport » magnétique de sympathie.

Certaines pratiques, devenues presque vulgaires parmi nous depuis Mesmer, accusent plus nettement encore les caractères du genre ; ce sont celles de la « magnétisation », qui s'exerce, soit à l'aide de « passes », ou du regard soutenu, ou simplement d'une tension énergique, mais toute intérieure, de la volonté du « magnétiseur », soit en faisant usage d'objets préalablement soumis à une préparation « magnétique ».

Ces pratiques modernes et profanes ont leur pendant, ou plutôt leur modèle, dans le rituel de la thaumaturgie sacrée ou magique. Elles se retrouvent notamment dans l'imposition des mains, qui fut la grande panacée de la médecine religieuse chez les anciens, avec les attouchements et les insufflations ; dans les *indigitamenta ;* dans l'usage des huiles saintes, des eaux lustrales ou bénites, des amulettes, talismans, reliques et mumies. Dans cette même catégorie rentrent encore les cérémonies de la bénédiction, de la malédiction, de la conjuration, de l'exorcisme, et la plupart des sortilèges ; elle comprend en outre la « médecine sympathique » et la « transplantation des maladies », mises en vogue à diverses époques par

Paracelse, Van Helmont et autres, et dont la tradition se maintient jusqu'à présent chez les sorciers-médecins de nos campagnes, tandis que deux vrais savants, le Dr Luys et le colonel de Rochas, se donnent pour tâche d'opérer la restauration scientifique de ces deux *superstitions.*

Dans mon pays de Rouergue, qui, tout montagneux qu'il est, est bien en même temps l'un des moins superstitieux de France, j'ai constaté l'usage chez quelques empiriques à secrets de famille de traiter certaines maladies, chez le bétail principalement, de la façon suivante : Le guérisseur cueille une plante d'une certaine espèce — que je n'ai pas eu l'occasion d'observer et de déterminer — la met dans sa poche, et, cela fait, s'approche du malade et le regarde attentivement, après quoi il se retire, bornant là son traitement. Mais il garde sur lui précieusement la plante merveilleuse, et à mesure qu'elle se dessèche et tombe en débris, le mal se dissipe. D'autres prétendent faire disparaître les verrues, et y réussissent fort bien à ce qu'on assure, en les comptant une à une et mettant à pourrir dans un endroit humide un nombre exactement égal de haricots. Le grand Bacon raconte, dans son *Sylva sylvarum* — un tout petit livre bien curieux, auquel son titre grandiose ferait supposer des dimensions tout autres — qu'étant écolier à l'Université de Paris, il avait les mains couvertes de ces vilaines excroissances. Rien n'avait pu l'en débarrasser, quand il essaya, en désespoir de cause, d'une recette de bonne femme qui lui fut conseillée par son hôtesse. On coupa une pomme en deux, on frotta les verrues avec la tranche de chaque morceau, on réunit ensuite les deux moitiés du fruit par leurs faces d'adaptation, et la pomme ainsi reconstituée fut placée sous une pierre au fond d'une cave. Le jeune Bacon eut bientôt la joie de se voir des mains aussi présentables que celles de n'importe qui.

Il faut noter encore dans le même ordre d'idées la collation des dons surnaturels, don de guérir par l'imposition des mains, don des langues, et le don des miracles en général. Mais après les grands prodiges de l'évocation et de la résurrection des morts, qui relèvent du même facteur thaumaturgique, le triomphe du biomagnétisme actif est dans ce que les Anglais ont dans ces derniers temps baptisé du nom de *télépathie*.

D'après son étymologie (*tele,* loin ; *pascho*, je souffre, j'endure, je subis, je supporte, je ressens), ce mot comporte essentiellement une signification de passivité. Cependant les faits auxquels on l'applique peuvent être considérés sous ces trois points de vue très distincts : Un point de vue actif, celui relatif à l'être agissant ; un point de vue passif, se rapportant à l'être patient ou percipient ; et enfin un point de vue moyen ou phénoménal, qui a purement trait à la nature en soi du phénomène. Il se trouve de plus que le mot *télépathie*, qui, répétons-le, implique étymologiquement une idée de passivité, paraît, au contraire, dans l'emploi qu'on en fait habituellement, viser surtout la cause agissante et l'action d'où résulte l'effet produit.

Malgré ce défaut d'adaptation étymologique, j'opine pour que l'expression soit conservée et que, pour éviter de surcharger la nomenclature de la nouvelle science, les mots *télépathie* et *télépathique* deviennent une désignation générale et neutre de la classe de faits en question, quel que soit celui de leurs trois différents aspects sous lequel on l'envisagera actuellement, sauf, pour les distinguer, à ajouter au nom commun une épithète spécifique.

Trente ans environ avant qu'il fut question de télépathie, j'avais signalé et fixé les distinctions méthodiques ci-dessus en appelant *hypercinésie* la faculté d'agir à distance par la pensée, et *hyperesthésie* la faculté de ressentir, de percevoir cette action occulte, et d'une manière générale toutes les impressions représentatives ou autres de l'agent biomagnétique. (Voir mon ELECTRODYNAMISME VITAL, Paris, 1855, page 317.)

Nous en sommes pour le moment à traiter du biomagnétisme en général en tant qu'il est actionné par l'homme et sert d'instrument à sa volonté ; c'est donc la « télépathie *active* » que nous avons premièrement à considérer.

Il est un jeu de société, connu en Angleterre sous le nom de *willing game*, qu'on peut mentionner ici tout d'abord à titre de spécimen de télépathie active réduite à sa plus simple expression, mais qui d'ailleurs suffirait pour établir que les modes de la pensée se propagent matériellement à travers l'espace à l'instar des modes du son et des modes de la lumière, et comme eux sans doute à l'aide d'un véhicule spécial. Voici l'expérience : Vous étalez des cartes à jouer sous les yeux d'une personne ; vous l'invitez à choisir mentalement une de ces cartes, en l'avertissant que vous saurez deviner son choix. Or, ce sera vous-même qui réussirez à déterminer ce choix en portant fortement votre attention sur une des cartes, et en *voulant* énergiquement qu'elle soit *pensée* par votre partenaire.

Dans la conception la plus large et la plus rationnelle de la chose, on doit entendre par télépathie active la production par la volonté, ou — pour employer une expression plus juste que la théologie a consacrée — par *l'intention*, de deux sortes d'effets qu'il importe de ne pas confondre. Cette « intention » de l'agent humain tantôt s'exerce à distance sur une deuxième personne, qui à ce moment peut être absente et plus ou moins éloignée, sans qu'on sache même le lieu où elle se trouve présentement, et qui de son côté ignore entièrement de quelles manœuvres mystérieuses elle est l'objet. Et cette pensée active d'autrui, portée à travers l'espace, s'en va imprimer directement sur l'esprit du patient ou sur son être physique des modifications voulues, prédéterminées, et particulièrement celles qui consistent à faire surgir en lui des idées toutes faites, qui vous arrivent on ne sait d'où, ou bien encore à y peindre — par quel procédé ? c'est là le mystère — l'image vivante de celui qui est en train d'opérer de loin le prodige, ou tout autre image de personnes ou d'objets réels, mais placés actuellement hors de la portée de la vue naturelle. Tantôt, la même « intention », se comportant en vrai démiurge, produit, non plus des représentations purement subjectives, c'est-à-dire sans existence en dehors de l'esprit qui les perçoit, et analogues à celles du rêve ou du souvenir, mais des projections vraiment objectives et matérielles — bien que matérielles de cette mystérieuse matière que nous sommes convenus d'appeler biomagnétique sans la connaître autrement que par quelques-uns de ses effets — lesquelles simulent des personnages actuellement existants ou ayant existé, ainsi que toute sorte d'objets, objets vivants ou autres, ayant ou ayant eu quelque part une existence réelle. Et ces tableaux magiques ne sont pas toujours tels que ceux d'une toile peinte, où les figures ne forment qu'une surface plate; et ils ne sont pas non plus seulement comparables à ceux que nous offre la statuaire, bien qu'en relief et présentant à l'observateur tous les aspects de la ronde bosse; ce sont plutôt des tableaux vivants et agissants qu'on pourrait comparer à une scène de théâtre, où les acteurs ne se bornent pas à figurer des personnages immobiles, mais qui les représentent en action.

Les *Proceedings of the Society for Psychical research*, c'est-à-dire les Bulletins de la Société anglaise de recherches psychiques, et les *Annales des sciences psychiques* publiées à Paris par le Dr Dariex sous le patronage et avec la collaboration zélée du professeur de physiologie de la Faculté de médecine de Paris, le Dr Charles Richet, sont deux recueils périodiques spécialement consacrés à la publication et à l'analyse critique d'observations contemporaines relatives à des faits de cet ordre extraordinaire. Avant d'être publiés, les faits relatés ont été soumis le plus souvent, par les soins de la rédaction, à de sérieuses enquêtes, dont les procès-verbaux sont également placés sous les yeux du lecteur.

J'ai déjà fait connaître (voir ma préface) les notabilités les plus considérables dont se recommandait la Société de Psychologie physiologique de Paris, momentanément dissoute; je crois qu'on ne me saura pas mauvais gré d'interrompre un instant mon exposé pour fixer l'opinion de ceux qui me lisent sur l'autorité morale, scientifique et philosophique qu'on peut accorder à la Société étrangère qui a pour organe les *Proceedings* précités. En parcourant l'interminable liste des membres de la « Society for Psychical research » publiée en janvier 1892 (plus de 800 membres), mes yeux s'arrêtent au passage sur les noms suivants, qui en diront assez sur la composition de la

4

compagnie qu'ils honorent de leur *fellowship*. Parmi les membres du bureau, je relève, comme président, le professeur Henry Sidgwick, de l'Université de Cambridge ; comme vice-présidents : le Très Honorable A.-J. Balfour, membre du Parlement, et membre de la Société Royale (la Royal Society, qui représente en Angleterre, soit dit une fois pour toutes, notre Académie des Sciences) ; le professeur W.-F. Barrett, du Royal College of Science de Dublin ; le professeur William James, du Collège Harward (Etats-Unis), cette grande école où professait le célèbre naturaliste Agassiz ; le professeur S.-P. Langley, de la Smithsonion Institution de Washington (Etats-Unis) ; lord Raley, de la Société Royale, et l'évêque de Ripon (1). Parmi les membres du Conseil d'Administration, je note : le comte de Crawford et Belcarres, m. de la Société Royale ; l'illustre physicien William Crookes, m. de la Société Royale, auquel on doit la découverte du thallium, et qui est l'auteur de la théorie physique du quatrième état de la matière ; sir Frederick Leighton ; le célèbre philosophe John Ruskin ; le grand poète lord Tennyson, mort depuis peu ; Alfred Russell Wallace, connu comme naturaliste et comme ami et collaborateur de Darwin ; encore cinq professeurs de sciences, tous membres de la Société Royale ; et enfin, l'on ne saurait mieux finir, nommons le Très Honorable W.-E. Gladstone, membre du Parlement, aujourd'hui premier ministre du royaume d'Angleterre.

Parmi les membres correspondants étrangers, on remarque les Drs Beaunis et Bernheim, professeurs de médecine à la Faculté de Nancy ; le D[r] Ch. Richet, professeur de médecine à la Faculté de Paris ; M. Liégeois, professeur à la Faculté de droit de Nancy ; M. d'Abbadie, de l'Académie des sciences ; M. Sabatier, professeur de zoologie à la Faculté des sciences de Montpellier ; le Dr P. Bodwitch, professeur de médecine à

(1) A côté des nombreux ecclésiastiques protestants de diverses communions, membres de la Société, on remarque quelques prêtres catholiques, notamment le P. R.-F. Clarke, de la Société de Jésus, qui dans une réunion générale tenue le 2 décembre 1892 a fait une communication très écoutée sur les « miracles » de Lourdes.

l'Université du Massachusetts (Etats-Unis); le Dr Eduard de Hartmann, philosophe marquant de l'Allemagne; le Dr Heinrich Hertz, professeur à la Faculté de médecine de Bonn; le Dr Lombroso, très célèbre aliéniste italien, professeur à la Faculté de médecine de Turin; M. Ribot, professeur au Collège de France; M. Taine, de l'Académie française, etc., etc.

Si, comme cela se bourdonne à mes oreilles, c'est être fou à lier que de prendre au sérieux « ces histoires de l'autre monde », ces contes bleus dont j'ose entretenir ici le lecteur, on se console presque de cette disgrâce en songeant en quelle compagnie on la partage : tout simplement l'élite de l'intelligence et du savoir. En sus il y a lieu de se demander si rompre avec de semblables fous, ce n'est pas s'unir à des sages dont la sagesse a de tels faux airs d'ânerie que c'est à se tromper absolument à la ressemblance. Cela dit, revenons à nos moutons.

Un ouvrage anglais sous le titre de *Phantasms of the living* (littéralement, *Fantômes de personnes vivantes*) a été publié il y a quelques années par trois membres de la Society for Psychical research, dont deux anciens professeurs de l'Université de Cambridge. Cette publication a fait grande sensation en Angleterre parmi les esprits cultivés. M. le professeur Ch. Richet l'a jugée assez importante pour en faire faire une traduction française en abrégé pour laquelle il a écrit une magistrale préface. Le livre français est intitulé : LES HALLUCINATIONS TÉLÉPATHIQUES, *par MM. Gurney, Myers et Podmore*. Traduction de *M. Marillier*, maître de conférences à l'Ecole des Hautes études, avec une préface de *M. le professeur Ch. Richet*, 1 fort vol. in-8° de la Bibliothèque de Philosophie contemporaine. Paris, 1891.

Pour achever de montrer combien les phénomènes si étranges et si énigmatiques ici en question sont gravement considérés maintenant en haut lieu scientifique, et avec quel intérêt, nous ajouterons que dans une de ses dernières séances la Société de Psychologie physiologique de Paris a pris au sujet de ces faits une délibération qui fera date dans l'histoire de la science.

Les *Annales des Sciences Psychiques*, n° de Juillet-Août 1891, ont publié l'avis suivant :

« VOTE DE LA SOCIÉTÉ DE PSYCHOLOGIE-PHYSIOLOGIQUE. — La Commission de la Société de Psychologie, dont nous avons parlé à nos lecteurs, a proposé à la Société de Psychologie la motion suivante, qui a été adoptée à l'unanimité lors de la dernière séance :

» LA COMMISSION EST D'AVIS QUE LES FAITS DONNÉS COMME HALLUCINATIONS TÉLÉPATHIQUES SONT ASSEZ NOMBREUX ET ASSEZ INTÉRESSANTS POUR MÉRITER L'ATTENTION ET LA DISCUSSION. »

Il faut s'arrêter ici un instant pour faire observer que le problème qui se pose à la science dans ce que le document ci-dessus appelle abusivement *hallucinations* télépathiques, se complique singulièrement d'une circonstance imprévue ; c'est que ce ne sont pas seulement les vivants et les mourants qui auraient le pouvoir de susciter ces visions de leur personne, mais que les trépassés eux-mêmes, les trépassés surtout, posséderaient cette remarquable faculté, et la posséderaient à un degré éminent. Telle est, en effet, la conclusion qui semble résulter de l'ensemble des observations publiées ; c'est aussi celle qui a été adoptée par une grande partie de la Société de Londres, ayant de son côté le naturaliste Russell Wallace, lequel vient d'exposer sa manière de voir dans un écrit intitulé : ETUDES SUR LES APPARITIONS. Et maintenant les *Annales des Sciences Psychiques*, sans prendre ouvertement parti, témoignent néanmoins d'une façon non équivoque de la considération et de l'intérêt que la thèse de M. Wallace leur inspire en publiant intégralement une traduction française de son livre en une série d'articles.

Rappelons à présent une chose que personne n'ignore, c'est que les apparitions ont eu leur place dans la vie des peuples, aussi bien que dans les fictions des poètes, et que notamment le fantôme télépathique moderne est facile à reconnaître dans l'*idolon* de l'hiérographie grecque. *Mox apparebat idolon, senex macie et squalore confectus, promissa barba.* PLINE, *in Epist.*

Il y aura de profondes différences à noter dans les faits télépathiques. Ainsi, tous les thaumaturges de cette catégorie ne s'en tiennent pas à envoyer leur simulacre au loin tandis que leur corps en chair et en os, comme on dit, reste en place ; certains se transportent instantanément à des distances plus ou moins considérables, tout entiers et tout d'une pièce, ne laissant quoi que ce soit de leur personne après eux. Apollonius de Tyane, grand thaumaturge et grand saint du paganisme, aurait été coutumier du fait, s'il faut en croire son biographe Philostrate. Mais pourquoi ne le croirait-on pas, alors que certaines des histoires les plus fabuleuses qu'il rapporte ne présentent aucune différence essentielle avec d'autres qui sont racontées, soit dans les *Proceedings*, soit dans l'*Etude sur les Apparitions* de M. Wallace (1), soit dans les *Annales* du Dr Dariex, appuyées sur des témoignages contemporains qu'on regarde comme inattaquables ?

Un ancien missionnaire catholique aux Indes, le P. Rouchet, qui a laissé dans le monde ecclésiastique une réputation de véracité scrupuleuse, dit-on, n'affirme-t-il pas *avoir vu* un catéchumène indigène qu'il allait baptiser lui être *soufflé* soudain par magie, et se trouver transporté instantanément du chemin qui conduisait à l'église dans un autre (*Lettres Edifiantes*, t. VII, p. 303) ?

Dans les cas qui paraissent être les plus fréquents, où pour faire une apparition plus ou moins lointaine, le corps, le vrai corps de l'individu apparaissant ne subit pas de déplacement et n'est représenté que par son fantôme, deux états différents peuvent se produire. Ou bien ce corps pondérable, ce corps « naturel », qui reste à demeure, ne subit actuellement aucune modification physiologique appréciable et offre notamment tous les signes d'un état de veille normal, ainsi que cela a lieu, paraît-il, généralement dans la télépathie expérimentale moderne ; ou bien il tombe dans un coma profond, qui persiste

---

(1) ETUDE SUR LES APPARITIONS, *par Alfred Russell Wallace*, traduction française, à la Librairie Spirite, Paris.

pendant toute la durée du prodige. Un exemple frappant, et authentique s'il en est, de ce dernier mode de *bilocation* (terme de la langue ecclésiastique) nous est fourni dans le procès de béatification d'Alphonse-Marie de Liguori, mort en 1787 et béatifié en 1816. Le saint homme, alors à Scala, dans le royaume de Naples, resta deux jours dans un état d'insensibilité et de mort apparente, durant lesquels il s'était transporté à Rome en esprit pour assister le pape Clément XIV à ses derniers moments. De même, les habitués du Sabbat ne se rendaient-ils pas à leurs assemblées diaboliques de toute leur personne, mais seulement de leur esprit et de leur fantôme, laissant à la maison le corps proprement dit, et dans un état d'engourdissement qui en faisait une masse inerte. Des expertises médicales ont souvent établi ce dernier fait dans les procès de sorciers.

Avant de nous étendre davantage sur cet intéressant chapitre, il convient de revenir un peu sur nos pas pour nous occuper à son tour du deuxième des deux grands groupes entre lesquels nous avons sommairement partagé les manifestations de l'influence biomagnétique, c'est-à-dire du groupe où les phénomènes sont envisagés dans leur rapport avec l'homme alors que celui-ci est dans son rôle passif vis-à-vis d'eux.

Dans ce rôle de patient ou de percipient, l'homme (et les animaux partagent avec lui, assure-t-on, cette faculté) subit ou perçoit, à la faveur d'un état spécial, accidentel ou artificiellement obtenu, de *sensibilisation* (pour emprunter une heureuse comparaison à la photographie), les rayonnements ou émissions biomagnétiques du monde ambiant, que ces émissions ou rayonnements soient spontanés ou qu'ils soient volontaires ; et cette radiation occulte a le pouvoir d'opérer comme un succédané avantageux de la lumière et des vibrations sonores ; et qui plus est, elle agit sur tous les sens indistinctement, et communique à chacun d'eux une impression corrélative exacte des objets les plus lointains et les plus cachés ; et non pas seulement des objets actuels, entendons-nous bien, mais aussi, à ce qu'on assure, des objets passés, et en sus, pour achever de confondre notre pauvre raison, des objets à venir !

Les oracles publics, les augures, et aussi les simples voyants, nécromants et devins, ancêtres de nos somnambules lucides, jouissaient d'un grand crédit, comme on sait, dans l'antiquité. Le don de seconde vue, joint ordinairement à divers autres dons miraculeux, est l'apanage, dans toutes les peuplades sauvages, d'une classe d'individus qui cumulent les fonctions de prêtre et de médecin. Chez les peuples barbares et les peuples civilisés, ce don est l'un des attributs de la sorcellerie populaire.

Mais mon objet n'est pas de me livrer ici à une revue complète et à une analyse approfondie des formes si variées du protée biomagnétique ; j'ai voulu simplement caractériser au moyen de quelques exemples les trois grandes catégories primordiales de faits de cet ordre, c'est-à-dire, premièrement, les faits qui se manifestent par l'activité involontaire de l'homme ou par toute autre activité étrangère à ce dernier, et que pour cette raison j'appellerai elliptiquement faits actifs involontaires ; secondement, les faits dus à l'activité volontaire de l'homme, ou, par abréviation, faits actifs volontaires ; et, troisièmement, les faits qui consistent dans les impressions faites sur l'homme, sur ses sens, sur ses fonctions et ses organes, par l'action biomagnétique extérieure, autrement dit les faits passifs. Il me reste maintenant, suivant mon programme, qui n'est que celui d'un succinct et rapide aperçu, à appeler l'attention du psychologue, du physiologiste et du physicien sur quelques-uns des problèmes que pose à la science chacune de ces trois classes de faits énigmatiques que nous venons de passer en revue.

Une chose doit frapper, ce me semble, tout esprit doué de réflexion : c'est que les phénomènes qui viennent d'être considérés, bien entendu en les supposant prouvés — et il est vraiment difficile de n'y voir que des fables quand, en outre des témoignages anciens, sacrés ou profanes, ils se réclament de preuves modernes et contemporaines innombrables et assez imposantes pour être jugées sincères et valables par des experts aussi compétents et aussi bien sur leurs gardes qu'on doit supposer être ces sommités scientifiques de France et de l'étranger dont nous avons constaté la présence à la tête du mouvement d'idées dont il s'agit — ce qui doit frapper, dis-je, à la vue de ces faits quiconque n'est pas tout à fait dépourvu d'esprit philosophique et de sens étiologique, c'est qu'il faut inéluctablement en conclure à l'existence d'un ordre physique et physiologique occulte qui formerait comme la contre-partie et comme l'envers — ou plutôt l'endroit, peut-être — de l'ordre physique et physiologique apparent, seul considéré jusqu'ici par la physique et la biologie positive, qui étaient à mille lieues de se douter qu'elles avaient encore des droits sur tout un autre domaine immense baignant dans le mystère de l'invisible.

Quelle conception y a-t-il à se former de la nature de la force biomagnétique ou mesmérique ? Comment se produit-elle, et quelles sont ses propriétés ? Quelles sont les lois suivant lesquelles elle entre en mouvement, se propage et opère ? Comment par son moyen une idée pure prend-elle un corps, et à l'aide de ce corps devient-elle, par l'intention de l'être pensant, un remède, un poison, un hypnagogique, un anesthésique, ou bien encore se transmet-elle mystérieusement d'un cerveau à un autre ? Ou bien enfin comment, par la vertu de cette même force, cette pensée corporifiée devient-elle dans certaines circonstances un véritable objet matériel occupant une certaine portion déterminée de l'espèce, et que l'observateur, suivant sa situation relative, peut voir successivement sous les différentes faces d'un solide ? Et comment cette création fantastique, en outre qu'elle agit de la sorte sur nos sens, peut-elle agir en plus sur les corps de toute sorte, manifester un véritable pouvoir moteur, produire des actes quasi musculaires et manuels, et opérer comme avec une arme, comme avec un outil, etc. ?

Et maintenant retournons la question, regardons-la sous son aspect complémentaire. Après nous être demandé les secrets de la force mesmérique en tant que puissance propre, demandons-nous par l'intermédiaire approprié de quelles dispositions organiques de l'homme cette puissance réussit à agir sur lui, à le modifier, et notamment à déterminer sur ses divers sens des impressions semblables à celles que produisent les agents spéciaux ordinaires, tels que la lumière, le son, les substances sapides, les émanations odorantes, etc., et des impressions véritablement représentatives, fidèles, c'est-à-dire en pleine conformité avec les qualités des objets représentés, étant entendu que ces objets appartiennent au monde de la réalité ordinaire, au monde dit naturel.

Je ne sais plus quel roi asiatique avait eu la fantaisie, voulant éprouver l'oracle de Delphes, de l'interroger sur ce qu'il ferait, dans son palais d'Asie, à certains jour et heure désignés. Ce moment venu, la Pythie, montée sur son trépied, accuse une odeur de poisson frit qui lui monte à la gorge; puis elle croit distinguer un personnage qui tient exposé au-dessus d'un fourneau un vase de forme singulière. Bref, le despote oriental s'était ingénié à trouver une action particulièrement insolite chez un monarque; il s'était transformé en cuisinier pour un instant, et pour ajouter encore aux difficultés de la tâche proposée à la divinité delphienne, c'est une tortue qu'il avait voulu cuire, et c'est dans un bouclier d'airain qu'il avait décidé de faire cet apprêt. Eh bien, pour ceux qui admettent la réalité ou la possibilité d'un tel fait ou de tout autre semblable, une réflexion, ce me semble, doit se présenter d'elle-même à l'esprit ; c'est que pour s'expliquer que la prêtresse somnambule ait pu flairer, et aussi peut-être goûter, et voir, et puis probablement entendre, les choses olfactibles, gustables, audibles et visibles qui se trouvaient actuellement à trois cents lieues d'elle ou plus, les propriétés de la lumière, celles du son, celles des émanations odorantes, et celles des solutions sapides, d'une part, et, d'autre part, les dispositions réceptives des organes visuels, auditifs, olfactifs et gustatifs dont l'anatomie et la physiologie nous enseignent le mécanisme, sont autant de données d'une insuffisance absolue, ou plutôt d'une entière inutilité. Et ce premier point établi, une autre conséquence en découle irrésistiblement : c'est que l'exercice des sens et la perception par eux d'impressions objectives *véridiques* dans les conditions télépathiques suppose nécessairement l'intervention et d'un agent ou d'agents physiques de sensation et d'organismes récepteurs de nature occulte, sans analogie avec ceux dont la physique ou la physiologie se sont occupées jusqu'à ce jour.

Et cela dit, je vais plus loin : Si nos organes périphériques des sens sont conformés d'une façon étroitement et exclusivement correspondante aux propriétés des agents spéciaux respectifs, une adaptation réciproque analogue existe entre les organes centraux ou cérébraux de la sensation et ces organes périphériques, qui n'en sont qu'un prolongement ; et conséquemment l'organisation des centres sensoriels doit se trouver adéquatement adaptée à la nature des agents externes de la sensation, d'où cette conséquence finale que, dans la perception télépathique, le cerveau et les organes de sensation proprement dits sont également et essentiellement étrangers à l'accomplissement du phénomène...

Mais alors ? Mais alors ??? — J'en fais volontiers l'aveu, de pareilles conclusions soulèvent à leur tour des questions nouvelles, que l'esprit ne peut envisager sans trouble. Mais il est trop tard pour revenir en arrière ; le grand, le formidable problème vient d'être mis sur le tapis de la physiologie positive, expérimentale et officielle, et il devient par là la question du Sphynx, qu'il faut résoudre, ou périr.

Nous venons d'induire de l'analyse des faits proposés que ni les agents physiques des sensations spéciales qui dans l'ordre dit naturel mettent en rapport nos sens avec les objets sensibles, ni les parties de notre organisme, périphériques ou centrales, dont la fonction est de recevoir l'impression de ces agents et de la transmettre au centre psychique, n'ont part au phénomène des perceptions télépathiques, et que ce phénomène implique l'existence cachée, mystérieuse, mais mathématiquement nécessaire, *d'une autre nature d'agents et d'une autre nature d'organes*. Or, la considération des faits de télépathie active, des apparitions agissantes principalement, mène à la même conclusion, et d'une manière non moins inévitable.

L'Eglise a forgé le mot de « bilocation » pour désigner un don miraculeux spécial qu'elle attribue à quelques-uns de ses saints, le don d'être présent simultanément en deux différents lieux. Prise à la lettre, une telle définition constitue une absurdité mathématique, celle qui consisterait à admettre qu'un même point matériel puisse occuper à la fois deux points distincts de l'espace. Mais si l'expression est paradoxale, le fait prétendu auquel elle s'applique n'a rien en lui-même qui soit contraire à l'évidence, une fois que par un examen raisonné on l'a réduit à ses justes proportions. Prenons un exemple dans l'agiographie chrétienne, et revenons à notre saint Liguori, mentionné plus haut, qui est apparemment le canonisé le plus récent ayant offert le miracle en question.

Voici donc Alphonse de Liguori pris de syncope au milieu de ses moines du couvent de Scala, dans le royaume de Naples, Principauté Citérieure, et demeurant deux jours et deux nuits consécutifs en état de léthargie. Et maintenant l'Eglise nous affirme — en invoquant des témoignages qu'il est inutile pour le moment de relater et de discuter — que durant le cours de ce long sommeil Alphonse était à Rome, au Vatican, auprès du pape à son lit de mort, *pour l'assister dans ses derniers moments*, nous est-il formellement dit, ce qui signifie sans doute pour administrer les derniers sacrements au pontife et fortifier son âme par des exhortations en face de la suprême épreuve.

Je prends le fait tel que l'Eglise nous le donne. Le contester, et même le réfuter victorieusement, servirait de peu; en effet, après comme avant, nous nous heurterions à une multitude sans nombre de faits télépathiques actuels de même ordre, et plus extraordinaires encore, s'il est possible, et qui s'appuient sur tout un appareil scientifique de preuves testimoniales et de vérifications expérimentales absolument imposant. Si j'ai pris le cas d'Alphonse de Liguori comme type, c'est en considération de sa notoriété et de la valeur que la sanction ecclésiastique est faite pour lui donner aux yeux d'une classe nombreuse de lecteurs.

Ces observations faites, je dis que pour admettre, ne fut-ce que par hypothèse, que le cénobite de Scala passa quarante-huit heures dans sa retraite, en plein royaume de Naples, plongé dans un sommeil profond, et que durant les mêmes quarante-huit heures il était dans le palais du Vatican, activement occupé à donner les secours de la religion à Clément XIV mourant, il y a lieu à un sérieux *distinguo*. A peine de tomber dans une flagrante contradiction dans les termes, on ne peut soutenir que ce qu'il était resté dans le pays de Naples de la personne de notre saint se trouvait identiquement à Rome dans le même temps ; et, réciproquement, que cette portion de lui-même qui s'était transportée à Rome, et y avait résidé tout ce temps, n'avait point nonobstant bougé de place, et n'avait pas cessé un seul instant d'être clouée sur sa couche à cinquante ou cent lieues de là. Donc c'est *une* chose qui dormait actuellement, insensible et inerte, au couvent de Scala ; et c'est une *autre* chose qui veillait à la même heure auprès du pape et déployait un zèle actif à préparer un homme à mourir. Ainsi *bilocation* est une expression qui rend inexactement le fait proposé, et *dislocation* serait à tout prendre préférable.

Il convient de préciser davantage, et à cette fin posons-nous les questions suivantes : Le Liguori qui s'était rendu à Rome dans les circonstances miraculeuses ci-dessus avait-il, pour effectuer ce voyage, fait usage des membres locomoteurs du Liguori resté endormi, et tel qu'un cadavre, en plein pays napolitain ? Non, puisqu'il est admis que ces membres étaient entièrement privés de mouvement. Et pour s'expliquer que le Liguori qui rendait visite au pape pût se faire voir et se faire entendre à ce dernier, peut-on supposer que ces phénomènes d'optique et d'acoustique s'opéraient, d'un côté, par la réflexion de la lumière éclairant actuellement le corps léthargique du visiteur, qu'il avait laissé à cent lieues derrière lui, et, de l'autre côté, par l'action de l'appareil vocal de ce même corps sur l'air ambiant, mettant cet air en vibrations, lesquelles vibrations, modulées en sons articulés, se seraient de la sorte propagées du royaume de Naples à Rome, jusqu'au tympan du Saint-Père ? Une telle supposition est encore en complet désaccord avec la donnée fondamentale du problème. Dès lors que conclure ? Je réponds : Si le fait en cause ou les faits ou prétendus faits semblables qui nous sont décrits journellement dans les publications de la télépathie scientifique sont avérés, sont prouvés, si, en un mot, force nous est de les admettre quoi qu'il nous en coûte, eh bien ! alors une conséquence me semble découler de là avec la plus limpide et la plus irrésistible évidence. C'est que — je l'ai déjà énoncé plus haut — à la nature physique apparente est associée une nature physique occulte, qui est fonctionnellement son équivalente, quoique de constitution toute autre ; c'est que l'organisme vivant que nous voyons, et que l'anatomie dissèque, a également pour doublure (si ce n'est plutôt lui-même qui est la doublure) un organisme occulte sur lequel n'a prise ni le scalpel ni le microscope, et qui pour cela n'en est pas moins pourvu comme l'autre — mieux que l'autre peut-être — de tous les organes nécessaires au double effet qui est toute la raison d'être de l'organisation vitale : Recueillir et transmettre à la conscience les impressions du dehors, et mettre l'activité psychique à même de s'exercer sur le monde environnant et de le modifier à son tour.

Et maintenant, si l'existence distincte et indépendante d'une physique et d'une physiologie occultes à côté de la physique et de la physiologie que nous connaissons, peut s'inférer logiquement des scènes de télépathie active où les acteurs sont des vivants, c'est une démonstration matérielle et péremptoire qui nous en est fournie par les actes télépathiques que, en dépit de toutes les horripilations de la science et de toutes les révoltes du préjugé philosophique, notre raison se voit contrainte et forcée d'attribuer AUX MORTS ! Car si dans l'autre cas on peut encore, en désespoir de cause, imaginer, pour se rendre compte du miracle télépathique, je ne sais quelle propriété nouvelle de la cellule cérébrale de produire toutes les fantasmagories de la télépathie sans l'aide d'aucun organe et d'aucun véhicule apparent, c'est là une branche de salut à laquelle notre rationalisme à l'eau cesse de pouvoir s'accrocher quand ce cerveau, qui pouvait à la rigueur sauver les apparences, n'est plus qu'une pulpe désorganisée et putréfiée, ou même seulement un peu de poussière au fond d'un crâne vide de squelette. Et justement il se rencontre que la Société de Recherches psychiques de Londres, et la rédaction des *Annales des sciences psychiques* de Paris, avec le professeur Charles Richet en tête, ayant organisé de concert une vaste enquête sur les fantômes de personnes vivantes — « phantasms of the living » — les fantômes de cette classe, les seuls scientifiquement admis d'abord, se sont montrés d'une rareté désolante, tandis que, en revanche, c'est par légions que les fantômes des morts sortaient de l'enquête. Et ce n'est pas tout : Ces fantômes de l'autre monde, qui sont sans cerveau, et par conséquent sans cellules cérébrales, se montrent, par une bizarrerie singulièrement paradoxale, en quelque sorte les plus vivants de tous, car ils sont tout au moins les plus bruyants et les plus remuants, et il n'en est pas mal qui ont à leur charge des faits comme ceux-ci : bousculer des meubles, enfoncer des portes, briser de la vaisselle, casser des carreaux, frapper et blesser les gens, et rendre certaines maisons inhabitables au grand et bien naturel désespoir des locataires et des propriétaires.

Le sujet est entraînant, mais il faut savoir se borner. Nous avons beaucoup d'autres points à considérer, et notre intention bien arrêtée est en même temps de ne pas commettre au delà d'un petit volume. Toutefois, avant de fermer le présent chapitre, je tiens à soumettre à nos savants télépathistes une remarque inédite — je la crois telle du moins — qui pourra les intéresser. Je la recommande à toute leur attention et à toute leur sagacité.

Une importante fraction de la Society for Psychical research soutient que l'apparition, le fantôme, est entièrement le produit et la représentation pure de l'idée actuellement présente dans l'esprit de l'individu qu'on suppose être dans tous les cas la cause active du phénomène. Ainsi formulée, cette opinion me paraît une erreur résultant de ce qu'il n'a été tenu compte que des effets obtenus par la télépathie expérimentale contemporaine ou de leurs similaires offerts par les annales du merveilleux, et encore en négligeant certaines des causes qui entrent en jeu dans cette catégorie restreinte. Qu'on me suive attentivement : Vous avez l'intention d' « apparaître » à un ami absent et éloigné, et pour y parvenir vous vous mettez en posture de porter à leur maximum de tension tous les ressorts de votre imagination et de votre volonté suivant les règles du rituel télépathique. Et vous réussissez en effet ; c'est-à-dire que votre ami vous voit tout à coup faire votre apparition au beau milieu de sa chambre toutes portes et fenêtres closes, et il vous voit tel que vous êtes, exactement tel que vous êtes actuellement physiquement parlant. Aussi le « percipient » pourra-t-il au premier instant ne pas se douter qu'il est le jouet d'une opération magique ; c'est bien vous, c'est bien son ami X... ou Y... en chair et en os qu'il est convaincu d'avoir devant lui. Eh bien, quoique n'ayant pas moi-même pratiqué l'expérience en qualité d'acteur, je déclare sans craindre le démenti de ceux qui en sont coutumiers, qu'en opérant ils n'ont point actuellement dans l'esprit l'idée intégrale, claire et distincte, *l'idée adéquate*, de leur individu physique, l'idée de toutes les parties, de tous les traits de leur visage pris individuellement et dans leur ensemble, et pas davantage l'idée de leur stature, de leur maintien, de leur démarche, et, moins encore que tout, une idée photographique de toute leur toilette du moment, avec ses plus insignifiants détails.

On va prévenir ma conclusion et me dire : L'image offerte à la vue du percipient pouvait être incomplète, et être complétée aussitôt d'une manière inconsciente par ses souvenirs. — Ah ! non, répliquerai-je, car le costume du télépathiseur se trouvait justement cette fois être un *complet* tout neuf, gris, bleu ou marron, que le télépathisé ne lui avait jamais vu auparavant, et qu'il voit cependant dans la vision.

Analysez et pesez l'observation du général R. Barter, de l'armée anglaise — publiée dans les *Annales des sciences psychiques* de novembre-décembre 1891 — d'une apparition dont il fut le percipient. Il faisait campagne dans le Pendjab. Une nuit, par un splendide clair de lune des tropiques, l'astre étant dans son plein, il était seul à quelque distance de son bivouac, occupé à fumer tranquillement un cigare, quand le trot d'un cheval se fait entendre sur sa gauche ; au-dessus d'un chemin creux, à une centaine de mètres, il voit d'abord poindre un chapeau mouvant, qui est évidemment celui du cavalier, pense-t-il ; et bientôt après, un groupe débouchant entièrement à découvert, lui montre un Européen à cheval, en tenue civile, accompagné de deux domestiques indigènes. Le groupe approchait bon train. Le général Barter crie : *Qui va là !* et pas de réponse. Le cavalier avance toujours avec sa suite. Il n'était plus qu'à quatre pas, quand sur un dernier qui-vive énergique, il arrête court, et tourne son visage vers Barter, qui reconnaît aussitôt en lui feu le lieutenant B... qu'il savait être mort depuis environ un an. D'un rapide coup d'œil il analyse tout le tableau : le lieutenant est en toilette de cérémonie, chapeau à haute forme, gilet blanc, etc. ; mais il se rasait entièrement, et il le voit avec un collier de barbe sous le menton ; il fait en outre la remarque qu'il est beaucoup plus corpulent qu'il ne l'avait connu. La monture attire aussi son attention ; c'est un vigoureux poney de montagne, robe brune avec queue et crinière noires, etc. Mais le général Barter n'y tient plus, il veut avoir le cœur net de cette aventure, et il s'élance vers le cavalier fantastique à travers un talus qui l'en séparait. Mais la terre cède sous ses pieds, il tombe en avant sur ses mains, et se relève aussitôt... Tout avait disparu !... Or, après enquête, il se trouva que le lieutenant B... avait laissé pousser sa barbe en collier peu de temps avant sa mort, et qu'il avait beaucoup grossi dans les derniers temps. Le général Barter apprenait en même temps que B... possédait un cheval du pays qui répondait point pour point au signalement relevé par lui dans la vision. Ce cheval était aussi un défunt, ayant été tué par une imprudence de son maître, de son vivant cavalier casse-cou. M. Barter, qui avait peu connu le lieutenant B... et qu'il avait perdu de vue depuis plusieurs années, ignorait entièrement tous ces détails, il l'affirme. Ce n'était donc point à l'aide de réminiscences que son imagination avait pu se forger l'apparition avec de telles particularités ; ce n'était pas davantage dans la pensée d'un télépathiseur inimaginable que l'apparition avait pris naissance et avait été constituée de toutes pièces, sans erreur ou omission aucune.

A moins que, dès qu'on a affaire au merveilleux, la logique perde ses droits, on devra conclure de ce qui précède que la parfaite reproduction du modèle par l'image télépathique dépend essentiellement, non d'une adéquatie exacte inadmissible entre l'image présente dans la pensée du télépathiseur et l'objet, mais d'une connexité naturelle et inhérente, établie, j'ignore par quel lien, entre la chose représentée et sa représentation. Et si cette conclusion peut déjà s'appuyer sur la critique des faits de télépathie expérimentale, ce sera bien autre chose encore quand il s'agira de ces sortes d'apparitions spontanées, telles que celle ci-dessus rapportée sur la foi de l'honorable général Barter, dont les relations occupent la plus grande place dans les deux recueils de télépathie anglais et français, et dans lesquelles on s'évertuerait vainement à saisir la main d'un télépathiseur quelconque.

Si, comme le veut ce qu'on appelle en Angleterre « l'hypothèse télépathique », la représentation fantômale n'était dans son ensemble et ses détails qu'une reproduction voulue et par conséquent artificielle de la réalité représentée, on pourrait la comparer au portrait peint qui sort de la main d'un artiste. Ici, chacun des traits du modèle reproduits par le peintre est passé par la pensée de ce dernier avant d'arriver sur la toile, et, rigoureusement parlant, ce n'est pas le modèle qu'il a figuré, mais l'idée qu'il s'en était formée en le regardant. Aussi une telle représentation est-elle toujours et nécessairement plus ou moins imparfaite, incomplète et fautive.

Mais telle n'est pas, nous venons de le voir, la représentation télépathique. Son analogue est donc plutôt la représentation photographique, car celle-ci aussi donne une image du modèle qui lui est mathématiquement semblable. Or si la photographie imite avec cette perfection, nous savons que c'est par la raison qu'elle n'est pas assujettie à refléter les erreurs de l'œil et de la main de l'homme, et qu'elle a pour agent une force physique asservie à des lois immuables, au moyen de laquelle l'objet se décalque, se moule, s'imprime pour ainsi dire lui-même.

Ces considérations me portent à croire que la formation du spectre télépathique ne procède qu'accessoirement de la volonté, que le spectre de la chose est inné à la chose elle-même, bien qu'ordinairement à l'état latent, et que la pensée du télépathiseur, agissant sur l'objet pensé par l'intermédiaire de la force biomagnétique ou télépathique, détermine ce spectre latent à se produire au dehors, l'*évoque*, suivant l'expression consacrée et bien trouvée du vieux langage thaumaturgique, et peut après cela en diriger les manifestations à son gré dans une certaine mesure.

Mais là où le télépathiseur manque, là où son action ne peut être constatée, et où tout semble en rendre la supposition inadmissible, quelle est la pensée qui sollicite et détermine l'apparition, comme par exemple dans le cas du général Barter, et généralement dans les apparitions de « revenants » ? Ici la pensée impulsive paraît résider dans le fantôme lui-même, dont l'organisme « naturel », le corps proprement dit, n'est plus. Et il semble en être encore de même dans les apparitions des léthargiques, où le spectre pérégrinateur me fait l'effet d'emmener avec lui le centre psychique, l'esprit, le moi, et de ne laisser au logis qu'un amas d'organes temporairement vide de pensée et de vie.

Après avoir caractérisé en quelques traits les divers modes d'action plus ou moins transcendants de la force biomagnétique, ce serait une fâcheuse omission que de passer entièrement sous silence les formes plus simples et moins dramatiques sous lesquelles elle se manifeste, notamment dans l'usage de la « baguette divinatoire » et du « pendule explorateur ». Ce dernier instrument, dont Chevreul s'est occupé, sur lequel il a écrit un fort instructif mémoire, est, malgré l'opinion de l'illustre savant, un moyen de démonstration expérimentale de l'existence du « fluide » biomagnétique qui résout affirmativement la question de la façon la plus claire et la plus concluante. En effet, les objections soulevées par Chevreul au sujet du « pendule simple » suspendu par un fil entre le pouce et l'index de l'expérimentateur, tombent devant l'appareil construit par Rudder, dont j'ai donné la description dans mon *Electrodynamisme vital*, publié en 1855. (Voir à la page 210.) Ici le fil du pendule n'est plus en contact immédiat avec la main de l'opérateur, et il en est isolé de telle sorte que les « impulsions musculaires imperceptibles » supposées par Chevreul ne pourraient, existassent-elles réellement, se transmettre mécaniquement à lui et lui imprimer ces oscillations dans telle ou telle direction déterminée, ou ces mouvements circulaires dans un sens ou dans l'autre, dont tous les observateurs ont constaté avec étonnement la constance et la régularité mathématiques. Un écrivain magnétiste de Paris, M. A. Bué, a fait d'importantes recherches sur les phénomènes dynamiques obtenus par cet instrument, et il en a résumé les résultats en une note qui fut loyalement présentée à l'Académie des sciences par Chevreul lui-même, dont la théorie sur le pendule explorateur s'y trouvait combattue (1). Ces recherches méritent d'être reprises et assidûment poursuivies.

On devra étudier parallèlement les mouvements de la baguette divinatoire, que la science, avec son parti pris habituel, a déclarés illusoires. Une pareille étude se prête aux expériences précises, aux déterminations métriques ; elle devrait tenter les physiologistes expérimentateurs convertis à l'hypnotisme. C'est là, à mon avis, l'une des voies les plus directes et les plus sûres pour arriver à la connaissance de la force mystérieuse dont l'hypothèse s'impose en présence des faits qui font le sujet de ce cha-

---

(1) La dernière publication magnétologique de M. A. Bué est un excellent petit volume intitulé : LE MAGNÉTISME CURATIF, *manuel technique, avec un portrait de Mesmer*. Paris, 1893, Chamuel, éditeur.

pitre, et à laquelle nous avons cru devoir appliquer provisoirement la dénomination de *biomagnétisme*.

Oui, répétons-le, l'existence d'une force physique distincte, servant d'intermédiaire entre l'être psychique, le moi, et le monde matériel dans ceux de leurs rapports réciproques, maintenant admis, où l'organisme paraît neutre, a été admise dans ces derniers temps par des physiciens d'une incontestable autorité. Reichenbach, de Vienne, auquel on doit la découverte de la créosote, l'a étudiée sous le nom bizarre de *Od*, par lequel il lui a plu de la désigner. Ses publications sur ce sujet avaient eu deux traductions anglaises avant 1855, et avaient été traduites en abrégé en français, vers la même date, sous le titre de *Lettres Odiques*. Je retrouve ces indications dans mon *Electrodynamisme Vital*.

L'un des physiciens les plus marquants de notre époque, l'Anglais Crookes, s'est livré, dans une direction semblable, à des recherches beaucoup plus exactes. Il n'a fait en cela, du reste, que suivre une idée dont l'illustre Faraday avait eu la primeur. Je vais citer à ce sujet un de nos recueils scientifiques les plus répandus et probablement celui de tous qui est le moins suspect de tendances occultistes, le *Dictionnaire de Médecine* de Littré, édition de 1884 : « Radiant, ante. adj. En physique, *état radiant de la matière* (Faraday, 1819), *matière radiante* (Crookes, 1879), état particulier dans lequel se trouve la matière extrêmement raréfiée, état qui se manifeste par des phénomènes caractéristiques comme aussi éloignée de l'état gazeux que celui-ci l'est de l'état liquide... Crookes a montré que la matière radiante se meut en ligne droite; que le choc de ses molécules a une énergie suffisante pour engendrer des actions mécaniques; que ce même choc produit des phénomènes de phosphorescence; qu'un dégagement de chaleur se manifeste en même temps que la phosphorescence... que le courant de matière radiante n'est pas assimilable à un courant électrique. »

Crookes admet en outre une « force psychique », entendant par là une force physique sous l'action immédiate de la pensée.

Celle-ci n'est sans doute à ses yeux qu'une forme ou manifestation spéciale de la « matière radiante ». Il prétend l'avoir démontrée physiquement au moyen d'appareils enregistreurs. Ses nombreuses expériences sur ces états transcendants de la matière se trouvent exposées dans un livre italien, MEMORABILIA, par *Alfredo Pioda* (Bellinzona, 1891), ouvrage cité très favorablement par M. Pierre Janet, dans la *Revue philosophique* d'avril 1892, mais qu'il m'a été impossible jusqu'à présent de me procurer.

Un physicien genévois, également très connu, M. Thury, en est arrivé lui aussi à reconnaître l'existence du même principe physique ; c'est pour lui la « force *ecténéique* ».

M. le colonel de Rochas, de l'Ecole Polytechnique, ne voulant pas se mettre en frais d'un nouveau néologisme, se borne à désigner la même inconnue sous l'expression de « forces non définies » (1).

Forces non définies, force ecténéique, force psychique, magnétisme animal, électricité animale, biomagnétisme, sont autant de différentes tentatives pour donner un corps à une idée encore dans le vague, celle d'un mode matériel à part, à la fois dynamique et plastique, dont la nécessité est attestée à la raison par tout un ordre de faits nouveaux, mais dont la loi nous est aussi peu connue jusqu'à présent que l'était encore celle de l'électricité il n'y a guère qu'un siècle. Ce que la science de l'électricité est devenue dans ce court espace permet d'entrevoir ce que pourra être dans cent ans la science nouvelle dont nous en sommes encore à chercher le nom. Je la présente ici sous le vocable de *Mesmérisme*. Ce genre de dénomination pour une science encore mal définie, tirée du nom de l'inventeur ou du propagateur qui l'a personnifiée en quelque sorte dans l'esprit du public, a l'avantage d'être en même temps une désignation claire et de ne pas préjuger des principes, sur lesquels on ne

(1) Voir LES ÉTATS PROFONDS DE L'HYPNOSE, par A. de Rochas, 1 vol. in-8° avec dessins. Chamuel, éditeur, à Paris. Voir encore, du même auteur, l'article *Envoutement*, dans le *Cosmos, revue des sciences*, n° du 22 octobre 1892.

peut former encore que des hypothèses. Je suivrai la même méthode pour désigner les deux autres grandes branches de la science du merveilleux, laquelle nous sommes déjà convenus ici d'appeler l'Hypnotisme.

Le Mesmérisme, le Braidisme, et ce que je n'hésite plus à baptiser du nom, quelque peu euphonique qu'il soit, de Fario-Grimisme, depuis que les origines de l'art de la suggestion me sont mieux connues, ont été considérés jusqu'ici par nous comme formant une sorte de trinité de la science du merveilleux. Il s'en faut pourtant que ces *trois personnes* soient égales entre elles. La vérité est que le vrai domaine, le *home* du merveilleux, se confond avec celui du mesmérisme — ce mot étant pris dans l'acception très élargie que nous sommes convenus ici de lui donner — et que le braidisme et le fario-grimisme ne sont en réalité que du pseudo-merveilleux, tout au plus du merveilleux secondaire, bien qu'occupant une place considérable, essentielle même, dans la thaumaturgie, bien que formant très légitimement et nécessairement deux des trois mères branches de l'ordre de faits réunis par nous sous le nom général d'hypnotisme.

Expliquons-nous.

On l'a vu, et il a été fortement insisté sur ce point, dans l'ordre biomagnétique ou mesmérique rien n'est explicable par les lois de la nature apparente, de la nature *classique;* et tout y décèle une seconde nature voilée, quelque chose comme une *surnature*, ou *sousnature*, avec sa matière et ses formes, ses forces et ses lois propres, devant donner lieu à ce que, traitant déjà le sujet il y a quarante ans, j'avais dénommé une *hyperphysique* et une *hyperphysiologie* (1). Tout au contraire, pour nous rendre compte des mystères du braidisme et du fario-grimisme, la pure et simple biologie « naturelle » suffit, ou à peu près, ainsi que je me

---

(1) Electrodynamisme Vital (sous le pseudonyme de *Philips*), Paris, 1855.

dispose à le montrer ici (après avoir fait cette démonstration ailleurs maintes fois), et pour ce faire nous n'avons qu'à tirer leurs conséquences de certaines des vérités psychologiques et physiologiques classiquement établies.

Ainsi donc, tandis que l'hémisphère mesmérique de l'Hypnotisme — si la métaphore n'est pas trop hardie pour être employée — baigne encore dans une nuit de mystère et d'horreur, le jour relatif de la science éclaire l'autre face de ce globe, celle qui présente aux yeux de l'observateur les deux continents appelés Braidisme et Fario-Grimisme. Aussi, je l'avoue, durant la courte excursion que je viens de faire à travers le Mesmérisme, j'ai eu un peu les impressions d'un voyageur égaré en pays inconnu par une nuit noire, qui ne va qu'en tâtonnant et trébuchant, et avec la crainte continuelle d'être précipité dans quelque abîme. Et aussi c'est avec quelque chose comme un soulagement que je me vois à la fin de cette course nocturne pour en commencer une nouvelle sur un terrain où l'on peut voir un peu clair devant soi et marcher avec une certaine assurance. Cependant, rendons justice à la nuit du merveilleux ! Comme l'autre, elle a ses clartés sublimes ; comme l'autre, elle possède une obscurité qui est une lumière transcendante ; car cette obscurité nous révèle l'existence d'un univers sans bornes, l'Infini, que la jalouse lumière du jour voile à nos yeux, pour mieux éclairer le champ si étroit de son horizon !

LE BRAIDISME

(Hypotaxie ou fascination sensorielle.)

L'idée qu'on se fait aujourd'hui généralement, tant parmi les savants que dans le public, de ce que Jacques Braid a découvert et démontré sous le nom d'*hypnotisme*, est tellement peu conforme à la vérité des faits que c'est à douter de toute histoire quand on pense que l'événement scientifique en question n'a guère que cinquante ans de date, et que l'inventeur lui-même nous l'a exposé par le menu dans une série de publications successives, sans compter une foule d'autres documents imprimés contemporains que la discussion de la découverte a suscités.

Avant de faire ici le procès à cette grande erreur, je dois confesser qu'elle ne m'est pas entièrement étrangère, et que si je ne l'ai jamais partagée, je n'en ai pas moins contribué, cela probablement plus que personne, à la faire naître et à la répandre. C'est bien moi, en effet, qui ai le premier articulé et imprimé le mot *braidisme*, cela en l'an 1860. Mais le mal n'est pas là : il est à avoir employé ce mot à dénommer dans son ensemble un art composite dont les procédés trouvés par Braid ne constituent qu'un des éléments, et non le principal. Il n'est pas hors de propos de faire connaître les circonstances dans lesquelles ceci se passait.

En 1852, étant réfugié en Angleterre pour fait politique, je me fis initier pour quelques livres sterling aux mystères d'une nouveauté américaine extraordinairement extraordinaire, on peut le dire, importée depuis peu sur le sol britannique, où elle excitait un étonnement sans égal. Cela s'appelait l'*électro-*

biologie. Qu'entendait-on par là ? Je vais le dire en quelques mots.

Ici le nom a tellement peu de rapport avec la chose, qu'il ne saurait en donner aucune idée approchante. La définition de l' « électrobiologie », ainsi nommée, peut se résumer comme il suit : *la suggestion vocale greffée sur le procédé hypnagogique de Braid*, mais avec cette restriction fort importante que les électrobiologistes évitaient de produire le sommeil, et qu'en tous cas, du moins dans leurs expériences publiques, ils n'appliquaient la suggestion qu'à des sujets pleinement éveillés et dans un état parfaitement normal, du moins en apparence.

Je me fis à mon tour l'importateur sur le continent de cette merveille scientifique, ou pseudo-scientifique, comme l'on voudra. A la place de mon vrai nom, je pris celui de PHILIPS, le déguisement m'étant commandé par ma situation de proscrit ; mais je conservai le sien au nouvel art, quelque impropre que je le jugeasse, ne me sentant pas encore suffisamment autorisé pour lui appliquer un nouveau baptême.

Après avoir consacré près d'une année à faire connaître l'électrobiologie sur divers points de l'Europe et en Algérie, je me retirai quelque temps dans le désert pour y méditer dans la solitude sur les questions de psychologie et de physiologie dont m'obsédaient les prodiges que j'opérais à toute heure avec une facilité effrayante au moyen d'un savoir purement empirique acquis au prix d'un salaire infime et d'un apprentissage de quelques heures. Au bout d'un an, je sortais de ma retraite, père d'un assez gros volume, que le grand éditeur médical J.-B. Baillière se chargeait de présenter au public, et qui enfin faisait son apparition au commencement de 1855, sous ce titre, qui ne se recommandait pas précisément par sa modestie : ELECTRODYNAMISME VITAL *ou les relations physiologiques de l'Esprit et de la Matière démontrées par des expériences entièrement nouvelles et par l'histoire raisonnée du Système nerveux*.

Fruit d'un cerveau de 27 ans et de quelques mois de travail seulement, ce livre fit néanmoins quelque bruit dans le Landerneau médical, et quelques écrivains d'une presse non moins facétieuse que scientifique (le Dr *Simplice,* de l'*Union Médicale,* en était comme le chef d'orchestre) y trouvèrent un riche thème à plaisanteries dans les faits de suggestion alors entièrement nouveaux pour eux, qui s'y trouvaient affirmés et décrits, et ils l'exploitèrent à cœur joie. Cependant ces mêmes feuilles se montrèrent en même temps assez aimables pour dire de mon livre que c'était une œuvre savante et d'une composition qui n'était pas sans valeur comme littérature didactique. Les *Archives médicales* de Lassègue y virent « un prodigieux mélange de savoir et de fantaisie ». Louis Figuier déclara dans son feuilleton scientifique de *La Presse* qu'il y avait dans ce travail « beaucoup de science et de talent ». Mais il ne fut pas courtois jusqu'au bout : il prétendit m'imposer, pour le fait de mes incroyables expériences (qui sont aujourd'hui banales pour tout le monde), l'alternative d'être un faiseur de miracles ou d'être un faiseur... de tours! L'insinuation ne laissait pas que d'être désobligeante. Elle fut vivement relevée par la *Gazette médicale de Paris* du Dr Jules Guérin, dans un long et très favorable compte rendu de mon *Electrodynamisme Vital,* signé de Louis Peïsse, mort membre de l'Académie de Médecine et membre de l'Institut. Par les temps qui courent, la probité scientifique, ou autre, étant devenue une rareté, ceux qui ont la chance de posséder cette perle sont excusables d'avoir la petite vanité de l'arborer à leur cravate aux grandes occasions. Est-ce que d'autres ne montrent pas avec orgueil un ruban rouge à leur boutonnière ? Quoi qu'il en soit, je trouve bon d'insérer ici le témoignage d'un savant honnête homme que j'ai beaucoup estimé. Ripostant donc à l'attaque susdite, l'écrivain de la *Gazette médicale de Paris* (n° du 23 février 1856) faisait la déclaration suivante à propos de mon livre : « *Le livre et l'auteur,* disait-il, *sont également et hautement respectables au point de vue de la science et à celui de la moralité.* »

Mais l'heure n'avait pas encore sonné pour la vérité nouvelle dont je m'étais constitué l'apôtre, et mon manifeste scientifique n'eut qu'un succès de passagère curiosité.

Vers la fin de l'année 1859 une grande nouvelle mettait Paris et la France en émoi : une « étonnante découverte » venait d'être présentée à l'Académie des Sciences par l'illustre chirurgien Velpeau, au nom de trois jeunes agrégés et médecins des hôpitaux, MM. Azam, Broca et Follin. Il s'agissait d' « un nouveau moyen de produire l'anesthésie appelé *l'hypnotisation* ».

En feuilletant leur *Nysten* (refondu par Littré et Ch. Robin), ces jeunes chirurgiens étaient tombés sur un article ayant pour rubrique le mot d'eux jusque-là inconnu *d'hypnotisme*, où les procédés de Braid se trouvaient sommairement décrits. Surpris et intrigués par cette information fortuite, ces messieurs saisirent la première occasion de mettre la méthode hypnagogique et anesthésique de Braid à l'épreuve. Une femme de leur service devait être opérée d'une tumeur anale ; ils essayent de l'endormir en suivant les indications de la notice, et cette première tentavive a un plein succès. L'opération, très douloureuse de sa nature, se passa d'un bout à l'autre sans que la patiente donnât aucun signe de douleur.

Heureux comme on peut le croire et quelque peu fiers de leur trouvaille, nos « inventeurs » n'ont rien de plus pressé que de la communiquer à l'Académie des Sciences et à l'Académie de Médecine. Velpeau n'y voyant ni danger ni inconvénient, se charge de la présentation, qui a lieu sur-le-champ. (L'opération avait été pratiquée à l'Hôpital Necker le 4 décembre 1859, et la communication à l'Académie des Sciences avait lieu le lendemain.) Comme lui sans défiance, les savants collègues font éclater leur admiration unanime pour ce qu'ils nomment tous à l'envi une « étonnante découverte ». Mais la jalousie des Dieux, par laquelle les Anciens avaient coutume d'expliquer les coups imprévus dont la capricieuse Fortune se plaît trop souvent à frapper ceux qu'elle vient de combler de ses faveurs (1), semble prendre ombrage de ce succès et lui susciter toute sorte d'obs-

(1) Voir un très intéressant mémoire intitulé : NÉMÉSIS ET LA JALOUSIE DES DIEUX, par Ed. Tournier, maître de conférences à l'Ecole normale supérieure. — Paris, 1863.

tacles. C'est d'abord le Dr Victor Burq, l'inventeur de la métallothérapie, qui ôte une première illusion aux académiciens de la rue des Saints-Pères en leur apprenant que le procédé anesthésique soi-disant nouveau, signalé avec éclat par l'opération du Dr Broca, n'est en réalité qu'une vieillerie démodée, depuis longtemps remplacée avec un énorme avantage par un perfectionnement bien autrement merveilleux, qui est exposé tout au long dans un gros in-8° édité depuis cinq ans par le libraire de l'Académie, J.-B. Baillière, sous le titre d'*Electrodynamisme Vital*, et dont l'auteur est une sorte de thaumaturge américain portant le nom de Philips.

Cette première révélation jette déjà un froid sensible sur l'enthousiasme de la docte assemblée; qui devient pensive. Et voici que d'autres lui soufflent le soupçon qu'elle pourrait bien avoir affaire à quelque bloc enfariné ne disant rien qui vaille. Et enfin quelques jours s'étaient à peine écoulés qu'une vérité horrible éclate aux yeux de tous : l'ancienne bête noire de l'Académie, l'affreux magnétisme animal, pour l'appeler par son nom, vient de tenter encore une fois de s'introduire dans le bercail de la science officielle, et cette fois à l'aide d'un nouveau stratagème, en se couvrant du nom d'hypnotisme, tel qu'un loup qui se serait couvert d'une peau de mouton ! Et alors la faveur de l'Académie, accordée tout d'abord au nouvel anesthésique avec un confiant abandon sur la recommandation si rassurante de l'illustre Velpeau, éprouve un reflux soudain comparable à celui de la mer à la vue du monstre, dans *Phèdre*, et

Le flot qui le porta recule épouvanté.

Pour comble de disgrâce, Broca et son ami Follin, ayant voulu répéter l'expérience par laquelle ils avaient si brillamment débuté, échouent une fois, deux fois, trois fois, ce que voyant ils se hâtent de jeter le manche après la cognée, et font les morts pour faire oublier leur équipée.

Dans l'intérêt d'une vérité dont j'avais appris à apprécier l'importance et avais depuis longtemps épousé la cause, je résolus de faire une tentative auprès de Broca, que je connaissais un peu, pour tâcher de le ramener au combat, qu'il venait de déserter à la première escarmouche. Me voici un beau matin dans son cabinet de la rue des Saints-Pères, n° 1, où il venait de s'installer en se mariant. Je me permis de lui faire la leçon suivante, que je vais reproduire ici dans l'espoir qu'elle ne sera pas perdue pour tout le monde :

« Vous avez commis, lui dis-je, une étrange imprudence en vous posant d'emblée devant le corps médical et le public comme maître et docteur ès-hypnotisme chirurgical sans autre connaissance dudit art que les quelques bribes que vous en aviez ramassées dans un article de dictionnaire écrit de seconde ou de troisième main, plus ce qu'a pu vous en apprendre un premier essai pratique dans lequel le hasard vous a trop bien servi. Je n'avais jamais entendu parler de Braid non plus que de son hypnotisme jusqu'au moment où vous me les avez révélés tous deux en me signalant l'article du *Nysten*. Mais cette information m'a suffi pour me convaincre que, de même que M. Jourdain, j'avais longtemps fait de la prose, c'est-à-dire pratiqué l'hypnotisme, sans m'en douter, tout en exerçant assez convenablement ce métier, mais sous un autre nom, et tout en l'enseignant, et en traitant en un volume de dimensions respectables. Bref, continuai-je, je me sens assez expert en la matière pour oser vous dire que vos échecs répétés tiennent uniquement à ce que vous n'avez pas poussé l'opération jusqu'au bout, que vous vous êtes arrêté au premier temps et, pour mieux dire, aux préparatifs. C'est comme si, ayant à extraire une molaire avec cette clef de Garengeot (Broca tenait une clef de Garengeot à la main), après avoir garni de linge son panneton comme il convient, et avoir appliqué ensuite l'instrument sur la dent malade dans les formes prescrites, vous borniez là votre travail. Eh bien, dans vos essais infructueux d'hypnotisation, c'est pareillement le coup de poignet de la fin que vous avez omis, et c'est par conséquent comme si vous n'aviez rien fait.

» En d'autres termes, la méthode de Braid a pour effet immédiat de faire tomber le sujet dans un état d'anomalie physiologique *sui generis* qui peut bien parfois se traduire spontanément par l'anesthésie et le sommeil, comme aussi par l'hyperesthésie et par tous les troubles de la sensibilité et de la motilité — autant de troubles qui sont alors de véritables accidents que l'opérateur ne sait ni prévoir, ni diriger, ni provoquer, ni faire cesser à son gré ; — mais le plus souvent cet état singulier est purement latent, et constitue une disposition psycho-physiologique toute spéciale à la faveur de laquelle il devient possible d'agir sur toutes les fonctions individuellement et de les modifier dans le sens voulu, et cela en produisant une impression préalable sur le moral du sujet, impression qui consiste à le persuader, à lui faire *croire* que la modification cherchée se trouve actuellement réalisée. Et le moyen le plus pratique d'obtenir cette merveilleuse persuasion, cet état de foi gros de miracles, c'est d'*affirmer* le fait imaginaire d'un ton catégorique et péremptoire.

» L'action du procédé de Braid est donc une simple préparation du sujet à recevoir l' « impression mentale », impression ou choc produit sur son esprit par l'affirmation, dont l'effet consécutif sera d'amener les diverses modifications psychiques et physiologiques dont on affirmera tour à tour la présence, et que l'on fera cesser par une affirmation contraire. Sans doute, je le répète, l'emploi isolé du procédé de Braid *peut* produire l'anesthésie, la réussite de votre première expérience en est une preuve ; mais en vous en tenant à ce seul procédé vous n'avez pouvoir ni de provoquer à votre volonté tel ou tel phénomène fonctionnel, ni de le modifier, ni de l'arrêter une fois accidentellement produit. Or, au moyen de l'impression mentale vous vous rendez maître de l'entière économie psychique et somatique de votre sujet.

» Pour la commodité du discours j'ai donné le nom d'*hypotaxie* à cet état de préparation dont Braid nous a révélé le secret sans qu'il ait su lui-même en découvrir les ressources immenses. J'ai appelé ensuite *idéoplastie* l'emploi de l'impression mentale comme modificateur général de l'économie donnant pouvoir sur elle à l'opérateur. Et cela dit, je vais, mon cher Monsieur Broca, vous résumer toute cette petite démonstration par une comparaison qui me paraît s'adapter assez exactement à notre sujet.

» L'individu que vous voulez soumettre à l'hypnotisation est une glace photographique. L'application du procédé visuel de Braid la *sensibilise*. Mais pour que les objets que vous voulez photographier y gravent leur image, il ne suffit pas d'avoir rendu la plaque sensible et de la conserver ensuite précieusement dans l'obscurité. Non, il faut l'installer dans la chambre noire de l'appareil, et puis enlever l'obturateur de la lunette, afin que la lumière réfléchie par les objets puisse accomplir son ouvrage. Or, ce deuxième temps de l'opération photographique est représenté dans l'hypnotisation par la phase idéoplastique, où l'impression mentale ou parole suggestive joue le rôle des rayons lumineux. »

Broca m'avait écouté avec attention et curiosité, et je vis qu'il m'avait compris. Une intelligence plus ouverte et plus assimilatrice s'est d'ailleurs rarement vue. Mais le parti de cet homme était pris d'avance, et, tout bien compté, ce parti était le meilleur, sinon le plus héroïque.

Je pressais mon interlocuteur de rentrer résolument dans la lice après s'être assuré — et je me mettais entièrement à sa disposition pour cela — après s'être assuré que l'armure que je lui apportais le rendrait invincible. Il déclina mes offres poliment en m'avouant sans détour qu'il ne voulait pas jouer son avenir scientifique. La nouvelle tentative à laquelle je l'invitais serait pour lui, disait-il, une entreprise des plus périlleuses ; il s'était sérieusement compromis dans la première, la seconde serait pour lui, en cas d'échec, une chute mortelle.

Encore une fois, la timidité de Broca eut probablement raison au point de vue de ce qu'on nomme l'intérêt personnel. On pouvait opérer vingt ans plus tôt la révolution dont M. Charcot aura désormais la gloire ; mais il fallait d'abord avoir une haute situation scientifique qui manquait encore à Broca. Et celui-ci, en outre, se fut heurté à un gros obstacle dont M. Charcot trouva la route débarrassée, l'opposition furieuse des vieux grognards de l'Académie ayant fait campagne contre le magnétisme animal

Je quittai Broca en lui annonçant que j'allais tenter moi-même l'entreprise devant laquelle il reculait, et cela à vrai dire sans courir les mêmes risques que lui, ceux de perdre un avenir tranquille, confortable et encadré d'honneurs, que je n'avais jamais rêvé. J'ouvris donc en plein Paris un cours oral et expérimental d'hypnotisme. Broca y fut invité, et j'eus le plaisir de le voir à plusieurs séances, mais, pour tout dire, se dissimulant de son mieux au fond de la salle, au dernier rang des assistants. Avoir le courage de son opinion en matière de science, est certes une des choses les plus rares de la création.

Je fis mon exposé en six conférences — non payées, mais bien payantes, car j'en soldai tous les frais — dans le local médiocrement hospitalier du Cercle de la Presse scientifique, alors rue Richelieu. J'avais hésité sur la dénomination sous laquelle il convenait de présenter dans la circonstance l'enseignement scabreux que j'avais professé, quelques années auparavant, sous le nom d'électrobiologie, devant un public moins inquiétant que celui que j'allais aborder; car ce nom, que je tenais de mes initiateurs américains, était trop manifestement incongru pour être conservé. Alors, que faire? Je venais de parcourir rapidement quelques-uns des écrits de Braid, qu'on pouvait se procurer à ce moment chez un libraire anglais du Palais-Royal, nommé Fowler. Ce fut assez pour me convaincre que si l'« électrobiologie » semblait avoir emprunté son procédé *hypotaxique* au chirurgien de Manchester, c'est à elle que l'*idéoplastie* ou suggestion exprimée appartenait en propre, bien que Braid en eût serré de près la découverte, s'il était vrai, comme je le pensais alors, qu'il eut trouvé de lui-même que chez les hypnotisés les attitudes du corps qu'on leur fait prendre réveillent en eux les émotions ou états de l'âme dont ces attitudes sont l'expression ordinaire dans la vie normale. Mais cette dernière considération me fit incliner à voir dans Braid le Galvani de la nouvelle science, et me guidant sur le précédent de la dénomination de *galvanisme,* je crus que de son nom on pouvait également tirer celui de ce nouvel ordre de connaissances encore innommé ou mal nommé. Je pris ce parti avec d'autant moins de scrupule que le Volta de l'idéoplastie américaine, si étrangement appelée électrobiologie par ses créateurs, était et est encore pour moi un mystère que je n'ai pu éclaircir à mon entière satisfaction malgré de sérieuses recherches. Et voilà comment je fus conduit à débaptiser l'électrobiologie et à la nommer *braidisme,* qui rime avec *mesmérisme.* Ce nom tout nouveau figura en gros caractères dans le titre du petit ouvrage où je donnai un résumé de mes conférences deux mois après les avoir terminées. Voici ce titre in extenso fidèlement reproduit :

COURS THÉORIQUE ET PRATIQUE

DE BRAIDISME

OU HYPNOTISME NERVEUX

considéré dans ses rapports

AVEC LA PSYCHOLOGIE, LA PHYSIOLOGIE ET LA PATHOLOGIE

et dans ses applications

A LA MÉDECINE, A LA CHIRURGIE, A LA PHYSIOLOGIE EXPÉRIMENTALE,
A LA MÉDECINE LÉGALE ET A L'ÉDUCATION.

Depuis lors, bien que mon *Cours* contienne un précis historique suffisamment explicite et clair pour mettre un lecteur attentif à l'abri de cette méprise, Braid est devenu pour tout le monde l'inventeur de la suggestion. Voilà une lourde erreur, digne d'être sévèrement jugée, et les coryphées de notre hypnotisme officiel en sont principalement responsables. Elle est la preuve qu'ils n'ont jamais mis le nez dans les écrits de celui dont ils prétendent avoir épousé la doctrine et en être les seuls interprètes autorisés, ou qu'ils n'en ont pris qu'une connaissance toute superficielle.

Des nombreux opuscules de Braid, un seul, mais le plus

important, a été traduit en français; qu'on ouvre cette traduction, qui doit avoir eu bien peu de lecteurs, et on y trouvera un témoignage décisif, péremptoire, à l'appui de mon imputation. Il s'agit d'une déclaration formelle de Braid, que dis-je, d'une protestation indignée à propos de cette paternité de la suggestion qu'on lui endosse.

La découverte de Braid lui suscita des envieux, paraît-il, surtout parmi ses confrères. *Invidia medicorum pessima*, dit l'Ecriture. On ne pouvait que difficilement pardonner au petit médecin de quartier de Manchester d'être devenu tout à coup si grand en renversant la statue de Mesmer pour y substituer la sienne. On s'ingénia donc de toute façon pour le dépouiller de son titre d'inventeur, et ce qu'on trouva de mieux pour y parvenir, le voici. On prétendit que le procédé imaginé par lui pour produire le sommeil artificiel, consistant à soumettre le sujet à l'aspectation prolongée d'un point brillant, était sans aucune efficacité propre et n'était qu'une ruse frauduleuse du faux inventeur pour donner le change sur la nature de l'action réellement exercée par lui; et cette action, assurait-on, consistait toute entière à frapper l'imagination des sujets. Et on ajoutait qu'en ceci Braid n'était qu'un *plagiaire*, le mot fut imprimé, le plagiaire de Faria et de Bertrand, qui longtemps avant lui avaient deviné que tous les effets du prétendu magnétisme animal n'étaient qu'effets d'imagination. Braid répondit en ces termes :

« Faria et Bertrand, dit-il, agissent ou prétendent agir à l'aide d'une impression morale; leur moyen est d'ordre mental; le mien est purement physique, il consiste à fatiguer les yeux, et par la fatigue des yeux amener celle du cerveau. »

On ne saurait être plus catégorique. Non seulement Braid ne prétend pas à la découverte de la suggestion, mais il repousse comme une calomnie l'imputation qu'on lui fait de l'emploi de ce moyen. Son moyen à lui « est *purement physique;* il consiste à fatiguer les yeux, et par la fatigue des yeux amener celle du cerveau ».

Cette déclaration de Braid est consignée dans son écrit susvisé, qui a pour titre : *Neurypnology; or the rationale of nervous sleep, considered in relation with animal magnetism. Illustrated by numerous cases of its successful application in the relief and cure of disease, by James Braid.* **London and Edinburgh, 1843.**

Une traduction française de cet important petit ouvrage a été donnée en 1883 par le Dr Jules Simon, avec une préface de M. Brown-Séquard. Elle est intitulée : *Neurypnologie.* **Traité du sommeil nerveux**, *par James Braid.*

Qu'on lise avec attention ce mince in-18, et c'est avec stupéfaction que l'on reconnaîtra l'erreur universellement répandue que je viens de signaler, et qu'il importe tant de détruire.

Au passage si décisif cité ci-dessus on pourrait en ajouter plusieurs autres, non moins précis, qui le corroborent. L'auteur se défend on ne peut plus formellement et avec énergie du reproche — dont on veut aujourd'hui lui faire un mérite capital — de mettre en œuvre le pouvoir de l'imagination, et de tirer de ce pouvoir mental tous les surprenants effets de sa méthode.

Toutefois, je suis éloigné de vouloir inférer de là que ceux qui soutenaient une telle opinion à l'encontre de Braid touchant la nature de l'agent mis en jeu dans ses manœuvres hypnotiques fussent entièrement dans leur tort, et qu'il fut entièrement fondé à se dire *calomnié* par eux. La vérité est au contraire, et il sera facile de le démontrer, que Braid, dans sa pratique hypnotique, associait la suggestion et le biomagnétisme à son procédé propre, mais sans s'être rendu compte tout d'abord de son amalgame, ce qui fait que ses protestations pouvaient être sincères. Tout ce que j'ai en vue d'établir pour le moment par cette analyse, c'est que la découverte de la suggestion n'appartient pas à Braid, et que sa découverte à lui est tout autre chose. Le témoignage conforme du principal intéressé dans l'affaire était assurément précieux à enregistrer.

La publication par Braid de ses premières expériences hypnotiques avec accompagnement d'une charge à fond contre le magnétisme animal, qu'il se vantait d'avoir mis à nu et à néant, souleva contre lui une violente tempête. Les magnétistes à leur tour dénoncèrent son hypnotisme comme une pure fraude, comme un travestissement de l'art de Mesmer sous un nouveau nom et au moyen d'un appareil expérimental vain et fallacieux imaginé pour dépouiller le véritable inventeur et usurper sa gloire.

Braid était attaqué en même temps sur un autre front, comme nous l'avons déjà vu. Les « antifluidistes », qui rejettent comme chimérique l'hypothèse d'un agent biomagnétique se communiquant du magnétiseur au magnétisé, et qui attribuent à une impression morale la totalité des phénomènes provoqués par la soi-disant magnétisation, applaudirent à l'appui que le prétendu inventeur de l'hypnotisme venait apporter à leur thèse ; mais en même temps ils l'accusèrent à leur tour de manquer de franchise en s'attribuant la découverte d'un nouvel agent ayant la prétention de supplanter du même coup le prétendu agent magnétique des fluidistes et l'agent moral prôné par le parti contraire. Ils s'évertuèrent alors à le convaincre de deux choses : premièrement, que tout le secret de son procédé se réduisait — pareil en cela, suivant eux, à celui de tous les magnétiseurs — à frapper l'imagination ; secondement, que son procédé, ainsi ramené à sa juste valeur, n'avait rien d'original, qu'il n'était qu'une reproduction et une contrefaçon de celui qui avait été imaginé, pratiqué avec succès et scientifiquement expliqué, longtemps avant lui, par un certain abbé Faria, dont l'enseignement avait été repris et développé par un disciple, le Dr Bertrand.

Pris ainsi entre deux feux, Braid se montra incapable de faire face à aucun de ses adversaires, il se défendit mal et se donna gratuitement tort aux yeux des uns et des autres. L'un d'eux eut la générosité de lui *tendre la perche*, mais notre homme ne sut pas la saisir. C'était un partisan du magnétisme, qui avait eu la pénétration de comprendre que Braid avait fait à la science un apport nouveau, qui venait s'ajouter à ce qu'avait trouvé Mesmer, et non l'abolir. Il écrivit à Braid pour lui découvrir le fort et le faible de sa position et lui indiquer ses vrais moyens de défense. Cette lettre, dont Braid cite un passage dans sa *Neurypnology*, est bien ce que ce livre contient de plus clair et de plus précis, de plus juste et de plus valable à l'appui de ses revendications d'inventeur.

Je vais reproduire ici la citation, en même temps que quelques phrases de Braid qui la précèdent et la suivent. Ce rapprochement montrera que Braid était pour sa cause un assez pauvre avocat, et que ce qu'il ajoutait aux raisons de son officieux défenseur ne pouvait que les affaiblir. Je cite d'après la traduction du Dr Jules Simon. Dans ce passage, l'auteur est aux prises avec les partisans de la théorie de l'imagination, c'est-à-dire de la suggestion :

« On dit encore : « L'identité complète des phénomènes produits par un système où censément l'imagination seule interviendrait avec ceux qui se montrent ordinairement dans le traitement habituel du magnétiseur prête fortement à croire que les résultats dans d'autres cas dépendent d'un principe semblable. » On voit plus loin encore que M. Bertrand nie la nécessité d'une volonté forte et intense de la part de l'opérateur pour obtenir des résultats. Il déclare que dans les essais qu'il a faits, il a obtenu des résultats absolument semblables, qu'il ait *voulu* ou non les produire, pourvu que le patient fut intimement persuadé de l'exécution du rite complet. Faut-il s'étendre davantage pour prouver que Bertrand attribuait les résultats entièrement à l'imagination ? Ceux qui connaissent ma manière de voir peuvent-ils affirmer que la théorie de Bertrand *était* ou *est* la mienne ? Bien au contraire. Les personnes auxquelles je fais allusion ici ont donc seulement montré combien il est facile, par des comptes rendus inexacts, de dénaturer la vérité, surtout en s'adressant à ceux qui ignorent le sujet ou qui sont aveuglés par les préjugés. Les remarques suivantes de M. H. Brookes, conférencier célèbre sur le magnétisme animal, éclaireront encore mieux ce débat. En apprenant que j'avais changé d'opinion au sujet de l'*identité,* il dit :

« Je suis heureux que vous ayez cru devoir changer votre
» première manière de voir quant à l'identité de vos phéno-
» mènes avec ceux du mesmérisme. J'avais admis dès le pre-

» mier jour la valeur et l'importance de votre découverte, mais
» je ne pouvais admettre cette identité, et je blâmais votre
» insistance passionnée et vos sévérités contre les partisans du
» magnétisme animal parce qu'ils ne pouvaient tomber d'accord
» avec vous. Je croyais et je crois encore que vous aviez tort
» dans ce débat, et qu'en vérité vous étiez injuste envers vous-
» même, car vous avez, de fait, découvert un *agent* nouveau
» et non pas une simple modification d'un agent déjà connu. »

Et Braid, qui semble avoir peu compris à ce que l'ami Brookes vient de lui dire, reprend ainsi, continuant à batailler confusément contre ceux qui veulent le faire adepte de la suggestion malgré lui : « On s'était complu, reprend-il, à mettre en avant le nom de Bertrand ; on voulait insinuer que j'ignorais sa théorie ou que j'étais un plagiaire ; erreur manifeste ; pourquoi ne pas l'avoir aussi bien cité pour prouver que j'avais tort d'attribuer des effets curatifs aux résultats de ses opérations ? Ecoutons M. Bertrand sur ce point ; il déclare qu' « il est difficile de concevoir avec quelle facilité les praticiens de cet art réussissent à soulager les affections les plus sérieuses du système nerveux. Les attaques d'épilepsie, notamment, deviennent moins fréquentes et moins violentes par l'emploi judicieux de leur méthode ; ceci nous montre combien est remarquable l'influence des impressions morales sur l'organisme ». Si après une semblable déclaration en faveur de la *puissance curative* du mesmérisme, la méthode de M. Bertrand avait produit des succès aussi constants et aussi rapides que la mienne, croirait-on qu'elle n'aurait pas été mise en pratique avant cette époque ? » Etc., etc. (*Neurypnologie*, p. 16 et suivantes.)

On peut juger par cet échantillon de sa prose que si Braid fut incontestablement un excellent observateur et un expérimentateur des plus remarquables, la dialectique en revanche n'était pas son fort. Braid était convaincu, et non à tort certes, d'avoir fait une découverte véritablement originale. On la lui contestait de bonne ou de mauvaise foi, et dans ses efforts pour établir son droit il déployait non moins de maladresse que de véhémence. Comme son intelligent contradicteur Brookes l'avait bien compris, il s'appliquait à ruiner sa propre cause, cause excellente d'ailleurs, en ne trouvant rien de mieux, pour prouver l'originalité et la valeur de son procédé hypnotique, que de nier ou répudier l'agent hypothétique, soit d'ordre physique, soit d'ordre moral, auquel les mesméristes de l'une et l'autre école avaient rapporté jusque-là l'efficacité des méthodes analogues par eux employées.

Ce qui rendait une telle tactique désastreuse pour la prétention qu'elle avait pour but de faire triompher, premièrement, c'est que la pratique hypnotique de Braid, étendue largement comme elle l'était au traitement des maladies et à la physiologie expérimentale, ne pouvait se borner, sans se condamner à une impuissance radicale, au seul emploi du moyen qui constituait essentiellement et entièrement la découverte de notre inventeur, et cela de son propre aveu, très formellement, très nettement exprimé ; — et secondement, c'est qu'en réalité cette pratique ne s'exerçait qu'avec l'aide continuelle et très ostensible du mesmérisme magnétique et du mesmérisme d'imagination.

Comment, en effet, eut-il pu en être autrement? Braid nous dit très explicitement que son procédé consiste en entier à *fatiguer les yeux par la fixation prolongée du regard sur un point, et par la fatigue des yeux à amener consécutivement celle du cerveau.* Dans un autre passage de sa *Neurypnologie*, à la fin des *Prolégomènes*, il donne à sa définition la variante que voici : « Neurypnologie, dit-il, dérive des mots grecs .... ; le mot signifie la doctrine du sommeil nerveux, déterminé par des manœuvres artificielles ; ou encore : un état particulier du système nerveux amené par la concentration fixe et abstraite de l'œil mental et visuel sur un objet qui n'est pas par lui-même de nature excitante. »

Eh bien, le « sommeil nerveux » une fois obtenu sur un sujet au moyen de cette contemplation plus ou moins prolongée d'un point de mire — une opération durant laquelle l'hypnotiseur, Braid insiste beaucoup sur ce détail, reste entièrement passif — que va-t-il advenir de ce sujet et de son sommeil nerveux? L'opérateur ne va-t-il pas sortir à un certain moment de cette abstention absolue que lui prescrit la théorie braidique? Mais si, fidèle au principe fondamental de la doctrine, il s'abstient de toute intervention personnelle ultérieure, est-ce que par hasard les expériences physiologiques et psychologiques diverses tentées par Braid — au moyen du sommeil nerveux — ses fameuses expériences hypnophrénologiques, notamment, pourront s'instituer, se conduire et s'effectuer d'elles-mêmes? Est-ce que les applications thérapeutiques spéciales et locales si nombreuses et si heureuses qu'il se vante d'avoir faites de ce même sommeil nerveux — depuis le traitement de la surdimutité jusqu'au traitement des maladies de la peau — auront pu opérer sans son aide, sans la chiquenaude déterminante de l'opérateur? Non sans doute. Eh bien, ce coup de pouce final se trouve être invariablement une manœuvre magnétique ou un acte suggestif.

Nous ne devons pas sans doute perdre de vue que l'objectif de ce chapitre est, premièrement, d'établir que Braid n'a pas inauguré l'usage de la suggestion hypnotique, et que le moyen d'hypnotisation trouvé par lui est tout à fait autre que la suggestion; secondement, de définir, de démontrer et d'expliquer, dans la mesure du possible, la méthode à laquelle on peut donner en toute propriété et toute vérité le nom de *braidisme*. C'est là le cœur de notre sujet. Cependant je crois qu'avant d'y arriver il convient d'insister encore pour faire voir comment l'hétérogénéité du manuel opératoire de Braid et l'explication confuse et contradictoire donnée par lui de ses différents procédés, ont pu amener à faire accuser cet homme, en dépit de la parfaite pureté de ses intentions, d'être le plagiaire de Mesmer et de Faria, et ont pu en même temps empêcher de reconnaître ce qu'il y avait de distinct et d'original dans sa méthode, et la valeur de ce que la science lui doit.

Il est essentiel de bien s'entendre avant tout sur ce point à savoir que, l'hypnotisation étant telle que nous venons de la voir magistralement définie par son inventeur, le rôle de l'hypnotiseur doit se réduire à faire *poser* l'hypnotisé devant son point de mire et à ne plus se mêler de rien, l'acte visuel de ce dernier devant faire tous les frais ultérieurs de l'opération et accomplir l'entier prodige, suivant ce que le maître enseigne avec tant d'insistance. Mais il se garde bien de prêcher d'exemple, il se garde bien, dans sa pratique, de se renfermer dans le rôle purement expectant, imposé par la théorie ! « Quand l'état de somnolence a été provoqué de la manière indiquée aux pages 32-34, il faut *varier* les MANIPULATIONS selon l'objet particulier que nous avons en vue. » Ainsi parle Braid dans sa *Neurypnologie* (p. 141 de la trad. française).

A la vérité, Braid n'avoue pas qu'en *manipulant* ainsi son sujet il le *magnétise*, et sans doute ne croit-il pas le faire ; en imprimant des mouvements, avec sa main, aux membres du patient, ou en pratiquant divers attouchements sur lui, il se figure agir sur ses fonctions ou ses facultés mentales par un effet réflexe des sensations spéciales qu'il lui communique au moyen de ces contacts. Ainsi, par exemple, quand en pressant de son doigt sur tel ou tel point du crâne de son hypnotisé il détermine chez lui l'excitation de la *faculté* dont ce point est la *bosse*, suivant la phrénologie de Gall, il s'explique le résultat par un rapport anatomique spécial entre les nerfs sensitifs de ce point de la peau de la tête et l'*organe* phrénologique sous-jacent. Et pour démontrer que ce n'est pas par un jet de fluide magnétique dirigé sur ce point qu'il modifie la faculté mentale correspondante, il imagine de remplacer la pression du doigt par celle d'un bouchon de liège appliqué au même endroit et maintenu en place par un bandage bien serré. L'effet psychologique attendu continuant en effet à se produire malgré ce changement de mode opératoire, Braid y voit la preuve que ce n'est pas à la prétendue influence magnétique que le phénomène est dû. Il se l'explique, je le répète, par une réaction réflexe de la sensation cutanée, causée par la pression, sur le prétendu organe phrénologique situé au-dessous.

Cette théorie de Braid, qui paraît vraiment peu soutenable, peut se réfuter de plusieurs façons ; mais voici un argument qui semble décisif. Si le seul fait d'une action mécanique exercée sur une « bosse » phrénologique avait le pouvoir de surexciter l'espèce mentale correspondante, la gêne d'une coiffure étroite, le fait de s'appuyer accidentellement le front, l'occiput, les tempes, sur le dossier de sa chaise ou contre le manteau de la cheminée, devrait amener, tout comme le doigt ou le bouchon compresseur de l'hypnotiseur, l'excitation de tous les divers organes phrénologiques actuellement soumis à cette excitation fortuite. Or, rien de pareil n'a été constaté, que je sache, par aucun hypnotiseur ou magnétiseur, même chez les sujets les plus impressionnables. La seule explication plausible de l'expérience ici en question — expérience que Braid, faisons-le remarquer en passant, n'avait fait que reproduire d'après certains magnétiseurs de sa connaissance, le célèbre docteur Elliotson principalement, ce dont il nous informe du reste lui-même avec l'entière bonne foi qui le caractérise (*Neurypnologie*, p. 95) — doit être demandée à l'idéoplastie ou suggestion idéologique, si l'on peut supposer que le sujet ait été dans le cas de reconnaître à quelque signe quelconque l'intention de l'opérateur ; ou, dans le cas contraire, à la télépathie, c'est-à-dire à une communication biomagnétique entre l'hypnotiseur et l'hypnotisé, dont l'un ou l'autre ou tous les deux à la fois peuvent fort bien ne pas avoir conscience.

C'est certainement à une opération télépathique des mieux caractérisées que Braid s'est livré en faisant mouvoir et agir à sa guise, sur des signes de sa main, une hypnotisée qui lui tournait le dos. Braid avait pris ses précautions : pour exclure la possibilité d'une communication « électrique ou magnétique » de l'hypnotiseur à son sujet, il avait eu le soin, nous apprend-il, d'armer sa main d' « une tige de verre, longue de trois pieds et terminée par un bouton ». Une autre fois c'est d'un « entonnoir » également de verre, qu'il s'était servi. Et la patiente, qui ne pouvait voir ce qui se passait derrière elle, obéissait pourtant avec la docilité d'un pantin aux commandements silencieux de Braid, caché et éloigné de « quinze pieds », nous dit-il. *(Neurypnologie*, pages 41 et 89.)

Braid attribue ce dernier résultat aux mouvements normalement imperceptibles imprimés à l'air par sa baguette magique, mais qu'aurait perçus le tact hyperesthésié de son sujet. C'est du reste ainsi que les physiologistes avaient interprété jusqu'à ces derniers temps les faits analogues cliniquement constatés. Mais c'est le cas de dire *risum teneatis*.

Certes, Braid agissait dans un esprit méritoirement scientifique en s'efforçant d'expliquer le surprenant phénomène par des causes déjà connues de la science, avant d'en venir à l'hypothèse d'une cause nouvelle, mystérieuse, occulte. Cependant, une chose aurait dû l'avoir familiarisé déjà avec l'idée du merveilleux ; ce sont quelques autres résultats de ses expériences hypnotiques personnelles, positivement affirmés par lui, qui ne vont à rien de moins qu'à confirmer l'une des prétentions les plus extrêmes de la thaumaturgie religieuse et laïque, celle du *don des langues*, miracle, s'il en fut, si supérieurement opéré par la vertu de l'hypnotisme, que Braid fit « parler *facilement et correctement* CINQ LANGUES » à « deux jeunes servantes, *fortes* et *en bonne santé* », qu'il venait d'hypnotiser pour la première fois ! Ceci nous est raconté dans sa *Neurypnology*. (Voir à la page 115 de la traduction française.)

Il est permis de s'étonner des scrupules de scepticisme scientifique qui ont poussé Braid à tant chicaner sur l'existence du magnétisme animal et sur l'étendue des pouvoirs de la suggestion, quand il consommait lui-même de ses propres mains un pareil sacrifice sur l'autel de l'Incroyable.

Oui, Braid magnétisait et suggestionnait, et tout cela avec un succès exceptionnel, bien qu'au début il se défendit avec emportement de l'un et de l'autre. A la longue, il fit quelque peu amende honorable ; il finit par admettre la réalité du magnétisme animal proprement dit, et par faire épouser la suggestion à son propre système, qui ne fit plus qu'un avec elle par la suite. Pour juger de cette variation doctrinale de Braid, il est intéressant de comparer, dans la publication française de M. le docteur Jules Simon, l'*appendice* écrit par Braid en 1860 à son intention, et le corps de l'ouvrage, dont la rédaction remonte à 1843.

Pour l'intelligence de la doctrine de Braid et de sa méthode, et pour se défaire entièrement à cet égard d'une erreur non moins grave que générale, il faut se dire et se répéter que si

Braid en est arrivé à faire ouvertement profession de suggestion, ce n'est point spontanément, mais à la suite de concessions qui lui ont été arrachées graduellement, pièce à pièce, par ses contradicteurs.

Si l'hypnotisme de Braid n'était au fond que du magnétisme animal et du suggestionnisme travestis, le célèbre inventeur n'aurait été en réalité qu'un imitateur plus ou moins habile, et son auréole scientifique en pâlirait singulièrement. Or, il est plus que cela, il est l'auteur d'une véritable et considérable découverte. Mais il n'a pas su la mettre à son point, la montrer sous son vrai jour, en faire ressortir tout le relief et tout l'éclat ; au contraire, il s'est évertué à la masquer par un fatras de choses d'un autre ordre sur lesquelles il élevait des prétentions insoutenables. Dans l'intérêt de sa mémoire, et dans un intérêt qui doit nous importer encore plus, celui de la science, il fallait dégager entièrement l'œuvre de cet homme de cet amas de superfétations où elle disparaissait.

La cause de Braid n'était pas longue à plaider ; elle aurait tout gagné à ce qu'il s'en tînt aux simples conclusions suivantes. Il devait se borner à dire : « J'ai reconnu et expérimentalement démontré un fait physiologique incontestablement important et jusque-là ignoré des savants : c'est la propriété de l'acte de vision et d'attention concentrées pendant un certain laps de temps sur un point de mire de déterminer, non point seulement le sommeil, ce qui avait été constaté avant moi par quelques vieux physiologistes, par Cullen notamment, mais en même temps, et sur ce dernier point je n'ai pas été devancé, une modification singulière, étrange, profonde, bien que le plus souvent latente, de tout l'être physique et psychique de l'homme, qui le rend apte à subir l'action biomagnétique du mesmérisme et l'action mentale de la suggestion, et cela jusqu'à un point qui touche aux dernières limites de l'invraisemblance. J'ai apporté ainsi à l'art des Mesmer et des Faria son complément nécessaire, son couronnement en quelque sorte, et par là je l'ai transformé. »

Nous venons de voir que Braid n'avait su discerner que très indistinctement ce qui constitue l'essence et l'originalité de son œuvre ; on ne s'attendra pas après cela à trouver dans ses écrits rien d'ample, de profond et de lumineux comme théorie des phénomènes à part révélés par ses expériences. Curieux et sagace, ingénieux et circonspect, Braid était doué d'une façon remarquable comme observateur et expérimentateur ; mais pour réaliser entièrement l'idéal de l'école de Magendie, qu'il avait fait sien, il avait soigneusement allégé son bagage scientifique de tous les *impedimenta* de la philosophie. « Des faits, rien que des faits, sans mélange de raisonnement », cette devise du célèbre fondateur, plus honoré parmi nous que jamais, de notre physiologie expérimentale, paraît aussi avoir été la sienne. Nos écrivains néo-hypnotistes de l'école parisienne n'ont pu eux-mêmes s'empêcher d'être frappés et d'exprimer leur surprise de l'absence, chez le fondateur de l'hypnotisme, de toute recherche et de tout essai théoriques de quelque portée. Ayant constaté le premier ce grand mystère physiologique du pouvoir d'un simple acte visuel de modifier aussi prodigieusement notre être, Braid s'est montré peu anxieux de pénétrer les causes d'un fait aussi imprévu, c'est-à-dire de le rattacher à d'autres faits naturels d'une extension supérieure, faits déjà connus ou à découvrir. Premier inventeur de la pompe aspirante, je suppose, en voyant l'eau suivre docilement le piston et s'élever avec lui dans le corps de l'instrument, Braid s'est contenté d'admirer cette merveille et de l'utiliser empiriquement comme les fontainiers de Florence. Bien différent de Galilée, il ne s'est pas dit à priori que le fait spécial placé sous ses yeux ne pouvait être qu'une forme particulière d'un fait plus général dans lequel il trouverait son explication, et il n'est point parti de cette idée pour aller à la recherche de cette cause et la trouver.

Cependant Braid était un homme trop éclairé et de trop de bon sens pour ne pas se dire que le phénomène observé ne pouvait pas être un effet sans cause, et pour ne pas être désireux d'en savoir plus long. Il savait d'ailleurs trop bien voir les choses pour se payer de mots, c'est-à-dire de *quiddités* scolastiques, ou de *propriétés irréductibles* (ce qui est exactement la même chose sous un autre nom), à la façon de nos positivistes, et s'expliquer l'effet de la pompe par l'horreur du vide ou toute autre tautologie semblable. Mais, je le répète, son esprit était passé par le moule de notre expérimentalisme essentiellement étroit et borné, et sans doute il fut paralysé par la crainte de tomber dans les erreurs condamnées par les maîtres de l'époque sous les noms méprisés de « spéculation », de « théorie », et de « métaphysique » ; et alors il arrêta son investigation étiologique à la première étape.

« Mon moyen consiste à fatiguer les yeux, et par la fatigue des yeux amener celle du cerveau », a-t-il dit. La fatigue des yeux, effet prochain de la concentration de la vue et de l'attention ; la fatigue du cerveau, effet médiat, consécutif au premier — voilà à peu près de quelle explication Braid se contente. Cependant, en admettant que la fatigue des yeux, et celle du cerveau qui en est la conséquence, nous dit-on, se produisent véritablement dans l'hypnotisme, et résultent de l'action visuelle spéciale qui constitue ce procédé, il reste encore ce semble une grande inconnue à dégager, c'est-à-dire une grande lacune à remplir entre l'état de fatigue cérébrale et l'état hypotaxique, c'est-à-dire cet état cérébral artificiel constituant le sol tout spécial approprié aux productions de l'idéoplastie.

Ainsi, dans la façon dont il se représente le déroulement du drame hypnotique, Braid néglige un ou plusieurs actes, et les plus intéressants. Observateur excellent, expérimentateur parfait, pour avoir divorcé avec la philosophie il s'est mis dans l'impuissance de creuser son problème à fond. Ce problème étant, je suppose, une noix verte à ouvrir pour en retirer le noyau, eh bien, Braid a essayé seulement d'en ôter le brou, et d'arriver jusqu'à la coque ; et encore s'est-il montré inférieur à cette toute première et bien modeste tâche de l'analyse théorique.

D'abord Braid se trompe en fait quand il fait de la fatigue oculaire et de la fatigue cérébrale deux conditions et deux stades obligés de l'hypnotisation. Quand il plaçait son point de mire sur le front du sujet, celui-ci était condamné à loucher pour diriger sa vue sur l'objet, et de là une gêne et une fatigue plus ou moins marquées ; mais le point à regarder peut être situé en avant des yeux et à la distance de la vue distincte, sans que le résultat final de l'opération en souffre, et l'opération hypnotique alors n'entraîne ni strabisme, ni fatigue des yeux. Et pour ce qui est de la fatigue cérébrale, pas davantage ; les sujets — et il m'en est passé quelque millier entre les mains — ne s'en plaignent que rarement.

Mais ce qui réfute plus sûrement encore les deux assertions de Braid, c'est cette considération que si elles étaient fondées la fatigue oculaire, quelle qu'en fut la cause, produirait la fatigue cérébrale, et que celle-ci, déterminée à son tour par toute autre cause, entraînerait encore l'état hypotaxique, ce que ne vérifie aucunemet l'observation. Donc... la théorie que Braid nous propose de son hypnotisme manque à la fois de profondeur et de solidité. A cette explication, il est vrai, il en joignait une autre : la circulation du sang, pensait-il, se trouvait ralentie par la fixité de l'attention, et les divers phénomènes de l'hypnotisme pouvaient s'ensuivre.

Cette hypothèse, ainsi que l'autre, est dépourvue de base. D'après mon expérience, la circulation, chez les individus soumis au procédé de Braid, est tantôt ralentie et tantôt accélérée, et souvent ne paraît affectée en aucune manière. Et puis, la circulation se trouvât-elle ralentie en pareil cas, ce ne serait pas une telle modification physiologique qui pourrait entraîner à sa suite l'état d'hypotaxie, puisque, s'il en était autrement, tout ce qui retarde la circulation, la digitale notamment, et les divers agents sédatifs, pourraient servir de succédanés au procédé de Braid, ce que ne confirme point l'expérience.

Il fallait donc chercher autre chose. Avant tout, il convenait de se demander quelle est la nature probable de la modification *sui generis* de l'économie qui résulte de l'emploi du procédé en question. Cette modification est évidemment double ; elle se compose : 1° de symptômes, qui tombent sous notre observation directe ; et 2° d'une altération correspondante dans le fonctionnement des organes ou forces intérieures, qui est la source cachée de ces symptômes.

La modification apparente ou susceptible d'être rendue telle est représentée par une diversité de phénomènes qui n'offrent entre eux aucun lien de concomitance nécessaire et peuvent se produire isolément. Celui de ces phénomènes dont Braid dut être le plus et le plus tôt frappé, du moins au début, c'est ce sommeil artificiel spécial arrivant facilement au somnambulisme, avec lequel le mesmérisme nous avait déjà familiarisés, et de là l'appellation d'*hypnotisme* adoptée par Braid. Divers troubles de la sensibilité et de la motilité ont aussi été signalés par lui. Mais l' « état braidique » possède en outre une propriété d'une bien autre importance, et qui le caractérise essentiellement ; et c'est cette propriété fondamentale et capitale qui d'abord a échappé entièrement à Braid, qu'il n'a reconnue que bien tard, et non de sa seule initiative, tout porte à le croire, et dont du reste il ne paraît avoir jamais compris qu'incomplètement la portée ; je veux parler de cette disposition si étonnamment merveilleuse qui rend le sujet *idéoplastique*, c'est-à-dire modifiable, ou pour mieux dire *arbitrairement façonnable*, dans le fonctionnement de tous ses organes et l'exercice de toutes ses facultés, *au moyen d'idées qu'on lui suggère*.

La modification matérielle cachée qui se manifeste par les phénomènes extérieurs que nous venons d'indiquer, et leur sert de *substratum*, quelle idée doit-on s'en faire dans l'impossibilité de l'observer directement ? La nature de cet état braidique intra-organique doit s'inférer de la nature des phénomènes produits, d'une part, et d'autre part de la nature des moyens mis en usage pour les produire. Or, le rapprochement de ces deux groupes de données m'a paru indiquer une condition physique du cerveau que j'ai appelée une « pléthore cérébrale nerveuse ». Braid était arrivé à reconnaître que l'acte d'aspectation continue et exclusive avait pour effet de fixer et de concentrer l'attention. J'ai été plus loin, et j'en suis venu à me convaincre que la concentration de l'attention par la vision continue d'un point très circonscrit avait elle-même pour résultat prochain d'amener l'*inertie de la pensée*, et que de cet état d'inertie mentale résulte ensuite une sorte de congestion nerveuse de l'encéphale, dont la production peut s'expliquer comme il suit.

Rappelons d'abord, sans nous y arrêter, quelques points de physiologie sur lesquels tout le monde aujourd'hui est à peu près d'accord.

Les facultés psychiques s'exercent au moyen d'une « force nerveuse » secrétée par les cellules formant la matière grise du cerveau. Dès lors on peut dire d'une manière générale que l'activité mentale déployée représente une dépense proportionnelle de force nerveuse. Cela étant, on conçoit qu'un brusque arrêt de l'action mentale puisse amener une rupture d'équilibre entre la génération de la force nerveuse et sa consommation, d'où une « surproduction » et une accumulation anormale de ce produit au cerveau.

Toute la vertu du procédé visuel consisterait à ce compte à déterminer un état d'inaction mentale. Mais comment concevoir qu'on obtienne un tel effet d'une telle cause? Je réponds : c'est en bornant étroitement le rayonnement de la pensée à l'aide d'une sensation simple et uniforme sur laquelle la pensée se fixe et dans laquelle elle s'enferme. Et maintenant disons que cette hypothèse se prête à une vérification expérimentale. Si elle est juste, ce n'est pas le seul sens de la vue, ce seront aussi plus ou moins tous les autres sens qui pourront fournir cette « sensation simple et homogène, continue et exclusive » qui saisit et enveloppe la pensée et l'emmaillotte dans une torpeur relative. Eh bien, cette induction est pleinement confirmée par l'expérience, et une expérience certes fort ancienne, qui nous montre que, pour induire au sommeil, la vision uniforme, continue et exclusive peut sans trop de désavantage être remplacée par l'audition, la sensation musculaire, l'olfaction, le toucher, et peut-être bien aussi la gustation, moyennant que ces sensations spéciales diverses soient soumises aux mêmes conditions de simplicité, d'uniformité, de continuité et d'exclusivité. La monotone mélopée et le bercement à l'invariable va-et-vient ne furent-ils pas employés par les nourrices de tous les temps à titre de soporifiques à l'usage de leurs nourrissons ? Mais je m'abstiendrai d'entrer ici dans le détail de cette démonstration, que j'ai donnée dans mon *Cours de Braidisme* avec tout le développement nécessaire. J'ajouterai seulement que MM. Binet et Féré, dans leur intéressant ouvrage intitulé *Le Magnétisme Animal*, ont apporté des faits nouveaux à l'appui de cette thèse de l'équivalence hypnotique des diverses sensations spéciales que j'avais développée avant eux, il y a de cela près de quarante ans (Voir *Cours de Braidisme*, p. 36). Ils s'expriment ainsi : « L'un de nous est arrivé à provoquer le sommeil léthargique en fatiguant l'odorat par l'impression prolongée du musc. Les impressions gustatives n'ont guère été essayées ; nous avons vu les titillations du pharynx réussir chez plusieurs sujets.... M. Ch. Richet a pu vérifier que les excitations cutanées faibles sont capables de produire le sommeil somnambulique tout aussi bien que les excitations des sens spéciaux. » (*Op. cit.*, p. 63 et 64.)

D'accord avec MM. Binet et Féré sur ce point partiel que toutes les sensations spéciales, et non la vue seule, peuvent servir à amener l'état braidique, je me sépare d'eux radicalement sur la question de savoir en quoi consiste la modification matérielle, proprement physiologique, du cerveau, servant de base à cet état braidique, hypotaxique ou autrement dit de suggestionnabilité. Pour moi, l'acte braidique de la sensation est un congestionnement nerveux du cerveau ; suivant la doctrine de la Salpêtrière, dont MM. Binet et Féré se bornent ici à être les organes, c'est au contraire une saignée nerveuse de ce grand centre. Au regard de ces deux savants et de l'école dont ils font partie, l'action de la sensation uniforme sur le cerveau est de le vider de l'agent nerveux, de lui ôter le levier de son activité et de le réduire par là à l'impuissance. A l'inverse, je soutiens que le rôle de la sensation dans les manœuvres du braidisme est de fixer et de limiter l'attention ; par là, de restreindre l'activité mentale ; consécutivement, de diminuer la dépense de force nerveuse cérébrale, et finalement d'en déterminer dans le cerveau une accumulation anormale, une surabondante réserve, dans laquelle la suggestion puisera ensuite pour agir électivement sur telle ou telle faculté de l'âme, sur telle ou telle fonction de l'économie.

Cette théorie, que j'ai formulée dès 1855, dans mon *Electrodynamisme Vital*, et deux ans auparavant dans mes leçons orales, a pour elle de grandes apparences de vérité, de sérieuses probabilités, et elle nous aide dans une notable mesure à concevoir le mécanisme de la suggestion. Sur quoi se fonde maintenant la théorie opposée ? Sur l'invraisemblable, car réduire à son *minimum* le champ de la sensation n'est pas, j'imagine, imposer un surcroît d'efforts au sensorium, accroître sa fatigue et amener son épuisement. Et que peut expliquer ensuite cet hypothétique épuisement ? Ce n'est assurément pas l'action élective de la suggestion sur tel ou tel point distinct de l'économie, et l'énergie si prodigieuse de cette action localisée.

L'école de Nancy, qui a accordé à mes travaux une certaine attention, a adhéré sous quelques réserves secondaires à mes vues sur l'étiologie et la physiologie de l'état braidique. M. Beaunis, entre autres, s'est assez nettement prononcé dans ce sens. Cependant, à la solution que je propose il trouve une difficulté. Après un résumé exact des idées dont il s'agit, il ajoute : « Pour ma part, j'admets facilement cette influence de l'attention et de la concentration de la pensée sur les phénomènes de l'hypnotisme, spécialement pour ce qui concerne les sensations. Mais il est cependant certains faits qui sont difficilement explicables avec cette théorie. On conçoit que, sous l'impression d'une idée fixe qu'on vient de lui suggérer, l'hypnotisé voie au réveil une personne absente, mais comment expliquer de la même façon qu'il ne verra cette personne que huit jours après, si la suggestion a été faite ainsi ? L'idée suggérée reste dans son esprit pendant ces huit jours sans qu'il en ait conscience, et le huitième jour l'action suggérée se produit à l'heure fixée. Y a-t-il là une idée dominante et une concentration de la pensée sur un sujet déterminé ? J'avoue que je ne l'y trouve pas. » (1).

Il s'est produit là une confusion dans l'esprit de l'auteur. La concentration sensorielle et mentale dont il s'agit dans mon explication du mécanisme de l'action braidique n'est point invoquée par moi comme cause immédiate et déterminante de l'hallucination suggérée, mais uniquement présentée comme une préparation toute préliminaire à cet état factice de l'organe cérébral qui assujettit d'une manière générale notre être psychique et physiologique à l'empire de la suggestion, et qui consiste d'après moi (mais ceci seulement comme hypothèse) en une tension excessive de la force nerveuse cérébrale. M. Beaunis a déplacé la question par mégarde. La concentration dont il s'agissait dans la théorie qu'il a examinée, c'est celle du regard et de l'attention sur le point de mire dans l'opération braidique proprement dite ; la concentration de la pensée à propos de laquelle il a mis cette théorie en cause, c'est une chose toute autre, n'ayant aucunement trait au point spécial en vue : c'est l'absorption de l'esprit de l'hypnotisé dans l'idée suggérée, quand il est sous le coup de l'impression suggestive. Et à ce propos M. Beaunis soulève une objection très forte, d'une grande portée, mais qui, j'y insiste, n'a point trait à mon hypothèse de la formation de l'état braidique. Le savant physiologiste observe très justement que le processus psychique et physiologique qu'on peut plausiblement imaginer pour s'expliquer la vertu de la suggestion à échéance instantanée peut être tout à fait insuffisant pour rendre compte de l'efficacité non moindre de la suggestion à terme, et à long terme, et opérant (et c'est là que gît surtout la difficulté) sur l'individu alors qu'il n'a conservé dans l'intervalle aucun souvenir, que sa conscience n'a gardé aucune trace de l'impression suggestive antérieurement faite sur lui. C'est là une question du plus haut intérêt, mais elle relève, répétons-le,

(1) LE SOMNAMBULISME PROVOQUÉ, *Etudes physiologiques et psychologiques*, par H. BEAUNIS, *professeur de physiologie à la Faculté de Médecine de Nancy*. 1 vol. in-12, Paris 1887, librairie J.-B. Baillière et fils, page 229.

non du braidisme proprement dit, c'est-à-dire de l'hypotaxie, mais de la suggestion, ou plus rigoureusement de l'idéoplastie. C'est pourquoi j'en réserve l'examen pour le chapitre suivant.

L'arsenal de la thaumaturgie occulte possède aussi une section braidique assez richement pourvue. Braid en a tout le premier fait la remarque, car il était homme de bonne foi avant tout ; dans ses écrits, et principalement je crois dans celui qu'il a intitulé *Magie, Sorcellerie, Magnétisme animal, et Electrobiologie,* il constate que les Yoguis de l'Inde et les Omphalopsychiens du mont Athos pratiquaient sa découverte depuis de longs siècles avant qu'il l'eut faite, en se livrant à la contemplation du bout de leur nez ou de leur nombril aux fins de se procurer les voluptés divines de l'extase. Les charmes (*carmina*) et les incantations de l'ancienne magie paraissent avoir tiré leur pouvoir d'une action braidique s'exerçant sur le sens de l'ouïe. L'encens des temples, l'usage du chapelet, qui nous vient des vieilles religions orientales, et les oraisons monotones où les mêmes mots reviennent sans cesse sur les lèvres et dans le même ordre, mais auxquelles, suivant la remarque de l'Evangile, « le cœur n'a aucune part », me semblent autant d'applications anticipées de la méthode de Braid, conçues dans un but dont il n'est peut-être pas difficile de se rendre compte.

Nous allons terminer ce chapitre par quelques mots d'hommage à la mémoire de celui qui a posé la première pierre du braidisme scientifique.

Les Français s'accusent volontiers eux-mêmes de méconnaître les inventeurs de leur propre nation, et de n'accueillir favorablement au début que les découvertes venant de l'étranger. Les Anglais ne méritent pas moins ce reproche, du moins s'il faut en juger par leur conduite envers leur compatriote Braid, et durant sa vie et trente ans après sa mort.

Bien que fort instruit de son métier de médecin et ayant reçu la culture classique, Braid n'était pas ce qu'on appelle un savant, mais il possédait l'esprit scientifique. Il s'est montré, nous l'avons déjà dit, un observateur et un expérimentateur hors ligne, et par surcroît, s'il a manqué de portée philosophique, il possédait la droiture du jugement et la droiture de la conscience. Ses écrits sont mal faits, ils manquent entièrement d'ordonnance, tout s'y trouve jeté pêle-mêle ; mais quelque imparfaits qu'ils soient comme forme littéraire et comme exposition didactique, ils n'en sont pas moins remplis d'intérêt et très attachants, car ils contiennent une foule de faits inédits et d'observations frappées au coin d'un esprit original et judicieux, bien qu'assez mal ordonné et dans lequel les idées se groupaient au hasard sans classement et sans synthèse. On peut dire des écrits scientifiques de cet homme qu'ils sont un fumier d'Ennius, mais très riche en perles.

Que valurent à Braid vivant ces remarquables qualités, plus la trouvaille qui l'immortalise ? Il eut sans doute la satisfaction de se voir l'objet d'une notice favorable dans l'*Encyclopédie* de Todd et Bowman, et de trouver dans le célèbre physiologiste Carpenter un juste appréciateur de sa découverte. Mais à quelques rares exceptions près, la science officielle refusa de l'entendre, la Société royale de Londres (l'équivalent de notre Académie des sciences) repoussa sans discussion sa demande d'examen, et ses infatigables efforts renouvelés jusqu'aux dernières années de sa vie furent impuissants à triompher de ce mauvais vouloir et de ce parti pris hostile. En 1859, l'Académie des sciences et l'Académie de médecine de Paris parurent sur le point d'offrir à l'inventeur étranger dédaigné de ses compatriotes une éclatante revanche. Le nom de Braid fut acclamé un jour à l'Institut et à l'aréopage médical de la rue des Saint-Pères ; ceci se passait dans un moment de surprise, où nos académiciens, trompés par un changement de nom, croyant n'avoir affaire qu'à un nouvel anesthésique quelconque, accueillaient et applaudissaient dans l'hypnotisme ce qu'ils repoussaient depuis tant d'années avec horreur dans le magnétisme animal. Mais l'équivoque fut bientôt dissipée, le mouvement inauguré par Broca sous le haut patronage de Velpeau s'affaissait presque aussitôt sur lui-même, avortait, était mort-né, et la gloire de Braid, après avoir recouvré quelques heures d'éclat, s'éclipsait de nouveau.

Ses compatriotes lui ont-ils du moins rendu après sa mort la justice qu'ils lui refusèrent de son vivant ? Lui, qui était latiniste, dut sans doute, dans l'amertume de ses derniers jours, se répéter plus d'une fois le vers d'Horace :

Comperit invidiam supremo fine domari.

Oui, je comprends maintenant, dut-il se dire, que ma mort pourra seule désarmer mes envieux. Hélas ! la mort ne le délivra de la persécution que pour condamner son nom à l'indifférence et à l'oubli.

En 1887, si je me souviens bien, je recevais une lettre de M. Louis Figuier m'informant qu'il se proposait de me faire figurer dans une galerie de portraits des hypnotistes célèbres de toutes les époques, qui devait illustrer son nouvel ouvrage intitulé : *Les Mystères de la Science*. En remerciant l'auteur, je m'enquis si le portrait de Braid ferait partie de la collection. Il me fut répondu qu'on n'avait pu se le procurer. Je me voyais mal à l'aise, et comme en proie au remords de l'usurpation, dans cette sorte de panthéon iconographique dont se trouverait exclu le découvreur de l'hypotaxie sensorielle, et où je serais glorifié à sa place pour ses découvertes, dont je n'étais que le théoricien. Je me mis alors activement en quête du portrait de Jacques Braid, et dans ce but je fouillai, je puis dire, tous les coins de l'Angleterre. Comme il était naturel, je m'adressai en premier lieu à l'éditeur de ses ouvrages, le libraire de Londres John Churchill. Qu'appris-je ? C'est que là, même là ! on n'avait plus souvenir de l'auteur non plus que de ses publications. Car je voulais aussi me procurer ces dernières, ne les ayant plus dans ma bibliothèque, dont elles avaient toutes disparu dans un déménagement précipité pendant la guerre de 1870. Je m'adressai ensuite au Dr Hack Tuke, médecin aliéniste et écrivain hypnotiste bien connu. Il ne put me fournir aucun renseignement ; il n'avait en sa possession ni le portrait ni les ouvrages, et ne sut me donner aucune indication pour les découvrir. Je ne désespérai pourtant pas, et bien m'en prit. Une jeune dame anglaise, que nous avions eue autrefois pour commensale à Arsac, et avec laquelle nous étions restés en relation, était mariée près de Manchester. L'idée me vint de recourir à elle. Très obligeante, Madame X. se mit aussitôt en démarches, et réussit par son médecin à découvrir l'existence et la résidence de ce qui restait de la famille de Braid, un sien petit-fils exerçant la médecine dans une petite localité de l'Ecosse. Je me hâtai d'écrire à M. Braid, et j'avais le bonheur de recevoir par le retour du courrier une lithographie représentant l'illustre aïeul. Cette image fut aussitôt transmise à M. Louis Figuier, et elle figure dans son ouvrage *Les Mystères de la Science*, reproduite très exactement par la gravure. C'est toujours avec une satisfaction des plus vives que je me dis que grâce à moi les nobles traits de Jacques Braid ne seront pas perdus.

La rénovation de l'hypnotisme par M. Charcot a fait remonter sur l'eau le nom de son inventeur. Eh bien, le croirait-on ? les hypnotistes anglais de l'époque actuelle, et ils sont nombreux et comptent parmi eux beaucoup de notabilités scientifiques, semblent se complaire à ignorer l'origine anglaise de cette importante branche de la science. Pour eux, l'hypnotisme vient tout entier de Paris ou de Nancy ; ils n'invoquent que les maîtres de nos deux écoles, et ils tiennent pour absolument négligeable tout ce qu'un modeste *surgeon* de Manchester se permettait d'inventer et d'écrire dans cet ordre d'idées il y a quarante ans et plus. Ajoutons que Braid a trouvé un peu plus de justice en France, et que ses titres d'initiateur ont été explicitement reconnus, tout au moins pour la forme, par les médecins français qui se sont faits depuis environ douze ans les promoteurs du mouvement inouï auquel l'œuvre de cet homme a servi de point de départ.

Avant de clore ce chapitre, il convient, je crois, de revenir encore une dernière fois sur un point capital sur lequel nous avons déjà insisté ; c'est qu'une analyse critique des expériences hypnotiques instituées par Braid et des résultats qu'il en obtenait doivent convaincre que l'acte braidique proprement dit n'entrait que pour une part dans son artifice opératoire, pour la part préparatoire, et que l'idéoplastie et la télépathie intervenaient à son insu pour déterminer les phénomènes.

Dans ma carrière d'« électrobiologiste », je n'ai pas tardé longtemps à m'apercevoir que, tout en ne voulant et ne croyant agir que par suggestion verbale, je me sentais pris à certains moments d'une sorte d'éréthisme étrange avec sensation d'un dégagement crépitant au bout des doigts comme par l'effet d'une série de petites décharges électriques, et que j'avais le sentiment d'un rapport physique occulte, d'un « rapport magnétique » s'établissant entre l'opérateur et les opérés ; c'est là, du reste, une observation comme en ont fait plus ou moins tous les magnétiseurs dans leur pratique.

Ce jugement n'est pas pour plaire à mes excellents amis de Nancy, qui (plusieurs d'entre eux du moins) rapportent tout à la suggestion pure, et ne voient qu'une chimère dans notre biomagnétisme ou magnétisme animal. Mais si en cela ils soutiennent une erreur, comme j'en ai la conviction absolue, ils ont, on ne peut en douter, des arguments spécieux, et très spécieux, à opposer à leurs contradicteurs, car ce ne sont pas des savants à se former une opinion scientifique à la légère. Pour contrôler la manière de voir qui leur est propre et en démontrer le bien fondé, ils ont institué des expériences précises, sur lesquelles ils s'appuient. Ces expériences, fort ingénieuses, et qui donnent à penser, ne me paraissent pourtant pas concluantes. Je me propose de les discuter dans le chapitre suivant, consacré à la suggestion, où l'examen de cette question sera à sa place.

Nous ne devons pas finir cette rapide esquisse sur le braidisme sans dire encore un mot des écrits de Braid, et en donner la liste. J'ai déjà exprimé mon sentiment sur le côté littéraire de ces productions ; elles laissent tout à désirer sous ce rapport. Mais si mal composées qu'elles soient, elles abondent en observations neuves et exactes sur lesquelles on peut entièrement compter, l'auteur étant, en tant que pur observateur et expérimentateur — je ne dis pas en tant que logicien et théoricien — très sagace et très scrupuleux. Je ne veux pas me montrer blessant pour la littérature hypnotique contemporaine ; cependant je ne puis m'empêcher de dire que maint écrivain hypnotiste du jour rendrait un bien plus grand service à la science en donnant au public français une bonne traduction (chose rare) des œuvres de Braid, avec commentaires, qu'en nous prodiguant ses élucubrations personnelles.

Les principales publications de Braid sont :

Neurypnology ; or the rationale of nervous sleep, considered in relation with animal magnetism. Illustrated by numerous cases of its successful application in the relief and cure of disease. 1843. (Cet ouvrage a été traduit en français par le D\u1d63 Jules Simon, avec préface de M. Brown-Séquard, Paris 1883.)

The Power of the mind over the body. 1846.

Observations on Trance, or human hibernation. 1850.

Magic, Witchcraft, Animal magnetism, Hypnotism, and Electro-biology. 1852.

The physiology of Fascination. 1855.

Observations on the nature and treatment of certain forms of paralysis. 1855.

LE FARIO-GRIMISME

(Suggestion exprimée, Idéoplastie.)

Ce n'est pas d'hier qu'on s'est aperçu que les impressions faites sur l'imagination peuvent retentir jusqu'au plus profond de notre être organique, comme de notre être psychique, et se traduire ici et là par les modifications les plus profondes, les plus étonnantes. C'est ce dont témoigne un vieux proverbe latin qui dit : *Fortis imaginatio general casum*, « en s'imaginant fortement une chose, elle se produit ».

On connaît les deux célèbres commissions de l'Académie des sciences et de la Société royale de médecine, nommées en 1784 par ordre du roi Louis XVI pour donner leur avis sur la nouvelle méthode curative introduite par le docteur Mesmer, et sur la théorie physique qu'il lui donnait pour base. La composition en était brillante : on y comptait des savants renommés, et jusqu'à trois illustrations scientifiques de premier ordre. Il serait aujourd'hui plus que difficile de trouver les éléments d'une réunion pareille.

Tous les commissaires furent d'accord sur un point, c'est que la plupart des résultats attribués par le novateur à un prétendu magnétisme animal pouvaient être légitimement regardés comme produits par l'imagination. Seul, Laurent de Jussieu crut avoir constaté certains effets qui se refuseraient à cette explication, et qu'il fallait attribuer, suivant lui, à « la chaleur animale », ou à ce qu'il nomme encore « le fluide électrique animalisé ». Son hypothèse théorique, on le voit, revenait au fond à celle de Mesmer ; ce n'était guère entre elles qu'une question de mots.

Jussieu eut le courage de se séparer ouvertement de ses

collègues, et formula ses conclusions propres dans un rapport séparé. Le rapport de Bailly, organe de l'Académie des sciences, concluait au contraire que *l'imagination fait tout*, que *le magnétisme est nul*. Le jugement rendu par la commission de la Société royale de médecine était identique.

L'œuvre des deux commissions fut surtout une négation et une injustice, car elle se résumait en une condamnation sommaire de Mesmer, qui, nous le savons maintenant, méritait mieux. Et pourtant il nous est donné de voir aujourd'hui que cette œuvre, poussée un peu plus avant, un peu plus mûrie, aboutissait à un résultat tout autre. Elle aboutissait à la constatation et à la proclamation officielle de deux vérités méconnues d'une portée immense : d'une part, l'existence de la force physique affirmée par Mesmer sous le nom de magnétisme animal, instrument matériel immédiat de la volonté ayant pouvoir d'agir en dehors de notre organisme et sur les autres organismes, comme agent curatif, et plus généralement comme un modificateur merveilleux de l'économie ; d'autre part, une propriété latente des forces mentales consistant à produire, *sine materia*, les mêmes merveilles, les mêmes guérisons miraculeuses, les mêmes prodiges de modification dans l'ordre psychique et dans l'ordre physiologique.

Pour cela il ne s'agissait que de faire deux simples choses, et qui, il me semble, étaient assez nettement indiquées. On s'accordait, nous l'avons vu, sur un point : c'est que l'imagination pouvait opérer à elle seule une grande partie des effets curatifs et des *crises* que Mesmer rapportait à un agent physique spécial. Le docteur Deslon, professeur à la Faculté de Paris, devenu grand partisan de Mesmer et son champion, ayant complètement échoué devant les commissaires dans la fameuse expérience du jardin de Franklin, l'un d'eux, où l'arbre magnétisé ne fut pas reconnu par le « sujet » et n'exerça sur lui aucune influence apparente, tandis que d'autres arbres, ceux-ci *non magnétisés*, le firent tomber en crise, Deslon, confondu par ce résultat, parut se rendre à l'opinion des juges; mais il alla plus loin, c'est-à-dire qu'il fut plus conséquent. « Si la médecine d'imagination est la meilleure », s'écria-t-il avec une frappante logique, « pourquoi ne ferions-nous pas de la médecine d'imagination ? »

Cette parole était profondément et clairement suggestive ; écoutée, elle eut valu aux éminents commissaires la gloire de découvrir et de constituer l'Idéoplastie. Mais le pouvoir mystérieux de l'imagination incidemment constaté, on s'en tint là ; on ne se donna pas la peine de pousser le principe dans ses derniers retranchements, je veux dire de le poursuivre dans ses conséquences lumineuses, dans ses applications fécondes.

C'était aussi une autre indication bien significative, bien considérable, que l'obstination d'un observateur de la trempe du naturaliste Laurent de Jussieu, persistant envers et contre tous à signaler certains faits du mesmérisme comme réfractaires à la théorie de l'imagination, et comme attestant une action physique spéciale à définir. Cette autre piste ne fut pas non plus suivie, et pourtant elle menait droit nos grands hommes à reconnaître, et peut-être à connaître mieux qu'on n'a pu le faire depuis sans eux, tout un monde de phénomènes occultes et toute une physique occulte.

Deux sources d'action profondément distinctes de nature, mais équivalentes d'effets, se trouvaient réunies et confondues dans la production des phénomènes mesmériques, donnant ainsi le change à l'observateur l'une à l'égard de l'autre, se masquant mutuellement à ses yeux pour dérouter son jugement. Les commissaires avaient pourtant parmi eux le plus admirable des analyseurs, le fondateur de la chimie moderne, Lavoisier. Celui-ci ne semblait-il pas prédestiné à la tâche de démêler dans la cause obscure des faits du mesmérisme un double principe, et de séparer les deux éléments de ce composé, ou plus exactement de cet alliage binaire, pour la plus grande illustration de son nom et le triomphe de la science ? Mais cette même année 1784 était précisément celle qui le voyait accomplir le miracle de la décomposition de l'eau. Un second miracle d'analyse en si peu de temps, c'était trop sans doute pour un seul homme, si puissant fut-il. Et voilà comment les commissaires, ayant bâclé leurs opérations, s'en retournèrent chacun de son côté, ceux-ci à leurs études spéciales, ceux-là à leurs occupations professionnelles, sans plus se préoccuper de déchiffrer l'énigme mesmérienne, sans plus spéculer sur la réalité problématique du prétendu magnétisme animal et ses vertus, sur la puissance miraculeuse de l'imagination et la possibilité qu'il y aurait d'en tirer profit pour l'art médical, et enfin et surtout sans soupçonner le moins du monde que dans ces deux vagues aperçus scientifiques, dans ces deux embryons de science encore à peine distincts, se cachait le germe d'une révolution colossale, bien que lointaine encore, pour la physiologie et la psychologie, pour la médecine et la morale.

Toutefois, il faut se hâter de le dire, les savants commissaires n'avaient pas envisagé l'imagination à la façon de ces esprits mondains et frivoles qui à tout propos la mettent en avant comme explication de choses qu'ils déclaraient d'abord follement absurdes, fables ridicules, évidentes impossibilités, tant qu'on les rapportait à un agent physique inconnu, et qu'ils jugent parfaitement naturelles et toutes simples, et même insignifiantes, du moment qu'on peut leur attribuer une cause essentiellement immatérielle et insaisissable.

Les graves commissaires ne se laissèrent pas aller à cette logique enfantine qui a été, par parenthèse, celle de la Faculté vis-à-vis du mesmérisme pendant longtemps. Ils apprécièrent la valeur des effets de l'imagination, et ils s'appesantirent longuement dans leur rapport sur l'extraordinaire puissance physique de cet agent de nature psychique. Ecoutons un instant Bailly, le célèbre rapporteur :

« On a toujours observé, dit-il, que les affections de l'âme portent leur première impression sur le centre nerveux (l'épigastre), ce qui fait dire communément qu'on a un poids sur l'estomac et qu'on se sent suffoqué. Le diaphragme entre en jeu, d'où les soupirs, les pleurs et les ris. On éprouve alors une réaction sur les viscères du bas-ventre, et c'est ainsi qu'on peut rendre raison des désordres physiques produits par l'imagination. Le saisissement occasionne la colique, la frayeur cause la diarrhée, le chagrin donne la jaunisse. L'histoire de la médecine renferme une infinité d'exemples du pouvoir de l'imagination et des affections de l'âme. La crainte du feu, un désir violent, une espérance ferme et soutenue, un accès de colère rendent l'usage des jambes à un goutteux perclus, à un paralytique ; une joie vive et inopinée dissipe une fièvre quarte de deux mois ; une forte attention arrête le hoquet ; des muets par accident recouvrent la parole à la suite d'une vive émotion de l'âme. L'histoire montre que cette émotion suffit pour faire recouvrer la parole, et les commissaires ont vu que l'imagination frappée avait suffi pour en suspendre l'usage. »

Après les observations qui précèdent, après cette longue insistance à détailler et à mettre en saillie les incomparables pouvoirs de l'imagination, ou autrement dit des affections de l'âme, comme modificateur physiologique et comme agent thérapeutique, n'est-il pas bien étonnant que le rapport n'ait pas conclu par des encouragements à Mesmer, à Deslon et à leurs élèves, à poursuivre avec plus d'ardeur que jamais leur entreprise ? Et, en effet, que voulaient ceux-ci ? Ils voulaient créer une nouvelle branche de la médecine dont les moyens thérapeutiques, incontestablement efficaces et puissants, puisaient leurs forces dans un hypothétique magnétisme animal suivant les novateurs, et dans les ressources illimitées de l'imagination au jugement des commissaires. Au point de vue pratique, c'est-à-dire au point de vue de l'utilité médicale, l'efficacité reconnue de la méthode mesmérique n'était-elle pas une considération capitale et décisive, et la question théorique à débattre n'était-elle point par le fait secondaire et accessoire ? Sans doute. Mais les commissaires écoutèrent leurs préventions, leurs passions, et non pas seulement leur raison. Ils prononcèrent que, bien que manifestant une grande puissance, l'action mesmérique ne pouvait que causer des désordres dans l'économie; et ces excellents commissaires, non moins soucieux de la santé morale du public que de sa santé physique, se mirent en frais d'un deuxième rapport, complémentaire et confidentiel, qu'ils remirent directement au roi pour lui signaler les dangers terribles du mesmérisme pour les bonnes mœurs, pour le repos des maris, pour la tranquillité des pères.

On peut dire, sans crainte d'injustice à leur égard, que les commissions ne se tinrent pas jusqu'au bout à la hauteur de leur mandat. Le mesmérisme était condamné d'avance dans leur esprit et, pour le frapper, elles arguèrent de considérations peu scientifiques rappelant beaucoup trop les misérables raisons à l'aide desquelles l'impeccable Faculté avait invariablement combattu et proscrit depuis deux siècles toutes les grandes innovations sur lesquelles repose la médecine moderne. Et pourtant la cause de la vérité n'était pas à ce moment sans défenseurs habiles et autorisés, et les sages avis n'avaient pas manqué aux juges de Mesmer. En cette même année mémorable de 1784, un savant considéré, Court de Gébelin, apostrophait ainsi les médecins, persécuteurs acharnés des magnétiseurs, dont tous les torts, d'après les propres aveux de leurs ennemis, se réduisent à opérer des prodiges, non au moyen de leur imaginaire magnétisme animal, mais en obligeant l'imagination et la nature à leur prêter un tout puissant concours :

« Si l'imagination, si la nature sont de si puissants remèdes », s'écriait l'auteur du *Monde primitif*, « s'ils ont tant d'efficace, comment ne vous en rendez-vous pas les maîtres ? Comment sont-ils si puissants hors de vos mains, si faibles quand vous voulez vous en servir ? Comment la confiance qu'on a en vous n'enflamme-t-elle pas l'imagination ? Comment avec cette imagination, la nature, et votre profond savoir, n'opérez-vous pas les mêmes effets que vous semblez attribuer à la nature seule ou aux illusions mobiles et inconstantes de l'imagination ? Avec plus de moyens produirez-vous moins d'effet ? (1) »

(1) Lettre sur le magnétisme animal, *par* Court de Gébelin, Paris 1784.

Malgré le double verdict dont elle était frappée, la doctrine de Mesmer, toujours enfermée dans son exclusivisme magnétique, conserva ses fidèles à peu d'exceptions près. Mais la doctrine non moins simpliste de l'imagination, que semblait avoir inaugurée le rapport de Bailly, ne fit pas école, du moins tout d'abord, et resta un certain temps à l'état de lettre morte. Cependant, vers la fin du premier empire, l'idée était reprise par un autre novateur hardi, qui venait rompre en visière avec le mesmérisme en lui opposant tout à la fois un nouveau système théorique et des procédés opératoires tout aussi nouveaux dont la valeur s'attestait par les résultats. Jusqu'à lui les adversaires du magnétisme animal s'étaient bornés à exalter les dons miraculeux de l'imagination, qu'ils lui opposaient; mais nul n'avait encore tenté de soumettre cette incomparable puissance morale aux règles d'un art méthodique et raisonné. Ce fut l'œuvre et ce sera la gloire de FARIA (1).

Qui était donc ce Faria? Quels furent ses actes? Quel fut son enseignement? Nous avons pour nous renseigner sur tous ces points un document précieux. C'est l'écrit d'un disciple qui a vu le maître de très près, qui fut à l'occasion son secrétaire officieux, qui a su le juger sans passion et sans parti pris avec toute la compétence que peut donner une solide instruction et un jugement droit, avec toute l'indépendance d'un esprit froid et désintéressé. Pendant longtemps, le *Mémoire* du général NOIZET a été ignoré. Adressé en 1820 à l'Académie royale de Berlin pour un concours sur le magnétisme animal, ce travail n'a été imprimé qu'en 1854 et tiré seulement à un petit nombre d'exemplaires, l'auteur ayant décidé de ne point mettre son livre en vente et de le réserver aux quelques personnes qu'il jugeait particulièrement aptes à le lire avec fruit (2). Le général Noizet était sorti de l'Ecole polytechnique

---

(1) « FARIA (Joseph-Custodi), magnétiseur, né à Goa (Indes-Orientales) d'un nègre idolâtre, vers 1755, mort à Paris en 1819. » LAROUSSE.
L'auteur de cette notice, sans doute peu versé dans l'ethnographie, aura confondu les Hindous avec les noirs d'Afrique.

(2) MÉMOIRE SUR LE SOMNAMBULISME ET LE MAGNÉTISME ANIMAL, *par le général* NOIZET, Paris 1854.

et il servit dans le génie. En le lisant, on acquiert vite la conviction que l'on a affaire à quelqu'un dont le discernement et la bonne foi méritent toute confiance (1). Cela dit, donnons la parole au général Noizet. Voici d'abord le début de sa préface, portant la date de Paris 1854 :

« Il y a quarante ans », nous dit-il, « que pour la première fois j'entendis parler de magnétisme animal, mais en termes si vagues et si obscurs que la seule impression que j'en pus éprouver fut le désir d'acquérir des idées plus saines et plus nettes sur une semblable matière. L'année suivante, me trouvant à Paris après la campagne de 1815, j'appris qu'un certain abbé indien-portugais avait chez lui des séances publiques de magnétisme. Je m'y rendis et je trouvai dans son salon une réunion de la meilleure société de Paris. Les dames surtout étaient nombreuses pour assister à un spectacle encore nouveau, et pourtant, avant d'en arriver aux expériences qui excitaient toute la curiosité, il fallait endurer pendant une grande heure la lecture d'un grimoire à peu près inintelligible, débité en fort mauvais français par un grand vieillard au teint cuivré et à la mine la plus étrange.

» L'abbé Faria, tel était son nom, avait soin, avant de commencer ses expériences, de prévenir hautement qu'il ne jouissait d'aucune propriété magnétique ou autre qui lui fut particulière, qu'il n'exerçait aucune influence personnelle sur les sujets qui se soumettaient à ses essais, que les effets qu'il leur faisait éprouver venaient d'eux seuls et de leur organisation. Cependant il tentait ses expériences sur huit ou dix personnes de l'assemblée, et sur ce nombre une, deux ou quelquefois plus, tombaient en somnambulisme.

» .....Je ne tardais pas à reconnaître que sous une forme bizarre et avec des idées mystiques, les discours de notre thau-

---

(1) Le général Noizet n'a pas l'honneur d'une notice dans le *Grand Dictionnaire universel* de Larousse. En attendant que cette omission regrettable soit réparée dans un prochain *Supplément*, nous donnerons dans le corps de ce travail tout ce que nous possédons de renseignements biographiques sur l'éminent hypnotiste.

maturge renfermaient un sens profond et fertile en vérités. Je me convainquis de sa bonne foi et de celle des personnes qui se prêtaient à ses épreuves. Je m'y soumis moi-même, et lorsque mon service me rappela en province, je partis bien édifié sur la réalité des phénomènes que certaines personnes attribuaient au magnétisme animal.

» .....Après moins d'une année, je retournai passer quelques mois à Paris et j'allai de nouveau voir l'abbé Faria ; mais sa position était bien changée. Ce prétendu trompeur s'était laissé tromper comme un enfant par un acteur alors célèbre qui était venu à une de ses séances pour le jouer, et à qui il ne fut pas difficile de mettre les rieurs de son côté. De ce jour le pauvre abbé tomba dans l'isolement. Je le trouvai occupé à rédiger une théorie qu'il voulait faire imprimer. Il me pria de revoir son manuscrit, mais la tâche était rude ; je ne parvenais à lui faire changer une phrase qu'après d'interminables discussions. D'ailleurs le temps me pressait ; je dus repartir, et je l'abandonnai à lui-même. Son ouvrage devait avoir quatre volumes. Mais il ne tarda pas à mourir et le premier seul parut sans que j'aie jamais eu l'occasion de le lire. Sauf dans ma correspondance avec quelques amis que je cherchais en vain à convertir, je ne m'occupai plus de magnétisme jusqu'en 1819. J'étais alors de nouveau à Paris, et j'y vis l'annonce d'un cours public sur le magnétisme animal, que devait faire le docteur Bertrand sortant des bancs de l'école.

» M. le docteur Bertrand était un jeune homme instruit, plein de candeur et d'amour de la science, qui avait été d'abord élève de l'Ecole polytechnique, puis avait changé de vocation, et qui, après avoir étudié la médecine, faisait son entrée dans le monde par une voie bien périlleuse. Son cours m'intéressa vivement, quoique ses idées fussent bien éloignées des miennes : il attribuait tous les effets observés à un fluide magnétique fort problématique ; et moi, disciple de Faria, je ne reconnaissais de puissance que celle de la conviction de la personne même qui ressentait ces effets. Je lui adressai des observations auxquelles il répondit en public, nous entrâmes en relations et bientôt en liaison d'amitié. J'ajouterai qu'il me passa quelques-unes de ses idées, et que, non sans peine, il finit par se convertir aux miennes; mais trop peut-être, en ce sens qu'il rejeta le peu même que j'avais pris de son système..... (1). »

Le lecteur ne trouvera pas la citation trop longue s'il considère de quelle importance elle est pour l'histoire de l'idéoplastie, cette grande branche de l'hypnotisme qui fait le sujet du présent chapitre. Dans ce passage de sa préface, l'auteur nous esquisse trois remarquables figures dans lesquelles se personnifient pour ainsi dire les débuts de l'art de la suggestion idéoplastique. D'abord, c'est celle, si fortement originale, du novateur, qui occupe le premier plan, sa place légitime; puis, à ses côtés, mais en arrière et discrètement, se montrent les silhouettes de ses deux interprètes, l'un qui avait reçu directement de lui l'initiation, l'autre, disciple médiat, auquel elle avait été transmise par le premier. Celui-ci, toutefois, fut le véritable apôtre, et en quelque sorte le saint Paul de la doctrine. Il l'avait épousée dans son entier, sans restriction, avec une foi absolue, et dès l'année 1823 il l'exposait et la défendait dans un livre intitulé : Traité du somnambulisme, *et des différentes modifications qu'il présente.* « Cet ouvrage, écrit avec sagesse et talent », nous dit le général Noizet, parlant de cette publication de son ami, « fut favorablement accueilli par le petit nombre de personnes instruites qui voulurent bien le lire ».

Ce ne fut pas avant 1854, comme il a été dit plus haut, que le général Noizet présenta à son tour au public — à un public soigneusement restreint, puisque l'ouvrage n'entra pas dans le

(1) « Bertrand (Alexandre), médecin, né à Rennes en 1795, mort en 1835. Il est l'auteur des ouvrages suivants : *Traité du somnambulisme* (1823); *Du Magnétisme animal; Lettres sur les révolutions du Globe* (Paris, 1824); et *Lettres sur la physique* (Paris, 1825). » Larousse. Le *Grand Dictionnaire* a omis un renseignement qui a de l'intérêt. Le Dr Alexandre Bertrand était le père de M. Joseph Bertrand, aujourd'hui secrétaire perpétuel de l'Académie des Sciences et membre de l'Académie française, et de M. A. Bertrand, membre de l'Institut, conservateur du Musée de Saint-Germain.

commerce —, son plaidoyer en faveur des idées et de l'œuvre du maître. Et encore son enthousiasme de disciple, enthousiasme toujours raisonné, ne l'aveugla-t-il point : tout en se plaisant à reconnaître que Faria était « doué à bien des égards d'un esprit supérieur » (p. 88), il évita de donner dans son exclusivisme injuste et jaloux de fondateur de système. Le général Noizet a le grand mérite d'avoir, à l'exemple de Laurent de Jussieu, su envisager la question du mesmérisme autrement qu'en simpliste, d'avoir su reconnaître la part de l'imagination dans les phénomènes mesmériques, sans en éliminer le biomagnétisme, qu'il nomme « le fluide vital ». « Seul peut-être de tout Paris », dit-il, « je me suis donné la peine d'entendre et d'écouter l'abbé Faria ; je me suis convaincu de sa bonne foi, et j'ai reconnu que souvent il avait raison. Je n'ai point hésité à admettre une partie de ses idées, en entant dessus les miennes propres.... Il n'existe pas dans ce qui précède de différence bien essentielle entre la théorie de l'abbé Faria et la mienne, mais ce que je vais ajouter dans cette troisième partie contrarie tout à fait ses idées. Car il était tout aussi exclusif dans son opinion que les autres magnétiseurs : ceux-ci ne veulent reconnaître d'autre cause dans la production des phénomènes qu'ils observent que l'action d'un prétendu fluide magnétique particulier mû par la volonté ; lui, de son côté, répudiait entièrement l'action de tout fluide étranger. On verra par ce qui suit que j'ai adopté une opinion intermédiaire propre à concilier autant que possible les deux opinions divergentes que je viens d'énoncer... (1). »

Nous venons de faire un peu connaissance avec le premier fondateur du suggestionnisme — une sorte de génie barbare — et avec ses deux commentateurs et vulgarisateurs — deux esprits cultivés et éminemment corrects. Occupons-nous un peu plus maintenant de la doctrine elle-même, en commençant par le rituel, qui en est l'expression pratique.

« On fait placer commodément dans un fauteuil » — c'est

(1) *Op. cit.*, pp. 212 et 213.

encore le général Noizet qui parle — « la personne qui consent à se soumettre à l'expérience ; on lui fait fermer les yeux pour éviter toute cause de distraction ; on a soin aussi de faire observer un grand silence autour d'elle ; on lui recommande enfin de s'abandonner au sommeil sans résistance, et pour diminuer l'action des idées passagères qui pourraient occuper son cerveau, celui qui entreprend l'expérience l'engage à concentrer toute son attention sur lui, sans contention d'esprit, sans idées déterminées s'il est possible. Lorsque l'on a ainsi disposé cette personne à éprouver les effets du sommeil, on lui exprime avec fermeté le commandement de dormir. A ce commandement elle éprouve souvent une commotion dont elle ne saurait se défendre, et en même temps, elle ressent un premier degré d'assoupissement. Quelquefois au seul mot *dormez*, la tête se penchera et le sommeil surviendra subitement...

» Il se trouvait à Paris, il y a peu d'années (ceci s'écrivait en 1820), un homme qui faisait publiquement l'expérience que je viens de citer. Chaque jour il réunissait chez lui une soixantaine de personnes, et il était rare que sur ce nombre il ne s'en trouvât pas cinq ou six qui fussent susceptibles d'entrer en somnambulisme. Il ne manquait pas de déclarer hautement qu'il ne possédait aucun secret, aucune puissance extraordinaire, enfin qu'il n'obtenait rien que par la volonté des personnes sur lesquelles il agissait. Cependant les effets ne s'en produisaient pas moins. Cet homme, doué à bien des égards d'un esprit supérieur, était l'abbé Faria (1). »

Ce simple exposé nous suffit pour saisir que Faria pratiquait un mode spécial de suggestion, sur les caractères duquel nous reviendrons plus tard, et que de plus il avait entrevu l'hypotaxie braidique, sans toutefois en faire un point de doctrine, ni une partie essentielle de son manuel opératoire. Le passage suivant, emprunté à Faria lui-même, est encore plus décisif à cet égard :

« Les procédés que j'emploie en public pour endormir sont très simples. C'est une vérité démontrée pour moi qu'on ne

(1) *Op. cit.*, p. 85 et suiv.

fait pas d'époptes (somnambules) de ceux qui ne le sont pas naturellement; on ne cherche donc qu'à développer ceux qui le sont naturellement, toutes les fois qu'ils s'y prêtent de bonne foi. Je m'assure d'avance, d'après les signes externes qui seront indiqués en temps et lieu, de ceux qui ont des dispositions requises à la concentration occasionnelle, et en les plaçant commodément sur un siège, je prononce énergiquement le mot *dormez*, ou je leur montre à quelque distance ma main ouverte en leur recommandant de la regarder fixement, sans en détourner les yeux et sans entraver la liberté de leur clignotement... (1). »

« .....ou je leur *montre* à quelque distance ma main » ouverte en leur recommandant de la *regarder fixement*, sans » en détourner les yeux..... » De telle sorte que, d'après ces paroles, on peut conclure que Faria pratiquait occasionnellement une action braidique véritable, non pas seulement comme adjuvant, mais, qui plus est, semble-t-il, comme succédané de son action morale.

Prenons maintenant un aperçu des principaux effets que Faria obtenait de ces procédés. Pour nous renseigner là-dessus, c'est encore à son disciple que nous allons nous adresser (car il n'est pas toujours vrai de dire qu'il vaut mieux s'adresser à Dieu qu'à ses saints).

« J'ai suivi », dit le général Noizet, « ses expériences (de Faria) pendant plusieurs mois avec soin et avec assiduité, et quoique à chaque séance il y eut plusieurs somnambules qui fussent les mêmes que dans les séances précédentes, il s'en trouvait presque toujours de nouveaux parmi les personnes de la société qui se réunissait chez lui. La plupart portaient des noms connus ou avaient un caractère personnel propre à éloigner tout soupçon de connivence. J'ai vu aussi dans le nombre quelques étrangers, un jeune Prussien, un officier Russe, etc. Mais j'ai été surtout convaincu par l'épreuve faite sur un jeune

---

(1) DE LA CAUSE DU SOMMEIL LUCIDE *ou étude sur la nature de l'homme, par l'abbé* DE FARIA. Paris 1819, t. I, p. 192.

homme de ma connaissance que je ne pouvais accuser de mauvaise foi, et qui jamais n'avait vu de semblables effets. Au commandement de l'abbé Faria, il tomba somnambule en moins de deux minutes.

» Je me suis moi-même soumis à l'épreuve, et voici ce que j'ai ressenti. Lorsque j'eus fermé les yeux et que j'entendis le commandement *dormez*, auquel pourtant je m'attendais, il me sembla qu'un voile épais se répandait sur moi ; j'éprouvais une défaillance qui ne se prolongea pas assez pour produire le sommeil. A la suite de cette expérience, je sentis un grand appesantissement sur les paupières, et je ne pus les soulever que lorsque l'abbé Faria m'en fit le commandement. J'observai plusieurs fois ce même fait, et son commandement produisait ou dissipait cet appesantissement. »

Voici maintenant quelques effets d'illusion sur les sens, qui sont bien accusés. C'est toujours le général Noizet qui raconte :

« L'abbé Faria produisait souvent de semblables effets. Il demandait à ses somnambules, pendant leur sommeil, s'ils voulaient prendre quelque rafraîchissement ou bien quelque médicament, et il leur donnait ensuite un verre d'eau, auquel ils trouvaient la saveur de la substance qu'ils avaient cru prendre. Il leur offrait du tabac et leur faisait respirer une substance inodore qui produisait sur eux le même effet que si elle eut été du tabac à priser. J'ai vu un somnambule qui, croyant respirer une odeur forte comme celle de l'ammoniaque, ne pouvait supporter pendant quelques secondes l'approche d'un flacon vide qu'on lui mettait au-dessous des narines. D'autres éprouvaient à volonté des sensations de froid, de chaud, enfin de toute espèce. Il faisait, en outre, sur la vision une expérience assez remarquable que je vais rapporter.

» Il demandait à un somnambule s'il désirait voir quelque personne absente à laquelle il fût attaché. Lorsque cette personne était désignée, il ordonnait au somnambule de la voir, et aussitôt elle lui apparaissait. Il lui commandait ensuite de fixer dans sa mémoire l'image de cette personne et de continuer à la voir, même après le réveil, jusqu'à ce que par un signe il détruisît l'illusion. Il le réveillait et l'image restait présente jusqu'à ce qu'il fît le signe convenu (1). »

Citons encore ici cette réflexion du général Noizet, qui montre que les ressources médicales offertes par les illusions suggérées n'avaient point échappé à l'école de Faria :

« Je reviendrai, dit-il, plus tard sur les avantages qu'on peut tirer des illusions pour le traitement des maladies (2). »

Voici une autre constatation importante qui constitue un apport considérable à l'actif scientifique de Faria. C'est encore au précieux *Mémoire* du général Noizet que nous l'empruntons :

« J'ai dit que l'abbé Faria me faisait à volonté ressentir sur les paupières un appesantissement que je ne pouvais surmonter. Il faisait aussi sur plusieurs autres personnes, et sur les somnambules, lorsqu'ils étaient éveillés, différentes expériences de même nature. A son seul commandement, il leur paralysait soit un bras, soit une jambe, soit les yeux, la bouche ou les oreilles. »

Ainsi ce n'est pas seulement sur des sujets en état de somnambulisme que Faria produisait des effets de suggestion ; il en obtenait aussi sur des somnambules réveillés et, ce qui est surtout à noter, sur des individus éveillés qui n'avaient jamais été endormis artificiellement.

Nos néohypnotistes se battent les flancs pour trouver du nouveau, et cette ambition n'a rien que de louable en soi, assurément ; mais elle n'est pas heureuse, elle s'escrime en vain. Les ardents chercheurs dont nous parlons croyaient ou feignaient de croire avoir mis la main sur une trouvaille de prix dans les *suggestions à terme, avec entière inconscience du sujet durant l'intervalle.* Le phénomène est, en effet, extraordinairement curieux et énigmatique ; mais il se trouve qu'il n'était pas inconnu de Faria, et que son élève le produisait lui-même avec facilité. Il y a plus, le marquis de Puységur en aurait observé un cas, qui se produisit spontanément dans sa pratique de magnétiseur, car les procédés idéoplastiques de

---

(1) *Op. cit.*, p. 110 et suiv.
(2) *Op. cit.*, p. 113.

Faria, comme sa doctrine, lui étaient étrangers. Ecoutons donc encore le général Noizet, toujours si intéressant et si instructif :

« J'interromprai, dit-il, dans ce chapitre, l'examen des propriétés du somnambulisme pour revenir sur une vérité que j'ai énoncée dans la première partie, savoir : l'existence pendant l'état de veille d'idées dont nous n'avons pas la conscience (1). »

L'auteur poursuit ainsi un peu plus loin :

« Lorsque je faisais des expériences sur mon somnambule prussien, j'avais soin avant de le réveiller de lui demander quel jour il reviendrait me voir ; je faisais en sorte qu'il se ressouvînt du jour qu'il me désignait, et à son réveil je lui faisais répéter ce qu'il m'avait dit à ce sujet pendant son sommeil. Il me vint une fois à l'esprit, après lui avoir fait ainsi désigner un jour, de le réveiller sans lui dire de se ressouvenir de rien, et avant de le laisser sortir je m'assurai qu'il ne lui restait aucune idée de ce qu'il m'avait dit. Le jour marqué, à l'heure dite, je vis arriver mon jeune homme. Je jouai l'étonnement, je feignis de ne pas l'avoir attendu ce jour-là, et je lui demandai pourquoi il était venu sans m'en avoir prévenu. Il me répondit qu'il l'ignorait, mais qu'il s'était senti poussé à venir me voir. Je l'endormis et le questionnai de nouveau dans cet état. Il m'assura alors qu'il était venu parce qu'il me l'avait promis, et que, sans en avoir conscience, il avait été porté à remplir son engagement. »

L'auteur fait ensuite cette réflexion remarquable :

« Si l'on ne veut pas nier ce fait, dit-il, on doit être forcé de reconnaître que, quoique nos actions soient ordinairement dirigées dans l'état de veille par une volonté résultant d'impressions éprouvées au cerveau et devenues sensibles, il peut arriver aussi que cette volonté parvienne à l'âme d'une autre manière que par la voie des sens et ne laisse dans notre cerveau aucune trace de son origine (2). »

Les considérations psychologiques ci-dessus ne me satisfont

---

(1) MÉMOIRE, *op. cit.*, p. 116.
(2) *Op. cit.*, p. 117 et suiv.

pas complètement, mais elles offrent cela d'intéressant qu'elles nous montrent que dès l'année 1820 le phénomène des *suggestions à terme et sans conscience* avait été déjà observé et étudié, et que l'explication en avait été cherchée.

Plus d'un lecteur sera sans doute étonné d'apprendre que le grand physicien-mathématicien AMPÈRE s'est essayé aussi à creuser cette question. J'ajoute en passant que sa solution me paraît plus près de la vérité que celle du général Noizet. Nous aurons bientôt l'occasion de l'examiner.

Avant de nous séparer des deux attachantes figures de l'abbé Faria et de son premier disciple, je crois devoir céder au besoin que j'éprouve de compléter ce qui a été déjà dit sur leurs personnes et leurs enseignements, en donnant ici, en extrait, une importante lettre de notre général, adressée à M. Jules Claretie, devenu depuis directeur du Théâtre-Français et membre de l'Académie française. Cette lettre a été publiée par le destinataire dans le journal *le Temps*, numéro du 11 juillet 1884, et reproduite dans l'important ouvrage de M. le professeur Liégeois sur la Suggestion, auquel nous l'empruntons (1) :

« En 1814, écrit le général, sortant, à la paix, des prisons de Hongrie, de Szegedin, j'entendis parler à Paris des séances de somnambulisme que tenait l'abbé Faria, rue de Clichy, dans un bâtiment dépendant de l'ancien jardin de Tivoli. Je m'y rendis, moins par curiosité du spectacle qu'avec le désir d'acquérir quelque notion précise sur ce que j'avais entendu dire du magnétisme animal. Je vis là un grand et beau vieillard, les cheveux noirs à moitié grisonnants, le teint bronzé, la figure allongée, le nez busqué, les yeux grands et saillants : une espèce de belle tête de cheval, comme je me le dis alors. J'appris qu'il était Indien portugais, prêtre à Goa. Il y avait chez lui nombreuse, belle et aristocratique société, plusieurs jeunes officiers

---

(1) DE LA SUGGESTION ET DU SOMNAMBULISME *dans leurs rapports avec la jurisprudence et la médecine légale, par* JULES LIÉGEOIS, *professeur à la Faculté de droit de Nancy.* Paris, 1889.

de cavalerie, et, en tout, de cinquante à soixante personnes ayant chacune fait, en entrant, une offrande de 3 francs.

» La séance commençait par une lecture monotone et embarrassée d'un manuscrit dans lequel l'auteur donnait l'explication de son système. Il y insistait sur ce point que, dans tous les effets qu'il produisait, rien ne venait de lui-même, mais dépendait uniquement du sujet sur lequel il opérait et dont la conviction était le seul principe de tous les effets obtenus. Il repoussait aussi avec force l'idée que l'action du *démon* fût pour quelque chose dans les phénomènes qui se produisaient, et n'admettait pas d'avantage l'idée d'un magnétisme quelconque.

» Enfin, après une demi-heure d'impatiente attente de l'auditoire, les expériences commencèrent. Il y avait auprès de lui une espèce de gouvernante et deux ou trois personnes habituées sur lesquelles il produisait le somnambulisme par le seul fait de son commandement. Puis il s'adressait au public et choisissait trois, quatre, cinq ou un plus grand nombre de personnes sur lesquelles il essayait d'obtenir des phénomènes analogues. Il les faisait asseoir commodément, leur disait de penser au sommeil, de le regarder ; il fixait lui-même de loin ses grands yeux sur eux, leur montrait le revers élevé de ses mains, avançait de quelques pas, puis abaissait brusquement les bras devant eux en leur ordonnant avec autorité de dormir. Quelquefois, mais rarement, il marchait jusque vers eux, et, leur appuyant le doigt sur le front, il répétait ce commandement : Dormez ! Trois fois au moins sur cinq, je l'ai vu réussir au bout d'une minute.......

» Après avoir assisté à une dizaine de séances de l'abbé Faria, je reçus un ordre de service du ministre de la guerre, et je me rendis à Boulogne, d'où je partis huit mois après pour la campagne de Waterloo. L'armée ayant été licenciée, je restai cinq mois en 1815 à Paris, attendant le jugement qu'on disait devoir être porté contre nous ; car j'étais un « brigand de la Loire », comme on nous appelait alors. Pendant ce loisir, j'eus l'idée d'aller revoir le pauvre abbé, dont j'avais appris la triste aventure (racontée dans les citations précédentes). Faria me reçut avec grande joie, et fit tant qu'il me décida à relire avec lui le manuscrit de son ouvrage, afin d'y corriger quelques irrégularités de style que sa qualité d'étranger n'avait pu manquer d'y laisser introduire. Je commençai donc ce laborieux travail, sans contredire aucune de ses idées théoriques, et en ne m'occupant que des phrases. Mais je trouvai un homme si entêté, que je regrettai bientôt ma trop faible condescendance. Enfin je repris mon rang dans l'armée ; je reçus de nouveaux ordres du ministre ; je partis et ne revis plus l'abbé, qui mourut oublié quelques années plus tard. Ce que je puis ajouter, c'est que je fus intimement convaincu de la bonne foi du pauvre Faria, de la réalité des effets qu'il obtenait, de la justesse d'une grande partie de sa doctrine, tout en croyant que son aspect physique, le jeu de sa physionomie et sa propre assurance étaient pour quelque chose dans l'éveil de la conviction des sujets sur lesquels il opérait. »

Après nous avoir fait connaître cette lettre si intéressante, M. Liégeois, écrivant ceci en 1888, nous donne l'information suivante : « Le général Noizet, dit-il, est décédé il y a deux ou trois ans à Charleville, où il s'était retiré ; il y est mort entouré de l'estime et de la vénération de tous ceux qui l'ont connu (1). »

Il ne saurait plus y avoir de doute sur ce point : ce n'est pas Braid, je crois l'avoir surabondamment démontré, c'est l'Indo-Portugais Faria — se disant à la fois prêtre chrétien et brahmine — qui est le père de l'idéoplastie, c'est-à-dire qui a, le premier, donné un corps théorique aux vagues notions courantes sur l'action physiologique de l'imagination, et en a tiré un art positif, l'art de la suggestion hypnagogique par la parole ou un signe quelconque que le sujet sait interpréter.

Cependant, sur les vastes fondations ouvertes par Faria, d'autres sont venus plus tard bâtir à côté de lui, et leur construction l'emporte à mon avis considérablement sur celle qu'à élevée le fondateur lui-même.

C'est à l' « Electrobiologie », ainsi nommée, que je fais pre-

(1) *Op. cit.*, p. 24.

mièrement allusion. Elle arriva des Etats-Unis en Angleterre vers 1850, et je fus son premier importateur sur le continent, comme il a été déjà dit. Nous allons nous enquérir de ses origines ; mais en attendant il est à noter que tout ce qui constitue le bagage de notre suggestionnisme contemporain comme procédés, expérimentations et observations, nous est offert avec de riches et abondants détails dans un traité américain dont la première édition — car il en a eu plusieurs — est de 1850, et dont voici le titre : THE PHILOSOPHY OF ELECTRICAL PSYCHOLOGY, *in a course of twelve lectures. By* JOHN BOVEE DODS, *Fowler and Wells publishers, 808, Broadway, New-York.*

Les douze conférences (*lectures*) qui se trouvent reproduites dans ce volume furent faites par l'auteur à Washington, en 1850, devant le Sénat des Etats-Unis, sur une invitation écrite de plusieurs membres de cette haute assemblée, qui porte la date du 12 février de la même année, et dont on pourra lire le texte dans mon *Cours de Braidisme,* p. 15.

Ainsi ce n'est pas seulement dans mes écrits sur cette matière, dont le premier a été imprimé en 1855, c'est dans les conférences de Dods remontant à cinq ans plus tôt que tout ce qui fait l'orgueil de notre néohypnotisme expérimental se trouve enseigné dans son entier et par le menu.

Disons maintenant en quoi le *Grimisme* (électro-biologie) se distingue du *Fariisme,* et comment il constitue un art original et supérieur.

a. Faria fait la suggestion d'emblée, sans préparation hypotaxique préalable, sauf que dans certains cas il a exceptionnellement recours à un procédé dans lequel on peut entrevoir une réelle analogie avec celui de Braid : l'opérateur présente sa main ouverte au sujet et l'invite à la regarder fixement. En règle générale, Faria se dispense d'un préliminaire préparatoire auquel il ne semble attacher qu'une importance très secondaire, et il attaque le sujet ex-abrupto avec l'arme de la suggestion, parole ou geste. Possesseur d'un grand ascendant personnel, il réussit à affecter plus ou moins toutes les natures chez qui l'état hypotaxique existe naturellement à un certain degré. Il échoue sur celles chez qui cet état demande à être développé par le procédé de Braid ou un moyen équivalent quelconque. C'est ce qui lui fait dire, dans le langage qui lui est propre : « On ne fait pas d'époptes (somnambules) toutes les fois qu'on le veut, mais seulement quand on trouve des sujets aptes, c'est-à-dire des sujets qui sont déjà époptes naturels (1). »

Les électrobiologistes soumettent toujours leurs sujets au préparatif braidique, et s'il manque d'abord son effet ils en réitèrent l'usage une fois, deux fois, trois fois, et jusqu'à cent fois. Par cette insistance ils domptent finalement les organisations les plus réfractaires, à peu d'exceptions près tout au moins. (Voir le livre de Dods, p. 217.)

b. L'impression suggestive propre à Faria a pour formule le *Commandement;* elle s'adresse à l'*Obéditivité.* Les électrobiologistes emploient l'*Affirmation*, qui porte sur la *Créditivité.*

Nous verrons tout à l'heure que l'acte suggestif ou idéoplastique peut revêtir encore d'autres expressions et viser d'autres facultés psychiques. Mais faisons remarquer, en attendant, que la suggestion affirmative est plus que toute autre, plus notamment que la suggestion impérative, d'un maniement commode et sûr, allant droit à la persuasion, qu'il s'agit par-dessus tout de conquérir, et se prêtant avec souplesse à toute la variété des effets qu'on peut vouloir produire. De là encore une supériorité incontestable de la méthode de Grimes sur celle de Faria.

c. Pour Faria, comme aussi pour Braid, le but immédiat à atteindre, c'est le sommeil et le somnambulisme artificiels, regardés par eux comme le prélude et le fondement quasi indispensables de toutes les autres modifications particulières plus ou moins thaumaturgiques, de nature psychique ou de nature physiologique, que l'opérateur peut se proposer.

Les électrobiologistes au contraire, et c'est ici que gît la grande différence qui les sépare de Faria, se passent du sommeil et semblent apporter un soin jaloux à l'éviter. Ils s'atta-

(1) De la cause du sommeil lucide, *op. cit.,* p. 28.

chent dans leurs expériences, et réussissent, à démontrer ce fait énorme, un fait gros des plus groses conséquences, que l'état hypotaxique ou de suggestionnabilité peut se cacher entièrement sous les apparences d'un état de veille parfait au point de ne se trahir par aucun signe appréciable *à l'œil nu*.

De ce fait j'ai depuis longtemps induit cette vue, que je soumets derechef à l'attention de qui de droit, que la société renferme une multitude de gens allant et venant et nous coudoyant dans la rue comme le commun des citoyens, et qui n'en sont pas moins atteints d'un état hypotaxique inné, ou accidentellement contracté, dont ils ne se doutent aucunement, et leurs voisins, parents, amis et connaissances, pas davantage, et qui à leur insu et à l'insu de tout le monde peuvent à tout bout de champ subir toutes sortes d'impressions suggestives de rencontre, la plupart insoupçonnées et étrangères à toute intention, mais non moins pernicieuses souvent, et dont l'existence de ces êtres est l'infortuné jouet. C'est à l' « électrobiologie » yankee, à l'*hypnotisme vigilant* de Grimes, que sont dues les premières indications révélatrices nettement accusées de ce fait humain de la plus grave importance médicale, morale et sociale.

d. Faria subjugue, écrase la volonté du sujet, rendu, par le prestige du commandement et le sommeil, tout obéissance, tout passivité. Grimes, au contraire, respecte cette volonté, laisse intacte la liberté psychique ; au moyen de démonstrations expérimentales qui sont sans réplique, il établit — ce que nos néohypnotistes paraissent encore ignorer — que, dans le mécanisme psychique de la suggestion, que celle-ci soit « inhibitive » ou « dynamogénique » (Brown-Séquard), le ressort nécessaire, essentiel, qui doit être affecté, c'est autre chose que ce que chacun de nous appelle *sa* volonté.

Et, en effet, je vous affirme que, assis sur cette chaise, vous n'en pouvez bouger, que vous y êtes cloué. Et, pour me démentir, vous faites un impétueux élan... auquel vos membres inférieurs refusent d'obéir. Et vous renouvelez cette tentative avec persistance et énergie, jusqu'à ce que votre impuissance cesse pour vous de faire doute. Puis, vous étant mis à marcher, je vous dis : « Vous irez à tel endroit, et vous irez jusque-là sans pouvoir vous arrêter. » Et encore cette fois vous manifestez le désir et la résolution la plus ferme de montrer à tous que je n'ai pas dit vrai. Vous vous raidissez... mais non ! une force invisible vous pousse en avant malgré vous, et alors, dans votre humiliation désespérée, je vous vois saisir d'une main convulsée tous les points d'appui qui s'offrent à vous successivement...; mais les bras sont impuissants à résister aux jambes. Cependant, il vous reste un moyen : vous étendre par terre... Vain expédient, vains efforts ! Ce sera cette fois en aidant vos pieds de vos mains, en allant, honteux et furieux, *à quatre pattes*, que vous donnerez gain de cause à mon affirmation.

Donc, grâce à l'expérimentation « électrobiologique », nous pouvons tenir pour certain que dans le processus obscur du phénomène de la suggestion, la volonté peut conserver et manifester toute son intégrité psychologique. J'irai plus loin : j'ajoute que si la suggestion affirmative opère nécessairement par l'intermède d'un fait de persuasion, de foi, et la suggestion impérative par un fait d'obéissance, néanmoins il faut reconnaître que ces deux effets psychiques sont purement initiaux et fugitifs, et que les phénomènes de la suggestion — produite par affirmation ou par commandement — peuvent se développer entièrement alors que dans l'esprit du sujet, dans son moi, dans sa conscience, il ne subsiste plus trace de cette affection primitive de la créditivité ou de l'obéditivité. Car en opérant sur des sujets éveillés, à la façon des électrobiologistes, et comme eux aussi par voie affirmative, on constate que ces sujets, quand ils sont *neufs*, accueillent par un sourire d'incrédulité et des gestes d'impatience les affirmations du suggestionneur, et se montrent ensuite ébahis quand la réalisation s'en produit sur eux. Il faut lire, pour s'édifier à cet égard, la relation que Désiré Laverdant, homme de lettres bien connu de son temps, esprit très cultivé et fort distingué, a écrite de ce qu'il éprouva et ressentit pendant que j'expérimentais sur lui au cours d'une de mes conférences de 1860. Ce précieux document est consigné tout au long dans mon *Cours de Braidisme* (page 117) ; tous nos auteurs hypnotistes actuels le citent ou le mentionnent, en oubliant quelquefois d'en indiquer la source.

Mais si l'impression psychologique, par affirmation ou commandement, que reçoit la faculté mentale est instantanée, se produit et s'efface au même instant, comment s'expliquer que la suggestion continue de produire ses effets ultérieurs, et continue de peser sur le sujet et de le dominer, sans être sentie de lui? Nécessairement faut-il qu'un ressort intelligent et sentant quelconque, mais étroitement et mystérieusement uni au *moi* du sujet et son auxiliaire intime, agisse pour lui et agisse sans interruption pour soutenir l'état de suggestion aussi longtemps qu'il dure. Autrement dit — je prie le lecteur de redoubler ici d'attention, car le point que nous traitons est en même temps d'un très grand intérêt et assez épineux — si pour vous avoir catégoriquement déclaré, sans plus, que vous allez devenir à l'instant bègue, boiteux, aveugle, etc., le fait se réalise, c'est bien évidemment par la vertu de cette affirmation, c'est-à-dire par l'impression morale que cette affirmation a faite en vous, ou en d'autres termes parce que vous y avez cru. Et pourtant, le premier choc passé, loin de vous sentir convaincu de la posbilité de ce que je vous assure, vous vous dites à vous-mêmes que mes assurances sont absurdes et de la dernière extravagance. Vous ne croyez donc pas, au sens strict du mot; et votre volonté non plus n'est aucunement subjuguée, car elle réagira jusqu'au bout, et peut-être avec une extraordinaire énergie, contre la prétention du suggestionneur. Dès lors, *qu'est*-ce qui vous pousse insurmontablement à faire ce que vous voulez ne point faire, et vous empêche tout aussi invinciblement de faire ce que vous êtes résolu à faire de toutes les forces de votre vouloir? Serait-ce que, bien que voulant, vous avez la conviction intime de votre impuissance? Eh non, puisque la chose commandée ou affirmée vous paraît impossible, absurde, ridicule. Et pourtant c'est bien dans tout ceci à un phénomène mental, à une opération mentale que nous avons affaire! Mais qu'est-ce donc qu'un état mental qui n'est point perçu, un état du *moi* qui n'est point présent au *moi,* un état de ma conscience dont je suis inconscient ?

Ce problème psychologique, en apparence inextricable, les électrobiologistes certes ne l'ont point résolu ; ils ne l'ont pas même aperçu ni soupçonné ; mais leur pratique expérimentale l'a posé et imposé à la science, et c'est un service de plus à inscrire au crédit de la méthode de Grimes.

Essayons maintenant de faire un peu de lumière sur le point encore si mal éclairé de savoir quel cerveau fut le véritable créateur de cette branche de l'art thaumaturgique moderne si improprement appelée « électrobiologie ».

L'ouvrage de Dods ne projette sur la question qu'un jour très peu satisfaisant, car il est évident, pour qui le lit avec attention, que son but est de l'obscurcir. Dods se proclame lui-même le premier, le grand, l'unique inventeur, et à celui ou à ceux qui lui disputent cette qualité, il jette avec mépris l'épithète de « plagiaires sans principes ». Cependant, ici, il pourrait se faire que le vrai coupable ne fut autre que l'accusateur lui-même. En effet, pour établir ses prétendus droits de priorité dans la création de l'art électrobiologique ou dans la découverte de la loi psycho-physiologique qui lui sert de base, il ne trouve rien de plus probant à nous apprendre, sinon que *vingt ans auparavant* — c'est en 1850 qu'il parle — *il a découvert que l'électricité est le trait d'union entre l'esprit et la matière inerte.* Et il ajoute que c'est sur cette « découverte » que repose « la science de la psychologie électrique », c'est-à-dire ce que ses rivaux appellent l' « électrobiologie ». Il est *donc* l'inventeur de l'électrobiologie.

Une telle argumentation laisse évidemment à désirer, et en s'exprimant familièrement on peut dire que c'est là une revendication tirée par les cheveux. Cela me rappelle la revendication de Raspail — pour la mémoire duquel je professe quand même une grande estime — qui, à la nouvelle de l'application de l'éther à produire le sommeil anesthésique imaginée et tentée avec succès par l'Américain Jackson, se récria contre les prétentions de ce prétendu inventeur ; lui, Raspail, depuis bien des années déjà, ne donnait-il pas, dans son *Manuel de la Santé*, la recette pour bien dormir d'avaler en se couchant un verre d'eau sucrée saupoudrée d'une pincée de poudre de camphre et aiguisée de quelques gouttes d'*éther* !

Si Dods était véritablement l'inventeur qu'il se prétend, il n'aurait pas manqué — son amour-propre nous le garantit — de nous raconter avec complaisance par quelles voies, dans quelles circonstances et à quel moment précis il eut le bonheur de recevoir sa révélation. Il nous eut certainement laissé un récit circonstancié de l'événement. Or Dods garde à cet égard le silence le plus significatif. A la place d'un exposé simple et lucide de la façon dont sa découverte vint au monde, il nous débite à ce propos une vraie gasconnade. J'extrais le passage suivant de la XIe conférence du cours fait au Sénat de Washington :

« Je me dois à moi-même, s'écrie le conférencier, de constater que certains ont changé le nom de cette science en celui d' « ÉLECTRO-BIOLOGIE », et ont prétendu l'avoir inventée, et qu'ils ont même mis en avant que l' « Electro-Biologie » n'a aucun rapport quelconque avec la Psychologie Electrique, et constitue une science entièrement distincte. A ceci je me vois contraint d'opposer un démenti complet. J'ai visité plusieurs des principaux endroits où les Biologistes ont conférencié *(have lectured)*, et j'ai rassemblé tous les faits concernant leurs façons de procéder ainsi que la nature de leurs expériences. Je suis au courant de toute cette histoire, je sais dans quelles circonstances ce nom fut donné, et pourquoi la Psychologie Electrique a été premièrement nommée « *Electro-Biologie* ». Dans le cas où, à une époque ultérieure, je me verrais contraint, pour ma défense, à revenir sur ce sujet, je ferais toutes les révélations nécessaires que l'intérêt de cette science pourrait exiger ou que la justice et le devoir pourraient réclamer. Quant à présent, ces révélations doivent rester ensevelies au fond de mon âme jusqu'à ce que des circonstances impérieuses les forcent à en sortir. Je me contenterai donc maintenant de dire que la science de *la Psychologie Electrique est identique à celle de l'Electro-Biologie, et que cette dernière doit tout à la première, sauf la moitié de son nom.* »

Qui fut donc cet audacieux imposteur que Dods se réserve de confondre publiquement un jour, si on le pousse à bout ? En attendant, il se montre à son égard à tel point longanime qu'il s'abstient de prononcer son nom. Au fond, de qui s'agissait-il ? Probablement, et assurément peut-on dire, de l'homme dans lequel un essaim de *lecturers* en électrobiologie répandus sur le territoire des Etats-Unis et en Angleterre, saluait le père de cet art si merveilleux, et en même temps si fructueux pour ses adeptes, dont il faisait la fortune. Cet homme, on l'appelait « le professeur Grimes ». Il était Yankee de naissance, c'est-à-dire originaire de la Nouvelle-Angleterre. Je suis confus d'avouer que c'est à peu près à cela que se bornent mes renseignements sur le personnage. Ce « professeur » professait-il uniquement l'électrobiologie, ou autre chose encore ? Existe-t-il de lui, ou de quelqu'un de ses disciples, un ouvrage contenant l'exposé et l'historique de la doctrine ? Autant de questions auxquelles j'ai un bien sincère regret de ne pouvoir répondre. Certainement, le jour viendra, et il n'est probablement pas éloigné, où l'origine des connaissances nouvelles dont il s'agit ici sera scrutée par les érudits avec la même curiosité ardente, avec le même zèle pieux qui les poussent à la recherche des moindres détails sur la naissance et les premiers pas de nos vieilles sciences, telles que l'astronomie, la médecine, la physique, la chimie, etc. C'est pourquoi je tiens à consigner ici, pour la satisfaction et l'usage des futurs historiens des sciences et arts hypnotiques, le peu que je possède de documents sur la matière, cela au risque de paraître fastidieux au lecteur actuel.

Mon initiateur aux mystères du suggestionnisme américain fut un certain Stone, venu de Boston, sa patrie, en Angleterre, moins en apôtre scientifique que pour faire de l'argent, *to make money*. L'homme me fit l'effet d'un honnête industriel peu préoccupé de l'avancement des connaissances humaines, et se proposant pour but principal de retourner chez lui avec une bonne recette de livres sterling. Je dis cela sans aucune intention de blâme.

Ceci se passait à Londres vers le milieu de l'année 1852. Stone se disait élève ou disciple du « professeur Grimes ». Que m'apprit-il sur son maître et ses travaux? Très peu de chose sans doute, car je n'en ai rien retenu. Il est vrai qu'il y a déjà de cela plus de quarante ans. Je dois recourir à mes premières publications « électrobiologiques » pour retrouver quelques indications précises à ce sujet. J'extrais ce qui suit de l'historique succinct donné dans la première conférence de mon *Cours de Braidisme* :

« Un habitant, dis-je, de la Nouvelle-Angleterre, M. GRIMES, était conduit vers 1848, nous ne savons au juste par quelle voie empirique ou théorique, à des résultats analogues à la découverte de M. Braid, avant d'avoir eu, à ce qu'il paraît, connaissance de celle-ci. J'ignorais moi-même jusqu'en ces derniers temps les travaux de l'ingénieux chirurgien écossais. J'ai vivement regretté depuis la lacune que cette ignorance a laissée dans mon livre *Electro-dynamisme vital,* où je me fusse fait un plaisir autant qu'un devoir de constater les droits de l'inventeur.... L'*Electro-biologie* (tel est le nom fort mal choisi que M. Grimes a donné à sa méthode) n'est en réalité qu'un développement de l'*Hypnotisme.* Elle présente avec lui cette remarquable différence, et en même temps a sur lui cet avantage, qu'elle découvre, dans la plupart des sujets en apparence réfractaires à l'action du procédé de M. Braid, une modification latente développée chez eux par cette application ; et cette modification permet de déterminer sur des personnes éveillées toute la série des effets nerveux que les hypnotistes ne cherchent que chez des individus plongés préalablement dans un sommeil plus ou moins profond. Ce qui caractérise encore l'électrobiologie, c'est que, tandis que M. Braid demande l'effet désiré à la spontanéité de l'état hypnotique, M. Grimes et ses imitateurs savent le provoquer à volonté en mettant en jeu l'influence de la *suggestion vocale.* Cette propriété merveilleuse de l'organisation qui permet à une volonté étrangère de diriger nos idées, et, par ces idées suggérées, de modifier nos passions, nos sensations, notre motricité, et jusqu'à l'exercice de nos fonctions organiques, n'avait pas sans doute été étudiée d'une manière approfondie et pleinement utilisée avant les électrobiologistes; cependant le sagace inventeur de l'hypnotisme l'avait entrevue dans cette observation bien curieuse que les attitudes imprimées par lui au corps de ses hypnotisés faisaient apparaître chez ceux-ci les états de l'âme dont ces attitudes sont l'expression naturelle..... Je n'ai pu découvrir les écrits originaux où M. Grimes a consigné sa doctrine; je ne la connais que par un résumé très succinct qui en a été donné par un M. Stone, de Boston, en tête d'un opuscule sur l'électrobiologie qu'il a fait paraître à Londres en 1852, et qui est un abrégé du livre publié sur cette matière par un autre Américain, M. J.-B. Dods. Ce dernier ouvrage, malgré ses défauts, mérite d'être consulté; il porte pour titre : *The Philosophy of Electrical Psychology,* etc. »

Je relève la mention suivante dans mon *Electrodynamisme Vital,* p. 291 :

« 473. Je me suis borné à esquisser grossièrement l'analyse de l'ordre des passions, ayant seulement en vue d'arrêter la position et le rôle particuliers occupés dans le clavier de l'âme par la Crédivité (*sic*), afin de reconnaître les propriétés fondamentales de cette faculté qui doit faire la base de notre système des applications de l'impression mentale. J'ai suivi, dans cette ébauche d'analyse, une classification et une nomenclature qui ne sont pas d'une vérité absolument générale, et que l'on doit regarder plutôt comme particulièrement relatives au point de vue tout spécial d'où nous considérons ici les passions. Je me fais en même temps un devoir de déclarer que la première idée de cette division, fondée sur des considérations neuves, appartient à M. le professeur Grimes, un savant américain auquel la science dont nous nous occupons dans cet écrit doit plusieurs belles découvertes. »

La citation ci-dessus doit faire supposer que lorsque je rédigeais ce passage Grimes m'était connu, non pas simplement comme l'inventeur de la méthode électrobiologique, mais en outre comme l'auteur d'une nouvelle classification des facultés de l'âme. Grimes était donc psychologue. Comment ai-je eu connaissance de son œuvre psychologique ? Mes souvenirs actuels ne me disent absolument rien à cet égard. Il est probable que j'avais tiré ce renseignement du « résumé très succinct de la doctrine de Grimes » donnée par Stone dans son petit manuel électrobiologique, dont il a été déjà fait mention. J'ai le regret d'avoir perdu ce livre, que je consulterais maintenant avec profit comme document sur la question historique qui nous occupe.

Une chose assez étrange, c'est que Stone ait tiré le corps de son manuel, non d'un ouvrage de son maître, proclamé par lui le créateur de l'électrobiologie, mais des écrits d'un compétiteur, de ce Dods qui s'arrogeait les titres reconnus par Stone appartenir au seul Grimes. Cette apparente anomalie doit probablement s'expliquer et se justifier par ce fait que l'inventeur Grimes aurait manqué du talent de l'exposition et de la vulgarisation, qui, comme on sait, n'accompagne pas toujours le génie des découvertes, tandis que Dods possédait ce don d'une manière supérieure à certains égards, ayant une faconde imagée et redondante dans le goût américain.

Comment retrouver les traces du « professeur Grimes » et reconstituer sa vie ? Et, ce qui est surtout intéressant, comment fixer le point de départ de sa découverte et les phases de son évolution ? L'électrobiologie a été discutée en Angleterre dès son apparition dans ce pays ; suivant ce que je lis dans mon *Cours de Braidisme* (p. 18), « les professeurs de médecine L.-H. Bennet, Simpson, Carpenter, Alison, Gregory, etc., le docteur Holland, médecin de la reine, l'éminent physicien sir David Brewster, le psychologue Dugald Stewart, etc., etc., auraient traité le sujet ; il en aurait été publié des études dans les journaux et des publications isolées dont les titres suivent : le *Médical Times* ; le *British and foreing medico-chirurgical Review* (octobre 1851) ; l'*Edinburgh medical and surgical*

Journal (1850) ; le *Psychological Journal; Todd's Cyclopaedia of Anatomy and Physiology ; Prof. John Hughes Bennet's lectures; Letters to a candid enquirer, by prof. Gregory ; Elements of the philosophy of the human mind* (par qui ?); etc. »

Avais-je lu moi-même les écrits dont j'énonce les titres, ou en parlais-je simplement d'après un document bibliographique qui me serait tombé sous les yeux ? C'est certainement à cette dernière supposition qu'il faut se ranger. Je n'ai souvenance d'avoir rien lu sur le sujet en question, en outre du livre de Dods et du manuel de Stone, que ce qu'en contiennent l'*Encyclopédie* de Todd et Bowman et les *Principes de Physiologie humaine* de Carpenter. Je n'ai plus sous la main le premier de ces deux importants ouvrages anglais ; en consultant le second, je m'assure de deux points : c'est que le savant physiologiste auteur de l'ouvrage ne confond aucunement l' « électrobiologie » avec l'hypnotisme de son compatriote Braid, et secondement qu'il néglige de toucher à la question de l'origine et de la paternité de l'importation américaine.

Il est à présumer que dans tous les autres écrits anglais susmentionnés la même réserve n'aura pas été observée et que l'on doit pouvoir y découvrir quelque information sur l'objet que nous avons en vue. Ce qui semble encore plus probable, c'est que les publications américaines contemporaines doivent en fournir. J'aurais pu profiter de mon séjour aux Etats-Unis pour faire des recherches dans ce sens, étant là à la source des renseignements ; malheureusement d'autres soins absorbèrent mon temps et mes pensées. Je suis néanmoins en mesure de donner à cet égard quelques indications indirectes qui peuvent servir à faire la lumière désirée. Le volume de Dods est suivi d'un catalogue de la librairie Fowler and Wels, 308, broadway, New-York, qui l'a édité. Ce catalogue a un chapitre spécial sous la rubrique de « *Mesmerism and Psychology* ».

L'indépendance américaine se plaçant au-dessus de la loi de nos vieilles définitions classiques, scientifiques et logiques, il se trouve que le mot de *psychologie,* employé ici en opposition à celui de *mesmérisme*, est mis là comme synonyme de « psychologie électrique » (Dods) et d' « électrobiologie » (Grimes), de même que, comme on le voit ailleurs, le mot tout court de « biologie » tient lieu d' « électrobiologie ». Il faut être au courant de ces libertés de la demi-science et pseudo-science du Nouveau-Monde pour se reconnaître dans ces équivoques. Cela dit, voici maintenant le titre des ouvrages réunis sous le chef ci-dessus qui ont le plus trait à notre objet :

A new and complete library of mesmerism and psychology, embracing the most popular works on the subject, with suitable illustrations. In two volumes of about 900 pp. Bound in library style. Price, 3 dollars. (Pas de nom d'auteur, pas de date.)

Biology; or the principles of the human mind, deduced from physical laws, and on the voltaic mechanism of Man. Illustrated. Price, 30 cents. (Sans nom d'auteur et sans date.)

Electrical psychology, Philosophy of, in a course of twelve lectures. By John Bovee Dods. Muslin. Price, 87 cents.

Fascination; or the philosophy of charming. Illustrating the principles of life, in connection with Spirit and Matter. By J.-B. Newman, M. D. 87 cents.

Mental alchemy, a treatise on the mind, nervous system, psychology, mesmerism, magnetism, and diseases. By B.-B. Williams, M. D. Price, 62 cents.

Philosophy of Mesmerism. Six lectures, with an introduction. By Rev. John Bovee Dods. Paper. Price, 30 cents.

Psychology; or the science of the soul considered physiologically and philosophically. With an appendix containing notes of Mesmeric and Psychical experience. By Joseph Haddock, M. D. With engravings. Price, 30 cents.

Le millésime d'aucune de ces publications n'est indiqué au catalogue. Mais elles sont nécessairement antérieures à mon édition de 1855 du livre de Dods, car ce n'est pas de cette édition stéréotypée, avec un superbe portrait gravé de l'auteur, qu'il s'agit dans le catologue.

En donnant la liste d'ouvrages ci-dessus, j'ai confiance d'avoir signalé une mine de documents et de lumière sur la question incontestablement importante, et pour nous en France si obscure encore, du berceau et des premiers vagissements du suggestionnisme américain.

M. Brown-Séquard, dans sa préface à la traduction française de la *Neurypnologie* de Braid, MM. Binet et Feré, dans leur *Magnétisme animal*, et M. Louis Figuier, dans les *Mystères de la science*, font mention de notre mystérieux Grimes, mais ils n'en parlent visiblement que d'après ce qu'ils en ont lu dans mon *Cours de Braidisme*; inutile dès lors de s'adresser à ces auteurs pour le supplément d'information désiré.

Quelque imparfaitement fixés que nous soyons sur le personnage et sur ses titres, j'ai cru devoir l'accepter, sous bénéfice d'inventaire, comme le créateur de l'idéoplastie américaine, cette sœur cadette de l'idéoplastie de Faria, mais qui peut s'appliquer le mot de Shakespeare : *the last but not the least*, la dernière, mais non la moindre. Et par cette considération, partant de la règle établie de dénommer chaque grande division de la science hypnotique du nom de l'homme qui, soit à titre d'inventeur ou de vulgarisateur, paraît en être le représentant historique le plus qualifié, j'ai uni le nom de Grimes à celui de Faria pour les faire collectivement les parrains de la science spéciale de l'hypnotisme psychologique ou idéoplastie, et de là le nom géminé de Fario-Grimisme.

Ne négligeons pas de faire ici une constatation importante, fort importante, pour l'éclaircissement du point d'histoire scientifique qui vient d'être brièvement examiné. C'est que, à en juger par le livre de Dods, par les titres d'ouvrages spéciaux précités, et par mes lectures des feuilles américaines, ainsi que par mes conversations avec divers Américains touchant les arts occultes, le nom de Braid et son hypnotisme auraient été absolument inconnus aux Etats-Unis à l'époque de l'apparition de l'Electrobiologie, ce qui tend très fort à établir qu'il n'y a pas de filiation *réelle* entre la découverte du chirurgien de Manchester et celle que nous attribuons au discutable « professeur Grimes ». En effet, le parallèle et l'opposition sont continuels, dans les documents sus-indiqués, entre l' « Electrobiologie » — désignée encore sous le nom de *psychologie électrique* et aussi de *biologie* et de *psychologie* tout court — et le « Mesmérisme » ou magnétisme animal. On ne rencontre jamais aucune allusion à un troisième congénère.

Et pourtant il est évident que la méthode de la soi-disant électrobiologie se confond avec celle de Braid pour moitié ; car son procédé de fascination visuelle, qui joue chez elle un rôle principal, ne diffère au fond en rien de celui du braidisme, toute la différence consistant en ce que les électrobiologistes prétendent introduire dans le leur une action électrique, ce qui, bien examiné, ne me paraît explicable que comme un stratagème pour donner le change sur la véritable action exercée. Ils emploient, en effet, un petit instrument de construction spéciale pour servir de point de mire dans la préparation hypotaxique ; cet objet est une sorte de lentille de zinc de la grandeur d'une pièce d'un franc, avec un rivet de cuivre rouge formant son axe. Ce bouton bi-métallique est destiné à figurer un couple voltaïque. Le point rouge central doit fixer la vue du sujet ; mais le petit objet a en outre une autre vertu et une autre fonction. Etant placé dans le creux de la main, au-dessus d'un point précis par où passe le nerf median, le bouton bi-métallique exerce sur ce nerf je ne sais quelle influence électrique, qui se propage jusqu'à l'organe phrénologique de *l'individualité*, lequel est le siège intime de la personnalité, etc., etc... !

C'est avec de telles billevesées que Dods ne craint pas d'expliquer l'usage de son bouton à deux métaux. Encore une fois, tout me porte à croire que l'électricité n'intervient en cette affaire que pour masquer la vraie et unique fonction du bouton, qui est de servir de point de mire au sujet en expérience. Mais quoi ! L'auteur lui-même, dans un moment d'expansion, ne nous fait-il pas l'aveu de cette pieuse fraude ?

Voici sa confidence : « Après avoir décrit le bouton électromagnétique (*sic*), que je regarde comme ce qu'il y de mieux pour produire le résultat cherché (l'état hypotaxique), et vous avoir instruits de la manière de l'employer, je désire maintenant vous apprendre que cet état peut être provoqué par d'autres substances. On peut l'obtenir en fixant les yeux sur un morceau de zinc seul, et en suivant les instructions données ci-dessus. On peut l'obtenir encore au moyen d'un morceau d'argent, de cuivre, de fer, de plomb ou tout autre métal. Et enfin il peut aussi être obtenu *avec un morceau de bois*, ou *toute autre matière*. De plus, on peut arriver au même but *par un simple isolement mental* (mental abstraction). »

Le créateur de la méthode américaine aurait-il sciemment et sournoisement emprunté à Braid et à Faria leurs procédés respectifs pour en former un assemblage et un perfectionnement nouveaux, ou bien cette création est-elle entièrement originale et autochthone, et une preuve parmi tant d'autres de l'inépuisable fertilité du génie américain ? C'est encore là une question.

Et maintenant j'ai hâte de déclarer que, quant à moi, je n'élève aucune prétention à l'invention ou au perfectionnement d'aucun des procédés constituant l'art *fario-grimique*, tout en me disant combien l'ignorance et l'insouciance du public m'auraient rendu le plagiat facile si cette spécialité du vol, qui n'est peut-être pas la moins vilaine, eut été dans mes goûts. Mais en même temps je me targue de deux choses, dont l'une tout au moins ne peut soulever de contestation. Jusqu'à présent je me suis flatté d'avoir gravé mon nom sur les tablettes d'airain de la nouvelle science, d'abord, en me faisant son premier missionnaire et son premier champion dans l'Europe continentale, en combattant ses combats, à moi tout seul et contre tous, durant trente ans ; ensuite, en lui donnant un corps, une synthèse, une constitution, au moyen d'une théorie hardiment originale et solidement scientifique.

Ces remarques ont un autre but que de faire mon panégyrique ; je les place ici à seule fin d'être une préface à la reproduction de la pièce suivante, que je considère comme un document historique digne d'être conservé. Il n'en existe, en effet, en ce moment, qu'un exemplaire unique, retrouvé par hasard dernièrement dans de vieux papiers de rebut. C'est le *manifeste* par lequel j'inaugurai mon apostolat électrobiologique sur le Continent, à mon arrivée d'Angleterre en Belgique. L'écrit n'est pas daté, mais il parut à Bruxelles dans les derniers jours du mois de décembre de l'année 1852. Je le reproduis ici *in extenso* et tel quel. On le trouvera lyrique et débordant d'un enthousiasme naïf, ridicule. O lecteur, soyez indulgent, l'auteur n'avait guère que vingt-cinq ans alors, et dans ce temps là nous ne savions pas encore être « fin de siècle », le siècle n'étant qu'à sa moitié.

L'ÉLECTRO-BIOLOGIE

DEVANT LE PUBLIC DE BRUXELLES

par A. Philips.

L'aspiration la plus ardente et la plus universelle dans l'homme est certainement celle qui a pour objet la connaissance de sa propre nature et de sa destinée. La philosophie de tous les temps, pressée d'arriver à ce *desideratum* suprême, voulut aborder d'emblée la solution du problème redoutable. Mais autant eut-il valu entreprendre de poser le couronnement d'un édifice avant d'en avoir jeté les fondements. Les efforts spéculatifs des psychologistes se perdirent ainsi dans le vide. Les physiciens, au contraire, en procédant par l'analyse des phénomènes objectifs, ont bâti de la base au sommet. Leur ouvrage, s'élevant ainsi pierre sur pierre, vient d'atteindre en ces jours une hauteur qu'ils n'avaient point pressentie, et qui les porte dans une région transcendante dont ils ne croyaient point suivre le chemin. Dans leurs investigations sur les fluides impondérables, qui préoccupent si vivement les savants de l'époque, ils ont été entraînés, presque malgré eux, jusque dans l'analyse des fonctions de l'âme. La découverte de l'ÉLECTRO-BIOLOGIE a été ce premier pas d'escalade de la physique dans le fort jusqu'ici inaccessible de la métaphysique de l'homme. Physique et Métaphysique, dont les noms disent exclusion mutuelle, verront donc maintenant leurs domaines se réunir pour former le domaine agrandi de la science une et indivise.

La découverte du professeur Grimes (de l'Amérique du nord) a fait jaillir une source féconde de soulagement pour les maux de l'homme, comme moyen puissant de guérison dans les maladies nerveuses, et comme un substitut de l'éther et du chloroforme, qui a l'avantage de produire l'insensibilité sans produire d'empoisonnement. Mais, pour tout esprit religieux, le titre le plus beau de cette inspiration du génie scientifique, c'est de projeter un brillant rayon de lumière sur la vieille et sombre question que l'inscription du temple de Delphes indiquait comme le principe et la fin de toute science, et qui, depuis le commencement du monde, pèse comme un cauchemard sur la conscience de l'humanité. L'ÉLECTRO-BIOLOGIE démontre, *par des faits matériels*, que la personnalité humaine, ainsi que son existence organique et active, sont essentiellement indépendantes de la masse pondérable qui constitue le corps, et qu'elle est un centre vital automateur, indivisible comme le point mathématique. L'homme se relève alors de la crainte accablante de l'anéantissement, et la mort n'est plus, aux yeux de tous, qu'un phénomène de transition dans la carrière infinie de la vie.

Suivant une pratique d'enseignement public usitée en Amérique et en Angleterre, et honorée de l'exemple d'éminents professeurs, je suis venu ici, en humble missionnaire de la science, propager, par la parole et par les œuvres, une découverte destinée à attirer une fois de plus la reconnaissance du monde sur la patrie de Franklin. Comme je m'adresse au public tout entier, je m'attacherai à mettre mon exposition à la portée des connaissances vulgaires. Le but principal de ma mission est de gagner, par des preuves sensibles, la conviction des masses à une vérité salutaire, et d'éviter par là aux savants de perdre, dans un système pernicieux de dénégations aveugles, un temps qu'ils doivent employer dans l'intérêt du genre humain, au développement d'une science qui ne fait encore que de naître.

Je compte donner, dans le cours de mes séances, un aperçu rapide sur les questions suivantes :

Marche du progrès scientifique. — Les sciences occultes dans l'antiquité et de nos jours. — Rôle et destinée scientifique de notre époque. — Lien de l'esprit et de la matière. — L'esprit, principe de tout mouvement. — Circulation du sang. — Théorie de la maladie. — Du traitement. — Impressions physiques et morales. — Puissance de l'électricité. — L'esprit est-il matériel ou non ? — L'esprit, principe de toute substance. — Théorie des impressions. — Loi d'équilibre. — Lien entre le système nerveux céphalo-rachidien et le système nerveux ganglionnaire. — L'Electro-Biologie et le Mesmérisme. — Idem et la Phrénologie. — Application de l'Electro-Biologie et de la Phrénologie combinées à l'éducation de l'homme. — Le Phrénoscope magnétique, sa découverte, sa théorie et son application.

Pour donner au public un avant-goût des expériences électro-biologiques, je place ici une citation d'un article du journal anglais le *Morning Advertiser*, sur une séance donnée à Londres par mon confrère, le professeur d'Electro-Biologie G. W. Stone.

« *Morning Advertiser*.

» Londres, 1er mai 1851.

» M. G. W. Stone a donné hier soir, dans la salle du théâtre Marylebone, une nouvelle séance de son cours de Biologie. L'auditoire était nombreux et choisi, et comptait un grand nombre de personnes appartenant à la science médicale, devant lesquelles le professeur a produit, avec un plein succès, ses preuves si étonnantes du pouvoir qu'il exerce sur le mécanisme de la volition, et qui lui ont valu la grande renommée qu'il s'est acquise dans toute l'étendue des Etats-Unis et dans les grandes villes provinciales du nord de l'Angleterre. La science à laquelle M. Stone s'est voué a été depuis très peu de temps élevée à ce titre, grâce au degré de certitude que lui et d'autres philosophes ont réussi à lui donner par leurs expériences..................

» ...Hier soir, dans ses expériences, M. Stone invita l'auditoire à lui fournir un nombre indéterminé de sujets pour l'expérience préliminaire par laquelle le professeur s'assure si les personnes sont dans un certain état de passivité mentale qui les dispose à subir l'influence électro-biologique. Vingt-trois messieurs se présentèrent et vinrent occuper, sur l'estrade, des sièges qui leur étaient destinés. Ils s'assirent, le dos tourné à l'assemblée, et reçurent, des mains de M. Stone, de petits disques cuivre et zinc qu'il leur indiqua de tenir dans leur main gauche, avec recommandation d'y attacher fortement leurs regards, sans permettre à la pensée d'errer loin de l'objet placé sous leurs yeux. Ces conditions furent observées l'intervalle d'environ une demi-heure, pendant lequel le silence le plus complet régna dans le théâtre. A l'expiration de ce temps, M. Stone recueillit les disques et fit choix, principalement d'après l'état des muscles de l'œil, des personnes qui devaient être les plus susceptibles. Cinq furent choisies ; elles continuèrent à s'asseoir en se tournant, cette fois, du côté de l'auditoire. Les autres regagnèrent leurs places. Sur les cinq ainsi choisis pour les expériences, trois n'avaient plus vu M. Stone ; le quatrième avait été soumis deux fois à l'épreuve, et le cinquième une seule fois. Tous étaient gens très comme il faut, et offrirent, à la requête de M. Stone, de donner leurs noms et adresses à toute personne qui leur en ferait la demande.

» Il est inutile d'entrer dans des détails minutieux sur les expériences merveilleuses qui alors furent faites sur ces cinq personnes, dont une seule, qui en était à sa première épreuve, put résister avec quelque énergie à l'autorité puissante que l'opérateur démontra avoir sur elles...........................

» En premier lieu, les sujets furent invités à essayer de fermer les yeux, et puis, de les ouvrir. Dans ces deux tentatives, ils échouèrent également, en dépit de la résolution fort déterminée qu'ils appelaient manifestement à leur aide.

» La seconde expérience fut un défi jeté aux sujets de parler sans bégayer. Les essais qu'ils tentèrent alors furent extrêmement réjouissants. En troisième lieu, les sujets furent contraints d'imprimer à leurs mains un mouvement rotatoire contre leur volonté. Les effets d'une lutte intérieure, engagée entre la volonté consciente du sujet et le pouvoir de l'opérateur, se produisirent alors par un tremblement violent beaucoup trop intense et trop prolongé pour être le résultat d'une feinte. Ensuite, les sujets éprouvèrent tous en même temps l'impossibilité de s'asseoir, en dépit de la tentative intrépide qu'ils en firent. Puis, s'étant assis avec le consentement de M. Stone, ils furent impuissants à se relever.......................................

» Vint après une série d'expériences dans lesquelles, un verre d'eau étant présenté aux sujets, ils déclarèrent successivement que c'était une boisson sucrée, acide, amère ; que c'était de l'absinthe et du quassia ; d'excellent vinaigre, de l'eau-de-vie, du lait.

» Les sujets perdirent la mémoire de leurs noms et du nom du lieu où ils se trouvaient réunis ; ils oublièrent également le chemin de leurs demeures................ Une canne, placée dans la main, fut involontairement lâchée par terre, et prit l'apparence d'un hideux serpent. L'effroi qu'en éprouva l'un des sujets alla jusqu'à le faire fuir hors de l'enceinte du théâtre, où il fut rappelé aussitôt par cette parole bien venue : « All right, sir! »

» Comme nous l'avons déjà fait observer, la sincérité de ces extraordinaires expériences est un point hors de contestation.

Leur utilité, dans le domaine de la médecine et de la chirurgie, est évidemment très grande ; et les efforts si louables de M. Stone pour porter sa science au degré de perfection qu'elle a atteint, l'ont conduit, nous en sommes convaincus, à conférer à l'humanité un don inestimable, mais un don tel qu'il appartient à la science seule d'en administrer les bienfaits..... »

Le lieu et l'heure des séances de l'exposition orale et expérimentale d'électro-biologie sont annoncés par les journaux et les affiches.

On se procure cette notice au bureau de *l'ancienne* salle de la Loyauté, *grand'Place.*

Bruxelles, imprimerie de J. FERRIER, Fossé aux Loups, 9.

En relisant ce morceau, écrit il y a plus de quarante ans, plusieurs réflexions me viennent. Je remarque d'abord avec plaisir que, dès cette époque reculée, c'était une tendance bien accusée de mon esprit de prendre les questions par le gros bout, et que l'immense avenir aujourd'hui incontesté, mais alors caché à tous, des sciences occultes, se découvrait déjà à ma vue. Je constate d'un autre côté, en revanche, que toutes les nouveautés scientifiques ou pseudoscientifiques de l'époque rencontraient en moi un prosélyte un peu trop facile peut-être, et qu'en fin l'association factice de l'électricité à l'idéoplastie qu'indiquent les dénominations d'*électrobiologie* et de *psychologie électrique,* et dont témoignent plus encore les divagations dogmatiques de Dods — un pompeux et prodigieux fatras à travers lequel s'ouvrent par-ci par-là des échappées de vue lumineuses — m'avait imposé dans une certaine mesure. Le titre de mon premier travail, *Electrodynamisme Vital,* où l'on retrouve les deux éléments d'*électrobiologie,* le prouve clairement ; et ce titre est d'ailleurs justifié par le texte, dans lequel l'électricité fait l'objet d'un ensemble de spéculations physiques et physiologiques où l'on trouvera je crois un fonds de vérités neuves et probables, sinon prouvées, à côté de certaines vues risquées et de conclusions hâtives.

Ce rapide coup d'œil jeté sur l'histoire de l'art idéoplastique, le moment est venu d'examiner cet art en lui-même, de faire une analyse sommaire de ses procédés et de ses étonnants effets sur l'homme ; puis de tâcher d'arriver à une conception générale, aussi juste et claire que possible, du mode d'action de ces procédés et de la nature intime, c'est-à-dire de la cause organique de ces modifications psychologiques et physiologiques. Et parallèlement nous signalerons et apprécierons ce qui a été fait par d'autres dans le même ordre de travaux.

Comment opérait Faria, comment opéraient Grimes et ses disciples a été compendieusement montré au moyen de quelques citations qui précèdent. Pour s'informer plus en détail sur ce sujet on a des traités spéciaux dont j'ai donné les titres.

Comme il a été déjà dit, Faria faisait accessoirement et occasionnellement usage d'une forme très rudimentaire, toute primitive, du préliminaire braidique ; l'électrobiologiste tient ce préparatif pour obligatoire et essentiel, il lui fait une large part. Et maintenant constatons que l'un et l'autre renforcent ce moyen hypotaxique, basé sur une concentration de la sensation et de l'attention, d'un adjuvant qui ne doit pas passer inaperçu : *tous deux ont recours à des attouchements.*

Faria nous dit : « Lorsque les procédés que je viens d'exposer ne produisent pas les effets attendus, je touche légèrement les personnes aptes au sommet de la tête, aux deux coins du front, au nez sur la descente de l'os frontal, au diaphragme, au cœur, aux deux genoux et aux deux pieds. L'expérience m'a démontré (1)... »

Dods associe à l'action plus ou moins fictive de son bouton galvanique, des pressions du pouce sur le trajet de certains nerfs, sur la base du front, etc., qui sont, prétend-il, du plus surprenant effet.

Rappelons encore à ce propos que Braid lui-même ne dédaignait point les « manipulations ».

Que faut-il penser de ces divers modes de contact sur des points déterminés du corps, en tant que moyens hypotaxiques ?

(1) Des causes du sommeil lucide, *op. cit.*, p. 192.

L'action ainsi exercée, en la supposant efficace, est-elle purement sensorielle, comme l'est celle de la vision quand le regard est attaché sur un point de mire ? Je ne le crois pas, car l'impression tactile ne me paraît pas offrir ici les conditions indiquées par la théorie : la monotonie, la continuité, etc. J'incline à penser que l'action est biomagnétique. On peut supposer encore que ces manœuvres tactiles rencontrent une explication et une justification dans l'hypothèse des « zones, plaques ou points hypnogènes », mise en avant par M. Charcot.

Le plus probable à mon sens, c'est qu'il y a un peu de tout cela mêlé ensemble. Ajoutons que la pharmacie fournirait aussi sans doute des agents hypotaxiques puissants. C'est un nouveau champ à explorer.

L'acte capital, l'acte suprême dans l'opération fario-grimique, c'est l'impression suggestive, c'est l'idéoplastie. C'est donc celle-ci qui doit nous occuper principalement dans ce chapitre. Arrivons-y.

Les propriétés spéciales de notre être sur lesquelles se fonde l'idéoplastie ne constituent qu'un membre de tout un grand corps de lois psycho-physiologiques. Pour s'expliquer la structure de ce membre et son fonctionnement, le considérer isolément ne suffirait pas ; il est indispensable de l'étudier dans ses rapports avec l'ensemble auquel il appartient, avec les autres parties dont cet ensemble se compose. C'est le seul moyen d'arriver à une connaissance véritablement scientifique de notre sujet.

L'hypnotisme spéculatif observé dans ses représentants des diverses époques, sans en excepter ceux d'aujourd'hui — au contraire — s'est montré impuissant à s'élever à la conception de ce haut principe de méthode, cela toutefois à une exception près ; et cette exception unique — autant qu'il en coûte à ma modestie, il faut le dire, — c'est moi. *Ego etiamsi unus.* Qu'on ouvre mon vieux grimoire, l'*Electrodynamisme Vital*, page 197, on y lira :

« THÉORIE DES IMPRESSIONS. — *Notions préliminaires.*

» 344. Nous appellerons IMPRESSION l'action efficace des Agents Excitateurs sur les Facultés de la vie. Ces agents peuvent être de nature *morale* ou de nature *physique*; de là, deux classes d'impressions, les *Impressions Physiques* et les *Impressions Mentales*.

» Ce serait ici la place d'une dissertation générale sur les termes « moral », « mental », « physique », « matériel », dont le sens respectif est encore sans détermination précise, et que l'on emploie un peu à tort et à travers pour la plus grande confusion des idées. Les limites d'un épitomé dans lesquelles j'ai dû renfermer mon livre m'obligent à supprimer cet article ; je prendrai soin, toutefois, d'arrêter la signification spéciale des mots dans les cas particuliers où je les fais intervenir.

» 345. Les Impressions Physiques vont aux facultés vitales par la voie des nerfs dont l'office est de mettre celle-ci en communication avec la matière.

» 346. Les Impressions Mentales arrivent au même but, non point en allant droit aux organes auxquels elles s'adressent, mais par l'intermédiaire et le véhicule de la *Pensée*.

» 347. Des faits incontestables, mais devant lesquels le philosophe reste dans un perpétuel étonnement, tant il se sent d'impuissance à les expliquer, attestent que, dans une infinité de cas, se renouvelant chaque jour, des causes toutes morales ont engendré des phénomènes physiologiques dont la réalisation ne semblait possible que par une action matérielle. Je vais chercher à prouver que ces effets mystérieux se rattachent à une loi générale de l'organisation de l'homme ; j'entreprends, en outre, de démontrer par voie rationnelle que les impressions physiques et les impressions mentales sont susceptibles d'affecter les mêmes facultés et de réaliser par suite (179) des effets identiques dans les deux ordres vitaux, celui de la vie animale et celui de la vie végétative. »

Ainsi, l'idéoplastie fario-grimique, c'est-à-dire l'art de susciter les miraculeux effets de la suggestion par affirmation ou par commandement, n'est qu'une application partielle de la grande loi, vaguement entrevue de tout temps, que Cabanis, dans un livre célèbre, a signalée, mais nullement approfondie et précisée, sous cette formule également vague et peu rigoureuse : *Les Rapports du physique et du moral de l'homme.* C'est à l'étude de cette loi supérieure que j'ai été amené, il y aura bientôt de cela un demi-siècle, par l'attrait et les difficultés du problème idéoplastique. Là seulement, en effet, le problème peut trouver sa solution.

Considérant la question de ce point de vue général, nous découvrons aussitôt que la suggestion impérative de Faria et la suggestion affirmative de Grimes ne constituent pas deux faits vitaux absolument isolés, mais sont deux variétés spécifiques de l'impression mentale, c'est-à-dire l'impression mentale dirigée sur deux facultés ou modalités distinctes de l'esprit. Et de là notre induction, confirmée par l'expérience, qu'il existerait toute une classe de facultés ou modalités mentales pouvant être affectées de suggestion idéoplastique par un moyen suggestif approprié.

Mais ce résultat nous met en face d'une autre question, celle de la distinction, de la détermination et de la classification *naturelle* des facultés de l'âme. Ce grand côté de la psychologie est aujourd'hui entièrement délaissé et souverainement dédaigné par la nouvelle école psychologique, toute à observer et à expérimenter sans méthode, sans ordre, en pleine nuit, au hasard, à tâtons. Concevrait-on que le chimiste entreprenne d'étudier et de déterminer les actions mutuelles que les différents corps exercent les uns sur les autres et les différentes combinaisons qui se produisent entre eux, sans qu'il se préoccupe de distinguer avant tout ces différents corps, de les définir, de les dénommer et de les classer d'après leurs rapports de similitude et de dissemblance? Agir ainsi serait évidemment, suivant l'expression vulgaire, faire passer le char avant les bœufs ; or la psychologie en est encore là, à la différence de toutes les sciences dignes de ce nom, ce qui la condamne à la stérilité. En l'absence d'une psychotaxie rigoureuse, incontestablement scientifique et généralement admise, j'ai fait usage, pour certaines démonstrations, de celle de Gall, non que je la tienne pour parfaite, mais parce que, aussi discutable que soit son fondement cranioscopique, elle me paraît la plus plausible, celle qui serre de plus près la vérité. Cette remarque est pour expliquer l'emploi, que j'ai déjà fait et que je ferai encore ici, d'une terminologie psychologique sujette à discussion.

Non, ce n'est pas la *créditivité* et l'*obéditivité* seules qui peuvent fournir un point d'appui au levier de la suggestion idéoplastique. Tout signe interprétable, qu'il soit fourni par le langage, par la mimique, par la plastique, ou autrement encore, en réveillant l'idée d'une sensation ou d'un sentiment, servira d'excitateur à la faculté sensorielle ou à la faculté affective correspondante. C'est ainsi que le nom ou l'image d'une personne aimée qui n'est plus réveillera en nous de son sommeil l'émotion de la tendresse et des regrets.

Cependant on peut distinguer trois spécificités ou facultés de l'esprit, sinon plus, qui ne sont pas seulement *suggestionnables*, mais qui ont la propriété d'être *suggestrices*, en ce sens qu'elles peuvent devenir pour la suggestion une *voie*, un *véhicule* et un *viatique*, au moyen desquels elle va aux autres facultés avec une sûreté de direction et une vigueur d'impulsion sans égales. Nous avons déjà nommé l'obéditivité et la créditivité ; nous y joignons l'*imitativité*. Cette dernière est peut-être le plus puissant ressort psychique de l'idéoplastie accidentelle et malfaisante, et est par suite la grande propagatrice du vice dans nos milieux sociaux.

Comme le présent travail n'affiche pas les graves prétentions d'un traité en forme, qu'il n'est après tout qu'une causerie plus ou moins familière et à bâtons rompus, je vais me permettre ici une disgression grammaticale qui ne nous écartera pas toutefois entièrement de notre sujet.

En écrivant mon *Electrodynamisme Vital*, je formai deux mots qui sont deux accrocs aux lois de la dérivation : je fis « obédivité » et « crédivité », au lieu de obéditivité et créditivité ; mes deux barbarismes passèrent de là dans le *Cours de*

Braidisme et dans quelqu'autre de mes publications postérieures. « *Crédivité* » paraît avoir fait fortune chez un certain nombre de nos écrivains néo-hypnotistes ; ils ont adopté le boiteux vocable malgré son infirmité. Cette infirmité, ne l'auraient-ils point aperçue par hasard ? Ou bien ont-ils voulu m'épargner l'humiliation de la voir soulignée en la corrigeant ? Mais non, je ne puis leur savoir gré de cette délicatesse, par la raison qu'ils m'ont pris le mot tout en se gardant de dire d'où il venait. Une anecdote à ce sujet :

Il y a de cela cinq ou six ans, un jour, avisant la porte du docteur Luys, l'idée me prit d'aller fraterniser avec ce célèbre néophyte de l'hypnotisme. Je lui déclare mes noms et qualités, mes qualités d'hypnotiste surtout. Tout cela semble ne rien dire absolument à mon éminent interlocuteur et ne pas le toucher davantage. Pour lui, je n'existais pas, je n'avais jamais existé, c'était évident. J'osai lui énumérer mes humbles travaux avec l'espoir de l'y intéresser... rien n'y fît. S'adressant à moi, chétif, de toute la hauteur de son imposante supériorité, le grand homme me déclara net que le passé et l'histoire de l'hypnotisme lui étaient parfaitement indifférents, qu'il était bien décidé, pour son compte, à ne s'en pas mettre en souci, qu'en un mot, *son* hypnotisme à lui, l'hypnotisme scientifique, né de la veille, ne procédait que de soi-même. J'en croyais à peine mes oreilles. L'illustre médecin de la Charité eut, toutefois, la condescendance de m'inviter à assister le lendemain à sa clinique, où j'aurais une occasion précieuse, me dit-il, de m'instruire du véritable hypnotisme.

Je me rendis à l'invitation ; j'allai prendre place sur les bancs devant lesquels professait et démontrait le clinicien hypnotiseur. Il commença par des expériences sur une hystérique, expériences *in anima vili*, qui me déplurent et ne m'apprirent rien. Mais le résumé oral de la leçon me plongea dans une admiration profonde. Il consistait en quelques propositions découpées çà et là de mon *Cours de Braidisme* et recousues ensemble au hasard en un tout aussi inintelligible que disparate. Cependant la conclusion, prononcée d'une voix d'oracle, devait mettre le comble à mon émerveillement : « Tous ces phénomènes si étranges que je viens de mettre sous vos yeux », dit le professeur en terminant, « ne sont pas pourtant inexplicables ; ils ont leur explication dans la CRÉ-DI-VI-TÉ ».

Je sortis l'âme troublée, ne pouvant me faire à l'idée qu'un homme put occuper à Paris une des plus hautes situations médicales, et offrir en même temps un tel dénûment de sens philosophique, de sens scientifique, et de sens... éthique.

Avis à mes copistes de corriger *Crédivité* en *Créditivité*.

Puisque nous sommes en train, vidons encore une autre question de grammaire.

Nos néo-hypnotistes font du mot *suggestible* l'usage le plus faux et le plus vicieux. Ils l'emploient pour dire de quelqu'un qu'il est apte à être suggestionné. Or le mot *suggestible* est l'adjectif passif du verbe *suggérer*, comme *suggestif* est son adjectif actif. Il signifie donc *ce qui est susceptible d'être suggéré*, et par conséquent il ne peut s'appliquer qu'à *ce* qui se suggère, c'est-à-dire à une idée, à un acte, à un état, et nullement à *celui* à qui la chose est suggérée. Dès lors dire d'un individu qu'il est suggestible, c'est, en bonne grammaire, dire qu'il peut être suggéré, ce qui est un non-sens.

Le verbe *suggestionner* s'appliquant aux personnes pour rendre l'idée qu'on leur imprime une suggestion, la logique grammaticale exige que le qualificatif devant exprimer l'aptitude à être suggestionné soit l'adjectif passif tiré de ce verbe, c'est-à-dire *suggestionnable*.

J'ai réussi à vous suggérer de voler ; j'en conclus que le vol est suggestible, et que vous êtes suggestionnable.

On ne saurait croire combien cette négligence de la correction dans le choix des termes techniques contribue à obscurcir les idées et ajoute aux difficultés intrinsèques d'une question.

MM. Binet et Féré, dans leur *Magnétisme animal* (1), apprennent à leurs lecteurs que mes « conceptions abstraites sur *l'état hypotaxique* et *l'idéoplastie* n'émurent pas beau-

---

(1) *Op. cit.*, p. 55.

coup le monde médical ». Et nos deux auteurs, tout aussi peu émus, passent outre.

Je vais présenter ici, en termes simples, la substance de ces « conceptions », et tout lecteur, j'en suis convaincu, avec un peu d'instruction spéciale, d'intelligence et d'attention, me suivra sans trop de peine et me comprendra sans être grand clerc. Et puis, y aurait-il grand mal d'ailleurs à ce qu'une fois par hasard on se trouve dans le cas de faire jouer les hautes facultés de compréhension, qui font certainement partie de notre constitution psychique, et que le régime expérimentaliste de l'esprit laisse entièrement se rouiller et s'ankyloser ?

Que le lecteur se reporte aux propositions formulées dans l'extrait ci-dessus de l'*Electrodynamisme Vital;* elles vont être expliquées en quelques mots.

Notre personne peut être impressionnée, c'est-à-dire modifiée, dans tous ses divers éléments constitutifs.

Ces éléments, comme on sait, se partagent en deux grands groupes, qui sont : notre être sentant, voulant et pensant, qu'on désigne à peu près indifféremment par les mots *âme, moi, conscience ;* et secondement, notre être organique, notre corps, ou ensemble de rouages matériels dont le mouvement constitue la vie.

C'est ainsi que nos facultés sensorielles, la vue, l'ouïe, l'odorat, le goût, le tact, etc., sont à tout instant impressionnées, c'est-à-dire provoquées à leur exercice, par des excitateurs spéciaux naturels qu'on nomme la lumière, les vibrations sonores, les émanations odorantes, les solutions sapides, etc., etc. C'est ainsi que nos facultés affectives sont atteintes aussi continuellement par des impressions modificatrices qui, par exemple, nous font passer de la tristesse à la joie, de l'amour à la haine, etc., et réciproquement. Il en est encore de même de nos facultés intellectuelles, dont les énergies et les opérations varient sans cesse sous l'influence des diverses impressions qui les sollicitent.

Et pareillement de l'organisme : sa manière d'être et son fonctionnement sont également sous la dépendance des impressions qu'il ne cesse de recevoir par la voie des *ingesta*; de l'air respiré, de la lumière, de la chaleur, et en un mot de tous les agents avec lesquels il est continuellement en conflit.

Quelque matérialiste et positiviste que l'on se targue d'être, force est de subir la distinction métaphysique qui sépare ce qui sent et ce qui est senti, ce qui perçoit et ce qui est perçu, en un mot, *ce qui a* conscience et *ce dont* nous avons conscience.

Les faits qui se passent dans le moi, et dont chaque moi a seul la perception pour ce qui le concerne, autrement dit les *faits de conscience*, sont dits *subjectifs* ou *psychiques*. Les faits que le moi se représente comme lui étant extérieurs et agissant sur lui du dehors par ses sens, sont appelés *objectifs*, ou encore *matériels, physiques ;* et quand on les envisage spécialement dans l'ordre organique ou vital, on les nomme *physiologiques*.

Les expressions ci-dessus devant se rencontrer dans cette discussion, il m'a paru utile de les définir. Si la philosophie a été jusqu'ici une tour de Babel, elle le doit surtout à ce que chacun y parle une langue à soi, sans s'inquiéter de savoir si ses interlocuteurs la comprennent, et, ce qui est plus fort, sans s'être assuré qu'il la comprend lui-même.

Nous savons un peu maintenant, je pense, ce qu'il faut entendre par une *impression*. Or voici un fait d'observation indisputable : c'est qu'il y a des impressions qui se font sur nous par la voie de notre intellect, autrement dit par une entremise d'idées, par un procédé subjectif, tandis que les autres opèrent par l'unique moyen d'actes matériels, c'est-à-dire d'une façon directement et immédiatement objective.

Nous conviendrons d'appeler les premières : impressions *mentales ;* et les secondes : impressions *physiques*.

Afin de nous faciliter l'intelligence de ces distinctions, nous allons nous aider de quelques exemples.

Vous recevez, je suppose, un télégramme porteur de la nouvelle d'un très grand bonheur ou d'un très grand malheur pour vous. Vous jetez les yeux sur le contenu du papier bleu, et soudain un choc électrique vient secouer tout votre être des pieds à la tête.

Ici, l'impression causée est mentale, essentiellement mentale, et nous rappelons qu'il faut entendre par là qu'elle est parvenue à son adresse et a produit son double effet moral et physique en passant par la voie de l'entendement. Et effectivement, si nos bons amis les matérialistes et positivistes peuvent m'objecter que les signes graphiques tracés sur la dépêche sont arrivés à l'intelligence du destinataire par l'intermédiaire de la lumière, qui les a réfléchis et imprimés sur la rétine, et par les fibres et les centres optiques, qui en ont transmis l'image au sensorium, j'ai cette réponse à leur opposer : Les caractères écrits ou imprimés sur le bout de papier télégraphique, et leur transmission physique et physiologique au cerveau, se seraient montrés parfaitement impuissants à vous émouvoir, à vous impressionner, et ne vous eussent causé le moindre trouble, dans le cas où, ne sachant pas lire, je suppose, vous n'auriez pas su interpréter le message.

Il doit être donc bien clair que ce n'est pas l'acte matériel de la lumière réfléchie sur l'écrit de la dépêche venant à travers les milieux de l'œil frapper la rétine et provoquer là un ébranlement qui se propage jusqu'aux centres visuels du cerveau, qui est la cause *essentielle* de l'émotion produite ; mais que ce résultat final est *entièrement dû* au phénomène subjectif de l'interprétation de l'écriture, interprétation qui, faite par l'intelligence, produit consécutivement et successivement son effet sur les facultés émotives de l'âme, et puis, par celles-ci, sur toutes les fonctions de l'organisme corporel.

Ainsi, ici, la cause vraie, la cause réelle des phénomènes de modification psychique et de modification physiologique amenés par la lecture du télégramme, est une impression faite sur l'esprit (*mens*), et je l'appelle par cette considération une impression mentale.

Et inversement, les phénomènes purement optiques de la vision des signes écrits de la dépêche chez un sujet qui ne saurait pas la signification de ces signes, constituerait une pure impression physique.

Ce qui vient d'être dit étant posé, voici une autre proposition, et je sollicite pour elle la plus grande attention du lecteur :

Toutes les impressions physiques, soit qu'elles s'adressent à l'être animique, soit qu'elles s'adressent à l'être organique, peuvent être suppléées par une impression mentale.

Cette déclaration audacieuse a été énoncée pour la première fois et longuement développée dans ma publication de 1855. Les plus indulgents, c'est-à-dire ceux qui condescendirent alors à me discuter, m'adressaient cette objection soulignée d'un haussement d'épaules : « Mais si ce que vous avancez là, s'exclamaient-ils, était vrai, il faudrait en conclure que par exemple la purgation, qui est l'effet de l'impression physique du jalap, de l'huile de ricin ou autres ingrédients matériels sur l'intestin, pourrait également bien être obtenue par l'emploi d'un purgatif mental, c'est-à-dire au moyen d'une simple idée mise dans la tête d'un homme ! ce qui est une telle absurdité qu'elle se réfute assez d'elle-même. »

Et moi de leur répliquer : « Je l'accepte en son entier, cette conséquence de mon principe, et ce que vous rejetez comme le comble de l'absurde, me voici prêt à vous en démontrer la réalité par preuve expérimentale. Et le fait ainsi matériellement établi, je m'offre encore à vous convaincre qu'un tel fait, qu'il vous répugne si insurmontablement d'admettre, ne fait qu'un en réalité avec une masse d'autres faits qui vous sont familiers et que vous jugez les plus simples et les plus naturels du monde. »

S'entendre soutenir sérieusement qu'au moyen d'idées suggérées on pouvait produire sur le corps humain le même effet que toutes les diverses drogues et préparations de la pharmacie, qu'on pouvait notamment purger et surpurger sans envoyer la moindre parcelle de matière purgative dans le ventre, révoltait tellement *le bon sens d'alors,* que l'interlocuteur se croyait en présence d'un cas pathologique, et la conversation n'allait pas plus loin, ou changeait de sujet. Aujourd'hui on peut, sans s'exposer sérieusement à être pris pour un aliéné ou un illuminé, soutenir ce que je soutenais il y a quarante ans — et non sans dommage pour moi, — et la Faculté, revenue à des sentiments tout autres, admet, reconnaît *la suggestion.* Et, la suggestion admise et reconnue, elle trouve désormais parfaitement raisonnable, et cela sans autre raison que le mot *suggestion* lui-même, que l'idée suggérée puisse remplacer les cathartiques et les drastiques de l'officine. Et la Faculté ne s'en tient pas là : la lumière qu'a répandue tout à coup dans son esprit abusé ce mot incomparable de « suggestion », lui a fait voir, clair comme le jour, qu'il n'y a vraiment aucun motif sérieux de s'étonner que l'idée suggérée ait de même le pouvoir de se substituer sans désavantage, pour produire une rubéfaction de la peau, à la farine de moutarde ; pour nous faire des ampoules, à l'emplâtre de cantharides ; pour nous tirer du sang, aux sangsues, aux ventouses à scarification, et même à la lancette, etc., etc. *Car tout cela s'explique parfaitement par la suggestion.*

Réparation d'honneur m'est donc faite par cette bonne Faculté, mais à moitié seulement. Les faits extravagants et ridicules prêchés par moi jadis dans le désert sont maintenant vérités classiques, c'est entendu. Mais, en réalité, parce qu'on a prononcé sur ces faits le vocable magique SUGGESTION, en sont-ils plus clairs pour cela ? Après, tels qu'auparavant, ne restent-ils pas un mystère biologique certainement des plus obscurs et des plus troublants ? Qu'on cesse de se payer de mots, qu'on sente le besoin de sonder l'abîme de ce problème, et pour cela que l'on commence, cela me paraît rationnel, par voir ce que vaut la seule solution scientifique qui en a été proposée, c'est-à-dire celle que j'ai fait connaître en l'an 1855, et sur laquelle je suis revenu depuis avec ténacité en maints écrits, mais dont aucun de nos écrivains néo-hypnotistes n'a encore eu le loisir de s'occuper sérieusement.

Posons-nous donc la question suivante :

Par quel mécanisme psychologique, physiologique et anatomique une impression faite sur l'esprit, ou plus spécialement une idée suggérée, peut-elle déterminer consécutivement dans toute fonction, animale ou végétative, des modifications semblables à celles qu'y détermine l'impression des agents physiques spéciaux à cette fonction ?

Ainsi, pour ne prendre qu'un exemple, par quelle mystérieuse combinaison d'actes et d'organes l'impression mentale que je fais sur vous en vous disant simplement *c'est de l'absinthe*, pendant que je vous fais boire un verre d'eau claire, a-t-elle le pouvoir de vous faire paraître verte et amère une liqueur qui est en réalité incolore et insipide, et de communiquer en même temps à cette liqueur, qui est de plus innocive et inerte, toutes les propriétés nécessaires pour vous causer l'ivresse absinthique avec tous les phénomènes psychiques et organiques qui la caractérisent si particulièrement ?

Depuis très longtemps — trop longtemps — j'ai donné le mot de cette énigme, en même temps que celui de quelques autres en plus. Les hypnotistes du lendemain, pas plus que les antihypnotistes de la veille, n'ont pu se résoudre à la mince dépense d'attention et d'effort intellectuel à faire pour s'assimiler mes démonstrations. Pourtant la clarté de mes vues et la force de mes preuves frappèrent de tout temps quelques esprits distingués. Mais l'amour de la tranquillité tempérant chez eux l'ardeur du zèle scientifique, ils se sont bornés à me rendre un témoignage platonique sans m'aider autrement à soulever le boisseau d'inepte routine et d'ombrageuse malveillance mis sur des vérités dont on constatait en passant l'originalité et la haute valeur. On a vu plus haut comment s'exprimait ce fin esprit philosophique ayant nom Peïsse, à propos de mon *Electrodynamisme Vital*. « Le livre et l'auteur » lui paraissaient « également et hautement respectables au point de vue de la science et à celui de la moralité ». Le fameux Buchez, autre médecin doublé d'un philosophe, rendant compte à la Société médico-psychologique de Paris, dans sa séance du 27 janvier 1862, d'un mémoire présenté par moi à cette compagnie sur le sujet qui nous occupe ici en ce moment, me déclarait « un systématisateur puissant et hardi ». Cerise, autre exemple, déjà assez rare alors, aujourd'hui presque introuvable, d'un médecin qui associe dans un même culte la médecine et la philosophie, le

Dr Cerise donc s'énonçait ainsi en présentant à l'Académie de médecine (séance du 12 juin 1866) mon volume intitulé *Essais de Physiologie philosophique* (1), où sont reprises en sous-œuvre les principales thèses de l'*Electrodynamisme Vital* : « Il est impossible de donner une idée exacte de ce livre », déclarait l'éminent aliéniste, « en restant dans les limites d'une
» simple présentation ; je me bornerai à dire que les problèmes
» généraux de la physiologie, ceux qui la constituent dans son
» intégrité comme science d'application à la médecine, à la
» morale et à la psychologie, y sont nettement posés, claire-
» ment discutés, et en partie bravement résolus. Je connais peu
» d'ouvrages consacrés à un si imposant sujet qui témoignent
» d'une aussi ferme intelligence. » Au sujet du même livre et des mêmes doctrines, le célèbre médecin psychologue Lélut s'adressait en ces termes à l'Académie des sciences morales (séance du 13 juillet 1867) : « Le livre se compose d'essais...
» très savants, très approfondis... Le livre de M. Durand (de
» Gros) est l'œuvre remarquable d'un homme de talent très
» versé dans toutes les questions de psychologie physiologique,
» très capable lui-même d'en soulever de nouvelles et de les
» résoudre. »

On est, je crois, en droit de se demander comment des hommes qui appartenaient aux premiers corps savants du pays, qui avaient autorité et influence, ont pu rencontrer, distinguer et signaler, dans un inconnu ou un méconnu, un ouvrier exceptionnellement apte et bien outillé pour le travail scientifique, et cela fait ne se donner aucune peine, aucun soin pour assurer à la science les services de ce coopérateur, alors plein de courage, de force et de jeunesse, en l'aidant à vaincre les obstacles accumulés sur sa route par le préjugé stupide et la noire envie.

Et les hommes dont je parle étaient pourtant l'élite morale des puissances médicales de l'époque. Que faudra-t-il donc dire des autres, notamment du grand Claude Bernard — un

---

(1) Essais de Physiologie philosophique *suivis d'une étude sur la théorie de la méthode en général*, par J.-P. Durand (de Gros). 1 vol. in-8° avec figures. Paris 1866.

faux grand homme et un faux bonhomme — qui ne put me pardonner d'avoir montré et démontré quelques-unes de ses erreurs, qui interdit jusqu'à sa mort l'accès de l'Académie des sciences à toute communication émanant de moi, et qui en même temps, avec la tranquillité cynique d'un malfaiteur sûr de l'impunité, faisait son entrée à l'Académie française avec un discours dont « le clou » était une contrefaçon aussi grossière qu'effrontée de l'une de mes thèses les plus personnelles et les plus saillantes (1) ?

Mais enfin Cl. Bernard ayant quitté la scène, et les héritiers fidèles de ses doctrines et de ses rancunes s'étant considérablement éclaircis, j'ai pu, au bout de trente-cinq ans d'attente, obtenir une audition de la section de médecine de l'Académie des sciences, et me suis vu rendre par notre premier corps savant une première demi-justice par l'octroi d'un demi-prix.

(1) Malgré la prudence que la gloire et la puissance de Cl. Bernard imposaient à la critique, il se trouva à Paris un écrivain médical assez courageux, non pour dénoncer ouvertement, mais pour signaler à mots couverts et avec une fine ironie le plagiat dont j'étais victime. Le docteur Guardia, ancien sous-bibliothécaire de l'Académie de médecine, glissa les lignes suivantes dans un compte rendu du fameux discours académique, qu'il donna dans la *Gazette médicale de Paris* du 5 juin 1869 :

« Nous n'avons pas à revenir sur les doctrines de M. Cl. Bernard, écrivait le docteur Guardia, doctrines qui ne diffèrent qu'insensiblement de celles que professent les disciples de la philosophie positive. Nous devons remarquer seulement, afin de rendre justice à chacun, que les propositions émises dans ce discours de réception sont un peu plus larges que celles que l'auteur a consignées dans ses écrits officiels et dogmatiques, *et que nous y avons retrouvé avec plaisir et sans la moindre surprise quelques-uns des aperçus les plus ingénieux de M. Durand (de Gros).* »

On pourra lire une critique en règle du méchant plagiat et de la mauvaise action de l'illustre physiologiste dans un chapitre de mon ONTOLOGIE ET PSYCHOLOGIE PHYSIOLOGIQUE (1 vol. in-12, Paris 1870) intitulé : *M. Claude Bernard psychologue.* Je reviens sur le même sujet dans mes ORIGINES ANIMALES DE L'HOMME, etc. (1 vol. in-8° avec de nombreuses figures dans le texte, Paris 1871), page 37.

M. le professeur Brown-Séquard, rapporteur de la Commission du prix Lallemand pour 1892 — laquelle a cru devoir partager le prix entre M. Binet et moi — commence ainsi les lignes qu'il me consacre : « M. Durand (de Gros), dit-il, est un penseur et un écrivain de grand mérite qui depuis plus de trente ans travaille à perfectionner quelques-unes des théories générales relatives aux fonctions du système nerveux. »

Je crois qu'il est sage à moi, dans la circonstance, de me rappeler ces deux bons vieux proverbes que *vaut mieux tard que jamais*, et que *vaut mieux peu que point*. Voir lever, d'une façon ou d'une autre, l'interdit académique qui pesait sur moi, mes idées et mes travaux depuis si longtemps, ne peut au demeurant que me plaire et me donner courage.

Cette digression, quoiqu'un peu longue, ne nous aura pas fait perdre le fil de notre sujet ; nous y voici revenus.

Expliquer le mécanisme psycho-physiologique de l'impression mentale sur les fonctions de la vie animale et celles de la vie végétative, telle est la question proposée. Je le regrette, mais devant cette tâche, je me vois dans la nécessité de devenir un peu technique et médical, et même de fausser pour un moment compagnie au *lecteur général* (the general reader), comme disent les Anglais, pour avoir un aparté de quelques instants avec les médecins. Je m'efforcerai d'être avec eux aussi concis et précis que possible, et à cette fin je vais leur mettre sous les yeux un passage d'une note sur *le principe des propriétés organoleptiques*, et sur *l'influence réciproque de la pensée, de la sensation et des mouvements végétatifs*, dont je donnai lecture à la Société médico-psychologique de Paris, dans sa séance du 24 décembre 1860 (1). Je recommande tout particulièrement ce morceau à l'attention de MM. Binet et Féré.

(1) INFLUENCE RÉCIPROQUE DE LA PENSÉE, DE LA SENSATION ET DES MOUVEMENTS VÉGÉTATIFS. *Mémoire lu à la Société médico-psychologique de Paris par le Dr J.-P. PHILIPS, suivi du Rapport fait à la Société par M. le Docteur BUCHEZ, et d'une réponse de l'Auteur.* Broch. in-8° extraite des *Annales médico-psychologiques*. Paris 1862.

Malgré toute la bonne volonté qu'ils pourront y mettre, je doute qu'ils réussissent à y découvrir des abstractions et de la métaphysique. Mes propositions sont physiologiques et psychologiques, elles sont précises et nettes, et il ne reste, il me semble, d'autre choix que de les réfuter ou de les accepter. Car aujourd'hui que je partage avec l'un de ces auteurs le titre de lauréat de l'Académie des sciences, ces messieurs comprendront qu'une dédaigneuse prétérition à mon égard ne serait plus de mise.

« Le but pratique et final de la médecine est de diriger, dans le sens le plus favorable à l'économie, les influences extérieures qui ont le pouvoir de la modifier. Il s'ensuit que la détermination des rapports naturels établis entre ces causes modificatrices et notre organisation est la première tâche dont cette science ait à s'acquitter.

» Parmi les agents capables d'influer sur les fonctions, les uns agissent sur elles dans ce qu'elles ont de commun avec la matière inorganique; l'action des autres porte essentiellement sur les propriétés vitales.

» Ceux-ci offrent sans contredit le plus d'intérêt aux trois points de vue de la physiologie hygiénique, de la physiologie pathologique, et de la physiologie thérapeutique. Les considérations succinctes que j'ai à présenter dans cette note sur les propriétés organoleptiques ne s'appliquent qu'à cette dernière classe d'agents, et, parmi eux, à ceux-là seulement qui présentent ce caractère remarquable d'être unis par une appropriation fixe et spéciale aux diverses fonctions de l'économie. La dénomination qu'ils comportent me paraît être celle de *modificateurs vitaux spécifiques.*

» L'observation la plus vulgaire avait suffi pour constater un grand nombre de ces rapports de spécificité organoleptique, et premièrement ceux qui appartiennent à l'histoire naturelle de la sensation; mais le savoir le plus habile désespéra de pouvoir formuler la loi générale qui régit leur formation et leur exercice. Par quelle secrète analogie de constitution existant entre la fonction vitale et son modificateur spécifique peut-on s'expliquer l'adaptation mutuelle et exclusive de deux activités d'origine et d'essence si hétérogènes? Par l'effet de quel mécanisme, au moyen de quel artifice de la nature, l'affinité élective de l'agent pour la fonction vitale qui lui correspond se trouve-t-elle établie et assurée? Quel est le point précis où l'action du dedans et l'action étrangère se rencontrent et se combinent en leur résultante physiologique? Et enfin, cet effet vital obtenu, quelle est au juste la part de chacune de ces deux causes dans sa formation ; quel est l'apport de chacune dans le fonds commun où leur produit puise ses caractères constitutifs ?

» Sur toutes ces questions la médecine est réduite, nous devons l'avouer, à la réponse des docteurs de Molière : *Opium facit dormire quia est in eo virtus dormitiva.*

» Cependant d'immenses progrès se sont faits depuis deux cents ans, et la physiologie expérimentale en est sortie. Grâce aux découvertes qui lui sont dues, il nous est maintenant possible de faire un pas, un pas considérable, vers la solution du grand problème médical. Pour cela il suffirait, selon nous, de tirer de certains faits expérimentalement établis *toutes leurs conséquences logiques.*

» Il nous est facile de démontrer d'abord que la *nature* des modifications vitales provoquées n'a nécessairement rien de commun avec la nature des agents modificateurs, et que ces modifications sont en entier l'effet de la mise en jeu de modes d'activité inhérents à l'économie.

» A l'aide des procédés divers employés par les expérimentateurs, et surtout à l'aide du moyen d'expérimentation si singulièrement précieux que l'électricité met à la disposition du physiologiste, on arrive à constater que l'action des différents spécifiques vitaux peut être suppléée d'une manière effective par une action d'espèce quelconque, à condition seulement que cette action banale atteigne certains filets nerveux déterminés.

» L'agent n'intervient donc pas à titre de cause efficiente dans la production de la modification vitale, mais comme cause purement déterminante. Sa spécificité réside tout entière dans son aptitude à se porter et à s'exercer spontanément sur un organe nerveux particulier, tandis qu'il reste sans action sur les autres. C'est ainsi à l'organe nerveux qu'est attachée véritablement et absolument la spécificité génératrice des phénomènes vitaux.

» Maintenant nous avons à nous demander quelle est la source et quel est le mécanisme, le *modus operandi*, de cette propriété d'élection pour l'organe nerveux correspondant, qui constitue la spécificité organoleptique. C'est un sujet qui mériterait d'être examiné avec le plus grand soin ; mais je dois me contenter ici de l'indiquer en quelques mots.

» Toute fonction vitale reçoit son impulsion d'un moteur originel qui lui est propre, et qui a son siège dans un centre nerveux particulier.

» C'est au moyen des nerfs que ce mode spécial de vitalité, que cette *faculté vitale*, se met en rapport avec les forces diverses sur lesquelles elle a pour mission de s'exercer. Mais si l'organe nerveux était directement en relation avec le monde ambiant, il en résulterait que toutes les fonctions vitales tomberaient sous l'influence égale et indistincte de tous les agents extérieurs.

» Afin de prévenir un résultat aussi contraire à ses desseins, la nature a donné un complément à l'organe nerveux ; elle l'entoure d'un appareil accessoire, organe tout à la fois d'exclusion et d'élection, qui, par l'incompatibilité de ses dispositions, isole l'organe essentiel de toutes les influences anormales, et qui, en même temps, à l'aide de dispositions adéquates, ménage et facilite son accès au modificateur légitime. Tel est le rôle de l'*organe différentiateur*.

» Pour bien faire saisir les motifs de la distinction anatomique nouvelle que nous venons d'établir, pour en faire apercevoir nettement l'objet et l'utilité, je ne puis me dispenser d'en appliquer la théorie à un exemple.

» L'œil et l'oreille sont respectivement les organes différentiateurs des fonctions de vision et d'audition. Le premier est destiné à mettre le nerf optique en rapport avec l'action excitatrice de la lumière, et à le garantir des excitations de l'air vibrant, de celles des émanations odorantes, de celles des solutions sapides, etc.; le second est chargé de faire parvenir les vibrations sonores du milieu ambiant jusqu'au nerf acoustique de manière à causer l'ébranlement de ses fibres, tout en les mettant à l'abri des atteintes de la lumière et de toute impression autre que celle des corps en vibration. La structure de l'œil et de l'oreille et leur situation relativement à deux nerfs spéciaux font toute la spécificité visuelle de la lumière, toute la spécificité auditive des ondes sonores. En effet, supposons pour un moment que la nature ait interverti la position relative de ces deux appareils, de telle sorte que le nerf de la vue déploie ses fibres terminales sur les parois contournées du limaçon, tandis que le nerf de l'ouïe va déboucher au fond de l'orbite et s'y épanouir en forme de rétine, en arrière du globe oculaire. Cette transposition des organes différentiateurs entraîne une transposition pareille dans la spécificité des deux agents : la lumière cesse d'être le spécifique organoleptique de la vision en perdant la faculté de faire arriver son action jusqu'au nerf de la vue, et elle devient le spécifique de l'audition dès l'instant où ses rayons se trouvent dirigés sur le nerf auditif. Les ondes sonores ne rencontrant plus l'organe sensitif de l'ouïe, mais ébranlant les fibres de la vue, l'ancienne corrélation est rompue entre elles et le premier de ces deux sens, et un accord nouveau les unit au second. Les rayons lumineux maintenant engendrent des sons et non des couleurs, et les sensations de l'ouïe ont acquis la propriété figurative. Les objets qui réfléchissent la lumière cessent d'être *vus* et ils sont *ouïs*. Ils continuent à nous apparaître grands ou petits, longs ou courts, anguleux ou arrondis ; mais au lieu de les voir *rouges, oranges, jaunes, verts*, etc., nous les entendons *do, ré, mi*, etc.

D'autre part, l'harmonie d'un concert n'a plus rien de ce qui charme le dilettante; c'est une succession de couleurs mélangées se peignant au sensorium dans un cadre sans limites et en images dépourvues de forme et d'étendue.

» Nous possédons déjà d'une manière plus ou moins satisfaisante l'histoire naturelle des organes différentiateurs de la vue, de l'ouïe, du goût et du tact : elle se rattache, pour les deux premiers, à deux branches de la physique, l'optique et l'acoustique ; les lois de la *gustique* et de l'*haptique* n'ont été jusqu'à présent ni systématisées, ni précisées avec netteté ; et quant à l'*osphrantique*, elle est encore tout entière à l'état de problème.

» Le mécanisme intime des organes différentiateurs de la vie végétative est couvert aussi d'une grande obscurité. Ils nous sont représentés anatomiquement par les glandes, les follicules, les membranes, et, d'une manière plus immédiate, intime, par les organismes cellulaires spéciaux. Leur dynamisme réside dans des propriétés physico-chimiques dont les principales semblent être l'affinité moléculaire, l'endosmose, et enfin l'électricité sous ses formes multiples qui, c'est infiniment probable, ne se sont pas encore révélées toutes à la science.

» Je ferai remarquer en passant que les organes différentiateurs des sens de l'odorat, du goût, du tact, et ceux des facultés végétatives, étant loin d'offrir l'organisation complexe et les dispositions sûrement protectrices et rigoureusement constantes qui caractérisent l'œil et l'oreille, il est facile de s'expliquer la multiplicité des agents qui sont aptes à agir sur ces modes fonctionnels, et la fréquence que l'on observe dans la substitution réciproque de leurs spécificités. Ainsi, il arrive que le même agent thérapeutique, employé sur des individus divers ou sur un même individu à différentes époques et dans des conditions diverses, se comporte d'une façon inattendue et contraire à ses habitudes ; cette anomalie est due à une altération congénitale ou accidentelle et souvent passagère de la constitution normale de certains organes différentiateurs, anomalie qui cause une déviation de l'affinité élective du remède en l'empêchant d'arriver à son adresse et en le rejetant sur une fonction à laquelle il n'était point destiné.

» Après avoir reconnu que tout agent capable d'impressionner l'organe nerveux d'une fonction vitale devient, par cela même, un succédané du spécifique de cette fonction, on se sent moins disposé à mettre au rang des utopies une recherche dont l'objet constitue le grand *desideratum* de la thérapeutique aussi bien que de la physiologie expérimentale, c'est-à-dire la recherche d'une force organoleptique assez souple et assez subtile pour se porter à notre volonté, et sans causer de lésion aux organes protecteurs, jusqu'au siège de chaque faculté vitale, de manière à produire exactement toute modification voulue, et par suite à pouvoir suppléer à l'absence de tout agent spécial. Mais, bien plus, l'existence de cette panacée nous paraîtra établie théoriquement quand nous aurons soumis à une considération attentive et raisonnée quelques-uns des principes les moins contestés de la biologie.

» Dans tous les cas, ces considérations auront l'avantage de découvrir quelques aperçus nouveaux sur une question sans doute fort rebattue, mais toujours pleine d'un intérêt inépuisable, la question du *moral et du physique et de leurs rapports*.

» Une étude des fonctions nerveuses embrassant toutes les données que lui fournit la physiologie comparative, et s'éclairant de toutes les lumières de la microscopie et de l'expérimentation, nous conduit forcément à reconnaître que les propriétés de réflexion centrifuge vers le point de départ des impressions centripètes, n'est point l'attribut exclusif d'une certaine classe de nerfs qui, sous l'empire de cette idée trop absolue, a reçu le nom de *système réflexe*, mais qu'elle constitue une loi générale de la mécanique nerveuse s'étendant aux trois systèmes cérébro-spinal, spinal, et ganglionnaire.

» Les propriétés excito-motrices sont manifestes dans cette catégorie de fonctions nerveuses tenant le milieu entre celles de la vie animale et celles de la vie végétative, et dévolues aux nerfs propres du rachis. Il est facile en effet de constater que tous les mouvements déterminés dans les muscles de la vie mixte répondent à une excitation dont le siège est dans ces muscles eux-mêmes ou dans les parties avoisinantes, et dont le rôle est de signaler à la motricité les circonstances locales, normales ou accidentelles, qui réclament actuellement son intervention. C'est ainsi que la présence d'un corps étranger dans le larynx détermine dans cet organe des contractions plus ou moins violentes destinées à le débarrasser ; c'est ainsi qu'en excitant la rétine, la lumière force la pupille à se contracter pour protéger l'organe délicat contre une action trop vive de ses rayons.

» Mais les muscles volontaires aussi sont susceptibles de se contracter automatiquement sous le coup d'une impression sensible ; et si, dans l'état normal, la sensation ne paraît exercer sur leurs mouvements aucune influence directe, cela tient à ce que la réaction incitatrice de l'impression sensoriale sur le système musculaire est assujettie au pouvoir recteur de la pensée. Que cette intervention s'absente, et l'on voit aussitôt la réaction motrice de la sensation se produire avec une spontanéité et une régularité tout mécaniques. Si je fais éprouver le contact de mon doigt aux lèvres d'un nouveau-né, les lèvres se contractent aussitôt par un mouvement dans lequel la volonté n'a aucune part, car il a un objet évident, la lactation, dont l'enfant qui n'a pas encore été allaité ne saurait avoir conscience. Un éclair qu frappe nos yeux fait clore involontairement nos paupières, un choc imprévu nous fait éprouver un sursaut. Je crois inutile d'insister sur la démonstration d'un fait reconnu et enseigné dans toutes les écoles. L'illustre Mueller, qui en aperçut les conséquences et qui en fut frappé, s'écriait : « Quel progrès que celui de savoir qu'on peut et comment on peut influer d'une manière salutaire sur des mouvements en excitant des sensations par des moyens artificiels ! » *(Manuel de Physiologie.)*

» L'électricité appliquée à la physiologie expérimentale nous permet de constater que les fonctions végétatives mises en jeu par le grand sympathique tirent leur nature distinctive d'un mode d'activité spécial et inhérent à ceux de ses ganglions qui les concernent. Les modifications très étendues et plus ou moins promptes que l'on développe dans l'énergie de cette activité ganglionnaire en portant l'action d'un irritant sur l'extrémité terminale de ses nerfs conducteurs, doivent faire supposer que l'excitation ainsi produite est arrivée au ganglion par le canal d'une fibre ganglionnaire afférente. On peut sans doute supposer que l'irritation n'est parvenue au ganglion qu'après avoir effectué un circuit de réflexion à travers un couple nerveux cérébro-spinal ; mais en admettant que la chose se passe ainsi, il reste à s'expliquer comment l'excitation prise par une fibre afférente du système rachidien, et ramenée par sa complémentaire efférente, peut passer dans le ganglion. J'ai développé ailleurs ma pensée sur ce point difficile (1). Je me contenterai d'ajouter que le pouvoir réflectif intrinsèque des ganglions se trouve établi directement par des expériences de vivisection que je ne puis entreprendre ici de décrire.

» Il est un autre fait sur lequel nous devons porter maintenant notre attention. Tous les points vivants du corps humain peuvent devenir le siège ou, pour parler avec plus de justesse, le point d'origine d'une douleur, d'une souffrance ou d'un trouble mental. En effet, les organes où la présence de la sensibilité est moins manifeste que dans la peau, les muqueuses, les séreuses, le tissu musculaire, etc., ne sont néanmoins jamais affectés dans leurs fonctions sans qu'une affection de l'âme s'ensuive. On connaît la série particulière de symptômes moraux que font surgir les lésions de chacun des viscères du thorax et de l'abdomen.

» Le cerveau se trouve donc en relation avec toutes les fonctions de l'économie par des courants nerveux afférents. Mais, d'après les conclusions auxquelles nous avons été déjà conduits, l'action excitatrice des organes sur le sensorium ou sur la pensée

(1) Voir Electrodynamisme vital, p. 257, et Essais de phys. philos., p. 430 et suiv.

doit nécessairement entraîner une réaction incitatrice de l'âme sur ces mêmes organes. Cette loi ne fut pas ignorée de la médecine ancienne, qui l'a constatée dans cet aphorisme bien connu : *ubi dolor, ibi fluxus.*

» Mais cette première conséquence en entraîne une autre : si l'impression psychique qui résulte d'une excitation localement exercée sur un organe de la vie végétative ou de la vie animale, se réfléchit sur le point d'où elle est partie, la même impression produite immédiatement sur l'âme devrait entraîner les mêmes conséquences physiologiques. Telle est l'opinion des plus grands physiologistes, et l'auteur éminent que j'ai déjà cité l'exprime ainsi : « Le sensorium agit alors précisément comme le nerf isolé, dans lequel tout changement brusque de son état, quelle qu'en puisse être la cause, met le principe nerveux en action... L'idée d'une saveur répugnante peut occasionner des vomiturions. » (*Manuel de Physiologie.*)

» A cet exemple, on peut en ajouter de bien plus saisissants : je disais tout à l'heure que la santé de l'âme reçoit le contre-coup des troubles survenus dans les viscères ; mais aucun de nous n'ignore davantage que les désordres moraux que peuvent engendrer les maladies du cœur, du foie, de l'appareil digestif, des organes génitaux, ont aussi le pouvoir, quand ils éclatent les premiers, de susciter à leur tour toutes ces affections de la vie organique. C'est une vérité dont les preuves se rencontrent à chaque pas dans la carrière du praticien.

» Autres exemples : l'action des corps sapides sur la bouche détermine à la fois une modification d'ordre végétatif, qui est la salivation, et une modification d'ordre psychique, qui est la sensation de saveur. D'après les principes théoriques qui viennent d'être exposés, une impression de sapidité qui se ferait directement sur l'âme, sans l'intervention d'aucun agent sapide, devrait porter une incitation à l'activité des glandes salivaires. C'est effectivement ce qui a lieu, et le gastronome en fait l'expérience toutes les fois que, savourant en esprit les voluptés d'une table absente, il a occasion de se dire : *L'eau m'en vient à la bouche !*

» Une excitation physique exercée sur les organes génitaux mâles a des résultats organiques qui sont la sécrétion du sperme, l'érection et l'éjaculation. Elle a, en outre, un effet psychique, la suggestion d'idées voluptueuses. Des pensées érotiques, puisées dans la mémoire ou sollicitées par la vue d'un objet qui s'y rapporte, devraient, d'après la théorie, ramener leurs phénomènes physiques concomitants ; et c'est en effet ce qui a lieu, comme chacun sait.

» On objectera peut-être que cette doctrine physiologique, loin d'être applicable à toutes les fonctions, ne repose que sur quelques cas particuliers. En effet, deux difficultés se présentent d'abord à l'esprit.

» Premièrement, on ne voit pas bien comment les sensations provoquées par les modifications fonctionnelles des principaux organes de la vie nutritive, telles que les vomissements ou la diarrhée, peuvent être reproduites à volonté en l'absence de ces causes ; comment, par exemple, on peut se donner des nausées sans qu'un trouble ne soit survenu dans les organes digestifs. En second lieu, on se demande comment, tout en admettant la possibilité de reproduire, par une action directe sur le cerveau, les sensations ou sentiments qui correspondent aux diverses modifications de la vie organique, on se demande, dis-je, comment il serait possible de rendre ces états de l'âme capables d'exercer toujours et à notre gré l'action modificatrice qu'elles manifestent habituellement d'une manière si incomplète et si peu appréciable.

» A ces objections je répondrai que toute sensation, une fois produite par l'effet d'une impression physique (et ce que je dis ici des sensations est applicable aux sentiments), peut être régénérée par une impression mentale. En effet, la sensation de source subjective que la mémoire nous rappelle est bien réellement identique par sa nature avec la sensation de source objective première ; car elles sont l'une et l'autre le produit de l'excitation d'une même faculté sensitive, et, comme nous le savons, la nature des effets physiologiques ne varie pas suivant la diversité des agents qui les déterminent, mais seulement suivant la diversité des facultés vitales qui les effectuent ; ce qui fait toute la différence entre les deux cas, ce n'est point la *nature* de la sensation, mais son *intensité*. Ainsi, pour reproduire la nausée, il suffit d'un signe capable d'en réveiller le souvenir dans l'esprit de celui qui a déjà éprouvé cette sensation ; il suffira, par exemple, de parler de navigation à un nouveau débarqué venant de subir le mal de mer. Toutefois cette nausée purement mnémonique sera beaucoup trop faible pour réagir efficacement sur les mouvements de l'estomac. Mais trouvons le moyen de rendre à ces impressions rétrospectives de l'âme toute l'énergie des impressions physiques primitives, et nous leur communiquerons par cela même l'action organo-motrice qui leur manque.

» Après avoir fait renaître subjectivement, à l'aide de signes mémoratifs (phonétiques, graphiques ou autres), les sensations correspondant au vomissement, au dévoiement, à l'urorrhée, à la ménorrhée, à la sudation, etc., que ces sensations débiles soient revivifiées : dès lors le mot, le geste, le signe quelconque qui fera réapparaître ces sensations dans la mémoire deviendra, par cela seul, un succédané efficace des émétiques, des cathartiques, des diurétiques, des diaphorétiques, des emménagogues, tout comme l'idée qui réveille dans le cerveau du gourmand d'anciennes sensations gustatives devient le succédané des sialogogues les plus actifs. Pareillement, si nous arrivons à restituer toute leur vivacité première aux sensations d'origine subjective de la vie de relation, elles cesseront de pouvoir être discernées d'avec celles que déterminent actuellement les agents matériels, et le spectacle de la réalité se trouvera masqué par les tableaux menteurs de l'hallucination.

» Il me reste à examiner par quels moyens les sensations subjectives peuvent récupérer l'énergie qui distingue les sensations objectives. Cette nouvelle recherche va nous conduire sur quelques autres points peu connus mais fort intéressants de la physiologie de l'âme.

» Une impression mentale, c'est-à-dire une émotion, une idée, un souvenir, un mot que l'on entend, un signe que l'on interprète, doit sans doute, pour usurper toute la puissance des impressions physiques, rencontrer une organisation placée dans des conditions exceptionnelles d'impresionnabilité. Cette susceptibilité surprenante s'observe fréquemment chez les sujets névropathiques, chez les individus soumis à l'influence du hachisch et autres actions artificielles, et le rapprochement des divers symptômes par lesquels elle s'y manifeste peut nous éclairer sur la nature secrète de l'état pathologique qui en est la source. Cet état consiste, selon moi, dans une accumulation anormale au cerveau du principe de l'innervation, dans une congestion nerveuse de ce grand centre. La rapide succession des troubles nerveux spéciaux très variés et souvent contradictoires, tels que convulsions et résolution musculaire, anesthésie et hyperesthésie, catalepsie, etc., qui s'observe chez les sujets que je viens d'indiquer, me paraît résulter d'un *raptus* erratique de cette force accumulée au cerveau, vers les points fonctionnels de l'appareil cérébral qui se trouvent actuellement soumis à une excitation particulière. Ce *stimulus* peut être une impression mentale, et l'organe encéphalique auquel elle s'adresse deviendrait ainsi le siège d'une activité fonctionnelle excessive. Les actes psychiques propres à cet organe seraient alors suffisamment énergiques pour retentir sur les fonctions végétatives qui leur correspondent.

» Cette altération des conditions normales de l'innervation à laquelle j'attribue les puissants effets de l'impression mentale, peut être artificiellement développée par l'action du hachisch, des anesthésiques et de quelques narcotiques. Mais on peut obtenir cette condition singulière sans la demander aux propriétés d'aucune substance : on peut l'obtenir de l'influence naturelle que la sensation et la pensée exercent l'une sur l'autre, et qu'elles exercent toutes les deux sur l'innervation.

» Je vais essayer de démontrer en peu de mots cette loi de haute physiologie digne d'intéresser par son importance autant que par sa nouveauté.

» La sensibilité, la motricité et la pensée s'exercent aux dépens de la force nerveuse qui leur est fournie par le tissu générateur, la matière vésiculaire de l'encéphale. Or l'on conçoit que si les fonctions cérébrales viennent à suspendre ou à ralentir leur mouvement, la dépense nerveuse se trouve, par cela même, arrêtée ou amoindrie. Mais rien n'indique pour autant que l'action de l'organe générateur en soit subitement paralysée, et il est aisé, dès lors, de s'expliquer comment, l'équilibre se trouvant rompu entre la production et la dépense, une accumulation anormale de force nerveuse serait le résultat de ce premier trouble.

» Une activité générale et suffisamment intense de la pensée paraît nécessaire à l'innervation complète et régulière des nerfs de la sensation et des nerfs du mouvement. Mais aussi, par une réciproque dépendance, la sensation est le stimulant obligatoire de la pensée. La suspension de l'une aurait donc pour effet de suspendre l'autre.

» Toute sensation étant originellement produite par le conflit des agents physiques avec les organes de la sensibilité, il semble que celle-ci cesserait de s'exercer si on l'isolait de ses stimulants. Mais ce moyen serait illusoire ; car le sensorium cessant de fournir des impressions objectives à la pensée, celle-ci se rabat aussitôt sur les impressions subjectives que la mémoire tient en réserve, et elle s'en fait un aliment qui suffit pleinement à l'entretien de son activité. La suppression des sensations objectives ne peut donc soustraire la pensée à l'excitation sensoriale, puisqu'elle laisse le champ libre à la sensation subjective. Mais si nous ne pouvons, par ce procédé, réaliser une inertie complète du sensorium, il nous est possible du moins de réduire son action dans une mesure indéfinie, ce qui donnera un résultat pratiquement équivalent. La théorie nous trace la marche à suivre. Il faut soumettre le sensorium à une excitation unique, unimode et continue, mais suffisamment vive, et telle qu'elle remplisse cette double condition : attirer et fixer l'attention de l'esprit sur un objet, mais sur un objet tellement restreint qu'il ne présente, pour ainsi dire, qu'un champ infinitésime aux opérations intellectuelles.

» Dans une telle situation, l'esprit n'est actif, en quelque sorte, que sur un point de sa sphère, son action se trouvant réduite à la pure perception d'une sensation homogène et simple.

» La sensibilité et la pensée étant ainsi restreintes à leur minimum d'action, et partant la consommation de force nerveuse cérébrale étant relativement nulle, l'innervation du cerveau tombe dans ce défaut d'équilibre à la faveur duquel les impressions mentales acquièrent toutes les propriétés de modification vitale inhérentes aux impressions physiques.

» Absorbons-nous dans la contemplation passive et prolongée d'un point fixe, c'est-à-dire dans une sensation visuelle limitée et invariable ; ou bien laissons le monotone tic-tac d'un moulin s'emparer de notre attention indivise, autrement dit, que notre sensorium soit soumis pendant quelque temps à une impression auditive simple, et unique ; ou bien encore que notre corps soit balancé par une longue série d'oscillations isochrones, ou, en d'autres termes, que l'action de notre âme se réduise à percevoir des sensations musculaires toutes identiques. Alors, comme l'extatique de l'Inde le regard imperturbablement fixé sur un point imaginaire de l'espace, comme l'enfant qui s'assoupit au chant monotone de sa nourrice et sous l'influence du bercement, comme le bouddhiste tombant dans une religieuse hébétude à force d'égrener de ses doigts la chaîne sans fin d'un chapelet, ou de répéter à satiété des patenôtres inintelligibles, nous tomberons aussi dans un état cérébral particulier ; et, à la faveur de cet état, un mot, c'est-à-dire une impression mentale, exercera sur nous toute l'énergie destructive d'un poison, toute la salutaire puissance d'un remède.

» Je viens d'énoncer des faits que la théorie démontre et que l'expérience confirme. Les conséquences en sont trop évidentes pour qu'il soit nécessaire ici de les faire ressortir. Il en est quelques-unes cependant qui ont un rapport trop intime avec la nature des travaux de la Société médico-psychologique pour que je ne cède pas au désir de les signaler.

» Premièrement, tous les phénomènes psychiques et psycho-organiques d'ordre normal, d'ordre tératologique et d'ordre pathologique, pouvant être produits instantanément, avec toutes leurs nuances et dans toutes les combinaisons les plus variées, sous toutes les formes et à tous les degrés, et pouvant être détruits avec cette même promptitude merveilleuse, on comprend que la psychologie expérimentale est enfin possible, et que la physiologie du cerveau possède, dès à présent, un moyen d'analyse qui n'a rien à envier au microscope ou à la vivisection.

» Secondement, quand les symptômes les plus caractéristiques de la névrose dans toutes ses espèces, depuis le délire furieux jusqu'à la coqueluche, peuvent être reproduits et détruits instantanément, quel est l'aliéniste dont l'esprit ne sera point saisi par cette conclusion irrésistible ? Puisque les lésions fonctionnelles du cerveau provoquées expérimentalement par cette action psychique peuvent aussi être dissipées par elle, l'impression mentale pourrait bien être, dans certains cas, le vrai et le seul remède contre les manifestations spontanées de ces redoutables affections !...... »

Résumant la citation ci-dessus, nous dirons, *primo*, que le centre cérébral est uni au centre nerveux particulier de chaque fonction distincte par une double paire nerveuse formée de fibres afférentes et de fibres efférentes ; *secundo*, que grâce à ce lien nerveux notre être psychique, notre âme, notre moi peut recevoir une impression sensible de toute modification violente survenue sur un point quelconque de l'organisme, et peut réagir à son tour sur ce point pour en exciter l'activité vitale propre ; *tertio*, que les états spéciaux du moi primitivement suscités par l'action réflexe de la modification produite en un point organique peuvent se reproduire par la mémoire, et que ces modifications psychiques *mémorielles* sont susceptibles de se réfléchir à leur tour sur les points organiques correspondants et en amener consécutivement la modification ; d'où cette conséquence, que pour impressionner un point organique quelconque et mettre en jeu son activité propre il suffit de réveiller la mémoire à l'endroit de la modification psychique correspondante ; *quarto*, que pour que l'état psychique mémoriel ou primitif ait le pouvoir de réagir avec pleine efficacité sur le point organique correspondant, une aptitude spéciale est nécessaire, aptitude qui peut s'offrir spontanément dans des cas exceptionnels, mais qui le plus souvent demande à être artificiellement développée par des moyens appropriés, parmi lesquels le procédé de Braid est prééminent.

Ici m'attendent plusieurs objections graves. Je m'y suis préparé déjà dès longtemps.

C'est en effet une vérité que certains des phénomènes idéoplastiques, autrement dit de suggestion intellectuelle, semblent refuser de se plier à la théorie qui vient d'être exposée, et que pour expliquer ces faits réfractaires cette théorie réclame un complément.

Ceci nous ramène tout d'abord à l'objection de M. le professeur Beaunis, que nous avons commencé à discuter au chapitre du *Braidisme* (1).

(1) Voir ci-dessus pp. 99 et 100.

Avec beaucoup de sagacité, l'habile physiologiste a saisi que si l'impression mentale dirigée sur l'esprit du sujet par l'affirmation suggestrice de l'opérateur, avec le transport, sur le point cérébral correspondant, de la force nerveuse accumulée qu'elle détermine, fournit une explication plausible du mécanisme de la suggestion à échéance immédiate ou prochaine, et qui ne cesse pas d'être présente à la conscience de l'hypnotisé, cette explication semble insuffisante pour rendre compte des « suggestions à terme » avec oubli complet durant l'intervalle.

Rappelons les exemples proposés par M. Beaunis pour faire mieux saisir la difficulté soulevée. « On conçoit, dit-il, que sous
» l'impression d'une idée fixe qu'on vient de lui suggérer,
» l'hypnotisé voie au réveil une personne absente ; mais com-
» ment expliquer de la même façon qu'il ne verra cette per-
» sonne que huit jours après, si la suggestion a été faite ainsi ?
» L'idée suggérée reste dans son esprit pendant ces huit jours
» sans qu'il en ait conscience, et le huitième jour l'hallucina-
» tion suggérée se produit à l'heure fixée. Y a-t-il là une idée
» dominante et une concentration de la pensée sur un sujet
» déterminé ? J'avoue que je ne l'y trouve pas. »

L'auteur ajoute :

« Mais il y a encore d'autres considérations à faire valoir. Je
» veux parler des phénomènes physiologiques (modification du
» nombre des battements du cœur, rougeur et congestion cuta-
» née, vésication, etc.) que j'ai étudiés dans la première partie
» de ce travail. Si l'on veut bien s'y reporter, on verra facile-
» ment que ni la volonté seule, ni la suggestion seule ne suffi-
» sent pour expliquer ces phénomènes ; il faut qu'il y ait, en
» outre, un état particulier du sujet, une modification de son
» innervation cérébrale, en un mot, une réceptivité et une
» aptitude réactionnelle bien différentes de ce qu'elles sont à
» l'état normal. Cet état cérébral particulier, en quoi consiste-
» t-il (1) ? »

Deux classes de phénomènes suggestionnels nous sont signalés

---

(1) LE SOMNAMBULISME PROVOQUÉ, *op. cit.*, p. 228.

dans la citation ci-dessus comme en désaccord manifeste avec la théorie en discussion. Il en est encore une troisième, oubliée par M. Beaunis, qui suscite les mêmes objections, et avec non moins de force que les premières ; je veux parler des phénomènes de suggestion *négative* ou *privative*. Et enfin, enchérissant moi-même sur les restrictions de M. Beaunis à un point qui l'étonnera, j'irai jusqu'à combattre la concession qu'il veut bien faire à ma théorie — *limitée au côté partiel par lequel il se borne à l'envisager* — en accordant qu'elle peut rendre compte des faits de suggestion non compris dans les catégories suspécifiées. Car, à les bien analyser, ces derniers ne constituent pas dans le fond une exception à la règle, et donnent lieu, comme les autres, aux objections formulées. Mais toutes ces difficultés trouveront leur solution dans le complément théorique qu'il nous reste à exposer.

Il convient de préciser avant tout les caractères des différents phénomènes suggestionnels au point de vue de la question présente.

M. Beaunis nous signale deux sortes de ces phénomènes comme se refusant à notre explication :

a. Ceux de la suggestion à long terme et sans conscience dans l'intervalle ;

b. Ceux qui consistent dans des modifications d'ordre végétatif.

Ajoutons-y :

c. Ceux de la suggestion négative ou privative ;

Et enfin :

d. Ceux qui paraissent les plus simples et relativement faciles à expliquer, c'est-à-dire ceux relatifs à la suggestion à effet immédiat ou très prochain, sur un sujet éveillé, et n'affectant que ce qu'on appelle (improprement selon moi) les *fonctions* de relation, c'est-à-dire la pensée, la sensation et le mouvement.

Cela posé, rappelons que notre hypothèse explicative suppose l'action suggestive comme essentiellement psychologique et *hypersthénisante*, c'est-à-dire comme s'exerçant par l'intermédiaire de la pensée, d'une part, et d'autre part en surexcitant les points fonctionnels intéressés, par le double effet de cette impression mentale localisée, et d'un *raptus* local d'un excédent de force nerveuse cérébrale déterminé par elle.

Or, d'une analyse approfondie de chacune des quatre catégories de phénomènes suggestionnels il appert que tous ces divers effets se produisent en réalité par une opération à laquelle *notre* esprit, *notre* moi peut rester étranger; et que, d'autre part, cette opération, loin d'agir par une excitation soudaine et violente, parfois est *hyposthénisante,* et parfois ne se révèle que longtemps, très longtemps, après que la secousse initiale de la suggestion a fait place au calme le plus complet, c'est-à-dire que l'impulsion causée par cette suggestion semble totalement éteinte.

a. Hypnotisé par M. Beaunis, il vous dit : « Voilà devant vous le Grand Mogol »; et vous déclarez voir le Grand Mogol. Cette hallucination peut s'expliquer plausiblement par une surexcitation imprimée d'une certaine façon à votre imagination visuelle ; mais votre hypnotiseur ne s'en tient pas là ; il vous plonge dans le sommeil somnambulique, et cela fait il vous dit : « Dans huit jours, dans huit mois, dans un an ou plus, à tel jour, à telle heure, à telle minute, le grand Tamerlan en personne fera son apparition devant vous ». Puis, il vous éveille. Réveillé, vous ne trouvez en vous pas le moindre souvenir, pas la plus faible trace de ce qui vient de se passer. Les prédictions qui vous ont été faites, et dont la réalisation doit s'opérer par vous, vous les ignorez entièrement, et vous restez dans cette inscience jusqu'au moment fatal prescrit. Et à ce coup d'horloge, l'apparition, c'est-à-dire l'hallucination annoncée, se produit ponctuellement et exactement comme il vous avait été dit dans votre sommeil, il y a de cela peut-être 365 jours !

C'est avec toute raison, ce semble, que M. Beaunis soutient qu'en pareil cas le phénomène hallucinatoire ne peut satisfaisamment s'expliquer comme le contre-coup d'une impression forte et vive sur l'imagination avec déplacement et concentration consécutifs d'un trop-plein de force nerveuse cérébrale sur un point correspondant du cerveau. « La suggestion ne suffit pas pour rendre compte d'un pareil effet », nous dit-il. Eh, sans doute, puisque la suggestion, au sens psychologique du mot, s'est épuisée par le fait même qu'elle est oubliée....

Et quel rôle dans le phénomène peut-on raisonnablement assigner à notre prétendu raptus de force nerveuse accumulée par la préparation hypotaxique, quand douze mois se sont passés depuis cette préparation, et que le sujet est rentré peu après dans son état normal et en a joui durant tout ce long intervalle ?

b. L'hypnotiseur annonce à son sujet qu'il (le sujet) va être pris d'hémorragie nasale, ou qu'il va lui pousser un furoncle sur une fesse ; et l'événement prédit se réalise.

Quelque précise, exacte et complète qu'on puisse raisonnablement supposer la reproduction rétrospective de la sensation qui accompagne ordinairement le saignement de nez ou qui constitue la douleur causée par un anthrax qu'une énonciation du suggestionneur crée par voie de souvenir dans l'âme du suggestionné ayant déjà passé réellement par les petits accidents pathologiques en question, on se demande avec un juste étonnement comment cette sensation mémorielle peut correspondre entièrement, point pour point, et dans ses infinis détails, aux séries de combinaisons de réactions réflexes, simultanées ou successives, qu'elle est censée déterminer pour réaliser les deux phénomènes de physiologie morbide proposés comme exemples. Et M. Beaunis, cette fois encore, semble tout à fait fondé à déclarer les modifications psychologiques produites par la suggestion insuffisantes pour expliquer les modifications d'ordre végétatif consécutives. « Quels sont donc la cause prochaine et le mécanisme de tels effets ? » se demande M. Beaunis avec un incontestable à-propos.

c. En faisant apparaître le Grand Mogol à notre hypnotisé, on a produit chez lui une hallucination *positive* (+) ; si après cela on lui dit : « Vous ne me voyez plus ! », et qu'en effet l'hypnotiseur disparaisse à ses yeux grands ouverts tournés vers lui, cette fois nous sommes en présence d'une hallucination *négative* (—). Or, si l'hallucination positive peut faire supposer une cause agissant *en plus* — une cause hypersthénisante — c'est une cause agissant *en moins* — une cause hyposthénisante — qu'il paraît rationnel d'attribuer à l'hallucination négative.

Et d'autre part, comment concevoir que l'hallucination de l'absence, du manque d'une chose, soit le produit d'une impression mentale, d'une idée suggérée, c'est-à-dire d'une image évoquée dans l'esprit ? Le néant a-t-il donc une forme, une couleur, un visage ? Ne défie-t-il pas toute représentation ?

d. Ce dernier point a été déjà touché dans notre parallèle entre le fariisme et le grimisme (1). Quelqu'un n'ayant jamais été hypnotisé et n'ayant pas non plus été témoin d'hypnotisations, est mis en hypotaxie, mais reste dans l'état de veille, et est suggestionné dans cet état. Je lui affirme qu'il va marcher sans pouvoir s'arrêter, ou qu'il va être dans l'impossibilité de bouger de place ; et tout se passe ainsi que je l'ai annoncé. Cependant mon affirmation a d'abord été accueillie par le sujet avec des protestations d'incrédulité. Puis, mon affirmation produisant quand même son effet, le sujet met toute sa volonté et toute son énergie à résister. De là ne faut-il pas conclure que, contrairement à la théorie, l'effet produit l'a été autrement que par impression mentale, autrement que par l'imagination surexcitée ?

De cette revue il me paraît résulter que nos quatre sortes d'états suggestionnels sont réductibles à un seul sous le rapport spécial qui nous occupe en ce moment. En dernière analyse, les uns et les autres nous montrent l'effet de la suggestion naissant, se développant et se consommant sous l'influence d'une cause mentale dont la présence est attestée par la nature même de l'action exercée — l'affirmation, le commandement — qui n'atteint nécessairement que l'esprit. Et d'un autre côté l'absence chez tous de cette même cause mentale résulte, avec une non moins irrésistible évidence, de ce fait contraire, à savoir que l'esprit, le moi, la conscience, ne sent en soi,

(1) Voir ci-desssus, p. 128.

n'éprouve, ne perçoit, alors même que l'action bat son plein, aucune atteinte de cette action !

Le suggestionné se conforme au verbe suggesteur, affirmation ou commandement, il perçoit et agit comme sous l'empire d'une foi aveugle ou de l'obéissance la plus passive, et néanmoins son libre arbitre et sa raison protestent et s'affirment hautement. Au moment même où la magique parole pèse sur lui de tout son irrésistible poids, il y répond par un défi ironique. Il n'y croit donc pas ? Et quand son scepticisme est mis aux abois par la vue des effets produits, c'est alors la volonté qui se révolte et lutte jusqu'au bout, parfois avec rage. La formule impérative n'a donc pas obtenu l'obéissance ?

Pour juger avec quelle netteté et quelle force tranchent et s'opposent l'une à l'autre les deux faces de cette antinomie, il faut lire et méditer la relation que notre regretté Désiré Laverdant a laissée de son cas d'hypnotisé. Ce document, imprimé d'abord dans mon *Cours de Braidisme,* et reproduit tout au long par M. le professeur Liégeois dans son grand ouvrage, est trop important pour ne pas devoir figurer encore dans cette étude. On le trouvera plus loin.

Oui certes, la suggestion verbale s'adresse à l'intelligence et ne peut opérer que par l'intelligence. La preuve, c'est que toutes vos affirmations et tous vos commandements suggesteurs seront comme un coup d'épée dans l'eau si vous vous adressez à votre sujet dans une langue qu'il n'entend pas.

Oui encore, la suggestion impérative ou affirmative ne peut agir qu'en pesant sur un ressort moral, qui sera ce que nous avons nommé soit l'obéditivité, soit la créditivité. Ce qui le fait bien voir, c'est que pour que la foudroyante parole rate misérablement son effet, il suffira que la voix, le geste ou la personne même de l'opérateur trahisse un manque d'assurance ou un manque d'autorité. Aucun dont l'apparence prête à rire ne suggestionnera avec succès.

Deux choses donc sont établies : d'une part, pour que la suggestion s'effectue, il faut que l'esprit du sujet soit frappé, fortement frappé. D'autre part, cette impression morale si puissante, le sujet n'en a pas le sentiment, il n'en a pas conscience, il peut même parfois ne pas s'en douter le moins du monde, alors qu'elle agit invinciblement sur lui.

Comment deux vérités qui semblent à tel point s'exclure peuvent-elles pourtant co-exister et se concilier ? C'est depuis bientôt un demi-siècle que j'ai donné le mot de cette énigme : « Il n'y a pas qu'un seul individu psychologique, qu'un seul moi, dans l'homme, ai-je dit ; il y en a une légion ; et les *faits de conscience* avérés comme tels qui restent néanmoins étrangers à *notre* conscience, se passent dans *d'autres* consciences associées à celles-ci dans l'organisme humain en une hiérarchie anatomiquement représentée par la série des centres nerveux céphalo-rachidiens et celle des centres nerveux du système ganglionnaire. »

Par moi émise dès et avant 1855, et obstinément soutenue depuis lors, cette opinion pendant longtemps ne m'attira que la dérision et l'ostracisme. Il faut lire le volumineux rapport du docteur Chauffard à l'Académie de médecine (séance du 19 mars 1868) sur l'ensemble de mes travaux physiologiques pour se faire une idée comme ma thèse d'une *pluralité d'âmes et d'animaux dans l'homme* paraissait réjouissante au savant rapporteur, et comme il se complaisait à profiter de cette occasion inattendue de dérider ses graves collègues en leur retraçant dans toute sa folle excentricité une doctrine aussi démesurément inouïe (1). Mais en même temps son âme charitable (Chauffard était dévot) plaignait de s'être égaré en de telles erreurs un homme qui, assurait-il, « avait à son service des facultés puissantes », et qui, s'il entrait dans la voie des saines doctrines médicales, « y marquerait sa trace ».

Cependant, bientôt après cet incident académique, un physiologiste de grande renommée s'éprenait tout à coup de mon idée, et il résolut de se l'approprier. Comme elle n'était pas à vendre,

(1) Voir mon écrit en réponse à la diatribe du docteur Chauffard, intitulé : La Philosophie physiologique et médicale a l'Académie de médecine. 1 broch. in-8°, Paris, 1868.

il ne restait qu'à la voler. L'homme illustre ne recula pas devant ce dernier parti, le scrupule de conscience étant pour lui une de ces chimères métaphysiques sur lesquelles le Positivisme l'avait suffisamment édifié. Mais le légitime propriétaire allait crier, protester, faire un éclat... Il fut alors décidé qu'on se débarrasserait de lui — ce n'est jamais que le premier pas qui coûte — et l'on essaya de lui appliquer, en guise de nœud coulant, une recette très usitée à la cour de nos satrapes scientifiques, l'étouffement par le silence.

On s'était donc emparé de ma cassette ; mais voilà, le larron ne put pas l'ouvrir, et il dut se contenter d'y faire des dégradations assez sensibles en s'escrimant à forcer la serrure. Aujourd'hui, que vois-je? C'est que la cassette est passée entre les mains de nos avides chercheurs en quête des lois d'une psychologie hypnotique. Ils ont aussi voulu utiliser le contenu de mon coffre, mais sans pouvoir l'extraire. Pourquoi, si comme j'aime tant à me le persuader, ceux-ci sont mus avant tout par l'intérêt supérieur de la science, et non par le vil intérêt personnel, ne sont-ils pas venus droit à moi me demander la clef de ma boîte, que je me serais empressé de mettre gracieusement à leur disposition? Mais non, pas un, chose curieuse, ne mentionne dans ses écrits, quand il veut bien dire un mot de mes théories de la suggestion, ce qui en est le point capital et culminant, ma grande thèse du *polyzoïsme* et du *polypsychisme humains*. Ce côté le plus saisissant de la doctrine passe justement inaperçu. Et en attendant on se fatigue, on s'épuise à tourner autour de ma solution, sans réussir à l'atteindre, bien que par moments la serrant d'assez près.

Les uns passent à droite, les autres passent à gauche, chacun entraîné par une tendance prédominante qu'il a puisée soit dans une observation physiologique brute, soit dans des considérations de psychologie rationnelle. Les premiers constatent et affirment que l'étude expérimentale des mouvements de la vie de relation dits automatiques démontre que ces mouvements attestent des sensations et des volitions et, en outre, un certain degré de spontanéité, de discernement et d'intelligence. Mais contre cette conclusion, qui leur semble irrésistible, s'élève cependant une difficulté énorme : de cette intelligence, de cette spontanéité, de ce discernement, de ce vouloir et de ce sentir, *le moi n'a aucune conscience.*

La généralité des physiologistes purs, ne se croyant pas tenus au moindre égard envers les prétendues lois de la philosophie de l'âme, passent outre à la difficulté, et croient l'obstacle entièrement applani sous leurs pieds quand ils ont prononcé qu'il y a des « sensations inconscientes », des « volitions inconscientes », des « discernements inconscients », des « intellections inconscientes », des « idées inconscientes », des « pensées inconscientes » ! ce qui équivaut absolument à dire qu'il existe des cercles carrés.

Cette solution a semblé ne rien laisser à désirer à des hommes dont le parti pris est de se boucher les oreilles et l'esprit à toute spéculation métaphysique ou simplement logique. Elle a paru une énormité à tous ceux à qui la culture et le sens philosophiques ne faisaient point totalement défaut. Ils y ont vu la contradiction la plus manifeste, la plus choquante et la plus criante, et pour eux les deux termes de sensation inconsciente ou de pensée inconsciente hurlent et grincent de se trouver ensemble. Et alors leur conclusion a été que la sensibilité, la volonté, l'intelligence observées dans les mouvements dits automatiques, ne sont qu'une apparence ; sacrifiant le témoignage de l'observation à ce qui est pour eux l'évidence rationnelle, ils déclarent purement machinaux ces mouvements dits automatiques, à l'imitation des Cartésiens ne voyant dans l'animal lui-même qu'une pure machine. Cette opinion se recommande de noms tels que Cuvier, Ampère, le Dr Lélut, le Dr Despine, le Dr Beaunis.

Et pourtant les uns et les autres disent partiellement vrai, et la vérité complète est dans la conciliation de ces deux opinions contradictoires.

Cette conciliation, je le dis encore une fois, c'est moi qui, le premier, en enseignai le secret.

Frappé de ma discussion avec le Dr Chauffard, impressionné encore par mon mémoire sur le *Polyzoïsme dans l'Homme*, lu à la Société d'Anthropologie de Paris (1), Cl. Bernard, que l'ambition de la découverte dévorait, comprit qu'il y avait là une idée neuve, incomparablement neuve, qui pouvait faire la fortune de son possesseur, et il voulut la faire sienne. Mais il n'en avait vu l'économie que dans un jour vague et faux, le sens comme l'importance de certaines distinctions essentielles échappant absolument à l'esprit de cet homme qui, malgré ses hautes prétentions au titre de philosophe, ne fut jamais au fond rien de plus que l'élève de Magendie. Aussi, voulant recréer ma conception, il en fit un déplorable pastiche. Et cette prétendue nouveauté — qui en était bien une toutefois chez Bernard en ce sens qu'elle était sans rapport aucun avec ses productions antérieures et ses doctrines déjà professées — il en réserva la primeur au public choisi d'une séance solennelle de l'Académie française. Et on l'écouta jusqu'au bout, et il ne fut pas hué, tant le prestige de la renommée, aussi usurpée qu'elle soit, obscurcit en nous le jugement et impose silence à la raison.

Et pourtant ce morceau d'éloquence académique n'est autre chose qu'un vrai massacre de toutes les lois de la psychologie, de la logique et du bon sens. Un échantillon ou deux de cet incroyable produit me paraissent ici à leur place pour l'édification du lecteur. Voici d'abord une première déclaration de principes de psychologie physiologique :

(1) La *Revue Anthropologique* (« The Anthropological Review ») de Londres, n° d'avril 1869, p. 196, résumait son appréciation de ce travail de la manière suivante :
« *Polyzoïsme*, tel est le titre d'une communication très intéressante de M. Durand (de Gros). Si l'auteur de ce travail réussit à établir sa théorie, nul doute qu'elle ne produise dans la science une révolution d'une importance immense, car elle renverse ce qui depuis longtemps était passé à peu près à l'état de dogme. »
(« Polyzoism » is the title of a most interesting paper by M. Durand (de Gros). If the author of the contribution can establish his theory, it will undoubtedly be a revolution in science of immense importance; for it would reverse what has been considered almost a dogma for a long period, etc. »)

« La physiologie, dit l'orateur, établit clairement que la cons-
» cience a son siège exclusivement dans les lobes cérébraux ;
» mais quant à l'intelligence elle-même, si on la considère
» d'une manière générale et comme une force qui harmonise
» les différents actes de la vie, les règle et les approprie à leur
» but, les expériences physiologiques nous démontrent que cette
» force n'est point concentrée dans le seul organe cérébral
» supérieur, et qu'elle réside au contraire, à des degrés divers,
» dans une foule de centres nerveux inconscients, échelonnés
» tout le long de l'axe cérébro-spinal, et qui peuvent agir d'une
» façon indépendante, quoique coordonnés et subordonnés hiérar-
» chiquement les uns aux autres. »

Mon polyzoïsme et mon polypsychisme font du premier coup leur apparition dans ce début, où l'orateur va jusqu'à avancer cette proposition, qui me paraît à moi-même téméraire, que « *tous* (?) *les actes de la vie sont harmonisés, réglés et appropriés par des forces intelligentes qui résident dans les centres nerveux échelonnés dans la moelle épinière* ». Mais ce qui est une fioriture de l'imitation, dont j'entends lui laisser tout le mérite, c'est la curieuse fantaisie de séparer la Conscience de l'Intelligence, et de les loger l'une dans le cerveau, l'autre dans la moelle épinière, pour qu'elles aient entre elles le moins de contacts possibles, et que chacune jouisse pleinement de son chez soi.

Je reprends la citation :

« De cette manière, poursuit l'orateur, s'explique ce fait
» étrange d'une grenouille décapitée qui écarte avec sa patte la
» pince qui la fait souffrir. On ne saurait admettre que ce
» mouvement si bien approprié à son but soit un acte volontaire
» du cerveau ; il est évidemment sous la dépendance d'un
» centre qui, siégeant dans la moelle épinière, peut entrer en
» fonction, tantôt sous l'influence centrale du sens intime et de
» la volonté, tantôt sous l'influence d'une sensation extérieure
» ou périphérique.

» Chaque fonction du corps possède ainsi son centre nerveux
» spécial, *véritable cerveau inférieur*, dont la complexité cor-

» respond à celle de la fonction elle-même. Ce sont là les
» *centres organiques* ou *fonctionnels*, qui ne sont point encore
» tous connus, et dont la physiologie expérimentale accroît tous
» les jours le nombre. Chez les animaux inférieurs, ces centres
» inconscients constituent seuls le système nerveux », etc.

De cet exposé expérimental et des conclusions théoriques qui l'accompagnent élaguons l'absurdité parasite que nous avons déjà mise à nu, celle de l'inconscience de l'intelligence, de la volonté et de la sensibilité ; puis redressons-y cette expression malsonnante de *sensation extérieure ou périphérique*, employée sans doute par l'orateur pour désigner les sensations dues à des impressions externes par opposition à celles qui résultent d'impressions internes ou organiques, comme s'il ignorait la distinction classique faite en psychologie entre la *sensation*, fait subjectif, et l'*impression*, fait objectif; et cette épuration opérée, le jugement porté par Bernard sur l'expérience de la grenouille décapitée se réduit à répéter ce que je criais avant lui depuis quinze ans sur tous les toits sans pouvoir me faire entendre, à savoir que, dans un animal privé de sa tête qui cherche à écarter avec sa patte un objet qui le fait « *souffrir* », ou qui lui fait obstacle, le membre ainsi mis en mouvement agit sous l'influence d'une sensibilité, d'une volonté et d'une intelligence constituant un *moi*, une individualité psychique, une âme particulière, autre que l'âme cérébrale, et ayant pour siège, pour cerveau propre, l'un des centres nerveux de la moelle, l'un des centres du système *réflexe*, qui sont de « *véritables cerveaux inférieurs* ».

Attentif à ne pas reproduire son modèle avec la fidélité servile d'un copiste vulgaire, Claude Bernard l'augmente et l'agrémente encore d'une foule d'autres détails de son cru dont je veux que tout l'honneur lui revienne, *suum cuique*. Je vais donc en relever ici quelques-uns des plus remarquables.

Cela pourra aider à décider une question délicate qui se pose en ce moment : savoir si dans la reconstruction de la psychologie sur des bases très agrandies se développant largement sur l'observation et l'expérimentation physiologiques, il convient pour autant d'ôter la direction supérieure des travaux aux philosophes pour la remettre aux physiologistes de l'école de Magendie, ou s'il n'est pas plus sage que ces derniers coopèrent simplement à l'œuvre commune à titre de sous-ordres.

En parlant des moteurs instinctifs, qu'il place très justement dans les centres nerveux supérieurs du système réflexe, Claude Bernard s'exprime ainsi :

« Il y a donc, dit-il, des intelligences innées ; on les désigne
» sous le nom d'*instincts ;* ces facultés inférieures des centres
» fonctionnels et des centres instinctifs.... »

Intelligence innée ! quel sens raisonnable peut-on trouver à une telle expression, alors surtout qu'on a pris soin de nous prévenir que, par intelligence, on entend, non pas un *acte* ou *mode d'être*, mais une force et une *faculté,* la faculté de comprendre ?

A ce compte, il y aurait des facultés psychiques qui ne seraient pas innées, c'est-à-dire dont le principe ne serait pas en nous, dont l'origine serait accidentelle ou artificielle, et ces facultés contingentes, fortuites, seraient précisément celles qui constituent notre esprit en tant qu'opposé à l'instinct.

Les facultés psychiques, de même que les fonctions et les organes, sont susceptibles sans doute de se modifier plus ou moins sous des influences extérieures, mais elles ne se créent pas de toutes pièces dans l'homme par voie d'accident ou d'artifice sans que le germe y en préexiste ; et d'autre part il est d'observation que les « intelligences instinctives » sont également sujettes à des modifications profondes et variées sous l'action des circonstances ambiantes.

Mais l'auteur se sera simplement mal exprimé, il n'a pas voulu dire ce qu'il a dit... Eh bien, non, il s'enlève lui-même le bénéfice du doute à cet égard en mettant complètement à nu sa pensée dans les lignes qui suivent : « ...Aussi, dit-il, allons-
» nous voir, à mesure que les fonctions des sens et du cerveau
» s'établissent, apparaître dans ce dernier des centres nerveux
» fonctionnels et intellectuels de nouvelle formation réellement
» acquis par le fait de l'éducation ». Il ajoute plus loin, pour

qu'on ne s'y trompe : « Parmi tous les centres nerveux acquis, » celui de la parole est, sans contredit, le plus important ».

Que dire d'une opposition telle que celle-ci : *Les fonctions des sens et les fonctions du cerveau?* Est-ce que par hasard il aurait plu à notre auteur de déplacer le sensorium et de le transférer quelque part hors de la boîte crânienne ?

Que peut donc ce être qu'un centre *fonctionnel?* Est-ce que tout centre nerveux ne fonctionne pas et ne se rattache pas à une fonction, soit animale, soit végétative ?

On oppose encore entre eux les « centres *fonctionnels* », les « centres *instinctifs* », les « centres *intellectuels* ». Ici l'auteur oublie qu'il vient justement de nous apprendre qu' « il y a des *intelligences* innées, facultés inférieures des *centres fonctionnels* et des *centres instinctifs* », et qu' « on les désigne sous le nom d'*instincts* ».

Bone Deus, quel galimatias !

Ecoutons encore l'oracle de la physiologie philosophique :

« L'organisation nerveuse de l'homme », déclare encore l'illustre Bernard, « se ramène définitivement à quatre ordres » de centres : les centres fonctionnels et doués de manifesta- » tions irrésistibles et fatales ; les centres intellectuels acquis » d'une manière volontaire et libre, mais devenant par l'habi- » tude plus ou moins automatiques et involontaires. Enfin, au » sommet de toutes ces manifestations se trouve l'organe céré- » bral supérieur du sens intime auquel tout vient aboutir. C'est » dans ce centre de l'unité intellectuelle qu'apparaît la con- » science, qui s'éclairant sans cesse aux lumières de l'expé- » rience de la vie, etc., etc. »

Encore un fouillis de misérables choses, qu'il n'est pas agréable d'éplucher. Allons-y quand même.

Les « centres fonctionnels » reviennent encore. Nous avons vu que cette expression est incongrue. J'imagine que l'orateur a voulu désigner par là les centres nerveux qui président aux fonctions de la vie végétative. Il répète qu'ils sont *inconscients*. Qu'en sait-il ? Pour cela, il n'a absolument d'autres raisons que celle des Cartésiens pour soutenir que les animaux sont inconscients. Mais ceux-ci du moins ne tombent pas dans la flagrante et inepte contradiction de soutenir que les bêtes sont tout à la fois inconscientes et intelligentes.

Ces « centres fonctionnels » sont d'un autre côté « doués de manifestations irrésistibles et fatales ». *Doué* de *manifestations* est un accouplement de mots qui sonne mal à mon oreille et qui m'étonne dans la bouche d'un immortel de l'Académie française; mais passons sur ces vétilles, *sunt nugæ*.

Cl. Bernard professait le déterminisme, le déterminisme absolu, et je suis loin de lui en faire un reproche; il ment donc à sa foi en limitant la fatalité et l'irrésistibilité aux actes de ses « centres fonctionnels ». Mais ce démenti qu'il se donne à lui-même atteint les proportions d'un blasphème contre le bon sens, quand il nous parle de « centres intellectuels acquis d'une manière volontaire et libre ». A *qui* a appartenu cette volonté et cette liberté d'*acquérir* ces centres intellectuels ? Serait-ce que les centres intellectuels se seraient « acquis » eux-mêmes, et que par conséquent ils auraient fait acte d'*intelligence,* de *volonté* et de *liberté* avant même d'exister ? Sinon, quel est l'être intelligent, voulant et libre, qui a fait l'acquisition dont il s'agit ? Mystère !

« Enfin, au sommet de toutes ces manifestations se trouve l'organe cérébral supérieur du sens intime ». Voyez-vous bien un organe, l'organe cérébral supérieur, formant le sommet d'une pyramide de *manifestations ?* Ces figures-là ont tout de même de l'originalité et de la hardiesse. Et c'est ce « sommet de manifestations » que la conscience a choisi pour en faire sa résidence ou son poste d'observation. Mais, au fait, que devons-nous entendre par la Conscience ? L'illustre et triple académicien (Cl. Bernard appartenait à la fois à l'Académie des sciences, à l'Académie française, et à l'Académie de médecine) ne s'était pas encore prononcé là-dessus; mais voici maintenant sa définition :

« Maintenant, se demande-t-il, quelle idée le physiologiste
» se fera-t-il sur la nature de la conscience ? Il est porté d'abord
» à la regarder comme l'expression suprême et finale d'un cer-
» tain ensemble de phénomènes nerveux et intellectuels, car

» l'intelligence consciente supérieure apparaît toujours la der-
» nière, soit dans le développement de la série animale, soit
» dans le développement de l'homme. Mais, dans cette évolution,
» comment concevoir la formation du sens intime et le passage,
» si gradué qu'il soit, de l'intelligence consciente à l'intelligence
» inconsciente ? Est-ce un développement organique naturel et
» une intensité croissante des fonctions cérébrales qui fait jaillir
» l'étincelle de la conscience, restée à l'état latent jusqu'à ce
» qu'une organisation assez perfectionnée puisse permettre sa
» manifestation, et est-ce pour cette raison que nous voyons la
» conscience se montrer d'autant plus lumineuse, plus active
» et plus libre qu'elle appartient à un organisme plus élevé,
» plus complexe, c'est-à-dire qu'elle coexiste avec des appareils
» intellectuels inconscients plus nombreux et plus variés ?... »

« La conscience, expression d'un certain ensemble de phénomènes nerveux et intellectuels... » Ce qui jusque-là avait été un des principaux articles de foi du credo de Cl. Bernard, c'est que les phénomènes intellectuels ne sont que des phénomènes nerveux d'une certaine espèce ; et voilà qu'il les sépare maintenant des phénomènes nerveux ! Ce n'est pas tout : Les phénomènes intellectuels sont donc distincts des phénomènes nerveux, c'est entendu ; mais les phénomènes de la conscience, non, car ils sont un mélange de phénomènes nerveux et de phénomènes intellectuels, une sorte de mixture de matière nerveuse et de matière intellectuelle !... Ces fantaisies-là sont drôles, tout de même.

« Le passage de l'intelligence inconsciente à l'intelligence consciente... » On voit que Cl. Bernard tient beaucoup à son *intelligence inconsciente ;* c'est en effet une trouvaille, mais qui marquera parmi les âneries philosophiques les plus mémorables.

« Des appareils intellectuels », *hélas !* « Des appareils intellectuels inconscients », *holà !*

Rendons la parole à l'illustre maître :

« ... Il y a dans toutes les fonctions du corps vivant, sans
» exception, un côté idéal et un côté matériel. Le côté idéal de

» la fonction se rattache par sa forme à l'unité de plan de
» création ou de construction de l'organisme, tandis que son
» côté matériel répond, par son mécanisme, aux propriétés de
» la matière vivante. »

Saisissez-vous l'antithèse du côté *idéal* d'une fonction et de son côté *matériel?* Moi, non. Et ce que je conçois encore un peu moins, s'il est possible, c'est que le côté idéal de la fonction se rattache par sa forme à l'unité de plan de la création. Qu'est-ce que *la forme du côté idéal d'une fonction?* Je me casse vainement la tête pour m'en former une idée quelconque. Mais peut-être qu'il s'agit de la forme de la fonction, et non de la forme du côté idéal, car la phrase est amphibologique ; mais, d'une manière ou d'une autre, je dois donner ma langue au chat.

Percevoir la différence entre la *forme* de la fonction et son *mécanisme*, et se rendre compte comment la Forme dans la fonction élève celle-ci à l'Idéal, tandis que son Mécanisme l'attache à la Matière, est également au delà de ma pénétration.

Voici maintenant la caractéristique différentielle des *sciences physiologiques* et des *sciences métaphysiques*, d'après notre auteur :

« Les sciences physiologiques, dit-il, rattachent l'étude des
» facultés intellectuelles aux conditions organiques et physiques
» qui les expriment, tandis que les sciences métaphysiques
» négligent ces relations pour ne considérer les manifestations
» de l'âme que dans la marche progressive de l'humanité ou
» dans les aspirations éternelles de notre sentiment. »

Encore une opposition irrationnelle que celle de la physiologie et de la métaphysique. La physiologie, et la physique proprement dite elle-même (malgré l'antithèse des mots), ont leur métaphysique, la métaphysique n'étant pas autre chose que la théorie des principes, soit qu'on les considère universellement, soit qu'on les considère relativement à un ordre donné de connaissances spéciales. Au fait, le sens que Cl. Bernard donne ici abusivement au mot *métaphysique* est celui de *psychologie*. Or les spéculations du psychologue ne consistent pas à « ne considérer les manifestations de l'âme que dans la marche progressive de l'humanité, ou dans les aspirations éternelles [Que fait ici le mot *éternelles ?*] de notre sentiment ».

Si le célèbre physiologiste, au lieu d'entreprendre d'inventer la philosophie à nouveaux frais et de toutes pièces, sans avoir égard à ce qui s'en était dit et fait avant lui, eut condescendu à prendre connaissance des quelques principes, assez rares, il est vrai, mais d'autant plus faciles à apprendre, sur lesquels les philosophes sont parvenus à se mettre d'accord, il aurait su que ce qui distingue l'observation psychologique, c'est qu'elle opère par la réflexion de l'esprit sur lui-même, autrement dit par voie subjective ; tandis que l'analyse physiologique des opérations mentales procède objectivement, c'est-à-dire en étudiant l'esprit dans ses manifestations extérieures et ses moyens organiques. Or il se trouve précisément que Flourens, dans ses travaux de psychologie, assez mauvais d'ailleurs, avait insisté particulièrement sur cette distinction, qui est un pont aux ânes philosophique. Son panégyriste (le discours de Cl. Bernard était consacré à l'éloge de Flourens, qu'il remplaçait à l'Académie française), pour s'épargner ces fâcheuses bévues, n'avait donc qu'à rester un peu moins étranger aux œuvres de celui dont il célébrait les mérites scientifiques et littéraires.

Résumons-nous : Tout ce manifeste de psychologie physiologique par lequel Cl. Bernard, le plus renommé de nos physiologistes français depuis Bichat, inaugurait son fauteuil à l'Académie française, n'est pas autre chose que ma théorie du polyzoïsme et du polypsychime humains plus ou moins défigurée et mutilée, et noyée par-dessus le marché dans une divagation sans queue ni tête où l'on ne rencontre qu'idées fausses, contradictions et non-sens.

Le but que je me suis proposé pour la discussion d'un document d'une incontestable importance non pas seulement pour l'histoire de la psychologie nouvelle, mais aussi pour son avenir, ne serait qu'à moitié atteint si je ne mettais pas en regard d'une contrefaçon aussi pitoyable que déloyale l'œuvre originale qui en a été l'objet. C'est ce que je vais faire en citant ici quelques passages des plus caractéristiques de mon livre de 1855. Ils sont extraits d'un chapitre sur les *théories de l'instinct* (*Electrodynamisme Vital*, p. 121 et suiv.). Je recommande ce morceau à l'attention réfléchie et impartiale du lecteur, tout en lui rappelant qu'il a été écrit dans l'année 1854, et le prie de comparer, sans parti pris, mon exposé avec celui du grand homme dont la statue monumentale s'élève à l'entrée du Collège de France.

« Je ne puis clore cet article sans présenter quelques vues sur l'origine des actes involontaires et inconscientiels (1) de la vie de relation dont j'ai signalé l'existence, jusqu'ici généralement inaperçue.

» 209. L'Ame, *notre* âme, est-elle le véritable moteur, le moteur possible de ces actes ? Non, car l'âme ne peut pâtir ou agir sans qu'elle le sache, car la loi la plus absolue de ses opérations, c'est qu'elles se manifestent à sa conscience. Un acte dont nous n'avons pas la conscience ne saurait donc être attribué à une détermination de notre propre volonté.

» Mais alors d'où procèdent les actes inconscientiels de la vie de relation ? Quel est le moteur intelligent qui donne une impulsion coordonnée et une tendance normale à ces mouvements souvent fort compliqués ? — Je n'hésite point à déclarer la manière de voir très déterminée que je me suis formée sur ce sujet, car, si étrange qu'elle puisse paraître, j'apporte à l'appui des preuves qui répondent d'avance à toutes les objections sérieuses, et qui bravent la raillerie de l'ignorance.

» 210. Les mouvements inconscientiels de la vie de relation, mouvements coordonnés, toutefois, et offrant les signes manifestes d'une détermination intelligente, ont leur origine dans

---

(1) L'adjectif *inconscientiel* est un néologisme justifié ; car les mots *conscient* et *inconscient* ne peuvent logiquement s'appliquer qu'au *sujet* de la conscience, et non à son *objet* ou à ses attributs. *Inconscient* veut dire seulement *qui n'a pas conscience* ; dès lors, qualifier une action d'*inconsciente*, c'est dire que cette action n'a pas conscience, ce qui est absurde, alors qu'on a en vue d'exprimer que l'auteur présumé de cette action *en* était inconscient.

des opérations de nature *mentale* dont les centres générateurs divers sont fixés sur différents points de la moelle épinière (76). Que faut-il donc entendre par ces centres générateurs d'opérations mentales situés en dehors du cerveau ? Je réponds, des AMES, c'est-à-dire des unités dont l'inaltérable essence est constituée par la double propriété de *pâtir* et d'*agir*, de *sentir* et de *vouloir*.

....

» 211. 1° L'existence de mouvements involontaires et inconscientiels, dans l'ordre de la vie de relation, a été établie péremptoirement par l'analyse de plusieurs exemples (188);

» 2° La présence dans la moelle épinière de forces musculo-motrices distinctes de l'Ame, et pouvant s'exercer sur les membres en dehors de, et malgré, sa volonté, c'est une vérité établie par des faits d'expérience les plus décisifs (31), et admise, du reste, par l'universalité des physiologistes ;

» 3° La nature animique, c'est-à-dire consciente et volitive, de ces forces motrices spinales, est couverte et dissimulée, et peut rester douteuse, tant que par l'association de ces forces à l'âme céphalique les actions propres de celles-ci et les actions propres de celles-là se confondant dans une combinaison intime, il devient très difficile de démêler leurs origines respectives. Mais une expérience que j'ai citée (176) permet d'isoler les forces spinales de la force cérébrale; c'est alors que les premières recouvrent une complète indépendance, et que leur individualité se dégage toute entière et se détermine avec une netteté parfaite.

» On prend un Coléoptère, on détache la tête de l'abdomen, c'est-à-dire l'encéphale, ou ganglion céphalique, du reste de la chaîne sous-intestinale, qui est la moelle épinière des insectes. Un centre particulier et libre, centre de sensation, d'émotion, de discernement, de volonté et d'action, se manifeste aussitôt et simultanément dans chacune des deux portions isolées de l'animal.

» D'un autre côté, la science établit que du ganglion céphalique partent les actes exécutés par le tronçon antérieur, et que les mouvements accomplis par la portion abdominale ont leur source dans les ganglions placés sur la fraction de la chaîne sous-intestinale qui reste comprise dans l'abdomen.

» 212. De cette expérience, dont j'ai donné plus haut les détails, il résulte évidemment, inéluctablement, que les ganglions abdominaux de la chaîne sous-intestinale des Insectes n'ont pas moins d'analogie avec le ganglion céphalique, par la nature de leurs fonctions et les propriétés de la virtualité vitale qu'ils renferment, que par leurs caractères anatomiques. Ainsi les ganglions inférieurs de la chaîne sous-intestinale renferment un principe sentant, pensant et voulant, c'est-à-dire une âme, aussi bien que le ganglion céphalique lui-même.

» Or le cerveau des Vertébrés, le cerveau de l'Homme, n'est, aux yeux de la science, que le développement du ganglion céphalique des Invertébrés, et la moelle épinière n'est, à son tour, autre chose que la chaîne sous-intestinale modifiée.

» Mais la moelle épinière aussi, de même que la chaîne sous-intestinale, son équivalente, est le siège de forces motrices indépendantes (76).

» 213. Ici, ces forces motrices sont des âmes ; et que sont-elles là ? — Des âmes aussi, très certainement, car pas un fait ne s'élève contre cette conclusion, et cette conclusion est celle de la Logique Naturelle ; c'est une vérité que proclament toutes les voix de l'Anatomie et de la Physiologie Comparées, c'est la science, c'est la raison, c'est l'évidence qui l'attestent ; cette vérité, admettons-là donc comme telle, quelque douleur qu'en éprouvent nos préjugés. »

M'étais-je clairement expliqué dans les lignes qui précèdent ? Je le crois ; et je ne m'en étais pas tenu, bien s'en faut, à ce court résumé. La même thèse a été reprise et développée, non pas seulement dans le même *Electrodynamisme Vital*, mais en outre dans une série de publications échelonnées dans une période de quinze années, telles que : le *Cours de Braidisme* (1860), les *Essais de Physiologie philosophique* (1866), *La Philosophie physiologique et médicale à l'Académie de méde-*

cine (1868), *Le Polyzoïsme ou la pluralité animale dans l'Homme*, mémoire lu à la Société d'Anthropologie de Paris (1868), *Ontologie et psychologie physiologique* (1870), *Les Origines animales de l'Homme* (1871); et nonobstant, cette doctrine qui, vraie ou fausse, avait tout au moins un caractère singulier et frappant, semble être passée inaperçue des esprits les plus ouverts et les meilleurs que compte dans ses rangs la nouvelle psychologie physiologique. M. Beaunis, qui par une exception très rare et d'autant plus précieuse, est un physiologiste de profession ferré à glace sur la philosophie, qu'on ne surprend jamais à faire un faux pas sur ce terrain si glissant pour la généralité de ses confrères, qui, à leur différence, ne nous heurte jamais l'oreille de barbarismes psychologiques, tels que ceux de *sensation inconsciente*, de *mémoire inconsciente*, d'*intelligence inconsciente*, d'*idées inconscientes* (qui sont l'équivalent de conscience inconsciente), M. Beaunis, qui cependant nous a lu, car il nous cite avec bienveillance, ne fait aucune mention de ce point capital de nos théories. Lui, il adopte comme pis aller, et en attendant mieux, cette explication des phénomènes humains d'apparence conscientielle dont pourtant *nous* n'avons pas conscience, qui consiste à y voir l'effet d'un pur mécanisme cérébral comparable à celui d'une pendule ou d'une boîte à musique, en quoi il se rencontre avec Ampère, qui, suivant ce que nous apprend le général Noizet, s'était préoccupé de la question.

Le docteur Liébeault, qui se réfère si volontiers et si amicalement à mes écrits, s'abstient aussi de discuter ma thèse du polypsychisme, dont le radicalisme l'aura peut-être inquiété, mais quelques demi-aveux semblent indiquer chez lui que ses opinions en ont subi une certaine atteinte. C'est ainsi qu'après avoir parlé de « fonctions *inconscientielles* », ce qui, du reste, n'a rien de psychologiquement incorrect, il donne l'avertissement suivant :

« Inutile presque de dire que ce qui est inconscientiel, ce
» sont les phénomènes réels que l'on découvre par l'expérimen-
» tation et l'observation sur l'homme et les animaux, et qui,

» dans chacun, existent d'une manière cachée et se passent
» à leur insu au moment où la production en a lieu, *mais
» pourtant sous la lumière d'une conscience vraie, quoique
» latente* (1). »

Un philosophe de carrière qui s'est engagé dans la psychologie hypnotique, et qui s'y est déjà fait une place importante, M. Pierre Janet, débute dans son grand ouvrage par une double déclaration de principes contenue en une seule phrase. « Que
» veut-on dire, s'écrie-t-il, quand on parle de raisonnements
» de la moelle et de l'intelligence du cerveau ? *Rien autre
» chose, sinon qu'il y a une autre conscience que la nôtre
» dans la moelle ou dans le cerveau, car un raisonnement
» sans conscience n'a absolument aucun sens* (2). »

N'est-ce pas là une adhésion implicite et presque explicite au polypsychisme ? En psychologue digne de ce nom, l'auteur se prononce d'abord nettement contre l'absurde doctrine de l'inconscience du conscient ; mais il ne conclut pas, ainsi que les autres philosophes, au pur mécanisme des actes que l'expérimentalisme cru déclare à la fois intelligents et étrangers à toute conscience. Sa solution du problème est la mienne : Nous accomplissons des actes intelligents dont *nous* n'avons pas conscience, mais il est *d'autres* consciences que *la nôtre*, logées dans l'encéphale ou la moelle épinière, pour lesquelles ces actes sont conscientiels.

M. Pierre Janet est donc bien un évadé du dilemme où physiologistes et philosophes s'étaient tous laissé enfermer : — Ou admettre que les mouvements dits automatiques sont intelligents, et alors conclure à une intelligence dénuée de conscience, ce qui est contradictoire dans les termes ; ou résister à cette

(1) EBAUCHE DE PSYCHOLOGIE, *par* A. LIÉBEAULT, *docteur en médecine*. 1 vol. in-8°. Paris, 1873, p. 4.

(2) L'AUTOMATISME PSYCHOLOGIQUE, *essai de psychologie expérimentale sur les formes inférieures de l'activité humaine, par* PIERRE JANET, *ancien élève de l'Ecole normale supérieure, professeur agrégé de philosophie au lycée du Havre, docteur ès-lettres*. 1 vol. in-8°. Paris, 1889, p. 30.

conséquence absurde par respect pour la logique, et alors dénier l'intelligence à l'activité automatique, ce qui est faire mépris de l'expérience. Et ce dédale n'ayant qu'une seule issue, c'est bien par celle-là que M. Janet s'est échappé, c'est-à-dire par celle que j'ai découverte et indiquée le premier, il y a de cela près d'un demi-siècle.

Et maintenant on serait tenté de croire que c'est « subconsciemment », pour employer la terminologie de notre psychologue, et non consciemment, qu'il a opéré son heureuse évasion ; car la découverte libératrice à laquelle il doit de s'être arraché à une erreur dont tous les autres esprits restent prisonniers, il n'éprouve aucun besoin de la proclamer, aucun besoin de lui adresser des actions de grâce.

M. Janet a bien voulu prendre connaissance de mes livres, car il les cite fréquemment à propos de questions diverses, mais généralement d'une portée secondaire. Cependant cette hypothèse, je me trompe, cette *démonstration* au moyen de laquelle je crois avoir délié le nœud gordien des « phénomènes de conscience sans conscience », il ne voit aucun intérêt à la discuter, à l'apprécier, et il juge inutile d'en présenter un aperçu, même sommaire, à ses lecteurs. A cet égard tout se borne à une allusion incidente faite en passant, et le plus négligemment du monde, par une citation tronquée de trois lignes, dont on ne prend même pas la peine d'indiquer la source dans le texte. « Peut-être, écrit notre auteur, y a-t-il, comme le disait Liébeault, une remémoration inconsciente pour chaque fonction vitale, le cœur a appris à battre et les poumons à respirer. *Peut-être y a-t-il en nous un grand nombre d'âmes spinales ou ganglionnaires susceptibles d'habitudes et d'éducation qui dirigent chaque fonction physiologique.* »

Les lignes soulignées ci-dessus sont indiquées par une note de renvoi comme extraites de la page 104 de mon *Cours de Braidisme*. Il me paraît instructif et édifiant de placer ici le passage restitué ; il se trouve dans la 5e conférence de mon Cours (fait à Paris en février 1860).

« Bien que certains pathologistes, dont le savoir du reste m'inspire la plus grande estime, aient nié la possibilité d'une lésion purement *vitale*, et n'admettent que des lésions *organiques*, vous arriverez sans peine à comprendre les lésions essentielles et primitives de l'âme. En effet, l'âme toute entière peut être modifiée, soit par l'action directe des modificateurs extérieurs qui lui sont propres, soit par l'action réfléchie ou réciproque de ses facultés sur elles-mêmes, c'est-à-dire par des impressions *sensoriales* et par des impressions *mentales*, sans aucune altération préalable dans les conditions matérielles des organes.

» Telles sont les lésions factices des sens, de la mémoire, de l'intelligence, des affections que nous produisons dans nos expériences à l'aide d'un mot, c'est-à-dire d'une *idée;* tels sont les cas de folie par cause morale, etc.

» Mais peut-être vous répugnera-t-il davantage d'admettre, parce qu'il vous sera moins aisé de vous les représenter, des lésions essentiellement psychiques des centres nerveux de la moelle épinière ou du système ganglionnaire. Tous les physiologistes reconnaissent que ces foyers de l'innervation nutritive et mixte sont doués d'*excitabilité*. Or, suivant toute vraisemblance, cette excitabilité n'est pas autre chose qu'une *sensibilité* dont notre *moi* ne peut avoir conscience, par la raison bien simple qu'elle réside en dehors de *notre* propre sensorium. Il est, en outre, probable que ces *âmes spinales* et *ganglionnaires* — passez-moi ces hardiesses de langage — ne jouissent pas seulement de la faculté de sensation et de réaction motrice, mais qu'elles possèdent aussi le rudiment de la *pensée*. Elles sont, en effet, susceptibles d'habitudes et d'éducation, car les mouvements coordonnés et compliqués que nous parvenons à exécuter automatiquement à la suite d'un long apprentissage ne sont pas l'œuvre du cerveau, mais l'œuvre des forces névro-motrices du système réflexe.

» Cette pensée rudimentaire sera susceptible d'être troublée essentiellement comme la pensée plus vaste qui règne dans les lobes cérébraux, et ce trouble passera du foyer psychique à l'innervation qui en rayonne. Je suis disposé à regarder certaines maladies convulsives comme le produit d'une véritable folie des centres du système réflexe, c'est-à-dire d'une lésion du sentiment et de la mémoire du *rhythme*, qui caractérisent ces forces vitales d'une manière si remarquable mais encore trop peu remarquée. » (*Cours de Braidisme*, pp. 103 et 104.)

La réserve, qu'on peut dire entière, que ma théorie de l'*automatisme psychologique*, si longuement exposée et tant de fois rééditée par son auteur, rencontre chez M. Pierre Janet dans un volumineux ouvrage consacré par lui à l'étude toute spéciale de cette question, me paraît constituer un fait de psychologie anormale que je me permets de recommander aux pénétrantes investigations de ce psychologue. Ce n'est évidemment ici, comme je l'ai déjà insinué, que sa « subconscience » qui est en faute, mais elle l'est à ce point, et le silence dont je m'étonne est d'autant plus singulier, que ce n'est pas seulement pour l'idée, que j'avais devancé le discret écrivain, mais pour l'expression elle-même, à une variante grammaticale près. Que le lecteur en juge :

M. Pierre Janet intitule son livre : L'Automatisme psychologique ; puis, dans son introduction, il résume ainsi l'exposé du but qu'il se propose (ce qui est souligné, l'est par l'auteur) :

« En d'autres termes, écrit M. Janet, il ne nous semble pas
» que, dans un être vivant, l'activité qui se manifeste au
». dehors par le mouvement puisse être séparée d'une certaine
» forme d'intelligence et de conscience qui l'accompagne au
» dedans, et *notre but est de démontrer non seulement qu'il*
. » *y a une activité humaine méritant le nom d'automatisme,*
» *mais encore qu'il est légitime de l'appeler un automatisme*
» *psychologique.* » (1).

Le livre de M. Janet dont il s'agit, et où il a consigné les déclarations qui précèdent, porte le millésime de 1889. Or voici maintenant ce qu'on peut lire dans un autre livre publié en 1866,

---

(1) L'Automatisme psychologique, op. cit., p. 3.

c'est-à-dire qui est l'aîné de celui de M. Janet de 23 ans. Il porte pour titre : Essais de physiologie philosophique, 1 vol. in-8º de 595 pages. Ouvrez-le à la page 395 ; le chapitre unique du 5ᵉ Essai, sur l'*Instinct*, est précédé d'un assez long sommaire. Ce sommaire me paraît mériter d'être reproduit ici en entier. Les articles que je désire signaler spécialement à l'attention et aux réflexions de M. Janet sont en petites capitales :

« Opinion de Cuvier. — Ni l'Intelligence ni l'Instinct ne sont le privilège exclusif d'aucune Espèce. — Fausse distinction de ces deux termes. — Division méthodique des Mouvements de la Vie de Relation. — Actes Conscientiels et Volontaires ; Actes Involontaires et Inconscientiels. — Perception Intuitive et Raisonnement. — Les impulsions et révélations instinctives et leur périodicité, expliquées par l'engrenage des Facultés Mentales au Mouvement Végétatif. — Les Actes Inconscientiels de la Vie de Relation, produit de l'activité des Ames Spinales. — Démonstration expérimentale et rationnelle. — Ame Céphalique, Ames Spinales, Ames Ganglionnaires. — Les effets de l'Habitude. — Comment elle diminue, dans une proportion énorme, la quantité de fatigue par rapport à la quantité d'effort musculaire. — L'Automatisme de l'Ame. — Une leçon d'orthographe donnée à notre mémoire par nos doigts. — L'Automatisme de l'Ame *acquis* dérive de l'Habitude ; elle est vraisemblablement aussi la véritable origine de l'Instinct ou Automatisme de l'Ame *congénital*. »

Ne jugez-vous pas, Lecteur, qu'un examen critique, ou pour le moins une sèche analyse de mon étude sur l'Automatisme de l'Ame, eût été à sa place dans le gros traité de M. Pierre Janet sur l'Automatisme psychologique ? Et ne vous est-il pas avis également que cet auteur de renom eut eu meilleure grâce à m'arracher à mon obscurité en me rendant justice, qu'à m'ensevelir dans son silence ?

De M. Pierre Janet je passe à M. Fr. Paulhan, un autre écrivain marquant de la jeune école psychologique, qui, sous le titre *L'Activité mentale*, a publié aussi un volumineux et remarquable travail la même année où paraissait l'*Automatisme psychologique*. Le livre de M. Paulhan ne traitant de notre sujet particulier que d'un point de vue général et d'une manière accessoire et presque incidente, je n'en parlerai ici que brièvement, en me réservant de profiter plus tard d'une occasion plus propice pour l'analyser et le discuter dans son entier.

Je me plais d'abord à constater que l'auteur de *L'Activité mentale* se rencontre avec celui de *L'Automatisme psychologique* pour adhérer d'une façon plus ou moins explicite et plus ou moins claire à la doctrine polypsychique ; mais, las ! tout comme lui, il s'abstient d'en signaler les origines. Il y a pourtant entre les deux écrivains cette différence, que le silence de M. Paulhan est exempt de calcul et est simplement dû à ce que l'auteur, à l'époque où il publiait son livre, ignorait mes travaux, pour lesquels il s'est montré depuis fort bienveillant.

M. Paulhan est donc polypsychiste, mais il ne l'est encore que confusément. La notion de la pluralité des moi perce sans doute visiblement dans son livre, mais d'une façon trop peu distincte, et elle y manque, comme du reste chez M. Janet, de la base nettement définie et solidement assise que la physiologie et l'anatomie humaines et la zoologie s'unissent pour lui donner.

« L'homme, dit M. Paulhan, se compose pour ainsi dire de
» plusieurs moi qui ont un fonds commun, mais se confondent
» jusqu'à un certain point, mais non pas complètement. On
» peut couper une personnalité en plusieurs morceaux et mon-
» trer que cette division correspond à quelque chose de réel.
» On peut de plus, ce qui ne peut se faire pour l'état morbide,
» voir les causes de cette pluralité de la personne.

» Cette division du moi est moins marquée dans l'état normal
» que dans l'état pathologique ; elle se caractérise d'ailleurs de
» la même manière par la formation de plusieurs groupes dis-
» tincts de phénomènes et de tendances, et elle est peut-être
» plus profonde qu'on ne serait porté à le croire après un
» examen superficiel. Elle porte, en effet, non seulement sur
» les faits de conscience, c'est-à-dire sur la partie de l'esprit la

» moins organisée et la plus mobile, mais aussi sur quelques-
» unes des habitudes qui commencent à devenir à peu près
» inconscientes (1). »

Comme je fais grand cas de M. Paulhan et de son œuvre, je crois pouvoir me permettre de lui dire que tout respire l'hésitation et le doute dans le passage ci-dessus, et que la question que l'auteur y examine me fait l'effet de lui apparaître à travers un épais brouillard qui rend la vue des objets confuse et parfois dénature étrangement leurs formes vraies. Ce brouillard est celui qui pèse si lourdement sur la psychologie de la suggestion tant que les rayons d'une théorie du polypsychisme digne de ce nom ne sont pas venus le dissiper. Ecoutons encore M. Paulhan :

« Le cas qu'il (M. Pierre Janet) a étudié est évidemment une
» forte exagération de l'état normal, nous y trouvons un dédou-
» blement complet de la personnalité et ce fait curieux que les
» sensations qui passent inaperçues pour l'un des moi sont
» parfaitement perçues par l'autre, c'est-à-dire que les sensa-
» tions non perçues par le moi sont associées à un autre
« système important de tendances, d'images, d'idées (2). »

Je conteste véhémentement que ce soit « un fait curieux » qu'une sensation non perçue par moi soit perçue par un deuxième moi. C'est l'inverse seul qui m'étonnerait. Puis-je percevoir les sensations de M. Paulhan, et peut-il percevoir les miennes ? On ne saurait poser sérieusement une telle question. Alors pourquoi trouver étrange que les multiples INDIVIDUS PSYCHIQUES colocataires du cerveau ou de l'axe cérébro-spinal aient chacun ses sensations, qui ne seront pas celles de ses voisins ? Maintenant, que chacun de ces différents moi puisse suggérer à un autre des sensations semblables à celles qu'il éprouve lui-même, que notamment le moi principal, *notre* moi, reçoive des sous-moi, ou leur transmette, des impressions sensorielles, des impressions passionnelles, des impressions d'idées, c'est là une tout autre

---

(1) L'ACTIVITÉ MENTALE ET LES ÉLÉMENTS DE L'ESPRIT, par FR. PAULHAN. 1 vol. in-8°. Paris, 1889, p. 200.

(2) *Ibidem*, p. 236.

affaire, rien là qui ne soit dans l'ordre connu et l'ordre logique, rien qui n'ait son analogue dans ce qui se passe à toute heure d'homme à homme. Mais ce qui est inadmissible, ce qui est contradictoire dans les termes, c'est la prétention de confondre plusieurs individus psychiques, plusieurs moi, en un seul, et de les rendre *coconscients* des mêmes faits de conscience.

Mais la manière de voir que je combats n'est point au fond celle de l'auteur. La langue lui a fourché, comme on dit, c'est-à-dire que son langage a manqué d'exactitude dans un ordre d'idées où on est tenu de s'exprimer avec une rigueur mathématique. M. Paulhan a écrit *sensation* pour *impression*, et, la rectification faite, son étonnement est légitime. Comment une impression sensorielle parvenue au cerveau par la voie des organes des sens éludera-t-elle, par exemple, le moi capital pour n'atteindre que le sous-moi, ou réciproquement ? C'est là une question certainement très curieuse et très intéressante.

Il y a, dans le passage ci-dessus, un « c'est-à-dire » que je ne puis laisser passer sans explication : « ...ce fait curieux que
» les sensations (*lisez* : les impressions) qui passent inaperçues
» pour l'un des moi, sont parfaitement perçues par l'autre,
» *c'est-à-dire* que les sensations (impressions) non perçues par
» le moi sont associées à un autre système important de ten-
» dances, d'images, d'idées. »

La pluralité *des* moi posée en fait dans le premier membre de phrase, semble niée dans le second, où il n'est plus question que *du* moi, c'est-à-dire du moi capital, et où les moi subalternes passent à l'état abstrait et vague de « système de tendances, d'images, etc. ». L'auteur entendrait-il donc, avec les matérialistes les plus primitifs, que des tendances, des *idées* puissent être casées quelque part dans le cerveau en dehors de tout sujet intellectuel pour les percevoir, pour en avoir conscience ?

Je demande positivement à M. Paulhan de vouloir bien nous éclaircir sur ce point.

Le premier passage cité soulève encore dans mon esprit d'autres objections que je suis désireux de soumettre au savant auteur : « L'homme, dit-il, se compose, *pour ainsi dire*, de

» plusieurs moi, qui ont un fonds commun et se confondent
» jusqu'à un certain point. »

Je ne puis admettre ce « pour ainsi dire ». Ou il y a dans l'homme plusieurs moi, ou il n'y en a qu'un seul ; c'est tout l'un ou tout l'autre.

Cette pluralité dubitative du moi « a un fonds commun ». Que devons-nous entendre par là ? Ce n'est pas une communauté de *conscience*, sans doute, ce qui serait nier ce qu'on vient d'affirmer ; ce qui serait nier l'individualité des individus psychiques mise en avant quand on a dit : « L'homme se compose de plusieurs moi. » *Le moi* et *l'individu psychique* sont en effet synonymes, si ces expressions ne sont pas dépourvues de tout sens.

Les moi, qui sont « plusieurs », « se confondent *jusqu'à un certain point* ». L'auteur omet la chose principale : nous préciser justement *le point* jusqu'où peut aller la confusion dont il parle, et en quoi elle consiste.

« On peut couper artificiellement une personnalité en plu-
» sieurs morceaux et montrer que cette division correspond à
» quelque chose de réel ». *Durus est hic sermo.* Est-ce au figuré, ou au propre, que M. Paulhan entend parler ? Mais avant tout il s'agirait de se comprendre sur le sens précis donné au mot *personnalité*. Si l'auteur veut désigner par là l'ensemble organique qu'on appelle *un homme*, je suis tout le premier à reconnaître que cette personnalité-là est susceptible de dissection ; mais si le mot est employé ici comme l'équivalent d'*individualité psychique*, alors je ne comprends plus.

M. Paulhan poursuit ainsi : « Cette division du moi est
» moins marquée dans l'état normal que dans l'état patholo-
» gique.... Elle porte, en effet, non seulement sur les faits de
» conscience, c'est-à-dire sur la partie de l'esprit la moins
» organisée et la plus mobile.... »

Cette division du moi me rend encore plus perplexe que le sectionnement de *la personnalité* en plusieurs morceaux. Car *le moi*, que je sache, ne s'est jamais entendu, en philosophie, qu'au sens psychologique. Pris dans ce sens, le seul que je lui connaisse, le moi est matériellement insécable, tout comme le point mathématique ; et si néanmoins l'observation semble établir qu'*un* moi se résout en *plusieurs* moi, c'est tout bonnement par une méprise consistant à envisager comme un moi unique ce qui était en réalité un groupe de moi distincts.

M. Paulhan est un fouilleur dans l'âme, et il est appelé à prendre une part brillante au grand œuvre de la psychologie nouvelle. Mais j'aurais bien envie de donner un conseil de vieillard à ce jeune écrivain d'avenir, s'il pouvait l'accepter. Ce serait de se méfier des guides dont il a fait choix jusqu'ici, de Taine et de Spencer en particulier, et de l'expérimentalisme en général ; et de dédaigner un peu moins les vérités fondamentales de la psychologie métaphysique, lesquelles, pour n'être appréciables ni à la balance, ni au mètre, ni au thermomètre, n'en ont pas moins de solidité et d'utilité, entièrement comparables en cela aux vérités de l'algèbre, que notre expérimentalisme à outrance n'a pas encore osé biffer de son credo.

Tout en battant les buissons à droite et à gauche le long de notre route, nous avons fait du chemin tout de même. Inutile d'énoncer pour la dixième fois la difficulté maîtresse ici en cause ; inutile de répéter qu'elle consiste à expliquer comment nos actes dits *automatiques* peuvent être à la fois, d'un côté, volontaires et intelligents, et de l'autre entièrement étrangers à notre conscience. Inutile également d'insister davantage sur la façon dont j'ai traité cette difficulté en montrant successivement que ces actes émanent de centres nerveux multiples échelonnés dans la tige nerveuse cérébro-spinale ; que ces centres nerveux sont de vrais cerveaux inférieurs qui, à l'instar du cerveau supérieur, sont individuellement le siège d'un *centre psychique* ou, comme nous disons vulgairement, d'une âme ; et enfin que ces vues sont pleinement confirmées par cette considération zoologique que, chez les insectes et les vertébrés inférieurs, les petits cerveaux spinaux (ou leurs équivalents) venant à être isolés du grand cerveau céphalique par la décapitation de l'animal, ils prouvent leur individualité et leur intégrité psychiques indépendantes en continuant à faire mouvoir les membres avec volonté, discernement et calcul.

Mais c'est pour arriver à éclaircir une question d'un ordre plus spécial, la question posée par M. Beaunis, que nous venons de pousser cette reconnaissance (en bataillant bien un peu çà et là *pro aris et focis*) sur le terrain d'une doctrine plus générale embrassant le point particulier en vue. Le moment est venu de rentrer, comme on dit, dans notre sujet.

Au début de cette longue discussion, de quoi s'agissait-il ? Rappelons-le.

Envisagée par M. Beaunis dans une de ses parties seulement — la partie résumée dans l'extrait ci-dessus de ma communication à la Société médico-psychologique, — ma théorie de l'hypotaxie et de l'idéoplastie lui a paru insuffisante pour rendre compte de certaines catégories de phénomènes suggestionnels. J'ai reconnu son objection fondée (et qui plus est j'ai cru devoir l'étendre aux autres catégories pour lesquelles le savant professeur admettait mon explication comme plausible), mais en ajoutant que les points pour lui restés obscurs s'éclairent à leur tour à la lumière d'une autre face de cette théorie, c'est-à-dire par la loi du *polypsychisme,* qui vient d'être établie. Il reste donc maintenant à faire l'application de cette loi aux problèmes d'idéoplastie susénoncés. Nous allons les prendre dans l'ordre déjà suivi, qui n'est pas sans doute le plus naturel, mais celui dans lequel nous avons été amenés à les considérer successivement par le cours de notre débat avec M. Beaunis.

a. Suggestions à terme avec inconscience du sujet durant tout l'intervalle. — M. le professeur Liégeois, auquel nous devons, si je ne me trompe, les recherches expérimentales les plus étendues et les plus approfondies sur les suggestions à terme, a décrit une de ces suggestions faite à une échéance de 365 jours, qui s'est accomplie avec une ponctualité et une précision mathématiques. Et pendant les 365 jours, le sujet a vécu de la vie ordinaire, c'est-à-dire dans un état entièrement normal, du moins en apparence, et en même temps dans un *oubli complet* de cette suggestion faite sur lui pendant le sommeil somnambulique.

Un tel fait soulève les questions suivantes :

Quelle est la pensée qui a recueilli cette prescription suggestionnelle? Quelle est la mémoire qui l'a emmagasinée et soigneusement conservée intacte jusqu'au bout pendant une si longue durée? Quelle est l'intelligence dont l'arithmétique infaillible a su faire journellement, avec une exactitude parfaite, la supputation des jours et des heures à courir jusqu'au terme assigné? Quelle est enfin la volonté qui, le moment venu, a résolu et déterminé l'accomplissement de la prophétie?

Sans doute, c'est la pensée du somnambule, c'est-à-dire du moi qui constitue son individualité et sa personne civile, qui a reçu la parole fatidique et l'a interprétée; car ceci résulte de son propre témoignage, et nous savons d'ailleurs que, exprimée dans une langue de lui inconnue, la suggestion eut été vaine. Cependant, au réveil, son esprit se trouve dépossédé de ce dépôt, puisqu'il ne se souvient plus, ne sait plus ! A qui, à quoi le dépôt de la toute-puissante parole s'est-il donc transmis? Car il n'a pas été perdu, et n'a rien perdu de ce qui le constituait, l'événement final le prouve.

Ma réponse est ceci : L'impression suggestionnelle n'a fait que traverser le moi capital, et ce sont en réalité les moi subalternes, les *sous-moi* — ce que M. P. Janet nomme vaguement la *subconscience* — qui en ont reçu l'empreinte durable; et c'est dans leur intelligence, leur mémoire et leur volonté propres que se déroule le mystère de la longue incubation de la suggestion et de son éclosion soudaine.

Certes, cette explication ne résout pas entièrement le problème, c'est-à-dire sans qu'il reste un certain résidu au fond du vase ; mais il en est de même de nos actes psychologiques les plus ordinaires et qui nous paraissent les plus simples et les plus clairs, et qui n'en restent pas moins d'inextricables énigmes; mais elle simplifie et facilite la tâche du psychologue en réduisant un fait relativement très complexe et très obscur à des éléments qui ne sont autres que ces opérations régulières et habituelles de l'âme avec lesquelles on s'est dès longtemps familiarisé.

En effet, ce qui étonne et confond le psychologue dans le phénomène de la suggestion à terme et sans conscience, c'est l'éclipse totale de la mémoire. Il est certain que si le sujet vivait jusqu'à l'échéance avec une préoccupation plus ou moins continue, plus ou moins intermittente, du prodige dont son être est destiné à être à certain jour fixe le théâtre, ce prodige paraîtrait infiniment moins merveilleux, moins énigmatique. Et tel est bien l'avis commun de nos éminents suggestionnistes de Nancy.

A M. Beaunis, qui se résigne à regarder le mystérieux processus de la suggestion à terme comme le jeu d'un mécanisme aveugle et purement *mécanique*, qu'il nomme une « cérébration inconsciente », comment répond son collègue M. Bernheim, à qui une telle hypothèse répugne ? C'est en s'efforçant d'établir, et peut-être avec une certaine raison, nous le verrons plus loin, que chez le sujet soumis à une suggestion de cette sorte, quelques éclairs, quelques lueurs fugitives traversent par intervalles la nuit de sa mémoire et y font réapparaître l'idée de la prédiction à la réalisation de laquelle il va d'un pas fatal. Laissons parler M. Bernheim :

« La suggestion déposée dans le cerveau pendant le sommeil,
» restée comme un souvenir latent au réveil, est susceptible de
» redevenir consciente spontanément ; si la suggestion ne doit
» se réaliser qu'au bout de plusieurs semaines, l'idée n'est pas
» latente et inconsciente jusqu'au jour de l'échéance.... 3° Les
» souvenirs latents de l'état hypnotique peuvent se réveiller
» spontanément dans certains états de concentration psychique.
» 4° L'idée des suggestions à réaliser à longue échéance ne
» reste pas inconsciente jusqu'au jour de l'échéance ; la cons-
» cience de l'idée déposée dans le cerveau pendant l'état
» hypnotique peut se réveiller par moments, comme les autres
» souvenirs latents, dans ces mêmes états de concentration
» psychique (1). »

(1) DE LA SUGGESTION ET DE SES APPLICATIONS A LA THÉRAPEUTIQUE, *par le D^r* BERNHEIM, *professeur à la Faculté de médecine de Nancy.* Paris 1886, p. 175.

Et maintenant, que réplique à son tour M. Beaunis à son contradicteur ? Il lui réplique que son explication lui paraîtrait des plus heureuses, mais que, par malheur, l'observation lui est défavorable. M. Beaunis s'exprime ainsi :

« Mon collègue le professeur Bernheim s'élève contre cette
» idée de comparer le cerveau de l'hypnotisé à un mécanisme
» monté pour produire un échappement à un moment donné, et
» propose une explication très ingénieuse et très séduisante, mais
» qui ne me paraît pas acceptable (1). » (Suit la citation du passage de M. Bernheim que nous venons de rapporter plus haut.)

Ainsi, de l'avis de tout le monde, l'essentielle difficulté, dans le mystérieux phénomène, c'est l'oubli et l'inconscience. Or cette difficulté tombe devant l'explication que nous fournit le polypsychisme. Ne peut-on pas dès lors dire aussi de cette explication qu'elle est « très ingénieuse et très séduisante », en ajoutant qu'elle est *très satisfaisante ?*

Il me reste encore sur cet article un point à régler avec M. le professeur Beaunis.

Comment l'*état hypotaxique* tel que je le conçois, c'est-à-dire comme physiologiquement constitué par un trop plein flottant de force nerveuse cérébrale, pourrait-il subsister encore au moment de la réalisation de la suggestion à terme, après un intervalle d'état normal ayant duré des semaines, des mois, une année même, et sans que le sujet ait été soumis à aucune manœuvre hypnotique dans le cours de cette période ?

Me fondant sur mon expérience personnelle, je réponds que les individus susceptibles de suggestion à terme sont dans une condition d'hypotaxie chronique et permanente. Et ce qui d'ailleurs prouve bien qu'il en est ainsi, c'est que ces personnes sont suggestionnables d'emblée, à toute heure du jour, sans préparation braidique ou mesmérique préalable.

b. Suggestions de modifications physiologiques d'ordre végétatif. — Dans mes *Essais de Physiologie philosophique* (1866), à la page 197, je trouve ceci : « J'aurais, par exemple,

---

(1) Beaunis, *Le Somnambulisme provoqué*, op. cit., p. 241.

» l'intention de faire pousser un *furoncle* sur ma peau par la
» seule vertu de l'impression mentale : qu'est-ce, après tout,
» me dirai-je, que la naissance d'un furoncle, sinon le fruit
» possible de l'excitation anormale de quelques-unes des facultés
» végétatives employées à la nutrition du tissu cutané? Pour
» réaliser l'effet proposé, je n'ai donc qu'à impressionner men-
» talement la faculté sensitive qui est en rapport spécial avec
» ces facultés végétatives. Mais cette faculté, comment la
» découvrirai-je? »

Et je me réponds à moi-même que cette faculté sensitive m'est révélée par la sensation douloureuse spéciale causée chez moi antérieurement par un clou ; et que pour exciter de nouveau cette faculté sensitive et en amener consécutivement la réaction végétative propre, il suffira qu'on me remémore ladite sensation spéciale au moyen de son énonciation affirmative, et moyennant qu'au préalable on m'ait sensibilisé par une préparation hypotaxique quelconque.

Mais, avec M. Beaunis, il faut mettre les points sur les *i*. Ce n'est pas un esprit à se payer de demi-raisons, et à se tenir pour satisfait de démonstrations incomplètes, non plus que de démonstrations boiteuses. Et pour ma part je me réjouis fort qu'il se rencontre encore un de ces redoutables partners qui vous apprennent à jouer serré. Si donc j'ai bien saisi sa pensée, M. Beaunis entend m'objecter ceci : Premièrement, que la série de sensations dont s'accompagne l'évolution d'un furoncle est loin de répondre intégralement et distinctement au détail infini du travail organique représenté par cette affection ; Secondement, que cette série de sensations anciennes, déjà nécessairement si incomplète par elle-même, ne doit pouvoir se reproduire qu'imparfaitement et fragmentairement dans sa résurrection mémorielle.

Ces deux objections sont très fortes, je m'empresse d'en convenir; mais cette fois encore, le polypsychisme y pare entièrement. En réalité — nous reviendrons là-dessus tout à l'heure avec insistance — ce n'est pas le moi proprement dit qui est principalement affecté dans la suggestion, ce sont les *sous-moi*, c'est la *subconscience* (P. Janet), qui en essuie surtout le choc et en reçoit l'empreinte. Et maintenant que savons-nous de la mesure des pouvoirs intellectuels départis à ces êtres psychiques — avec lesquels il ne nous est malheureusement pas donné d'avoir commerce par le langage — sinon que ces pouvoirs président aux œuvres de la vie organique, et que dans certains cas, sur lesquels nous reviendrons, ils se montrent prodigieusement étendus ?

Evidemment, quand je fais pousser mon clou sur un bras ou ailleurs, et que M. Focachon fait opérer ses vésicatoires fictifs (ce qui révèle un véritable désintéressement professionnel chez cet honorable pharmacien) (1), tout cela au moyen d'une pure affirmation, on ne peut songer à prétendre qu'on réveille dans l'esprit du sujet, sous forme de sensation remémorée, *une représentation adéquate* du phénomène physiologique qu'on vise à reproduire. La conscience du suggestionné, assurément compétente dans l'espèce, atteste en effet le contraire. Mais qu'est-ce qui vous prouve qu'une telle représentation ne se fait pas dans la pensée des moi subalternes préposés au travail végétatif ? Rien ne vous le prouve, et tout en même temps conspire à démontrer que le contraire est probable.

c. Suggestions négatives ou privatives. — Pour ne pas voir ce qui est devant ses yeux, pour ne pas ouïr le son qui frappe son oreille, l'hypnotisé, nous semble-t-il, doit être averti par ses sens de l'actualité du fait dont la suggestion a pour but et pour effet de produire en lui la suppression imaginaire. Ne faut-il pas, en effet, qu'il commence par voir pour ne plus voir, qu'il commence par entendre pour ne plus entendre ? cela me paraît mathématiquement nécessaire. En effet, réfléchissons à ceci :

Le sujet voit et entend tout comme dans son état normal, à la seule exception de ce qu'on lui a affirmé qu'il ne verrait pas, qu'il n'entendrait pas. Ainsi on lui a dit, en désignant une personne de la société, qui n'a pas bougé de sa place : « Voilà,

---

(1) Voir sur M. Focachon, pharmacien à Charmes, et ses belles expériences, Beaunis, *op. cit.*, p. 73.

M. Paul n'est plus là, il est parti. » Et dès ce moment en effet M. Paul, qui est toujours là cependant, est pour le sujet comme s'il était absent. M. P. est devant les yeux du sujet et lui parle à haute voix, et celui-ci ne paraît pas le voir, ne paraît pas l'entendre, tandis qu'il continue la conversation avec les autres personnes présentes de la façon la plus naturelle, comme si rien ne s'était passé.

Cependant, est-il bien rigoureusement exact de dire que le monsieur rendu invisible et inaudible pour le sujet soit pour ce dernier *comme s'il était absent* ? On peut invoquer plusieurs motifs pour soutenir le contraire. Je vais les examiner rapidement.

Si la personne ou l'objet suggestionnellement supprimé n'a point perdu son opacité inhérente, s'il n'a pas été rendu intrinsèquement incolore et transparent ; et si d'un autre côté le sujet n'a pas acquis le don de clairvoyance — auquel cas nous sortirions de l'ordre de faits purement *fario-grimique* pour entrer dans l'ordre *mesmérique* — l'objet qu'on prétend neutralisé pour sa vue fera forcément écran sur son champ visuel, dans ce cas, et y conservera son contour ainsi que sa grandeur et sa situation relatives. Autrement dit, si l'invisible M. Paul s'adosse au mur de l'appartement, la portion de ce mur ainsi masquée formera solution de continuité avec le restant et se détachera sur l'ensemble de la surface comme un trou ou une tache noire figurant exactement la silhouette du nouveau Gygès.

On pourra répondre il est vrai que la partie de mur cachée par le corps de l'invisible est restituée en imagination dans l'esprit de l'hypnotisé. Qu'il en soit ainsi, c'est possible, c'est même assez probable ; mais pour que cette restitution soit faite par l'esprit du sujet, faut-il d'abord, ce semble, qu'il soit averti par un signe quelconque qu'il y a lieu à la faire.

Et d'ailleurs l'hypnotisé a conservé intacte la sensibilité de sa rétine, puisque, à part l'individu faisant l'objet de la suggestion, tout est resté visible pour lui comme à l'ordinaire. Et d'autre part le prétendu invisible n'a pas perdu non plus la propriété physique de réfléchir la lumière qui l'éclaire, puisque chacun, sauf l'halluciné, continue à le voir sans le moindre changement. Par ces considérations on doit conclure que l'image de P se forme sur la rétine du sujet tout comme sur celle de A ou de B, qu'elle l'impressionne pareillement, et que de plus cette impression *est perçue.*

En effet, comment le sujet pourrait-il cesser d'avoir la perception visuelle de P sans l'avoir reconnu d'abord, c'est-à-dire sans s'être assuré que c'est bien lui, P, qu'il a devant lui, et non point A, B, ou tout autre ?

L'esprit de l'halluciné négatif perçoit donc initialement l'image visuelle de l'objet rendu invisible par ordre, et cela l'instant nécessaire pour le distinguer des autres objets qu'il a encore licence de voir. Mais par quel processus psychologique imaginable peut-on concevoir que la perception prohibée soit supprimée tout à coup, et qu'elle ne laisse dans la mémoire aucune trace de son fugitif passage ? et qu'aussitôt que, après cela, chaque impression correspondante arrive à lui, l'esprit se hâte de lui fermer sa porte, qui pour toute autre impression restera ouverte ?

Ici encore c'est au polypsychisme qu'il faudra s'adresser pour avoir le mot de l'énigme. Mais avant de nous attaquer corps à corps au problème, voyons d'abord comment le posent dans tous ses détails les maîtres suggestionnistes de Nancy, qui sur ce point spécial principalement ont fourni à la science des expériences et des analyses critiques de la plus grande valeur. Nous allons emprunter à l'un d'eux, M. le professeur Liégeois, — dont on pourrait dire sans le flatter *quorum pars magna est* — un résumé très substantiel de la doctrine nancéenne sur le point qui nous occupe, c'est-à-dire la théorie de la suggestion négative.

« 563. Jusqu'à ce jour, dit M. Liégeois, les auteurs qui se sont occupés d'hypnotisme s'étaient bornés, et moi tout le premier, à constater l'efficacité de cette suggestion. Toutefois, ils ne se sont pas mis d'accord sur sa vraie nature ; pour MM. Binet et Féré, qui trouvent singulièrement mal choisie l'expression d'*hallucination négative* que nous avons adoptée à Nancy,

il ne s'agit pas d'hallucination du tout! «... Il s'agit, pour l'œil
» comme pour le bras, d'un phénomène d'inhibition qui produit
» une paralysie systématique (1) » ; pour mon collègue et ami
M. Bernheim, au contraire, — et je partage entièrement son avis
— c'est un phénomène psychique; les rayons lumineux continuent
à peindre sur la rétine l'image de la personne rendue invisible, ses
paroles continuent à impressionner l'ouïe du sujet, mais il y a
annulation de la sensation, qui n'est pas perçue par l'intelligence, à cause de la suggestion même. « Le sujet, dit M.
» Bernheim, voit tous les objets à l'exception de celui qui a été
» suggéré invisible pour lui ; j'ai effacé dans son cerveau une
» image sensorielle, j'ai neutralisé ou rendu négative la percep-
» tion de cette image.... Un aliéné se croit en prison ; il voit
» son cachot, le geôlier, la chaîne qui l'attache ; voilà des
» perceptions sensorielles créées dans son cerveau. D'autre part,
» il ne voit pas les objets réels qui sont devant lui, il ne voit
» pas, il n'entend pas les personnes qui l'entourent : voilà des
» perceptions réelles effacées (2). »

» Plus loin, M. Bernheim rappelle qu'il a démontré que
l'amaurose suggestive, de même que l'amaurose hystérique,
n'est pas une paralysie systématique, mais une amaurose *purement psychique*, une neutralisation de l'objet perçu par l'imagination (3). « L'image visuelle perçue, l'amaurotique par sugges-
» tion et l'hystérique la neutralisent inconsciemment, avec leur
» imagination : *oculos habent et non vident* ; ils voient avec les
» yeux du corps, *ils ne voient pas avec les yeux de l'esprit ;*
» l'amaurose n'est qu'une illusion négative. »

» Enfin, parlant de la surdité suggérée à un sujet qui ne doit
plus le voir ni l'entendre, M. Bernheim ajoute : « Je le réveille,
» je lui parle, je corne à ses oreilles, il ne sourcille pas ; sa
» figure reste inerte. Si alors je lui dis avec force, soit une fois,
» soit plusieurs fois : « Vous entendez de nouveau », tout à

(1) *Revue philosophique*, janvier 1885.
(2) BERNHEIM. *De la Suggestion et de ses applications à la thérapeutique*, 2ᵉ édition, p. 65.
(3) BERNHEIM, *op. cit.*, p. 66.

» coup sa figure exprime un profond étonnement ; il m'entend
» et me répond... Le sourd par suggestion entend comme
» l'aveugle par suggestion voit, mais il neutralise, à chaque
» instant, l'impression perçue avec son imagination, et se fait
» accroire qu'il n'a pas entendu (1). »

» 564. Voyons, reprend M. Liégeois, en quoi les expériences dont je vais présenter le récit nous permettront d'appuyer, de modifier ou de compléter ces vues théoriques, et de tirer, des faits constatés, des conclusions nouvelles.

» Dans l'expérience médico-légale à laquelle j'ai fait ci-dessus allusion, je n'existe plus, semble-t-il, pour Mme M..., à qui M. Liébeault a, sur ma demande, suggéré que, une fois éveillée, elle ne me verra ni ne m'entendra plus. Je lui adresse la parole, elle ne me répond pas ; je me place devant elle, elle ne me voit pas ; je la pique avec une épingle, elle ne ressent aucune douleur ; on lui demande où je suis, elle dit qu'elle l'ignore, que sans doute je suis parti, etc. J'imagine alors de faire, à haute voix, des suggestions à cette personne *à qui je semble être devenu totalement étranger*, et, chose singulière, elle obéit à ces suggestions.

» Je lui dis de se lever, elle se lève.... Interpellée par moi en mon nom personnel, toutes mes demandes restent sans réponse. Elle ne réalise que les idées que j'exprime impersonnellement, si je puis ainsi parler ; et comme si elle les tirait de son propre fonds ; c'est son *moi* inconscient qui la fait agir, et le *moi* conscient n'a aucune notion de l'impulsion qu'elle reçoit du dehors. »

Avant de poursuivre cette citation, dont tout lecteur quelque peu compétent reconnaîtra l'extrême importance, je m'arrête pour réclamer, suivant ma règle, contre ces vicieuses associations de mots, qui ont échappé à l'auteur : « moi conscient », « moi inconscient ». Mais je prie en même temps le lecteur de retenir ces expressions ; elles me seront un nouvel argument — et un argument d'autant plus précieux qu'il m'aura été fourni

---

(1) BERNHEIM, *op. cit.*, p. 66.

par un psychologue expérimentateur du poids de M. Liégeois — à l'appui de l'explication polypsychique des mystères de la suggestion, que je m'applique ici à faire prévaloir. Mais l'auteur va, dans le passage suivant, nous présenter des faits et des jugements d'un plus grand prix encore pour ma thèse. Je me permettrai de souligner les parties sur lesquelles je désire attirer plus particulièrement l'attention. Je reprends la citation au point où nous l'avons laissée :

« 565. L'expérience, continue M. Liégois, me parut assez intéressante pour être renouvelée avec un autre sujet, et voici le résumé succinct des épreuves et des vérifications faites, quelques jours plus tard, avec la jeune Camille S... :

» Camille S..., 18 ans, est une très bonne somnambule ; M. Liébeault et moi nous la connaissons depuis près de quatre ans ; nous l'avons endormie souvent ; nous l'avons toujours trouvée d'une entière bonne foi ; elle nous inspire, en un mot, toute confiance. Cette constatation était nécessaire, on va le voir, pour donner quelque poids aux singuliers résultats que j'ai obtenus, et qui confirment d'ailleurs absolument la première observation concernant Mme M....

» M. Liébeault endort Camille, et, sur ma demande, il lui suggère qu'elle ne me verra, ni ne m'entendra plus ; puis il me laisse expérimenter à ma guise. Réveillée, le sujet est en rapport avec tout le monde ; seul, je n'existe pas pour elle, mais, ainsi que je vais le démontrer, cela n'est pas tout à fait exact ; *il y a en elle comme* DEUX PERSONNALITÉS, *dont* L'UNE *me voit quand* L'AUTRE *ne me voit pas, et m'entend quand* L'AUTRE *ne fait aucune attention à mes paroles* (1). »

Suit le récit détaillé d'expériences qui auront une immense portée aux yeux de tout psychologue et de tout physiologiste un peu clairvoyant, et qui appellent les plus graves méditations. Je dois ici me borner à en citer une ou deux, toujours d'après le texte de M. Liégeois :

---

(1) DE LA SUGGESTION ET DU SOMNAMBULISME *dans leurs rapports avec la jurisprudence et la médecine légale*, par JULES LIÉGEOIS, professeur à la Faculté de droit de Nancy. Paris 1889, p. 669.

« Je dis à haute voix : « Camille a soif ; elle va aller demander à la cuisine un verre d'eau, qu'elle apportera sur cette table. » Elle semble n'avoir rien entendu, et cependant, au bout de quelques instants, elle fait la démarche indiquée, et l'accomplit avec l'allure vive et impétueuse déjà plusieurs fois signalée chez les somnambules. On lui demande pourquoi elle a apporté le verre qu'elle vient de poser sur la table : « elle ne sait ce qu'on veut lui dire ; elle n'a pas bougé ; il n'y a là aucun verre. »

« ....A M. F..., qui s'étonne de ces faits, qui lui reproche ses propos inconvenants, et qu'elle voit adresser la parole à moi-même (*à la place de qui elle n'aperçoit que le mur*), elle dit : « Mais je n'ai pas prononcé ces vilains mots ; pour qui me prenez-vous ? vous rêvez, vous êtes donc fou, etc. »

« Elle me voit sans me voir. En voici la preuve. Je dis : « Camille va s'asseoir sur le genou de M. L... » ; aussitôt elle s'y jette violemment et déclare, sur interpellation, qu'elle est toujours sur le banc où elle s'est placée un moment auparavant.

» M. Liébeault m'adresse la parole ; comme elle ne me voit ni ne m'entend *consciemment*, elle s'en étonne, et alors elle engage avec lui un colloque où je joue le rôle de souffleur, mais d'un souffleur qui serait logé dans son cerveau même... »

Que M. le professeur Liégeois corrige le lapsus de grammaire psychologique que la méconnaissance universelle du polypsychisme lui a fait commettre, en bonne compagnie d'ailleurs, et sa conclusion sera excellente : les énigmatiques phénomènes mis à nu au moyen de son expérimentation si ingénieuse, et qu'il a si sainement jugés, trouveront leur explication dans la réalité de son « souffleur logé dans le cerveau », lequel ne sera autre qu'*un autre moi,* un second moi, un sous-moi, une âme subordonnée, se substituant par instants à l'âme maîtresse, et continuellement employée à lui dicter ses actes, ses paroles, et aussi ses idées, et ses sentiments, et ses souvenirs.

Mais, encore une fois, préservons-nous à l'avenir de la méprise qui nous fait dénier gratuitement la conscience à cette âme, ou plutôt à cette collectivité d'âmes anonymes : elles sont inconscientes sans doute des états intimes de l'âme capitale, et celle-ci est à son tour inconsciente de l'état intérieur de chacune d'elles, mais les unes et les autres ont individuellement conscience de ce qui se passe dans leur for intérieur — et j'entends exprimer par là qu'elles *perçoivent*, chacune pour son compte personnel, leurs sensations, leurs émotions, leurs jugements et leurs déterminations. Qu'est-ce, en effet, qu'une sensation, qu'une émotion, qu'un jugement, qu'une détermination qui ne sont pas perçus? C'est un non sens, voilà tout.

Si l'on scrute bien attentivement les différentes manifestations hypno-psychiques décrites ci-dessus, on sera porté à en conclure que l'impression d'origine externe excitatrice des actes *subconscientiels* passe parfois, et le plus souvent sans doute, par le moi capital, par *notre* conscience, pour aller de là atteindre la subconscience; mais qu'aussi dans certains cas elle arrive droit et immédiatement à celle-ci en sautant pour ainsi dire pardessus la tête de la première. Cette dernière supposition semble autorisée par une foule de faits de la vie normale et de la vie pathologique.

Chez les gens distraits et les paralytiques on voit les impressions externes sur les organes des sens amener instantanément leurs réactions motrices concomitantes alors que le moi propre du sujet n'a vraisemblablement perçu, et parfois *n'a pu* percevoir aucune sensation correspondante, comme par exemple dans le cas d'une solution de continuité anatomique entre le centre nerveux excito-moteur et le cerveau. Stuart Mill raconte quelque part que sortant un jour de la Banque d'Angleterre, l'esprit entièrement absorbé par l'élaboration d'une question de métaphysique, il franchit les rues et les carrefours de la Cité de Londres à travers le double torrent des voitures, sans rien voir, sans rien entendre, enfermé tout entier dans son for intérieur, c'est-à-dire fermé à toute impression extérieure, et en même temps évitant machinalement tous les obstacles et échappant à tout accident.

Mais que l'impression sensorielle dénonçant la présence de l'objet frappé d'interdiction visuelle ou auditive atteigne d'abord le sensorium du moi en scène — ce que chacun de nous appelle *son* moi — pour aller heurter ensuite par ricochet le sensorium du moi ou des moi cachés dans les coulisses ; ou bien que ce ou ces derniers reçoivent cette impression de première main, elle leur parvient en tout cas certainement, et ils y répondent par une réaction inhibitrice sur le moi capital l'empêchant de réaliser en lui les sensations qui lui sont interdites.

Quel peut bien être l'instrument anatomo-physiologique de ces inhibitions pratiquées par les sous-moi sur les opérations sensorielles et mentales du moi proprement dit ? La science n'est pas encore en mesure de répondre à cette question très pertinemment ; mais une vérité que certains physiologistes ont mise hors de doute dans ces derniers temps, M. Brown-Séquard principalement, c'est que certains centres nerveux, sinon tous, ont la propriété soit de suractiver, soit d'*arrêter* les fonctions dépendantes d'autres centres nerveux. L'inhibition suggestionnelle dont il s'agit ici ne serait ainsi qu'un cas spécial d'une loi générale du système nerveux déjà établie et reconnue.

Je sens que M. Beaunis ne me laissera pas clore cet article sans me forcer de m'expliquer sur le rôle que je peux bien faire jouer à mon trop-plein hypotaxique de force nerveuse cérébrale dans l'opération de la suggestion négative.

Ma réponse est bien simple : Si l'*effet* de l'inhibition est essentiellement adynamique, l'*acte* nerveux qui le produit est tout aussi dynamique que l'acte dynamogénique lui-même. Il ne faut pas moins de force, j'imagine, pour arrêter un gaillard décidé et vigoureux qui veut s'échapper de vos mains, qu'il n'en faut pour mettre en train un apathique.

Je profiterai en même temps de l'occasion pour me faire une petite réclame auprès de M. le professeur Beaunis, que je considère, je le répète sans aucune intention de flatterie, comme un des rares, parmi nos physiologistes, dont l'esprit est ouvert aux questions de physiologie transcendante. C'est qu'en effet on peut appliquer à ces messieurs le *Non licet omnibus adire Corinthum*. Vouloir faire entrer une idée philosophique dans la tête de nombre d'entre eux est aussi chimérique que vouloir enfoncer dans le canon d'un fusil Lebel un obus de cent livres.

Dans mon écrit de 1855 (si souvent rappelé) se trouve, page 257, une figure schématique destinée à illustrer une certaine manière particulière de concevoir ce que je nommais « la conjugaison des systèmes cérébro-spinal et ganglionnaire ». Dans cette figure on peut voir le bout libre (*périphérique* pourrait à certains égards paraître inexact) de la fibre *afférente* de chaque système, sillonné de stries transversales. Ces stries sont destinées à figurer une sorte d'ajustage contractile auquel j'avais donné le nom de *sphincter névilématique*. Cet hypothétique sphincter de la fibre afférente d'un système recevrait l'impression excitatrice d'une fibre *efférente* du système de nom contraire, ou bien encore du même système, sous forme de contraction, d'où une constriction de la fibre portant le sphincter ; cette constriction circulaire, suivant qu'elle s'exercerait avec plus ou moins d'énergie et plus ou moins de durée, aurait pour résultat final soit d'exciter le centre nerveux corrélatif, soit de lui supprimer les excitations centripètes, ce qui entraînerait l'arrêt de son action motrice ou centrifuge, c'est-à-dire son *inhibition*, pour employer l'expression moderne.

Si je ne m'abuse, les travaux de physiologie expérimentale et micrographique exécutés depuis sont loin d'être venus infirmer mes aperçus théoriques, dont néanmoins tous nos auteurs se sont religieusement abstenus de parler.

d. Suggestions « au comptant » avec veille et conscience, et n'affectant que les fonctions de relation, c'est-à-dire la pensée, la sensation et le mouvement.

Ici encore, ici même, les effets de la suggestion restent inexplicables en dehors de notre principe de LA PLURALITÉ DES AMES DANS L'HOMME. En observant avec soin les phénomènes de cet ordre, on s'aperçoit et on se convainc qu'ils témoignent de la présence simultanée dans le sujet de deux intelligences, dont l'une acquiesce à la suggestion, et dont l'autre lui refuse son assentiment ; de deux volontés, dont l'une obéit passivement, dont l'autre oppose une résistance qui peut aller jusqu'à la révolte. Il est très important que ce point soit expérimentalement établi, et que par là les manifestations suggestionnelles de toute sorte, les plus complexes et les plus mystérieuses comme les plus simples et les moins stupéfiantes, soient ramenées à une loi commune. Dans l'intérêt de cette démonstration, je crois devoir reproduire ici, pour la commenter ensuite brièvement, la relation de Désiré Laverdant, dont il a été déjà question.

Qui fut ce Laverdant? M. le professeur Brown-Séquard, de l'île Maurice, était son compatriote, et fut lié avec lui d'étroite amitié; il ne me démentira pas si je dis que Laverdant était, comme organisation physique et organisation mentale, un des plus heureux spécimens de l'espèce, et qu'une culture distinguée était venue rehausser l'éclat de ses dons naturels. Son auto-observation hypnotique emprunte une importance exceptionnelle à cette circonstance, qu'elle est l'œuvre d'un homme grave, d'âge mûr, intelligent et instruit, qui s'est curieusement appliqué à analyser les phénomènes de la suggestion sur lui-même. Grand, fort et beau, *mens sana in corpore sano*, Laverdant frisait la cinquantaine quand il devint mon sujet d'expérience; c'est assez dire que son cas est aussi peu que possible à citer à l'appui de cette doctrine de la Salpêtrière, qui veut que toute personne suggestionnable soit une hystérique ou *un* hystérique.

Voici son récit, qu'il m'adressa sous forme de lettre :

« Paris, 22 avril 1860.

» Mon cher Docteur,
» Si vous croyez utile de recueillir le témoignage des individus soumis à vos expériences, voici le mien.
» J'avoue que je ne m'étais pas pressé d'aller à vos conférences, bien que je porte intérêt à toute nouveauté sincère et sérieuse, et bien que j'aie pour vos travaux si désintéressés un affectueux respect. Je me trouvai enfin au cercle de la rue Richelieu un jour que vous fîtes suivre votre exposé de principes d'un essai d'expériences. Les jeunes gens, que vous demandiez de préférence, ne s'étant pas trouvés en nombre suffisant, je vous offris ma tête chauve et blanchissante.
» En vérité, je n'avais pas d'autre but que de boucher un trou, remplir un des fauteuils vides, et je ne nourrissais aucunement l'espérance de devenir un *sujet* intéressant. On a vaine-

ment essayé de me magnétiser autrefois, et j'arrivais chez vous persuadé qu'hypnotisme et somnambulisme sont des variétés d'un même phénomène.

» Cependant, je fixai sur votre disque un œil consciencieux et docile.

» Deux minutes ne me semblaient point passées que j'éprouvai un sentiment de fatigue et d'assoupissement. Comme il m'arrive assez souvent, entre sept et neuf heures du soir, de *piquer un chien* (c'est pour le moment l'argot des salons de Paris), je me dis : « Autant vaut dormir ici mon petit sommeil, en attendant les expériences », et je m'accommodai pour faire un somme.

» Le sommeil ne vint pas ; mais, à sa place, un engourdissement au cerveau, un malaise, un état de torpeur. Je conservai parfaitement l'intelligence des choses, car, vous voyant retirer de ma main le disque, je me dis, un peu étonné et souriant avec moi-même : « Tiens ! je suis pris. »

» J'étais pris en effet, et vous me fîtes monter sur l'estrade et asseoir dans un fauteuil. J'estimai que, depuis le début de l'expérience, cinq ou six minutes s'étaient écoulées ; mes amis présents disent trois ou quatre seulement.

» Je demeurai isolé un quart d'heure environ, tandis que je vous sentais ou entendais occupé de mes compagnons d'épreuve. J'avais les yeux fermés, appesantis. Je m'agitais ; je passais incessamment les mains sur la partie supérieure du crâne, comme pour me débarrasser d'un afflux excessif ou de sang ou de force nerveuse, lequel me semblait produire non pas une exaltation, mais plutôt une perturbation profonde, une perversion, une paralysie. Je n'éprouvais pas une douleur vive, pas même une souffrance précise, mais un malaise immense qui tenait, pourrais-je dire, de la souffrance morale. Je me sentais infirme, annihilé.

» Bientôt commença votre action sur moi, et je devins véritablement machine sous votre volonté motrice. Vous affirmiez un fait : de prime abord j'hésitais à croire ; et tout aussitôt j'étais obligé de me rendre à l'évidence du fait accompli.

» — Vous ne pouvez plus ouvrir les yeux. Et vainement j'essayais d'ouvrir, et vainement mon sourcil se relevait, et la peau de mon front se ridait soulevée : les paupières restaient collées.

» — Vous êtes cloué sur ce fauteuil, vous ne pouvez plus vous lever. Et vainement mes bras libres, et qui passent pour très vigoureux encore, s'appuyant aux bras du fauteuil, essayèrent de soulever la masse inerte du bassin et des jambes : j'étais cloué.

» — Levez-vous. Vous ne pouvez plus ni vous asseoir, ni vous baisser. Et tous mes efforts pour changer de place et rompre cet état de paralysie ridicule demeuraient infructueux.

J'étais libre jusqu'à la taille à peu près, dans tout le reste du corps, asservi.

» Pendant que ces opérations suivaient leur cours, je causais avec les spectateurs les plus voisins de l'estrade, et je donnais à la masse du public le détail de mes impressions, soit spontanément, soit pour répondre aux questions qui m'étaient adressées.

» — Vous ne pouvez plus ouvrir la bouche. Et mes mâchoires se trouvèrent tout à coup soudées indissolublement.

» Ici l'expérimentateur, après avoir ainsi diversement paralysé mon système musculaire, s'avisa de faire mouvoir ma machine à son gré, contre mon vouloir.

» — Tournez vos bras l'un sur l'autre. Je le fis volontairement.

» — Allez vite. Bien. Vous ne pouvez plus vous arrêter. Et mes bras tournèrent violemment, indéfiniment, et je ne pus les retenir, malgré que je fisse des efforts résolus et puissants pour les comprimer, les opposant dans des axes contraires, les froissant l'un contre l'autre dans une lutte désespérée. J'y épuisai vite mes forces inutilement.

» Puis vinrent deux expériences sur les perturbations des sens, qui échouèrent.

» On m'apporta un verre d'eau, et l'expérimentateur se proposait de me faire trouver dans cette eau pure telle saveur qu'il me plairait d'indiquer. Je demandai le jus de la canne à sucre, produit de mon pays lointain, et, pour le coup, je n'opposais aucune résistance, car j'avais fort envie de retrouver le goût exquis qui me fait faute depuis vingt ans, et je ne bus que de l'eau claire.

» Sur le conseil d'un médecin de l'auditoire, l'expérimentateur me proposa du vin de France : je ne goûtai encore que de l'eau.

» L'expérience sur l'odorat ne réussit pas beaucoup mieux. J'avais demandé encore un produit des tropiques, l'odeur de jamrose, et j'eus le désagrément de ne sentir que de l'ammoniaque. Ici, je dois avouer, pour être exact, que l'action de l'expérimentateur semble avoir été, du moins, jusqu'à paralyser un moment le sens de l'odorat, car deux fois j'ai porté le flacon d'ammoniaque à mon nez sans rien sentir, et ce n'est qu'à la troisième épreuve que l'odeur forte et répugnante a été perçue.

» Je dois ajouter qu'un moment après, sur une autre personne plus jeune, les perturbations du sens du goût ont été produites. Non seulement le sujet a cru, en buvant de l'eau, boire du vin de Champagne, mais (ce qui est plus curieux) tous les effets d'une véritable ivresse s'en sont suivis : titubations, rire, hébétement, délire.

» Enfin, comme j'achevais d'expliquer au public l'effet un peu manqué de l'ammoniaque, l'expérimentateur me dit :

» — Vous allez bégayer ; bégayez, vous ne pouvez plus vous empêcher de bégayer. Et j. j.. j... je bé...gayai, à mon grand regret, en vérité, et commençant à être un peu confus et honteux des faiblesses de ma pauvre chair.

» — Vous allez perdre la faculté d'émettre la voyelle A, et même la notion de cette lettre. Essayez ; vous ne pouvez pas dire A. Et il y eut dans l'assemblée un murmure de doute et des sourires ; je souris moi-même, faisant un grand geste de doute et de mauvaise humeur ; mais il me fut impossible de dire A.

» L'expérimentateur me dit d'écrire mon nom, et l'un de mes voisins, témoin d'une autorité assurément très sérieuse, le rédacteur distingué de la *Revue des Deux-Mondes* et du *Journal des Débats*, membre du Conseil général de l'Algérie, M. Jules Duval, mon excellent ami, me présenta un livre qu'il tenait à la main. J'écrivis mon nom, *moins les deux A qu'il contient*. Vainement fis-je des efforts énergiques pour tracer ces deux lettres proscrites ; ma main écrasait le crayon sans pouvoir même tracer un jambage.

» Voici le *fac-similé :*

» Cette dernière expérience causa une surprise générale, un intérêt qui tenait de la stupeur. Nous touchions ici, semblait-il, aux perturbations de l'intelligence même.

» Je dois noter et vous soumettre à vous-même, mon cher docteur, l'observation d'un fait singulier, que nul n'a remarqué dans l'assemblée, et dont je n'ai eu moi-même le sentiment que par réflexion et plusieurs jours après.

» J'avais perdu la faculté d'émettre la voyelle A, mais je n'avais pas perdu la *notion* de la lettre. Or, tandis que j'expliquais au public cette restriction, il m'est arrivé dix fois peut-être, sans y songer, de prononcer des mots où se trouvait la lettre A. Je me souviens positivement d'avoir dit ceci : « Je *la* vois, mais je ne peux pas *la* prononcer. »

» Ainsi il se trouve que je n'étais empêché et paralysé que sur le point spécial où mon attention se fixait ; et c'est précisément alors que je voulais formellement que je ne pouvais pas. Cette observation peut ne pas être sans importance pour les théoriciens. »

Oui, c'est un document de psychologie hypnotique vraiment précieux, que cette lettre de Laverdant; on ne saurait l'étudier et la méditer avec trop de soin. Cependant, pour ne pas déborder mon cadre par trop, je vais me borner à indiquer quelques-uns des principaux enseignements qui me paraissent en ressortir.

Cette relation accuse d'abord et met en évidence, comme bien distincte et indépendante, l'action hypotaxique du procédé de Braid. Le sujet assiste pour la première fois à une expérience d'hypnotisme, et en se mettant à la disposition de l'expérimentateur, il se propose de « boucher un trou », et rien de plus. Il ne se trouve actuellement sous l'influence d'aucune préoccupation suggestrice, il ne s'attend aucunement à être suggestionné ; il ne sait même pas au juste en quoi doivent consister les expériences auxquelles il est venu prendre part ; et toute sa pensée, c'est de profiter de l'occasion pour faire son «.petit somme » habituel. Il suit toutefois l'instruction qui lui a été donnée de regarder attentivement l'objet placé dans sa main, et cela suffit pour qu'au bout de quelques instants il se sente *pris* et qu'il le soit réellement.

L'hypnotisé, qui n'a pas cessé d'être pleinement éveillé, *ne croit pas* à la réalisation possible des affirmations de son hypnotiseur, et c'est presque de l'indignation qu'il ressent quand celui-ci pousse l'impertinence jusqu'à lui affirmer qu'il vient de le réduire à ne plus connaître une des lettres de son nom. Et quand le fait annoncé se réalise, il s'en montre stupéfait et consterné non moins qu'aucun des assistants. D'autre part, sa volonté propre, la volonté dont il a conscience, reste entière, puisqu'*il veut* résister à l'influence mystérieuse, et qu'il le veut très énergiquement jusqu'au bout.

Ce qui fait acte de foi et d'obéissance dans le sujet, ce n'est donc pas *lui*, à proprement parler, c'est donc un moi autre que son moi.

Le sujet, qui s'observe et s'analyse en philosophe, dans sa pleine liberté d'esprit et avec une parfaite lucidité, croit constater que l'hallucination négative suggérée ne sort à effet que si l'attention se porte sur l'idée même que la suggestion est censée l'avoir rendu impuissant à concevoir. Ainsi se vérifie cette conclusion de M. Liégeois, que « les hypnotisés voient ce qu'ils paraissent ne pas voir, et entendent ce qu'ils paraissent ne pas entendre ».

Il est vrai qu'à sa proposition M. Liégeois ajoute cette restriction : « Seulement ils voient d'une façon inconsciente. » Mais cette manière de s'exprimer, dont j'ai déjà fait ici à plusieurs reprises une amère critique, revient à dire que par derrière le moi capital, dans lequel se concentre l'individualité collective de l'homme, il se trouve un nombre indéterminé de sous-moi qui, ainsi que nous l'avons déjà reconnu, reçoivent les impressions sensorielles du dehors, soit directement, soit par l'entremise du moi principal, et réagissent ensuite « inhibitoirement » ou « dynamogéniquement » sur les diverses fonctions vitales pour réaliser la teneur de la suggestion.

Ici se présente tout un groupe de questions secondaires, qui n'en sont pas moins de premier ordre par leur importance. Ce sont par exemple celles que soulève le fait d'observation de la supériorité des pouvoirs intellectuels, comme capacité de compréhension et comme savoir inné ou acquis, dont font preuve, dans certains cas, les moi subalternes comparés au moi supérieur. Ce sont encore celles de l'exacte mesure dans laquelle les sous-moi contribuent à susciter les idées, les passions et les déterminations du moi capital, et partagent conséquemment la responsabilité de ses actes. Ce sont aussi celles que fait naître cet autre fait si singulièrement paradoxal que les sous-moi se montrent merveilleusement dociles à la suggestion de l'hypnotiseur, un étranger, un premier venu, un quelconque, tandis qu'est si étroitement limitée leur obéissance à la voix du moi personnificateur, leur associé intime et leur chef hiérarchique suprême. Nous allons jeter un coup d'œil rapide sur ces divers points, tout en complétant la discussion qui précède par quelques détails d'un certain intérêt.

L'Angleterre possède aussi son école de psychologie hypnotique, fille ou sœur cadette de celles de la Salpêtrière et de

Nancy, qui certes ne reste pas en arrière de ses aînées quant au nombre et à la valeur des travaux produits. M. F.-W.-H. Myers, professeur émérite de l'Université de Cambridge, est l'un de ses représentants les plus marquants et les plus laborieux. Dans une série d'articles en cours de publication dans les *Proceedings of the Society for Psychical research*, M. Myers reprend le thème fondamental de l'*Automatisme psychologique* de M. Pierre Janet, et il le traite avec des variations qui ne sont pas dépourvues d'originalité ni de profondeur. Mon cadre ne me permet pas de m'engager dans une analyse générale de cet important travail ; cependant je ne puis me dispenser d'en considérer rapidement quelques points qui ont particulièrement trait au sujet qui nous occupe en ce moment.

A la *subconscience* de M. Janet, M. Myers substitue la *conscience subliminaire* (subliminal consciousness), à laquelle il donne pour pendant la *conscience supraliminaire* (supraliminal consciousness). Cette substitution de mots et d'images ne me semble d'aucun profit comme éclaircissement de la question débattue. Cette question, l'auteur anglais la rend même, à ce qu'il me paraît, un peu plus embrouillée en y mêlant une profusion de métaphores, qui ont suivant moi un double et triple tort : celui de tenir lieu de la démonstration pure, au lieu de lui servir de simple adjuvant; secondement, celui d'être peu concordantes entre elles; et enfin celui, le plus grave, de jeter un faux jour sur la vérité qu'on s'efforce de mettre en lumière.

M. Myers définit sa « conscience subliminaire » *that part of ourselves that lies below the threshold of ordinary consciousness;* c'est-à-dire : « cette portion de nous-mêmes qui gît sous le seuil de la conscience ordinaire. » Par « cette portion de nous-mêmes », ou l'auteur entend une portion de notre *moi* (self), et il fractionne alors le moi en plusieurs consciences, ce qui est fractionner la conscience elle-même — car le moi ou *self* ne peut être autre chose que le sujet même de la conscience, c'est-à-dire l'être conscient — ; ou il veut rendre l'idée d'un deuxième moi comme partie de l'aggrégat de moi multiples constituant l'homme psychique, dans ma théorie. Dans le premier cas, M. Myers commet la plus grave des hérésies psychologiques ; dans la seconde hypothèse, son expression est obscure et vicieuse.

De sa conscience subliminaire M. Myers fait encore *a memory beneath the threshold*, « une mémoire sous le seuil ».

La conscience supraliminaire et la conscience subliminaire sont en outre *deux couches de la personnalité*. L'auteur nous représente en effet l'impression suggestionnelle comme passant *from one stratum to another stratum of the same personality*, « d'une couche à une autre couche de la même personnalité ». Cette conscience subliminaire se définit d'autre part *some subjacent stratum of our being*, « une certaine couche sous-jacente de notre être ».

L'auteur nous la représente aussi comme « des états psychologiques sous-jacents », *subjacent psychological states*.

Après les « couches », le « seuil », et le « subjacent », nous arrivons au *spectrum of consciousness*, « le spectre de la conscience », imité du spectre solaire. « Pour plus de clarté », dit M. Myers, « et sans prétendre bien entendu à
» une exactitude logique, j'ai disposé ces phénomènes subli-
» minaires en trois groupes correspondant à la position qu'ils
» occupent dans notre *spectre de la conscience* imaginaire,
» que nous concevons comme embrassant, mais aussi comme
» excédant, la portée de perceptivité et de capacité de réaction,
» propre à notre vie supraliminaire ordinaire (1). »

La « subconscience » de M. Pierre Janet traduit une idée vague, nuageuse et toute embryonnaire du polypsychisme. La « conscience subliminaire » de M. F. Myers, avec son cortège d'images variées (seuil, couche, spectre, etc.), n'exprime encore que le même rudiment de vérité, toujours informe et manquant de consistance ; mais la formule du philosophe anglais a en sus l'inconvénient de donner une précision et une

---

(1) *Proceedings of the Society for Psychical research.* Part XXII. Vol. VIII, p. 333.

fixité factices à ce qui n'est encore que vague et flottant dans sa pensée; cela, en multipliant des comparaisons dans lesquelles l'esprit du lecteur s'embarrasse et se perd, et d'où il ne peut rapporter aucune lumière.

Quoi qu'en pense M. Myers (voir ci-après), en disant « conscience *sub*liminaire » il ne fait guère que reproduire, avec une variante dont je ne puis saisir la portée, la « *sub*conscience » de l'écrivain français. Chez l'un et chez l'autre, c'est toujours la même idée qui est visée : l'idée d'un quelque chose qui est *au-dessous* de la conscience proprement dite, et qui est lui-même plus ou moins conscience. Mais tout cela, je le répète, est fort trouble, et, en outre, cette figure d'une superposition entre la conscience et la subconscience, entre la conscience supraliminaire et la conscience subliminaire, a le fâcheux résultat d'induire les intelligences peu sur leurs gardes à voir dans ce qui sent et pense, dans ce qui est conscient, quelque chose d'étendu, c'est-à-dire de matériel, qui, pris à tel point de sa masse ou à tel autre, considéré dans le *dessus* ou le *dessous* du panier, présentera tels ou tels phénomènes psychologiques, ou une intensité de conscience plus ou moins grande.

Certes, je ne veux pas insinuer ici que les deux savants psychologues partagent l'inexpérience psychologique de la plupart de nos physiologistes, qui font du tissu nerveux lui-même le sujet de la pensée ; leurs écrits renferment des déclarations très nettes qui ne laissent subsister aucun doute à cet égard. Je me plairai à en citer tout à l'heure quelques-unes. Mais il n'en subsiste pas moins que dans leurs ardents efforts pour saisir une vérité qui leur échappe sans cesse, leur main est sujette à s'égarer et à tomber par mégarde sur des erreurs positives et plus ou moins fâcheuses, ou en avoir tout l'air.

De M. Pierre Janet : « Il ne faut pas dire activité inconsciente » et automatique de l'esprit, cela est contradictoire ; il faut dire » activité inconsciente de tel où tel centre nerveux. » Du même : « Que veut-on dire quand on parle de raisonnements de la

» dans le cerveau, car un raisonnement sans conscience n'a
» absolument aucun sens (1). »

M. Myers a plusieurs passages où la distinction et la pluralité des consciences dans l'homme est affirmée d'une façon remarquable : « Le moi subliminaire, dit-il, doit s'entendre d'un
» agrégat de personnalités potentielles dont nous ne connaissons
» qu'imparfaitement les capacités de perception et d'action. »
Ailleurs : « Pour tout ce qui gît sous le seuil (threshold) le mot
» *subliminaire* me semble le mieux approprié. « Inconscient »
» et même « subconscient » sont de nature à fourvoyer entière-
» ment, et parler (comme on trouve parfois commode de le
» faire) du second moi (the secondary self), c'est donner à
» entendre, ou bien qu'il ne peut y avoir en nous que deux moi,
» ou que le moi supraliminaire, le seul au-dessus du seuil, le
» moi empirique, le moi de l'expérience ordinaire, est en quelque
» chose supérieur aux autres moi possibles (2). »

Je ne puis m'empêcher de citer encore cet autre passage de l'écrivain anglais, où quelques-unes de mes vieilles thèses polyzoïques de prédilection se voient rafraîchies et rajeunies d'une main pleine d'assurance attestant chez le restaurateur une sincère et honnête confiance de créer un original. Il s'agit des phénomènes du rêve :

« ... Ma prétention est en effet que de tels phénomènes ne
» procèdent pas de cet enchaînement ordinaire et empirique
» d'états de conscience que dans le langage ordinaire nous
» identifions avec *nous-même*, mais bien de quelque faculté ou
» intelligence dont le siège est au-dessous du niveau de la
» conscience ordinaire et forme une autre couche — ou plu-
» sieurs couches — de cette individualité totale de chacun de
» nous, où ne se trouve qu'une manifestation limitée et incom-
» plète de tout ce que nous sommes et faisons sciemment. Cette
» région d'activité cachée a reçu de moi l'appellation de *cons-
» cience subliminaire*, ou encore de *moi* (self) *subliminaire*,
» pour faire contraste avec les opérations supraliminaires. Et

(1) AUTOMATISME, etc., *op. cit.*, p. 22 et 30.
(2) *Proceedings*, op. cit. Part XX, vol. VII, p. 305 et 308.

» il a été expliqué que par ces dénominations j'entends protester
» contre l'abus d'expressions telles que « cérébration inscons-
» ciente », et insister sur ce point que nous sommes tout aussi
» fondés à attribuer la conscience au moins à quelques-unes de
» ces opérations subliminaires considérées en soi, que nous le
» sommes à l'attribuer aux actes intelligents de nos voisins. Le
» *solipsiste* seul — cet inflexible logicien qui refuse d'accorder
» la conscience à tout autre homme que lui dans le monde —
» peut logiquement dénier la conscience à des opérations se
» passant au dedans de lui-même, qui bien que soustraites à son
» observation ordinairement, néanmoins égalent ou surpassent
» en complexité les opérations avec lesquelles il identifie son
» être intellectuel propre (1). »

C'est avec plaisir, je le répète, que je donne acte aux deux auteurs de leurs déclarations méritoires. Mais c'est avec un regret tout aussi sincère que je suis forcé de constater que ces deux explorateurs distingués, faute d'avoir voulu se soumettre à suivre docilement le sentier frayé par le vieux guide, ont fait de grands mais impuissants efforts pour gravir le sommet qu'ils voulaient atteindre. S'il m'était permis d'user à leur égard d'une comparaison plus familière, je dirais encore qu'ils sont comme l'écureuil, ce prodige de vivacité et d'agilité qui, ayant eu le malheur de se laisser enfermer dans la cage à cercle vicieux que l'on sait, marche, marche et marche encore et toujours, et ne fait pas un pas en avant.

Puisqu'il s'agit ici de M. Pierre Janet, je désire à cette occasion relever un trait qu'il m'a décoché en passant. On lit dans son livre : « Le Dr Philips, qui aime à forger des mots, distin-
» gue nettement un premier somnambulisme avec allonomie
» (obéissance à autrui), et un second somnambulisme avec auto-
» nomie (spontanéité et indépendance) : il appelle, je ne sais
» pourquoi, ce second somnambulisme hyperphysiologique,
» tandis que, à mon avis, c'est celui qui est le plus physiologi-
» que ou normal (2). »

(1) *Proceedings*, *op. cit.*, Part XX, vol. VII, p. 327.
(2) L'Automatisme, etc., *op. cit.*, p. 178.

Passons sur le reproche de néologisme, à l'égard duquel il me serait facile de répondre à mon critique par le *Mutato nomine de te Fabula narratur,* ou encore par une célèbre parabole de l'Evangile. Un grief plus sérieux, c'est d'avoir qualifié d'hyperphysiologique ce qui, d'après mon contradicteur, est ce qu'il y a de plus physiologique, c'est-à-dire de plus normal au monde. Je vais m'expliquer et tâcher de me justifier, mais pour cela, tout en le regrettant, il faut encore que je me cite : Voici donc le passage de mon *Cours de Braidisme* que vise le reproche de M. Pierre Janet :

« L'ensemble des phénomènes idéoplastiques, considérés dans leur ordre de production, s'échelonne en trois périodes dont chacune est caractérisée par un état physiologique général très distinct.

» La *première période* a pour caractères généraux *la veille* et *l'allonomie* (le contraire d'*autonomie*), c'est-à-dire que le sujet y est pleinement éveillé et se rend compte de ce qui se passe autour de lui, mais en même temps est assujetti à la volonté de l'opérateur en ce qui concerne la motricité et une partie des fonctions sensorielles et mentales. Les modifications spéciales comprises dans cette période se succèdent ainsi : paralysie, contractures et mouvements incoercibles des muscles volontaires de la tête, du larynx, des membres supérieurs et inférieurs, et du tronc ; — diminution et augmentation de la sensibilité générale superficielle ; illusions du goût, de l'odorat, de la myesthésie (sensibilité musculaire), de la thermesthésie (sens de la température) ; — obsessions monomaniaques ; — extensions et lésions de la mémoire ; — modification des affections.

» Nous ferons remarquer en passant que l'ordre dans lequel les divers sens sont assujettis à l'hallucination idéoplastique est inverse de l'ordre suivi, au dire des aliénistes, par l'hallucination morbide.

» Certains symptômes pathologiques ont un rapport frappant avec cet état physiologique factice ; ce sont les symptômes de la *folie musculaire,* ceux de la folie *pseudesthésique,* ceux de l'hystérie et ceux de la monomanie, particulièrement dans la variété de ces maladies qui tient à une contagion morale.

» *Deuxième période.* Signes physiologiques généraux : *sommeil somnambulique* et *allonomie*. Modifications spéciales successives : état cataleptique général ou partiel avec accélération du pouls ; — illusions et hallucinations de l'ouïe, de la vue, et généralement de tous les modes de la sensibilité, ainsi que du sentiment de l'*identité propre;* — anesthésie profonde ; — modifications végétatives fonctionnelles et organiques.

» Cette période est surtout celle des applications médicales et chirurgicales. La physiologie pathologique ou tératologique lui fournit des analogues dans la catalepsie, le sommeil avec rêves, le somnambulisme de premier degré, le délire, l'ivresse, les illusions et hallucinations de tout genre ; la lycanthropie et autres métamorphoses imaginaires ; la *stigmatisation* des extatiques, etc.

» *Troisième période.* Signes physiologiques généraux : *somnambulisme hyperphysiologique* et *autonomie*. Le sujet a recouvré l'intégrité de sa liberté et de sa raison, mais ses sens et son intelligence, qui acquièrent la perception et la connaissance des choses extérieures avec une facilité, une étendue et une précision extrêmes, s'exercent sans le concours apparent d'aucun organe et d'aucun milieu de transmission. Les analogies d'ordre pathologique et d'ordre tératologique sont ici le somnambulisme lucide, l'extase religieuse, le délire prophétique, etc. La troisième période idéoplastique ouvre tout un monde nouveau à la physiologie et à la psychologie (1). »

Si M. Janet avait accordé aux lignes qui précèdent une attention sérieuse, j'ose affirmer qu'elles lui auraient inspiré des réflexions plus graves, et non pas seulement une querelle de mots qui ressemble trop à une querelle d'Allemand. Il y eut signalé notamment ma distinction et ma caractérisation, par l'autonomie, du somnambulisme de la troisième période hypnotique, et constaté qu'elles ont été vérifiées par son observation

---

(1) Cours de Braidisme, p. 96 et suiv.

personnelle. M. Janet a écrit en effet ceci dans son livre :
« Mais comment expliquer alors ces sujets qui, comme Rose,
» comme Lucie, et bien d'autres, deviennent de plus en plus
» indépendants à mesure que le somnambulisme augmente de
» profondeur, et arrivent à un état où leur volonté est parfaite-
» ment normale, plus spontanée et plus indépendante qu'à l'état
» de veille (1) ? »

Contentons-nous maintenant de faire observer que le qualificatif *hyperphysiologique* appliqué au somnambulisme de ma *troisième période* est absolument justifié par la considération que ce degré de somnambulisme se caractérise par la manifestation de facultés psychiques et de fonctions physiologiques totalement en dehors des lois de notre physiologie « naturelle », et impliquant — ainsi qu'il a été déjà dit ci-dessus au chapitre du Mesmérisme — un ordre de vie et de nature à part et entièrement distinct de ce qui a fait jusqu'à ce jour l'objet des recherches et de l'enseignement du physiologiste et du physicien.

Ah ! que les temps sont donc changés depuis que, non content d'affirmer la pluralité des âmes dans l'homme, d'affirmer les âmes spinales et les âmes ganglionnaires, je poussais la témérité jusqu'à vouloir sonder le fond psychologique de ces êtres mystérieux, et déterminer la part qu'ils prennent aux opérations mentales qu'on rapporte entièrement à un seul et même esprit ! Les plus bienveillants s'imaginaient que j'avais voulu jongler avec la fiction et le paradoxe ; personne ne pouvait croire qu'un écrivain de bon sens pût soutenir sérieusement des théories aussi peu sensées. Mais il en est des époques comme des Pyrénées : une même chose qui est erreur insigne au delà, se trouve être vérité éclatante en deçà. Cela n'est pas à la gloire de la raison humaine sans doute ; mais quoi qu'il en soit la doctrine dont il s'agit est mise maintenant, comme nous venons de le voir, à l'ordre du jour des recherches philosophiques par les psychologues officiels des Universités de France et de l'étranger. Couverts par ces autorités, les plus timides peuvent

(1) *Op. cit.*, p. 72.

dorénavant aborder sans crainte un tel sujet ; il n'est plus dangereux.

Il a été écrit dans mon *Electrodynamisme Vital*, et réimprimé avec des développements nouveaux dans mes *Essais de Physiologie philosophique*, que les neuf cent quatre-vingt-dix-neuf millièmes des connaissances dont *notre* moi ou moi en chef s'attribue la possession, et dont il semble à tout instant faire preuve, lui sont étrangères en réalité, et doivent en bonne justice être rapportées aux moi en sous-ordre. Un examen un peu attentif de nos opérations intellectuelles nous révèle en effet, par exemple, que nous marchons, que nous dansons, que nous causons, que nous chantons, que nous écrivons en bonne orthographe et bonne grammaire, que nous jouons un morceau de musique sur le piano, que même nous exécutons des calculs difficiles et soutenons un débat subtil sur la matière la plus ardue, tout cela sans que notre volonté et notre intellect interviennent autrement que pour imprimer une impulsion initiale et une direction générale à ces actes complexes dont chaque détail, aussi bien que la coordination d'ensemble, suppose nécessairement un effort actuel et soutenu d'intelligence, de mémoire, d'attention et de volonté.

On n'outre-passe donc pas là vérité en disant que le fonds intellectuel, le stock de notions innées ou acquises de ce que MM. Pierre Janet et Frédéric Myers désignent respectivement par les mots de subconscience et de conscience subliminaire, est incomparablement plus riche que celui de leur conscience tout court ou conscience supraliminaire.

Une expérience qui sert de contre-épreuve à cette démonstration, c'est que lorsque *notre* moi veut se passer de ses « souffleurs », il reste court. Pour mon propre compte, je ne réussis à orthographier à peu près passablement qu'à la condition de laisser galoper ma plume la bride sur le cou ; si *je* m'en mêle, c'est-à-dire si je me pose la question de savoir comment tels et tels mots doivent s'écrire, me voilà démonté, me voilà perdu. Les sous-moi peuvent donc en remontrer au moi là-dessus, et le mieux est alors de laisser faire tous seuls « ces

» invisibles secrétaires logés dans ma moelle allongée ou ma
» moelle épinière, qui conduisent seuls ma main » pendant
que je leur dicte ma rédaction en gros. Les lignes entre guillemets ci-dessus sont extraites encore de ce mien vieux bouquin
ayant nom *Electrodynamisme Vital* (p. 126).

Cependant avant de s'engager dans la psychologie des moi
subalternes, il me paraît convenable de donner acte de leur
hypothèse à ceux qui ne voient dans nos prétendus sous-moi
(la prétendue subconscience de M. Pierre Janet, la prétendue
conscience subliminaire de M. Frédéric Myers) rien de plus
qu'un pur mécanisme, que M. Beaunis compare positivement
à un mouvement d'horlogerie, et que nous leur disions en deux
mots nos raisons pour ne pas partager leur manière de voir.

Empressons-nous d'abord de déclarer que l'hypothèse du pur
automatisme de nos actes inconscientiels a pour elle un argument puissant, c'est que le contraire de ce qu'elle avance ne
peut être prouvé. Elle part, en effet, de cette vérité évidente que
le moi de chacun de nous est le seul dont l'existence puisse être
affirmée par lui avec pleine certitude, parce que c'est le seul
dont il puisse avoir conscience. Ce point fondamental de psychologie métaphysique a été parfaitement saisi et mis vigoureusement en saillie par MM. Pierre Janet et Frédéric Myers dans
quelques citations que j'ai faites de leurs écrits. Mais en même
temps cette hypothèse, ainsi que l'un de ces auteurs l'a également bien fait ressortir, a le défaut ruineux d'être inconséquente ; car elle supprime arbitrairement la moitié des conséquences de son principe. M. le professeur Beaunis et ses
illustres devanciers sont enfermés dans un dilemme ; je leur
dis : Ou vous prétendez, en vous fondant sur ce que votre
moi est le seul qui s'atteste à la conscience, qu'il n'est d'autre
moi que votre moi, et alors ce n'est pas seulement dans les
petits cerveaux de la moelle que vous devez refuser de voir un
siège de conscience, mais c'est dans tous les cerveaux proprement dits, dans celui de tous les animaux, dans celui de tous les
hommes, le vôtre excepté. Ou bien vous vous laissez conduire

par l'analogie à admettre, sinon comme mathématiquement prouvé, du moins comme infiniment probable, que, les autres hommes étant pourvus comme vous d'un cerveau d'où émanent des manifestations extérieures visiblement empreintes de sensibilité, d'intelligence, de volonté raisonnée, tout comme chez vous, dans ce cerveau étranger réside aussi un moi, une conscience ; et alors le même raisonnement vous entraîne à étendre la même concession, non pas seulement à tous les animaux, mais encore à ces sous-animaux ou animaux élémentaires dont l'organisme de chacun de nous est une collection, et dont le cerveau est représenté par ce que nous nommons un centre nerveux secondaire.

Ce n'est pas d'aujourd'hui que j'ai à batailler pour cette cause contre des adversaires peu commodes ; j'eus une assez vive discussion à ce sujet à la Société médico-psychologique avec le Dr Achille Foville, aliéniste marquant et matérialiste irréductible. Qu'on me permette de citer à titre de document historique quelques lignes de ma réponse à son attaque :

« Je pose en fait que chacun des centres nerveux du cordon médullaire est un petit cerveau, et qu'il possède comme tel tout ce qu'il y a d'essentiel dans les attributions du grand centre céphalique lui-même ; autrement dit, je soutiens que ces centres nerveux subordonnés sont les sièges d'autant de centres psychiques en tout comparables au centre psychique qui occupe le cerveau, et que nous appelons *le moi*.

» En second lieu, j'ai avancé qu'à chacun de ces cerveaux inférieurs correspond une portion de l'organisme total qui elle-même est un véritable organisme entier, en ce sens qu'une telle partie réunit tous les éléments essentiels du mécanisme vital. Et enfin j'ai ajouté que ces organismes élémentaires, dont chacun a pour cerveau un centre médullaire distinct, sont les représentants, sont les homologues exacts des *zoonites* ou animaux élémentaires dont tout animal individuel, chez les invertébrés, n'est qu'une agrégation, n'est qu'une *colonie* (Lacaze-Duthiers), au dire unanime des naturalistes contemporains.

» Or ces propositions, émises pour la première fois par moi

il y a quinze ans (ceci s'écrivait le 25 août 1869), ne devaient rencontrer que peu de faveur auprès de nos physiologistes officiels (lesquels changent visiblement d'opinion ou de tactique depuis quelque temps) (1), et j'avais dû m'appliquer à étayer mon principe de toutes les preuves, directes ou indirectes, que la science pouvait me fournir. J'avais employé entre autres l'argument suivant :

» Reconnaître, disais-je, que les centres nerveux des systèmes réflexes sont assimilables au cerveau sous le triple rapport histologique, organologique et physiologique, ainsi que de nos jours tout le monde l'admet, et nier en même temps, comme le fait la physiologie classique, que ces cerveaux inférieurs soient pourvus de l'activité psychique, c'est-à-dire de la conscience, du *moi*, et aussi irrationnel que de faire du moi l'attribut propre du cerveau de l'homme à l'exclusion du cerveau de toutes les autres espèces animales.

» L'école de Descartes et celle de Buffon, continuais-je, ont énergiquement et obstinément soutenu « le pur automatisme des bêtes » ; et aujourd'ui une telle opinion est rejetée par tous les savants comme une erreur grossière. Eh bien, en soutenant *le pur automatisme* des systèmes réflexes, c'est-à-dire en soutenant que le cerveau céphalique est le seul qui possède la conscience, le sentiment, la volonté, le moi, et que les petits cerveaux médullaires sont des mécanismes inconscients, la physiologie du dix-neuvième siècle commet à son tour une autre inconséquence choquante en tout pareille à celle qu'elle reproche si justement à la physiologie du siècle passé (2) ».

(1) Allusion au Discours de réception de Claude Bernard à l'Académie française.
(2) Cette discussion fut provoquée par un rapport du Dr A. Foville sur mon mémoire *Le Polyzoïsme ou pluralité animale dans l'Homme* ; ce rapport est inséré dans les *Annales médico-psychologiques*, n° de juillet 1869. Ma réponse, adressée de province au directeur des *Annales*, a paru dans le n° de novembre (p. 485) de la même année. Elle se trouve reproduite en entier dans mon *Ontologie et Psychologie physiologique*. (Paris, 1870), p. 157.

On est fort aise d'avoir avec soi une autorité comme M. Fr. Myers pour continuer à soutenir que les sous-moi sont en possession d'un trésor de savoir et de souvenirs devant lequel la plus vaste instruction que le moi supérieur puisse acquérir et la mémoire la mieux meublée et la plus fidèle qu'il puisse offrir, sont peu de chose. Ces connaissances et aptitudes « subliminaires » ou « subconscientielles » se manifestent dans notre vie psychologique normale en faisant les frais, comme il a été déjà dit, de la très grande partie de nos opérations mentales ; mais il en est une forte portion qui restent ordinairement à l'état latent, pour ne se révéler qu'à la faveur de certains états morbides ou factices, et celles-ci ne sont pas les moins surprenantes.

Quelle est l'origine de cette science qui est en nous, et qui rigoureusement parlant n'est pas nôtre ? Elle vient en partie du dehors, ce n'est pas douteux, et est le fruit de l'expérience ; mais pour une autre part elle est un produit mystérieux de l'organisation elle-même. Dans ce cas, et dans l'autre aussi dans une certaine mesure, elle passe du père au fils ; et, par le plus miraculeux de tous les prodiges et le plus prodigieux de tous les miracles, c'est un spermatozoïde, que dis-je, c'est la goutte de sang paternel dont ce spermatozoïde fécondant a été formé, qui recèle, qui contient, qui conserve et transmet tout entier, d'une génération à la suivante, ce dépôt de richesse intellectuelle, ce trésor de savoir !

Comment s'expliquer cette étrange contradiction que les moi subordonnés surpassent intellectuellement leur chef ? Ce chef me fait un peu l'effet d'un roi fainéant ou constitutionnel, qui règne et ne gouverne pas, et dont la capacité le plus souvent est très inférieure à celle de ses ministres. C'est Louis XIII à côté de Richelieu, c'est Guillaume auprès de Bismarck. Mais les comparaisons, direz-vous, ne sont pas des raisons, et je vous semble éluder la question. Lecteur, je vous dis sur ce point tout ce que j'en sais, et j'avoue que c'est très peu de chose. J'ai voulu simplement vous faire remarquer que cette bizarre anomalie n'est pas la seule de son genre dans la nature.

L'intelligence qui se révèle chez les sous-moi possède-t-elle en réalité la spontanéité, l'indépendance, et les pouvoirs de réflexion et d'imagination que nous lui attribuons ? Oui, à n'en pas douter. Pour s'en convaincre, il n'est pas nécessaire de recourir aux phénomènes du somnambulisme artificiel ; il suffit d'observer ce qui se passe en nous dans l'état de veille.

Cependant ce sont surtout les rêves, qui sont instructifs et probants à cet égard. Les sous-moi y donnent de véritables représentations théâtrales au moi, et la pièce, comme l'exécution, est leur œuvre. Quelle variété infinie de personnages, et quels personnages, la plupart du temps si nouveaux pour nous, et si inattendus ! Caractères d'un relief étonnant, parfois avec une harmonie du physique, de l'expression, du langage et du costume lui-même plus surprenante encore. Et ce sont tous les états possibles de l'âme humaine, sa grandeur et sa bassesse, sa bonté et sa malice, ses ivresses et ses angoisses, qui se trouvent représentés sur cette scène étrange avec une maëstria qui défie parfois le génie de nos maîtres du théâtre, soit les tragiques, soit les comiques. Et au point de vue de la plastique, quelle fécondité incomparable de création dans ces vivants tableaux du sommeil, avec quelle puissance de composition et quelle habileté de main, avec quelle pureté de ligne et quelle richesse de couleur ! Quels paysages délicieux et ravissants, ou semés d'horreurs et plus affreux que le Tartare ! Quelles magnificences architecturales, quelles splendeurs de décorations ! Et à côté des laideurs humaines les plus follement hideuses et repoussantes que ces inconcevables artistes se complaisent si souvent à nous peindre, sans doute pour s'amuser de notre effroi, des types de beauté féminine achevée, comme le ciseau de Praxitèle et celui de mon compatriote Denys Puech — qu'ils me pardonnent ma franchise — ont dû renoncer à en produire ! Et comme ainsi est bien justifié le dire « *c'est un rêve* », pour donner l'idée d'une perfection à laquelle ni l'art ni la nature ne peuvent atteindre.

C'est encore dans notre sommeil, qui semble les mettre en

récréation et en belle humeur, que nos sous-moi ont quelquefois la bienveillante pensée de nous rendre de petits et de grands services. Au poète, ils offrent une rime qu'il avait vainement poursuivie à travers de longues journées de veille; au mathématicien, au penseur, à l'inventeur, ils apportent la solution toute faite d'un problème qui, éveillés, faisait leur désespoir. Ils nous donnent d'utiles avis sur nos affaires, ils nous signalent des dangers, et — ce qui est un service d'une valeur plus contestable à mon sens — il leur arrive, assure-t-on, d'aventure, de nous dévoiler un coin de l'avenir.

Ils nous font assister à des scènes de théâtre, ai-je dit; ajoutons que le plus souvent ils nous mettent nous-même dans la pièce, et que le rôle qu'ils nous y font jouer n'est pas toujours le plus enviable.

Ils s'avisent d'autres fois de nous proposer des enigmes, de nous donner des *colles* facétieuses. Le lecteur connaît-il le fameux rêve du docteur Alexandre Bertrand? Il est probable que non. Je vais en tout cas le rapporter ici d'après le récit qu'en fait l'ami de Bertrand, l'honorable général Noizet:

« M. Bertrand, dit le général Noizet, raconte ainsi un de ces rêves singuliers, qu'il assure avoir lui-même éprouvé:

» Il se trouvait en présence d'un interlocuteur qui l'interrogeait sur l'étymologie de divers mots français. Après plusieurs questions dont M. Bertrand n'a pas gardé le souvenir, il lui adresse celle-ci : Savez-vous d'où vient le mot *dame*? M. Bertrand, après un moment de réflexion, répondit qu'il ne le savait pas. Cherchez bien, reprit l'interlocuteur. C'est peut-être du mot *domina*? dit M. Bertrand. — Vous n'y êtes pas, cherchez encore; et pendant ce colloque l'étranger avait l'air d'un homme qui, étant sûr de lui, s'amuse de l'embarras de son interlocuteur. Celui-ci renonçant enfin à trouver ce qu'on lui demandait, l'autre finit par lui dire en riant: Ne voyez-vous pas que ce mot vient de *damnatio*? Et cette plaisanterie, tout à fait opposée au caractère de gravité de M. Bertrand, le surprit beaucoup. Son étonnement redoubla encore lorsqu'il vit en s'éveillant que cette comédie était un songe, *et que lui seul avait tout enfanté* (1). »

Général, halte-là ! je m'inscris en faux contre le jugement de Bertrand, endossé par vous, que vous énoncez dans la dernière ligne du passage ci-dessus. Non, ce n'était pas le propre moi du rêveur qui avait machiné un tel songe, la chose est évidente, c'était un de ses sous-moi, à moins que ce ne fut un de ces moi occultes et ultramondains dont nous entretient le spiritisme.

C'est avec une obéissance absolue, et pour ainsi dire toute mécanique, que les sous-moi représentés par les différents centres nerveux des systèmes cérébro-spinal et ganglionnaire répondent aux suggestions impératives ou affirmatives d'un hypnotiseur, qui pour eux cependant est un étranger, un inconnu, un premier venu. Et quand c'est LE MOI, c'est-à-dire le moi suprême de l'organisme, leur chef hiérarchique et *primus inter pares*, qui leur ordonne ou leur affirme les mêmes choses, ils se montrent entièrement sourds à sa voix ! J'ai une mauvaise dent à faire extraire, et je voudrais éviter la douleur comparativement très faible que cause cette petite opération. Mon moi alors adresse des affirmations et des injonctions pressantes à ses subordonnés afin qu'ils amènent l'inhibition nerveuse qui doit me rendre anesthésique. Peine perdue, l'avulsion de ma dent se montre aussi douloureuse que possible. Mais voici maintenant qu'il s'agit de m'amputer la cuisse. Cette fois, un monsieur que je n'ai plus vu, après m'avoir fait regarder quelques minutes sur un petit rond de métal luisant, jette ces mots dans mes oreilles : « Votre corps est aussi insensible qu'un cadavre. » Et cela fait on me charcute, on me scie, on m'arrache le plus gros de mes membres, et je ne sens rien, et tout cela se fait sans que même je m'en aperçoive !!

Je renonce pour le moment à approfondir un tel mystère ; je me contente de le signaler aux méditations pénétrantes de nos néo-psychologues.

(1) Général NOIZET. *Mémoire sur le somn.*, p. 20.

Les sous-moi, c'est incontestable, reçoivent les impressions du monde extérieur par les organes des sens ; mais il y a tout lieu de se demander si cette impression leur parvient directement, ou seulement comme le contre-coup d'un premier choc sur le moi proprement dit.

Que les sensations de provenance objective ou de provenance subjective perçues par le moi se répercutent sur les sous-moi, ce n'est pas douteux ; mais il n'en paraît pas moins certain que ceux-ci peuvent user des organes des sens pour leur propre compte et par eux se mettre directement en rapport avec le dehors. Limitée à ce qu'on appelle la sensibilité générale, la question est tranchée par de nombreux faits pathologiques ; mais quand il s'agit des sens spéciaux très spécialisés, tels que la vue et l'ouïe, il peut devenir nécessaire de demander la vérification de la loi à l'expérimentation hypnotique. Dans mon *Cours de Braidisme*, p. 113, je signale l'expérience suivante : La vue est idéoplastiquement anéantie chez un hypnotisé ; il ne voit plus, c'est-à-dire qu'il ne perçoit plus les impressions faites sur sa rétine par la plus vive lumière ; mais cette impression est perçue par les sous-moi, car ils réagissent instantanément en forçant la pupille à se contracter.

La même vérité est mise en évidence d'une façon plus frappante encore par un fait rapporté par M. Binet dans un écrit intitulé *Psychologie du raisonnement*, que je n'ai pas eu occasion de lire, mais que je trouve cité par M. Fr. Myers dans les *Proceedings of the Society for P. R.*, n° de décembre 1892, p. 455. Voici le fait en substance :

Un ami de M. Binet, le Dr A., passait dans une rue de Paris, l'esprit préoccupé d'un examen de botanique qu'il était à la veille de subir. Tout à coup il aperçoit sur la porte vitrée d'un restaurant les mots VERBASCUM THAPSUS. Surpris d'une telle inscription, il revient sur ses pas pour la relire, et cette fois il lit à la place le mot BOUILLON.

Notons d'abord que *Verbascum thapsus* est le nom botanique de la plante vulgairement appelée *Bouillon blanc*. Les deux expressions s'étaient fraîchement trouvées associées dans l'esprit du liseur, occupé à ce moment, comme il vient d'être dit, à préparer un examen de botanique ; et la même association n'avait pas manqué de se faire aussi dans la « subconscience », qui est l'enregistreuse et la conservatrice de la mémoire. Celle-ci, frappée la première par l'inscription *bouillon*, fut logiquement amenée à penser à *bouillon blanc*, ce qui ramena l'idée, et l'image typographique, de *verbascum thapsus ;* et ce fut cette image qui fut suggérée par voie réflexe au moi personnel, cela avec assez d'intensité pour lui communiquer l'hallucination éprouvée.

Tout porte ainsi à croire que les sous-moi peuvent se mettre directement en rapport avec le milieu extérieur : passivement, par les organes des sens ; activement, par les organes moteurs. Ils pourront dès lors voir par mes yeux, sans que je voie ; ils pourront parler par ma bouche et marcher avec mes jambes, sans que mon moi pense les paroles dites, sans qu'il veuille et commande les mouvements exécutés. Dans le cas de suggestion hypnotique *négative*, avertis par sensation directe de la présence de l'objet frappé d'interdit visuel, ils réagiront inhibitoirement sur les fibres afférentes propres au moi pour lui rendre cet objet invisible.

Il faut en arriver, je crois, à se persuader que la sensation et l'idéation ne résultent pas d'un simple et direct conflit de notre moi avec le monde sensible, mais s'opèrent par la voie détournée et compliquée d'une sorte de suggestion faite sur le moi par les sous-moi après que ceux-ci ont préparé pour ainsi dire le produit psychologique dans leur propre laboratoire ; et corollairement que, dans la pratique hypnotique, la parole ou le signe suggestionnel de l'hypnotiseur impressionne primitivement et immédiatement les sous-moi dans leur créditivité et leur obéditivité intimes, et que ceux-ci s'y conforment en suggestionnant le moi à leur tour.

A ce compte, dans l'idéoplastie expérimentale, ce ne serait pas le moi proprement dit qui serait le véritable sujet du suggestionneur, ce seraient les sous-moi ; le moi ne serait qu'un sujet secondaire, suggestionné par l'entremise de ceux-ci.

Mais c'est ici qu'il importe de se mettre en garde contre l'abus des mots et les perfidies de l'équivoque. Par *suggestion* il ne s'agissait d'abord, dans le langage hypnotique, que de l'action idéoplastique. On y a introduit plus tard l'expression de *suggestion mentale* pour désigner un fait hypnotique bien différent, mais dont la différence n'a pas été déterminée avec la précision et l'exactitude nécessaires, ce qui a amené et peut amener encore les plus fâcheuses comme les plus lourdes méprises. Il a été déjà touché à ce sujet dans une autre partie de ce travail ; mais il n'est pas superflu d'y revenir.

Rechercher le sens étymologique de *suggérer*, d'où on a fait *suggestion*, serait oiseux ici ; il nous suffira de préciser l'acception du verbe français. Ce mot, qui dans la vieille langue avait gardé la signification latine, se disait pour fournir, pourvoir ; aujourd'hui il se trouve restreint au sens de insinuer, inculquer, communiquer, avec l'esprit pour régime indirect. Cela étant, le substantif dérivé *suggestion* doit s'entendre, au point de vue actif, d'une action sur l'esprit, ou plus généralement sur l'être psychique, lui apportant, lui communiquant telle ou telle modification, l'affectant de telle ou telle manière. Au point de vue passif, il exprime l'état de modification psychique ainsi produite. (C'est encore une bien malheureuse pierre d'achoppement pour l'analyse psychologique, que la confusion habituelle de ces deux valeurs opposées du mot suggestion ; mais je m'abstiens d'entamer une nouvelle discussion à ce sujet, pour rester dans mes étroites limites.)

Ainsi définie d'après l'acception la plus large de son radical, *suggestion* peut s'entendre de toute action, de toute opération tendant à déterminer une modification de l'être psychique, et en même temps de cette modification elle-même considérée comme résultat d'une telle action. On peut dès lors à la rigueur dire que la lumière nous suggère l'état de vision, et produit un suggestionnement de la vue, et que la douleur qu'un boxeur me cause en me frappant est une suggestion de son coup de poing. Mais alors, combien n'importe-t-il pas de distinguer nettement entre suggestion et suggestion !

Tout mode particulier de suggestion appartient forcément à l'une ou à l'autre de ces deux grandes catégories : la suggestion matérielle, et la suggestion idéologique ou idéoplastie. Je vous enfonce une épingle dans le bras ; la douleur que vous en éprouvez est l'effet d'une suggestion matérielle. Dans l'état hypnotique, je vous fais ressentir la même douleur en vous affirmant simplement que je vous fais la piqûre, bien qu'en réalité n'en faisant rien ; la sensation, cette fois, vous est suggérée par une idée, elle résulte d'une suggestion idéoplastique, d'une suggestion qu'on devrait dire *mentale* si une telle expression n'avait déjà été consacrée, fort peu judicieusement, par notre littérature néo-hypnotique, à désigner un fait de nature opposée, c'est-à-dire précisément une suggestion d'ordre matériel.

Les états morbides ou d'excitation de nos entrailles, je veux dire des viscères du thorax et de l'abdomen, ont chacun leur réaction psychique spéciale ; j'entends par là que chaque viscère particulier est en rapport sympathique avec une certaine faculté de l'âme, d'où il résulte que lorsqu'il est surexcité, la faculté psychique correspondante en éprouve le contre-coup sous la forme de sensation, d'émotion ou sentiment qui lui est propre. Cette observation, qui date de loin, a fait dire à Quintillien : *Pectus est quod nos disertos facit ;* et à d'autres, avec une exactitude plus contestable : *Splene rident ; felle irascuntur ; jecore amant ; pulmone jactantur ; corde sapiunt.* Ces états de l'âme ainsi suscités par l'action viscérale sont bien des effets de suggestion, mais de suggestion matérielle.

Pour bien faire saisir la nuance importante dont il s'agit, ayons encore une fois recours à un exemple particulièrement topique qui nous a déjà servi pour une autre démonstration. La lecture d'Anacréon, de Sapho, de Tibulle, d'Ovide, *suggère* des pensées d'amour : suggestion idéoplastique, mentale ; — l'éréthisme primitif des organes génitaux *suggère* aussi les mêmes émotions : suggestion physique, matérielle. Maintenant tout porte à croire que le *modus operandi* des sous-moi dans leurs suggestionnements du moi n'est pas autre que celui de la suggestion produite également sur le moi par les viscères ; que c'est aussi une « suggestion matérielle », c'est-à-dire purement physiologique se transmettant par des conducteurs nerveux qui unissent au grand centre psychique les divers centres psychiques secondaires.

Cependant il est encore d'autres sortes de suggestion matérielle, notamment celle qu'exercent les substances dites stimulants du cerveau, telles que le vin, le café, le thé ; les aphrodisiaques ; et généralement tous les agents ayant la propriété d'agir sur notre état moral. Mais ce mode d'action doit sans doute se confondre avec le précédent, en ceci tout au moins qu'il s'exerce médiatement sur les centres ou les conducteurs nerveux pour atteindre ensuite l'esprit.

Enfin il nous reste à signaler un dernier processus suggestionnel, celui-ci *sui generis*, mais qu'il ne faut pas hésiter pourtant à ranger dans la classe des suggestions matérielles. En effet, quelque mystérieux que soit l'instrument de ce genre de suggestion, et quelque contradictoire que soit le caractère de la suggestion dont nous voulons parler avec le nom illogique que nos hypnotistes ont donné à cette dernière, ce qu'on a appelé — très improprement, je le répète — *la suggestion mentale,* est une impression passant d'un cerveau à un autre par une voie qui n'est nullement idéologique, qui n'est en rien celle de l'entendement, et qui implique forcément un agent de transmission essentiellement soumis à la loi de l'étendue et du mouvement, un agent matériel en un mot, quelque subtil et énigmatique que soit d'ailleurs le genre de la matière qui le constitue.

Maintenant, si l'on veut bien admettre provisoirement ce mode de suggestion encore contesté — que les Français ont, par une considération peu philosophique, nommée *mentale ;* que les Anglais appellent *télépathique*, et que j'ai proposé de distinguer par le qualificatif de *biomagnétique* ou de *mesmerique* — il sera permis de se demander s'il ne joue pas un rôle dans le système des communications établies entre le moi supérieur et ses subordonnés. Je partage en tout cas l'opinion exprimée par M. Beaunis que « notre cerveau est une véritable machine qui travaille à notre insu avec une activité dont nous ne pouvons pas nous faire une idée, et que les faits de conscience ne sont que de faibles échappées sur ce mystérieux travail (1) ». J'estime même que cette machine est d'une complication immense. Ayant pour destination de mettre en rapport, d'action et de réaction une multitude de centres psychiques, et de conserver les signes reproducteurs d'une infinité de sensations, de sentiments, de notions, d'idées, elle doit combiner, pour cette fin si multiple et si diverse, toutes les ressources physiques et mécaniques de réception, de transmission et d'enregistrement offerts par la télégraphie, la téléphonie et la phonographie électriques, et en sus sans doute par bien d'autres applications de l'électricité que la science humaine ne connaît pas encore.

La question de la suggestion biomagnétique étant remise ici incidemment sur le tapis, c'est le moment de faire l'examen, annoncé dans un autre chapitre, des objections de MM. Liébeault et Bernheim contre cette suggestion controversée, et de plus contre l'existence de l'ordre « télépathique », « biomagnétique », « mesmérique », dans son entier. Pour ces deux célèbres docteurs de l'hypnotisme psychologique, la suggestion idéoplastique est tout, explique tout ; et le prétendu agent physique assimilé à l'électricité et au magnétisme minéral, qui d'après l'école de Mesmer et les télépathistes anglais permettrait à la volonté de l'homme d'agir à distance sans le secours des membres, et au sensorium de recevoir les impressions du monde extérieur sans l'entremise des organes des sens, ne constituerait qu'une illusion, qu'une chimère.

Je considère ce jugement comme une erreur des plus graves, et je me fais un devoir de la combattre d'autant plus impérieux que je professe pour ses deux savants avocats une estime et une sympathie exceptionnelles.

M. le docteur Liébeault fut un adepte convaincu du mesmérisme, son écrit intitulé *Zoomagnétisme* (2) en fait foi. M. le

(1) LE SOMNAMBULISME PROVOQUÉ, *op. cit.*, p. 245.
(2) ETUDE SUR LE ZOOMAGNÉTISME, par M. le D^r A,-A. LIÉBEAULT, Brochure, Paris, 1883.

professeur Bernheim, son prosélyte en hypnotisme, mais suggestionniste pur dès le principe et resté tel, je crois, jusqu'à ce jour, entreprit de le gagner à ses opinions exclusives, et il y réussit à l'aide d'une expérience qu'il avait proposée à M. Liébeault, et dont le résultat parut si décisif à ce dernier, qu'il n'hésita pas à brûler ce qu'il avait adoré. C'est cette expérience qu'il s'agit d'analyser et de juger. Je vais tâcher de le faire en peu de mots.

La clinique du docteur Liébeault était fréquentée par un grand nombre de jeunes enfants qu'il traitait par les passes magnétiques et par l'eau magnétisée, et cela avec le plus remarquable succès. M. Bernheim, témoin de ces résultats, ne voulait y voir qu'un pur effet de suggestion. Mais comment la suggestion pourrait-elle opérer sur des sujets infantiles à la mamelle, dont plusieurs n'étaient âgés que de quelques jours ? et alors surtout que le praticien, qui ne songeait pas à suggestionner, ne se livrait sur les petits malades à aucune des manœuvres de l'hypnotisation idéoplastique, et se contentait le plus souvent de leur faire boire son eau magnétisée ? J'ignore si M. Bernheim se posa ces difficultés ; s'il en est ainsi, elles n'eurent pas le pouvoir de lui faire changer d'avis. L'esprit des petits enfants recevait, pensait-il, une impression suggestive de M. Liébeault à l'insu de celui-ci ; ils comprenaient, ils devinaient que le médecin voulait les guérir par le moyen de son eau, et alors leur jeune imagination attachait à cette eau la vertu curative qu'elle ne possédait aucunement par le fait, etc., et voilà comment ils étaient guéris.

M. Liébeault ne nous dit pas quels arguments il opposa à la prétention de son confrère ; mais il me paraît qu'à cet égard il n'avait que l'embarras du choix. Il pouvait faire observer que la suggestion, entendue comme elle l'était par M. Bernheim, c'est-à-dire la suggestion exprimée, la suggestion idéoplastique, ne pouvait agir qu'au moyen d'une coopération intellectuelle et morale du sujet, et que ce n'est pas l'esprit d'un très jeune enfant qui pouvait la fournir. Secondement, il y avait lieu de faire remarquer qu'aucune manœuvre suggestionnelle n'avait été pratiquée à l'égard de l'enfant; et, troisièmement, que si le jeune malade s'était suggestionné de lui-même par le fait d'avoir pénétré l'intention de son médecin, qui était de le guérir par son eau soi-disant magnétisée, le même effet de suggestion involontaire eut dû se produire également par l'administration de tout autre remède et l'intervention de tout autre médecin, ce qui n'avait pourtant pas eu lieu, les petits malades n'ayant été, suivant l'usage, amenés au magnétiseur qu'après avoir épuisé inutilement les ressources de la médecine ordinaire.

Qu'aurait pu répondre M. Bernheim à ces diverses considérations? En vérité, je ne le vois pas. Quoi qu'il en soit, il persista dans sa thèse et proposa l'arbitrage de l'expérience, du *fait*, entre lui et M. Liébeault. « Donnez tout bonnement, lui dit-il, de l'eau naturelle à vos enfants à la place de votre prétendue eau magnétisée, et nous verrons si cela change rien au résultat. »

Ce qui fut dit fut fait; voici maintenant comment le docteur Liébeault nous raconte lui-même cette épreuve décisoire :

« Comme j'étais sur le point de terminer mes séances, je
» n'entrepris d'abord par prudence que le traitement de deux
» enfants légèrement affectés, et je m'y pris ainsi : une bouteille
» d'eau non magnétisée fut mise en vue de tout le monde dans
» l'appartement où je recevais les malades. Après avoir examiné
» mes jeunes clients, j'annonçai à leur mère que, pour les
» guérir, j'allais leur remettre une fiole du remède excellent qui
» était contenu dans la bouteille exposée à leurs yeux. Je disais
» que c'était un liquide plein de vertu, mais qu'il fallait renou-
» veler tous les jours pour qu'il gardât ses propriétés. J'ajoutai
» que l'enfant devait en prendre par cuillerées à café chaque
» demi-heure ou chaque heure, à moins qu'il ne fût endormi,
» et que ce traitement bien suivi, il ne pouvait faire autrement
» que de se rétablir. Et pour qu'il eut le temps de commencer à
» être suggestionné, je ne me hâtais pas de le congédier.

» On voit par là que je n'eus pour but que de concentrer
» d'une manière continue l'attention de mes jeunes sujets et de
» leurs proches sur l'idée de la guérison. Cette idée faisant
» atmosphère autour d'eux, les enfants devraient guérir par

» suggestion, du moment qu'ils seraient ainsi frappés des
» démarches de leurs parents, de la confiance de ceux-ci à mon
» égard, et qu'enfin par tous les côtés ils seraient portés à croire
» aux résultats heureux attendus de la médication à laquelle on
» les soumettait d'une manière si régulière, et à laquelle tout le
» monde avait foi (1). »

Suivent 26 observations relatives pour la plupart à de très jeunes enfants, dont un, le n° 5, a 19 jours ; un 2e, le n° 14, 21 jours ; un 3e, le n° 21, 1 mois et 7 jours ; un 4e, n° 10, 1 mois et 25 jours ; un 5e, n° 6, 2 mois et 21 jours ; un 6e, n° 7, 3 mois et 9 jours ; un 7e, n° 23, 3 mois ; etc. Voici maintenant, d'une manière sommaire, le résultat des 26 traitements, et la conclusion doctrinale que M. Liébeault se croit obligé d'en tirer.

Il commence par une très humble rétractation des opinions émises dans son *Zoomagnétisme*, sa brochure de 1883, où il exposait un grand nombre de traitements infantiles par la magnétisation proprement dite, en attribuant sans hésitation les résultats favorables obtenus à l'agent mesmérique. Puis il ajoute :

« C'était une grave erreur. La preuve incontestable que je
» me trompais, la voici. C'est que des 26 observations que je
» viens de relater, il découle ce surprenant résultat qu'au
» moyen de l'eau pure, sortant de la fontaine, nullement sou-
» mise à des manipulations pour lui donner des vertus cura-
» tives, j'ai obtenu sur les petits enfants confiés à mes soins et
» traités d'après les indications de la thérapeutique morale indi-
» quées plus haut : 19 guérisons, 6 améliorations et 1 insuccès
» relatif. »

Eh bien, — le docteur Liébeault permettra à son vieil ami de le lui déclarer avec toute la franchise qu'on se doit en matière d'opinions scientifiques — la conclusion tirée des faits constatés me paraît tout à fait en désaccord avec ces faits.

(1) THÉRAPEUTIQUE SUGGESTIVE, *son mécanisme, propriétés diverses du sommeil provoqué et des états analogues.* Par le Dr A.-A. LIÉBEAULT. 1 vol. in-12. Paris 1891, pp. 255 et 256.

Voyons, le docteur Liébeault entend-il vraiment soutenir qu'un bébé de dix-neuf jours, ou de vingt-un jours, ou d'un mois, ou de cinq semaines, ait acquis le développement intellectuel nécessaire pour que la comédie suggestionnelle jouée devant lui put lui imposer, pour qu'en un mot il put interpréter les paroles et les gestes ayant pour but de le persuader que l'eau « venant de la fontaine » était douée de vertus curatives toutes-puissantes, et que cette eau merveilleuse était destinée à opérer sa guérison ? Non, mille fois non, il n'est pas possible qu'un médecin aussi expérimenté et aussi judicieux que l'est M. Liébeault ait pu s'arrêter un seul instant à une pareille supposition.

Ce n'est donc pas sur des enfants presque nouveau-nés, qu'il s'est proposé de produire une suggestion qui suppose chez le sujet, non pas seulement un développement intellectuel, mais encore une somme de connaissances acquises qu'on ne peut songer un seul instant à attribuer à ces jeunes êtres. C'est sur l'entourage des petits malades, leurs mères, leurs proches, que le praticien croit avoir dirigé son action suggestionnelle involontaire, comme il le donne d'ailleurs assez clairement à entendre dans les paroles citées ci-dessus. Eh bien, qu'il ait réussi par là à persuader les parents de l'enfant des vertus du remède qu'il leur présente sous les espèces d'une bouteille d'eau claire, soit ; mais en quoi cela aura-t-il pu amener la guérison du petit malade? Je vous le dirai, moi : En concentrant votre attention, et appelant celle des adultes de l'assistance (de grâce, ne parlons plus du malade lui-même, le malade de dix-neuf jours !) sur la bouteille d'eau « pseudo-magnétisée », vous l'avez magnétisée sans le vouloir, cette eau, sachez-le, et vous avez déterminé chez les proches de l'enfant une effusion biomagnétique qui s'est ajoutée à la vôtre pour aller modifier matériellement cette eau, jugée inerte, et lui communiquer le principe médicateur affirmé par les mesméristes. Et vous reconnaissez vous-même qu'il en est ainsi quand vous dites, en employant une heureuse image, que l'idée suggérée par vous aux assistants a « fait atmosphère autour d'eux ».

Permettez-moi de vous soumettre encore quelques arguments subsidiaires, très subsidiaires, comme on dit au palais. En admettant par impossible que la mise en scène racontée eut suggestionné l'enfant lui-même, seriez-vous autorisé à en inférer que dans vos traitements « magnétiques » ou « pseudo-magnétiques » antérieurs, la guérison ait eu pareille cause? Nullement, puisque dans ces traitements antérieurs vous opériez sous l'influence d'une pensée tout autre, dans la conviction de guérir « magnétiquement ». Vous ne songiez donc pas, c'eut été une inconséquence, à imposer à l'imagination de l'enfant malade par une simagrée quelconque, et vous le guérissiez pourtant. Et secondement, pour mettre, autant que faire se pouvait, votre expérience à couvert de ces objections, une précaution s'imposait, que vous avez négligée : à la bouteille d'eau *couvée* pour ainsi dire durant une longue séance par l'attention intense des assistants dirigée par vous sur ce point, et par la vôtre, il fallait substituer subrepticement une bouteille d'eau *venant tout droit de la fontaine;* et alors le résultat eut peut-être été différent.

M. Liébeault a écrit une histoire du général Noizet (que je n'ai pas eu encore la possibilité de lire). Il ne peut avoir manqué d'être frappé de la multitude et de la variété des arguments mis en œuvre par le célèbre disciple de l'abbé Faria pour établir les droits du mesmérisme à côté de ceux du fariisme. Il invoque notamment les preuves tirées du pouvoir de fascination parfaitement avéré que les serpents, certains autres reptiles, et quelques oiseaux carnivores, exercent sur l'animal dont ils convoitent de faire leur proie. Le loup ensorcèle également la brebis égarée et s'en fait suivre à travers les bois avec la docilité d'un chien attaché aux pas de son maître. J'ai omis, au chapitre spécial, d'indiquer ce côté des manifestations de la force biomagnétique.

En résumé, je dirai que l'Ecole de Nancy est tout aussi peu fondée à rejeter le biomagnétisme par le motif que la suggestion morale peut reproduire la plupart des effets attribués à cet agent physique hypothétique, qu'elle le serait à nier les propriétés physiologiques des agents pharmaceutiques en se fondant sur ce qu'une simple affirmation peut purger et faire vomir comme une vraie purge et un vrai vomitif. C'est du simplisme, comme dit Fourier.

Le Fario-Grimisme, de même que le Mesmérisme et le Braidisme, a sa place distincte et une place éminente dans les fastes de la thaumaturgie ancienne, soit sacrée, soit profane. La Foi est la première des « vertus théologales »; elle est la grande puissance sans l'aide de laquelle le vrai miracle devient impossible. *Et non poterat ibi virtutem ullam facere, nisi paucos infirmos impositis manibus curavit; — Et mirabatur propter incredulitatem eorum. (Marc. VI, 5, 6.)*

Lorsque le thaumaturge se trouve dans un milieu de scepticisme railleur, par exemple dans son pays de naissance et au milieu des siens — *in patria sua et apud suos* — où il est désarmé de son prestige, il perd la puissance de miraculer par la parole — *sed dic verbo et sanabitur puer meus (Luc. VII, 7)* — et c'est tout au plus s'il peut produire encore quelques effets d'ordre secondaire par l'emploi des moyens mesmériques, c'est-à-dire par l'imposition des mains : — *paucos infirmos impositis manibus curavit* — ou par le toucher : - *Et tetigit manum ejus, et dimisit eam febris (Matt. VIII, 15)*; — ou encore en préparant une sorte de cataplasme avec sa salive et de la poussière, et l'appliquant sur la partie malade : — *Hæc cum dixisset, expuit in terram, et fecit lutum ex sputo, et linivit lutum super oculos ejus (Joan. IX, 6)*.

Mais, au contraire, quand la Foi, c'est-à-dire ce que nous nommons en langage scientifique la Créditivité, est fortement surexcitée chez le malade et chez ceux qui l'entourent, et « forme atmosphère » autour de lui (suivant le mot si bien trouvé du docteur Liébeault), alors la parole suffit, et se montre toute-puissante : *Et Jesus dixit illi : Respice, fides tua te salvum fecit. — Et confestim vidit... (Luc. XVIII, 42, 43) ...Tunc ait paralytico : Surge, tolle lectum tuum, et vade in domum tuam. — Et surrexit, et abiit in domum suam (Matt. XI, 6, 7).*

Ici peut se placer incidemment une remarque d'un grand intérêt, qui ne blessera, je l'espère, aucune conscience éclairée. La thaumaturgie médicale de Jésus est à ses yeux un art véritable soumis à des règles précises, et formé de méthodes et de procédés divers d'une valeur distincte et différemment applicables suivant les différents cas. Cela ne résulte pas seulement de la manière d'opérer pratiquée par le divin thaumaturge, mais aussi de ses propres déclarations. Ses disciples s'étaient plaints à lui de n'avoir pu guérir un épileptique ou prétendu démoniaque. Jésus attribue d'abord leur insuccès à leur manque de foi ; mais se reprenant, il ajoute que cette espèce de maladie ou de possession ne peut être guérie qu'au moyen du jeûne et de la prière : *Hoc autem genus non ejicitur nisi per orationem et jejunium.* (*Matt. XVII, 20.*)

Le domaine de l'idéoplastie spontanée dans la vie sociale est pour ainsi dire sans bornes ; nous y sommes suggestionnés tous et à tout instant, et par ce que nous voyons, et par ce que nous entendons, et par ce qui frappe notre goût, notre odorat et nos divers sens, et par ce qui affecte notre âme ; la Raison seule se soustrait aux charmes de la Suggestion tant qu'elle reste elle-même, c'est-à-dire tant que notre jugement reste attaché à l'évidence et à la logique, et n'abdique pas au profit de la passion ou de l'imagination.

Notre « subconscience » est continuellement suggestionnée par *nous*, sans que nous nous en doutions, et de mille façons diverses, notamment dans le fait de *se bien mettre une chose dans la tête pour se la rappeler*. Ce sont là de véritables « suggestions à terme » imprimées à nos sous-moi, gardiens de nos souvenirs. Et nous subissons à notre tour les suggestions de ces derniers quand ces souvenirs latents nous reviennent en mémoire. Mais je m'arrête pour ne pas me laisser entraîner par un sujet inépuisable.

Nous venons de jeter un coup d'œil à vol d'oiseau sur les points les plus saillants et les plus essentiels du *Fario-Grimisme;* nous avons indiqué, distingué et caractérisé de notre mieux ses faits principaux, et nous avons cherché à pénétrer quelque peu ces redoutables et incomparables énigmes. Cela fait, quelle est la conclusion pratique qu'il reste à tirer de notre étude?. C'est ce que je vais dire pour clore le présent chapitre.

Il en sera de cette deuxième partie de notre tâche comme de la première : l'auteur n'aura guère qu'à rappeler des écrits antérieurs et déjà anciens où il s'est étendu longuement sur le sujet. Et il se verra forcé en même temps de continuer la fastidieuse besogne de mettre en regard, à chaque pas, et son œuvre et celle de ses émules récents. Cependant la pensée qui l'anime n'est pas tant de satisfaire un ressentiment — peut-être légitime — contre de nouveaux venus qui ont tout fait pour reléguer leur devancier dans l'oubli et dans l'ombre, et de faire triompher des droits étrangement méconnus, que de montrer, pour l'utilité de la science, qu'on s'est trop généralement livré à une œuvre de contrefacteurs peu intelligents qui, en s'efforçant de faire disparaître l'original, n'ont réussi qu'à lui substituer des copies grossièrement imparfaites.

Les services multiples que l'homme est en droit de demander à l'art idéoplastique, les dangers que d'autre part il a à en redouter et contre lesquels il est urgent qu'il se prémunisse, ces divers points ont fait l'objet d'un examen attentif dans plusieurs de mes livres ; quelques passages du *Cours de Braidisme* nous fourniront un résumé à la fois complet et succinct de cette analyse.

Parmi les applications utiles que paraît nous offrir l'idéoplastie, il en est deux d'une importance singulière : son emploi comme instrument d'analyse psychologique, et comme système d'orthopédie mentale. Nos hypno-psychologues se font bruyamment honneur de ces deux prétendues découvertes. L'un d'eux notamment n'a pas hésité à s'attribuer personnellement, cela en plein Congrès international de psychologie physiologique tenu à Londres il y a deux ans, le mérite d'avoir conçu, lui le premier, en 1886, l'idée « géniale » (comme on dit aujourd'hui au mépris de l'étymologie) d'appliquer la suggestion au redressement des caractères mal conformés et d'une manière générale à l'éducation. Ce sont là des prétentions sans aucun fondement ; on s'en assurera en lisant un peu attentivement ce qui suit. Les parties du texte relatives à ces points spéciaux sont mises en gros caractères. Rappelons encore une fois que ce qu'on va lire a été imprimé d'abord en l'année 1860.

Voici une première citation tirée de la préface du *Cours de Braidisme :* Je viens d'y rappeler mes efforts de propagateur du nouvel ordre de connaissances alors connu sous le nom d'*électrobiologie*. Parlant des faits de cet ordre, je poursuis :

« Je m'étais attaché à faire voir que ces faits ne viennent pas seulement accroître les ressources de la thérapeutique et de la chirurgie, mais qu'en outre ils éclairent les questions biologiques les plus élevées et les plus obscures, et mettent la science certaine en possession de ces hautes régions de l'histoire naturelle et de la culture de l'homme où le dogmatisme ténébreux et le stérile empirisme ont régné seuls jusqu'à ce jour ; qu'ils ne viennent pas seulement apporter l'ordre dans le chaos de la médecine, mais qu'ils viennent constituer l'intégralité et l'unité de la philosophie positive, en ramenant à une même loi supérieure les manifestations de l'ordre physique et les manifestations de l'ordre moral ; en créant un lien entre la psychologie et la physiologie dans la science jusqu'ici à peine entrevue des forces nerveuses, en constituant une médecine intégrale dont la morale devient l'un des deux grands aspects, et en faisant de la théologie elle-même une division transcendante de la biologie. »

La *Cinquième conférence* du *Cours* est consacrée à l'exposé des applications pratiques du *Braidisme*, expression ancienne sur laquelle j'ai déjà eu l'occasion de m'expliquer, et qui a été remplacée par celle de *Fario-Grimisme*. Le sommaire de ce chapitre mérite déjà d'être cité :

« Manuel opératoire. — Marche à suivre dans le développement des phénomènes idéoplastiques. — Dangers du braidisme. — Applications médicales. — Corrélation symptomatologique et étiologique entre les modifications braidiques et les modifications pathologiques. — Actions thérapeutiques respectives de l'hypotaxie et de l'idéoplastie. — Applications chirurgicales. — Anesthésie opératoire et action sédative sur les opérés. — Applications à la pathologie. — Applications à la médecine légale. — Applications A L'ORTHOPÉDIE MORALE et A L'ÉDUCATION. — Applications A LA PHYSIOLOGIE ET A LA PSYCHOLOGIE EXPÉRIMENTALES. »

Il me semble que les questions de priorité signalées ci-dessus sont déjà bien un peu éclairées par ce simple sommaire. Après cela les citations du texte sont presque superflues ; qu'on me permette pourtant de donner les suivantes :

« L'ÉDUCATION ET LA MÉDECINE DE L'AME trouvent dans le braidisme des moyens d'action d'une puissance inouïe, qui à eux seuls portent la découverte de Braid au rang des plus glorieuses conquêtes de l'esprit humain.

» Je me borne pour le moment à vous signaler ces nobles applications du braidisme. Je ne puis entreprendre ici de vous en exposer les règles, vu qu'elles reposent sur des principes d'éthique et de psychologie qui ne sont pas encore généralement connus ou admis, et dont l'exposition nous entraînerait beaucoup trop loin.

» Nous terminerons en groupant les points principaux de cette analyse du braidisme appliqué, en un résumé succinct auquel seront jointes quelques indications complémentaires.

» Dans l'ordre thérapeutique, le braidisme est un polychreste pouvant toujours concourir avec fruit à la médication ordinaire, et constituant pour les affections nerveuses un spécifique d'autant plus précieux que la médecine se déclare ordinairement impuissante contre ces Protées. Comme moyen anesthésique, le braidisme n'offre aucun des dangers du chloroforme, et ce n'est pas là son unique avantage ; mais il présente l'inconvénient d'un travail préparatoire qui lui ferait préférer à jamais la méthode intoxicante, si les praticiens n'étaient moins jaloux de leur temps que soucieux des intérêts du malade. — En appelant l'attention sur une catégorie d'états morbides encore ignorée ou méconnue, le braidisme acquiert une grande importance pour le diagnostic. — Il vient éclairer la jurisprudence médicale en démontrant la possibilité de délits prévus mais mal déterminés par les anciens législateurs et que la législation moderne refuse d'admettre, et en suscitant dans l'esprit du juge chargé d'appliquer des peines un doute salutaire sur la validité des témoignages et sur la validité même des aveux de l'accusé. Que d'innocents condamnés sur la confession de crimes imaginaires ! — LE BRAIDISME NOUS FOURNIT LA BASE D'UNE ORTHOPÉDIE INTELLECTUELLE ET MORALE QUI, CERTAINEMENT, SERA INAUGURÉE UN JOUR DANS LES MAISONS D'ÉDUCATION ET DANS LES ÉTABLISSEMENTS PÉNITENTIAIRES. — La physiologie trouve dans le braidisme des moyens d'analyse inespérés dont l'absence rendait insolubles certains problèmes délicats. C'est ainsi que les physiologistes ne peuvent décider si les fibres portant les excitations de la lumière aux nerfs moteurs de l'iris sont des fibres de la sensation ou des fibres excito-motrices sans relation directe avec le sensorium. L'idéoplastie tire ainsi la science d'embarras : elle permet de frapper d'une anesthésie complète les fibres de la rétine à tel point que le sujet ne perçoit plus aucune impression lumineuse, bien que son œil soit exposé à la clarté la plus vive ; mais sa pupille, *dans la majorité des cas,* continue néanmoins à se contracter, ce qui résout la question d'une manière péremptoire. — LA SCIENCE DE L'AME, à laquelle Gall a eu la gloire de donner une base certaine dans la physiologie du cerveau, trouvera à son tour dans les procédés de l'idéoplastie des instruments de recherche auxquels elle devra les progrès rapides que la science du corps humain a pu réaliser grâce à l'intervention du microscope.

» Ainsi le braidisme ne se contente pas d'apporter des développements aux sciences acquises, *il crée de toutes pièces une science nouvelle,* la PSYCHOLOGIE EXPÉRIMENTALE. » (P. 111 et suiv.)

J'emprunte les lignes suivantes à la *Sixième conférence :*

« En présence des propriétés générales du braidisme dont nous avons fait l'énumération, les applications utiles que nous sommes en droit d'en attendre s'offrent naturellement à notre esprit. Les chirurgiens lui demandent un anesthésique ; il leur donnera le plus parfait après qu'on aura réalisé dans ses procédés quelques perfectionnements qu'il reste à découvrir sans doute, mais qui seront certainement la récompense d'une recherche sérieuse. La médecine pharmaceutique lui empruntera souvent des succédanés, et des adjuvants toujours. Les affections nerveuses, ces Protées de la pathologie, ces cauchemars de la thérapeutique, deviendront son apanage et le terrain de ses plus constants succès. LE RACHITISME DE L'INTELLIGENCE, LES DÉVIATIONS DU CARACTÈRE, TROUVERONT EN LUI LEUR ORTHOPÉDIE. La facilité avec laquelle l'idéoplastie nous permet d'agir séparément sur les différents systèmes fonctionnels de l'économie en fait pour la physiologie expérimentale un instrument d'analyse d'une valeur inespérée. Enfin, en nous donnant le moyen de faire fonctionner séparément les divers rouages de la pensée, d'en ramener l'exercice à ses opérations élémentaires, et de déterminer ses éléments à se prêter à toutes les combinaisons désirables ; en nous apprenant en outre à tirer de leur *latence* une classe entière de *manières d'être* des facultés de l'âme, le braidisme fournit UNE BASE EXPÉRIMENTALE A LA PSYCHOLOGIE, qui dès lors devient science positive et prend rang dans le cadre élargi de la physiologie animale » (P. 168 et 169.)

On a été injuste pour nous, ne le soyons pas pour les autres.
L'idéoplastie doit à M. Liébeault des « leçons de choses », c'est-à-dire des démonstrations par les faits, d'un prix inestimable. M. Liébeault a exercé pendant trente ans l'idéoplastie médicale. Il a acquis par là une connaissance pratique de l'art nouveau telle qu'il y est sans rival. Ses persévérants et dévoués efforts, après n'avoir été qu'un long sacrifice, ont été couronnés enfin par le plus beau succès : il a conquis la Faculté de médecine de Nancy à la vérité méconnue ; il est le père de l'Ecole de Nancy, et il a l'honneur d'avoir fait trois prosélytes et formé trois disciples qui se nomment BEAUNIS, BERNHEIM, LIÉGEOIS. Physiologistes et pathologistes de grande distinction, les deux premiers ont rendu d'importants services à la nouvelle science, et par l'élaboration de ses problèmes, à laquelle ils se sont

consacrés, et par l'entraînant exemple qu'ils ont été pour le monde savant. Professeur de droit dans une des principales écoles de l'Etat, M. Liégeois, leur ami, s'est signalé par un acte d'intelligence, de conscience et de courage vraiment des plus rares : les pouvoirs inouïs de la suggestion l'ont frappé, il en a saisi la portée énorme dans l'ordre de la morale et du droit, et, l'oreille fermée aux conseils d'une timide prudence, il affirme sans hésiter ses nouvelles convictions, au risque certain de déchaîner contre lui une violente tempête en venant donner un coup de bélier contre les bases antiques et sacrées sur lesquelles notre législation reposait jusqu'alors avec une sécurité entière. Les 5 et 19 avril 1884, où la lecture du mémoire intitulé *La suggestion hypnotique dans ses rapports avec le droit civil et le droit criminel,* a été faite à l'Institut, devant l'Académie des sciences morales et politiques, par le titulaire d'une chaire de droit, sont une date qui ne s'effacera pas.

Je me suis expliqué dès le début sur l'œuvre de l'Ecole de la Salpêtrière et celle des psychologues qui gravitent autour de ce centre essentiellement physiologique et pathologique. Tout ce que j'ai à ajouter à cet égard, c'est que cette école me paraît en voie de rompre avec son dogmatisme étroit et roide du début, et d'accorder à la psychologie la place qui lui appartient dans l'hypnotisme.

OCCULTISME ET SPIRITISME

Mon intention était de donner à ce dernier chapitre tous les développements que son importance réclame. Pour une cause qui sans doute paraîtra ridiculement vulgaire, je devrai me contenter de présenter ici le simple canevas du travail projeté. L'auteur est agriculteur de son état. Or nous voici (juillet 1893) à une saison de l'année où « ça chauffe » à la campagne. Grâce à la sécheresse, à la gelée, à la grêle, etc., notre récolte est misérable ; raison de plus pour être diligents à ramasser le peu que l'inclémence du ciel nous a laissé. Bref, si aux heures de chômage agricole le paysan peut à la rigueur se permettre de prendre la plume, ce sont de tout autres outils qu'il doit avoir à la main en ce moment. Donc il faut que je me borne à ébaucher ce que j'aurais eu à cœur de traiter avec le plus grand soin. Tel le peintre qui, forcé de livrer son tableau avant de l'avoir fini, esquisse à la hâte ce qui reste à faire pour que son sujet ne s'offre pas absolument mutilé.

Occultisme et *Spiritisme* sont des expressions mal définies, désignant avec un grand vague soit l'ensemble, soit la connaissance, ou la recherche, ou l'étude, des prétendus faits qui, au dire des adeptes, proclameraient l'existence d'un « autre monde », entendant par là toute une nature cachée formant comme la contre-partie de la nature apparente, et que, pour marquer ce contraste, l'on a appelé le Surnaturel.

Jusqu'à ces derniers temps, la science avait nié à priori le monde occulte, ainsi d'ailleurs que la totalité des faits hypnotiques, et réprouvé l'examen d'une telle hypothèse. Sans s'en douter, la science agissait ainsi d'après la pure méthode théologique, qui est de déterminer d'avance, souverainement et au nom de l'autorité, ce qu'on doit croire et ne pas croire, avec défense d'examiner et de discuter les *dogmes* ainsi établis.

La science, en ceci, avait pourtant une excuse, il faut le reconnaître. Entendant la théologie lui parler de miracles et d'effets surnaturels, et lui expliquer comme quoi on doit entendre par là les actes d'un pouvoir discrétionnaire placé au-dessus des lois de la nature et des lois de la raison, et pouvant à son gré, à son caprice, faire et défaire les unes et les autres, elle jugea que la fausseté de cette prétention était démontrée rationnellement comme la fausseté de la prétention de carrer le cercle, ou de réaliser le mouvement perpétuel, et elle crut en conséquence devoir refuser son attention aux prétendus faits allégués.

Ce raisonnement toutefois manquait de justesse : l'interprétation théologique des faits en question pouvait être une erreur évidente, et les faits eux-mêmes exister néanmoins. C'est ce qu'un certain nombre de nos savants, et des plus officiels, sont arrivés à comprendre maintenant. Avec une logique irréfutable, ils soutiennent que la recherche des prétendus faits dits surnaturels est absolument scientifique, et que cette recherche n'est pas seulement scientifiquement légitime, mais qu'elle est scientifiquement obligatoire.

Nous avons cité ailleurs, dans cet écrit, les physiologistes et médecins marquants qui se sont mis à la tête de cette innovation scientifique immense. Grâce à leurs efforts et malgré la résistance des vieux préjugés, le mouvement est visiblement en progrès. Je n'en citerai plus ici qu'une preuve : la soutenance récente, devant la Faculté de médecine de Montpellier, d'une thèse des plus brillantes sur *les phénomènes psychiques occultes* (1).

Le monde occulte existe-t-il réellement ? C'est la première

---

(1) LES PHÉNOMÈNES PSYCHIQUES OCCULTES, par le D' ALBERT COSTE, 1 vol. in-8°, Montpellier 1893, chez Firmin et Montane, libraires.

question à se poser et à décider. L'expérience pourra seule y faire une réponse valable.

Si la réalité du monde occulte est démontrée, il faudra s'engager dans l'exploration de ce monde ténébreux en se préoccupant sans cesse de donner aux faits par lesquels il s'atteste, ou semble s'attester, leur interprétation exacte.

Quelles sont les lois qui régissent cette nature occulte ?

Que sont les forces, que sont les êtres qu'elle offre à notre observation ?

Ces forces et ces êtres du monde caché sont-ils entièrement indépendants des forces et des êtres du monde apparent, ou bien leur sont-ils unis par une loi supérieure commune dominant les uns et les autres, réglant leurs rapports mutuels, et créant entre eux une solidarité ?

Si dans ce monde invisible existent des êtres animés, c'est-à-dire des êtres *conscients*, leur origine, leur existence et leur évolution entière appartiennent-elles exclusivement à *ce monde-là,* ou bien ces êtres se rattachent-ils, par certains liens déterminés, à *ce monde-ci* ? Et alors, quels sont ces liens, et quelle conduite nous prescrivent-ils en vue de notre utilité ?

Existe-t-il un criterium pour discerner sûrement, en toute rencontre, ce qui appartient au monde occulte de ce qui appartient au monde apparent, et pour séparer, dans le témoignage des sens, ce qui est hallucination ou illusion de ce qui est réalité objective, c'est-à-dire pour échapper à une confusion effroyable où s'engloutirait toute certitude ?

Telles sont, je crois, les grandes questions dans lesquelles peut se résumer le programme de l'Occultisme scientifique. Mais celui-ci, avant de mettre la main à l'œuvre, a une précaution à prendre : se créer une méthode, une vraie méthode. Et par là j'entends d'abord qu'il devra commencer par arrêter avec précision et netteté la signification de ses termes techniques. Conçoit-on que l'anatomie et la physiologie auraient pu se constituer et se développer comme elles l'ont fait si les mots essentiels de leur langue, ceux, par exemple, qui désignent les différentes parties du corps et ses différents actes, étaient restés équivoques ou dépourvus de tout sens défini ? Non, sans aucun doute. De même, si les expressions antonymes *âme* et *corps*, *esprit* et *matière*, *psychique* et *physiologique*, et quelques autres encore, qui reviennent à tout instant sous la plume de nos occultistes, ne reçoivent pas au préalable une définition vraiment scientifique, les ténèbres que l'on veut dissiper, on ne fera que les épaissir davantage.

Cette œuvre préparatoire a été l'objet, de ma part, de plusieurs essais consciencieux, qui me semblaient dignes d'attirer l'attention plus qu'ils ne l'ont fait, et qui, pour être d'une date assez peu récente, ont assurément aujourd'hui plus d'actualité que jamais. En outre des aperçus ontologiques et psychologiques disséminés dans mon *Electrodynamisme Vital*, dans mon *Cours de Braidisme*, dans mes *Essais de Physiologie philosophique*, dans mes *Origines animales de l'Homme*, j'ai à signaler deux études spécialement consacrées au sujet transcendant dont il s'agit ici. C'est, par ordre de dates, une brochure imprimée en 1863 à Bruxelles (faute de s'être trouvé en France un imprimeur qui osât se charger de l'impression !) sous ce titre : Dieu, les Miracles et la Science, *lettre à M. Ad. Guéroult, à propos d'une discussion religieuse engagée entre lui et M. Renan*. C'est ensuite un Rapport à la Société médico-psychologique de Paris, intitulé : L'Ame devant la Science.

Un mérite, ou, si l'on veut, une particularité que l'on pourra difficilement contester à ces deux travaux, c'est qu'ils renferment un certain nombre de vues entièrement neuves sur des points capitaux de la science de l'homme, qui étaient tout au moins dignes qu'on les examinât, ce dont les critiques se sont généralement abstenus pour réserver toutes leurs trompettes à la louange de prétendus novateurs qui ne furent souvent que les mauvais copistes d'un pauvre diable d'inventeur dont il est convenu de ne jamais parler. Toutefois, à cette règle générale de mutisme et de déni de justice une honorable exception est à signaler. En consultant ces jours-ci le Grand Dictionnaire universel de Pierre Larousse, j'y ai rencontré deux longs articles, dont jusque-là j'ignorais l'existence, consacrés à mes deux ouvrages,

Essais de Physiologie philosophique et *La Philosophie physiologique et médicale à l'Académie de médecine*. Bien que non signées, ainsi que le sont d'ailleurs tous les articles du Larousse, j'ai reconnu dans ces deux études la plume savante et impartiale du directeur de l'*Année philosophique*. Ayant écrit à M. Fr. Pillon à ce sujet, pour lui offrir l'expression de mes sentiments, il a eu la bonté de m'adresser en réponse une lettre où il me signale, dans le même *Dictionnaire*, un troisième article me concernant, celui-ci relatif au mémoire susmentionné *L'Ame devant la Science*. Voici un passage de cette lettre :

« Dans ce même *Supplément* (le 2ᵉ Supplément au *Grand
» Dictionnaire* de Larousse), dit M. Pillon, j'ai exposé au mot
» ANCÊTRES (Culte des Ancêtres) vos vues sur l'origine des
» religions et sur le passage de la nécrolâtrie, selon vous primi-
» tive, à la physiolâtrie, à vos yeux dérivée. Je croyais bien
» sincèrement que la priorité de cette théorie appartenait à
» M. Spencer ; aussi ai-je écrit que vous l'aviez adoptée, mais
» que vous l'aviez « présentée à votre manière ». Comme elle
» est très importante, il me semble que vous feriez bien de
» réclamer et d'établir aussi clairement que possible votre
» priorité sur ce point de philosophie religieuse.... Il serait à
» désirer que la gloire qui s'attache à cette priorité fût attribuée
» à qui elle est due, et je ne serais pas fâché qu'elle pût
» être enlevée à l'Anglais Spencer et rendue au Français
» Durand.... »

Si, comme veut bien encore me l'apprendre M. Fr. Pillon, la théorie de M. Herbert Spencer a vu pour la première fois le jour dans le numéro de mai 1870 de la revue anglaise la *Fortnightly Review*, j'ai sur mon compétiteur une avance de plus d'une année. *Ma* première publication de la manière de voir qui m'est commune avec le célèbre philosophe anglais a eu lieu les 29 mars et 26 avril 1869 par la lecture en séance de la Société médico-psychologique de Paris (comme les procès-verbaux imprimés de la Société le constatent) du Rapport susvisé, où l'idée en question est très nettement formulée et longuement défendue. Ce mémoire a été imprimé, la même année 1869, dans les *Annales médico-psychologiques*, T. II de la 5ᵉ série, et il a été réimprimé textuellement dans mon *Ontologie et Psychologie physiologique*, Paris 1870.

Une citation de ce travail va convaincre les lecteurs qui connaissent la doctrine de M. Spencer sur l'évolution religieuse, que je ne me contente pas d'avoir la priorité sur lui, mais qu'en outre ma conception se distingue entièrement de la sienne quant au processus des métamorphoses de l'idée de Dieu, notamment pour ce qui est du passage du culte des morts au culte mythologique de la nature, et encore en ce point capital que ma théorie de cette évolution mène logiquement, toujours se fondant sur un même principe, de la conception polythéiste à la conception monothéiste, tandis que celle de M. Spencer *reste en route*, la transformation du polythéisme en monothéisme étant laissée chez lui sans explication. Nous sommes partis du même point (moi un peu avant lui), M. Spencer et moi, mais nous avons pris deux voies très différentes, et je crois qu'on n'aura pas de peine à voir que la mienne est la vraie, c'est-à-dire celle et la seule qui conduit à la solution du grand problème de l'histoire religieuse.

Le même écrit, on va pouvoir en juger, contient en outre toute une série d'autres vues non moins originales, et dont quelques-unes d'une portée plus grande encore, qui n'attendent que d'être rééditées sous un nom étranger ou par quelque grande notabilité dûment brevetée du monde philosophique, pour sortir tout à coup de leur obscurité, être proclamées par tous « très importantes », et constituer une « gloire » (je rappelle les mots de M. Pillon) pour le pseudo-inventeur et son pays....

Pressé par le temps, je me borne à recommander la lecture attentive de ce qui suit à tout homme pénétré de l'importance sans égale des questions qui y sont traitées, et j'adresse spécialement cette invitation à M. Pillon, ce maître de la critique philosophique contemporaine, si éminemment qualifié sous tous les rapports.

Les passages suivants sont extraits de mon mémoire intitulé :

L'Ame devant la Science (1), *Rapport à la Société médico-psychologique de Paris*, avec cette épigraphe :

> ...Tum cumprimis ratione sagaci
> Unde anima atque animi constet natura videndum.
> Lucrèce, L. I, V. 131.

....

« Croire que les morts survivent sous une forme invisible et peuvent exercer une action puissante sur nos destinées, telle est donc la foi religieuse première, telle est, dans son dogme essentiel et caractéristique, la vraie *religion naturelle*, c'est-à-dire celle qui se produit avec spontanéité et qui est commune à l'homme primitif de toutes les races, de tous les lieux et de tous les temps ; et enfin ce vieux dogme est encore, dans un état plus ou moins latent, plus ou moins voilé, au fond de toutes les religions artificielles et conventionnelles ultérieurement constituées, et il est en réalité tout ce qui y subsiste de véritablement religieux.

» Cette humanité occulte, ces ancêtres que la mort a pourvus d'une vie nouvelle et investis d'une puissance merveilleuse, deviennent l'objet d'une piété où le respect et la crainte l'emportent sur la tendresse ; on s'applique surtout à se concilier leurs faveurs, et, à cette fin, on en use avec eux comme avec les puissances de ce monde : on les traite en hommes, on flatte leur amour-propre en les qualifiant de *seigneurs* (on leur donne aussi, mais plus rarement, le nom de *pères*), et *seigneur, puissant, terrible, digne de vénération*, tel est en effet le sens de la plupart des appellations usitées dans les différentes langues pour désigner, soit le dieu-homme, le dieu-lare, le seul dieu de la foi primitive (2), soit Dieu et les dieux dans l'acception la

(1) Mon Rapport avait pour objet un ouvrage de M. Ramon de La Sagra, membre correspondant de l'Institut (*L'Ame, démonstration de sa réalité*, etc., 1 vol. in-18. Paris, 1868.), dont mes collègues de la Société médico-psychologique m'avaient chargé de leur rendre compte.

(2) *Lar*, nous dit M. Maury, dans son *Histoire des Religions de la Grèce*, signifiait au propre Seigneur, et, particularité remarquable,

plus vague. On institue, à l'intention de ces mystérieux protecteurs, ce qu'on appelle un *culte*, et qui consiste à leur rendre des honneurs, à les prier et à les louer, à s'incliner devant eux (1), à leur faire foi et hommage, et surtout à leur faire des offrandes. Et qu'étaient ces offrandes ? C'étaient des présents comme un vassal en offrirait à son seigneur d'ici-bas ; c'étaient des provisions de bouche et des boissons, des armes, des vêtements, des parures, etc.

» Je me demande comment la raison de nos hiérographes a pu accepter si facilement une hypothèse aussi invraisemblable, qui veut que les premiers hommes aient eu spontanément la pensée absurde, insensée, inexplicable, d'adresser des requêtes au soleil, à la lune, au jour, à la nuit, au courage, à l'amour, etc., et de servir à boire et à manger à de tels hôtes !

» Pour tout esprit voulant se donner la peine de réfléchir et voulant juger sans parti pris, il sera manifeste qu'un pareil culte ne pouvait avoir été imaginé et institué que sous l'empire d'une idée anthropolâtrique ; et que, pour en être venue actuellement à adresser à des objets inanimés, à des êtres de raison, à de purs concepts ontologiques, ce même culte évidemment destiné à des êtres humains, la religion devait avoir été jetée brusquement hors de sa voie et égarée par quelque méprise étrange. Or, sui-

ce mot, d'après M. Chavée (Voir *Lexiologie indo-européenne*), vient d'un radical aryaque *las*, qui, de même que *di*, radical de *deus*, *divus*, a le sens de briller. Et le mot *Manes*, les *Mânes*, ne signifie-t-il pas primitivement les *Bons*, les *Honorables*, et, plus anciennement encore, les *Brillants*, étant dérivé du même radical que *Mane*, matin, μήνη, *Moon*, la lune, etc. ?

(1) « Le mot religion, sur lequel on a débité tant de fadaises, ne
« signifie pas lien ou liaison, comme l'ont cru à première vue les
« étymologistes, qui se sont empressés de faire de religion le syno-
« nyme de sociabilité... *Religio* ou *relligio*, dont le radical *lig* repa-
« raît dans *p-lic-are*, *f-lec-tere*, *supp-lic-are*, ployer, courber, et par
« dérivation lier, est un vieux mot qui veut dire inclinaison du corps,
« révérence, courbette, génuflexion. On s'en servait exclusivement
« pour désigner l'hommage de l'homme à l'autorité divine. Les auteurs
« latins ne le prennent jamais dans un autre sens. » P.-J. PROUDHON
(*De la Justice dans la Révolution et dans l'Eglise*, I, p. 109).

vant toute apparence, voici comment se produisit ce déraillement complet de la tradition et de l'esprit religieux.

» Il s'agit là d'un phénomène moral des plus curieux et d'une importance historique immense ; et, encore une fois, je me demande avec étonnement comment il se peut qu'un pareil fait ait échappé jusqu'à ce jour à la sagacité des érudits.

» La croyance à la vie des morts — permettez-moi ce paradoxe, — et à leur intervention souveraine dans les affaires des vivants, étant générale et fortement enracinée chez l'homme primitif, celui-ci se laisse aller à la pente de rapporter à cette action occulte les divers effets naturels dont les causes correspondantes, véritables causes prochaines ou lointaines, sont encore pour lui un mystère profond et redoutable qu'il n'a pas eu l'idée, qu'il n'aura point surtout l'audace d'interroger avec sa raison. Alors ce sont les dieux, c'est-à-dire les morts, qui deviennent les auteurs de tout ce qui se voit, et auxquels tout est imputable, et le bien et le mal.

» L'idée de *dieu* prend de la sorte une extension dans le sens de *cause occulte*, de cause souveraine, de cause mystérieuse et toute-puissante ; et lorsqu'enfin la critique scientifique vient à naître et à faire briller une première lueur dans les ténèbres de l'esprit humain, alors, quand il s'agit d'exprimer la notion toute neuve de *cause naturelle*, c'est le mot *dieu* qui s'offre à cette physique vagissante comme le terme le moins impropre à rendre sa pensée (1).

(1) Les philosophes avaient d'ailleurs des raisons de prudence pour dissimuler leur conception de la cause naturelle ou rationnelle sous le nom protecteur de *dieu* ; ce mot était un sauf-conduit pour des doctrines de libre examen qui venaient disputer l'empire des intelligences à la foi aveugle. Elever au-dessus des Dieux une cause qui n'eût pas été dieu, c'eût été un blasphème qui ne fût point resté impuni. On sait par l'exemple d'Anaxagore, de Socrate et de quelques autres, à quoi l'on était exposé en faisant ouvertement de la physique ou de l'ontologie sans abriter ces spéculations sous le couvert de la théologie. Les métaphysiciens chrétiens durent recourir plus tard à la même supercherie (dont ils finirent par être dupes eux-mêmes) pour ne pas porter ombrage à la religion.

» Dans la croyance populaire, les Dieux, c'est-à-dire les morts, étaient jusque-là les seules causes, les seuls dieux ; c'est eux qui faisaient gronder le tonnerre, qui faisaient tomber du ciel les pluies bienfaisantes et aussi les grêles dévastatrices, qui faisaient le chaud et le froid, la pluie et le beau temps. Viennent les physiciens : ils découvrent un rapport de cause à effet, ou du moins un rapport constant d'antécédance et de conséquence entre certaines positions des astres et les phénomènes météorologiques et biologiques dont notre planète est le théâtre, et voilà qu'ils se prennent à penser et à affirmer que les dieux, les antiques dieux (c'est-à-dire les ancêtres, les morts) ne sont pas les seuls dieux (c'est-à-dire les seules *causes*) ; que le ciel et la terre, l'eau et le feu, que le soleil, la lune, les planètes, les étoiles, sont aussi des dieux (c'est-à-dire des causes, des agents), et les plus puissants de tous peut-être.

» Et qu'arrive-t-il alors ? Il arrive que le même mot servant à rendre banalement et la notion d'ancêtre, de mâne, de lare, de revenant, comme nous dirions de nos jours, et la notion de cause ou agent naturel, cette expression univoque enfante la plus gigantesque et la plus monstrueuse de toutes les équivoques. En caractérisant les agents de la nature par le mot *dieu*, le philosophe physicien rendait de son mieux l'idée de cause naturelle, idée qui n'était encore qu'en germe dans son entendement ; mais c'était bien véritablement et uniquement cette cause naturelle qu'il avait en vue de désigner, qu'il avait présente dans son esprit. Cependant, le vulgaire qui l'écoutait était loin de pouvoir s'élever à cette conception abstraite ; le physicien lui parlait du dieu Soleil, qui fait le jour, qui chasse la nuit, et répand sur la terre la chaleur féconde, et l'esprit de la foule nécrolâtre, à ce nom de *dieu*, évoquait spontanément, instinctivement, automatiquement, l'image d'un dieu lare, d'un dieu homme ; et, poursuivant cette méprise dans ses conséquences extrêmes, avec une rigueur de logique qui menait à l'abîme de l'absurde, la foule, pour la première fois, s'agenouillait devant ce dieu Soleil, dans lequel jusque-là elle n'avait vu qu'un disque lumineux, et ce disque lumineux, revêtu par l'imagination d'une nature et d'une personnalité humaines, recevait des hommages et des prières ; on lui adressait des sacrifices, on lui présentait sur une table, qu'on appelait l'autel, des viandes et des libations, comme à un dieu humain qui boit et qui mange !

» Voilà, Messieurs, la véritable origine du polythéisme naturiste. Le naturisme mythologique fut une conception raisonnée du monde, ce fut, à proprement parler, un système de physique générale, où les agents naturels sont appelés dieux, et où l'imagination religieuse, déroutée, affolée, voit un aréopage dont les décrets sont la loi de l'univers.

» Le passage du polythéisme naturiste au monothéisme ontologique n'est qu'un développement ou une forme nouvelle de la même erreur. La physique mythologique expliquait bien, dans une certaine mesure, les phénomènes par des causes secondes ; mais ses explications, renfermées dans l'ordre des faits partiels et spéciaux, ne pouvaient répondre à la véritable curiosité philosophique ; et lorsque celle-ci s'éveilla à son tour, elle se posa le problème de la raison absolue des choses dans ses termes radicaux : elle demanda un nouveau dieu, le dieu unique et tout-puissant, c'est-à-dire la cause des causes, la cause qui rendrait compte à elle seule de l'universalité des effets. Ce dieu suprême, les penseurs crurent le reconnaître dans le τὸ ἕν et le τὸ ὄν, c'est-à-dire dans la monade indivisible, dans le principe de la substance (1). Et le vulgaire, irrémédiablement imbu des originelles croyances nécrolâtriques, mit encore un visage humain à ce dieu unique de l'ontologie, comme il en avait mis un, autrefois, à chacun des dieux innombrables de la physique ; et ce concept de la plus transcendante métaphysique se transforma dans l'ima-

---

(1) Tennemann dit, à propos d'Anaximandre de Milet :

« La substance première est l'infini, ἄπειρον, contenant tout en soi, περιέχον, et qu'il nomme en conséquence le divin, τὸ θεῖον... » (*Manuel de l'histoire de la philosophie*, trad. Cousin, 2ᵉ éd., I, 90.) Le même auteur caractérise ainsi l'ontologie de Parménide, d'après Aristote : « Selon lui, tout est de la même nature ; tout est un, et cette unité [de nature] est Dieu : ἓν εἶναι τὸ πᾶν, ἓν τοῦτο καὶ πᾶν τὸν θεὸν ἔλεγεν. » (*Op. cit.*, I, 107).

gination des adorateurs en un personnage solitaire, souverain suprême du monde, qu'il crée, gouverne, détruit et reconstruit à sa guise, et tel, en un mot, que pourrait se concevoir le plus omnipotent et le plus irresponsable des despotes.

» Le polythéisme naturiste d'Homère et du Rig-Véda, et le monothéisme des métaphysiciens grecs, hindous et chétiens, ne sont donc respectivement qu'un système de physique et un système d'ontologie, c'est-à-dire deux ordres de conceptions qui, par la nature de leur objet et de leur domaine propre, n'ont rien de commun avec l'idée religieuse, cette idée dont l'essence est d'adorer, et dont l'adoration des morts semble avoir été partout et en tout temps la seule production spontanée.

» Adorer le soleil, adorer l'eau ou le feu, ou bien adorer le principe de la substance en soi, le *noumène de la substance*, τὸ ὄντος ὄν (Platon), c'est-à-dire adresser des supplications et des hommages à des êtres inanimés, ou, qui plus est, à des êtres impersonnels, non à des individualités, mais à des spécificités, et à des concepts d'une généralité absolue, tout cela est assurément une méprise prodigieuse ; le sentiment religieux, cela est évident, n'a aucunement affaire à de tels objets, ces objets-là ne sont pas les siens.

» Le temps me paraît venu pour la critique de mettre fin à une confusion qui, en unissant deux ordres d'idées tout différents, les dénature l'un par l'autre et leur fait porter des fruits monstrueux. Donc, quand M. R. de la Sagra, et, avec lui, tous les théologiens et les philosophes déistes, nous rappellent au culte de la divinité et jettent feu et flamme contre l'athéisme, il faut que ces messieurs s'expliquent enfin ; nous avons le droit de le leur demander : Le dieu qu'ils nous prêchent est-il le dieu de l'ontologie ? Dans ce cas, croire en Dieu ou n'y pas croire, est complètement indifférent à la religion et à la morale, et exiger l'adoration d'un tel dieu équivaut à exiger qu'on se prosterne soir et matin devant la loi de l'Attraction Universelle ou devant l'hypothèse de la Corrélation des Forces ; c'est insensé, rien de plus.

» Mais s'il ne peut plus s'agir du dieu ontologique, de quel dieu nous parlera-t-on alors? On nous parlera d'un dieu personnel, d'un dieu dont l'homme est l'image. Fort bien, mais pourquoi nous représenter ce dieu comme *unique ?* Ne savons-nous donc pas que l'*unicité* divine n'appartient en propre qu'au dieu de l'ontologie, et que, en séparant l'idée du dieu-personne de l'idée du dieu-substance, deux idées que vous aviez confondues en dépit de toute raison, le premier perd par cela même son attribut de singularité, puisqu'il l'avait emprunté au second par l'effet de cette confusion ?

» Cette confusion dissipée, nous nous trouvons en présence de deux conceptions originales : le Noumène général de la Substance, création de la métaphysique, — et les Dieux-hommes, ou Hommes-esprits, de la nécrolâtrie primitive ; — et quant à tout le reste, ce n'est plus qu'un résidu informe et sans valeur, un amas de quiproquos, de contre-sens et de non-sens.

» Le mot *âme* a partagé la fortune du mot *dieu*, il en a subi les vicissitudes ; et tandis que l'équivoque contenue dans le premier convertit inévitablement en logomachie la dispute entre les Théistes et les Athées, le second, grâce à une équivoque analogue, fait que la querelle du Spiritualisme et du Matérialisme n'est à son tour qu'une dispute de mots.

» Je viens de vous entretenir longuement de l'universalité de la croyance aux *âmes des morts* chez l'homme des premiers âges, croyance dont les racines sont si profondes et si vivaces dans notre nature, qu'elle a survécu à toutes les catastrophes religieuses, et tend à se reproduire spontanément et opiniâtrément jusque dans des sociétés dont le milieu devrait lui être le moins propice, jusqu'au sein de notre civilisation savante et sceptique, témoin le *spiritisme* contemporain.

» Or, quelle est l'origine de cette croyance? Une telle question n'a pas seulement de l'intérêt au point de vue de l'histoire et de la philosophie de l'esprit humain ; elle appelle aussi l'attention de l'anthropologiste, et par-dessus tout elle est du ressort de la psychologie physiologique, cette jeune science qui se cultive ici.

» La linguistique et l'hiérographie critique foisonnent d'indications lumineuses sur ce sujet ; mais je n'entreprendrai pas de vous les exposer en ce moment, ce serait une digression un peu trop longue ; je me contenterai de citer à ce propos le témoignage de deux ou trois auteurs anciens ou modernes.

» Voici d'abord un passage très explicite de Cicéron ; vous y trouverez, en outre d'une opinion très compétente sur la genèse des croyances nécrolâtriques, vous y trouverez, dis-je, une autre affirmation très nette de l'illustre Romain comme quoi de telles croyances furent au commencement l'unique foi religieuse ayant cours chez les Latins et chez les Grecs. Cicéron s'adresse à Atticus :

« Pour appuyer l'opinion dont vous demandez à être con-
» vaincu, j'ai à vous alléguer de fortes autorités, espèce de
» preuve qui, dans toute sorte de contestation, est ordinaire-
» ment d'un grand poids. Je vous citerai d'abord toute l'anti-
» quité. Plus elle touchait de près à l'origine des choses et aux
» premières productions des dieux, plus la vérité peut-être lui
» était connue. Or, la croyance générale des anciens, des *vieux*
» (*cascos*), comme disait Ennius, était que la mort n'éteint pas
» tout sentiment, et que l'homme, au sortir de cette vie, n'est
» pas anéanti. Quantité de preuves, et surtout le droit pontifical
» et les cérémonies sépulcrales, ne permettent pas d'en douter.
» Jamais des personnes d'un si grand sens n'auraient révéré
» si religieusement les sépulcres, ni condamné à des peines si
» graves ceux qui les violent, s'ils n'avaient été bien persuadés
» que la mort n'est pas un anéantissement, mais que c'est une
» sorte de transmigration, un changement de vie qui envoie au
» ciel et hommes et femmes d'un rare mérite, tandis que les
» âmes vulgaires sont retenues ici-bas, mais sans être anéanties.
» Plein de ces idées, qui étaient celles de nos pères, et confor-
» mément à l'opinion régnante, Ennius a dit :

   Romulus in cœlo cum diis agit ævum.

....

» Si je fouillais dans l'antiquité, et que je prisse à tâche

» d'approfondir l'histoire des Grecs, nous trouverions que ceux
» mêmes d'entre les dieux à qui l'on donne le premier rang,
» ont vécu sur la terre avant que d'aller au ciel. Informez-vous
» quels sont ceux de ces dieux dont les tombeaux existent en
» Grèce. Puisque vous êtes initié aux mystères, rappelez-vous-
» en les traditions. Vous tirerez de là vos conséquences. Car,
» dans cette antiquité reculée, la physique n'était pas connue :
« elle ne l'a été que longtemps après, en sorte que les hommes
» bornaient alors leurs notions à ce que la nature leur mettait
» devant les yeux, et ils ne remontaient point des effets aux
» causes. Ils étaient souvent en proie à des visions, la plupart
» nocturnes, qui leur faisaient voir ceux qui étaient morts tels
» que s'ils vivaient (1). » (*Tusculanes*, I, §§ XII et XIII.)

» Lucrèce exprime les mêmes opinions; dans les vers suivants, il signale les visions, nocturnes ou diurnes, de fantômes humains, comme la source de la croyance aux dieux :

> Quippe etenim jam tum Divûm mortalia secla
> Egregias animo facies vigilante videbant,
> Et magis in somnis mirando corporis auctu :
> His igitur sensum tribuebant propterea, quod
> Membra movere videbantur, vocesque superbas
> Mittere pro facie præclara, et viribus amplis.

» Eh quoi ! l'hallucination, serait-ce donc là la source d'où découleraient les croyances religieuses :

Egregias animo facies vigilante *videbant !*

et la religion aurait-elle pour base un fait de pathologie ?

» Cette question, Messieurs, est de votre ressort s'il en fut jamais ; et je puis ajouter qu'elle a été indiquée, je dirai même posée, dans le traité des *Hallucinations* que nous devons à la plume savante d'un de nos collègues, M. Brierre de Boismont.

» Voici encore quelques vers du grand poète penseur où,

---

(1) ..... *Visis quibusdam sæpe tenebantur, hisque maxime nocturnis, ut viderentur ii, qui excesserant, vivere.*

après avoir suggéré que l'idée des dieux était née de l'idée des fantômes humains, il explique comment, dans leur entière ignorance des causes naturelles, les hommes en étaient venus à attribuer à de tels dieux toutes les opérations de la nature :

> Præterea cœli rationes ordine certo,
> Et varia annorum cernebant tempora verti :
> Nec poterant quibus id fieret cognoscere causis ;
> Ergo perfugum sibi habebant omnia Divis
> Tradere, et illorum nutu facere omnia flecti.
>   (*De nat. rer.*, l. V, v. 1168 et sqq.)

» Les mots qui expriment aujourd'hui nos abstractions les plus subtiles n'ont été employés primitivement que pour représenter des notions d'ordre concret et tout matériel. Le mot *âme* et ses équivalents de notre langue (*esprit*, par exemple) ou des autres langues, tels que *anima, animus* (transcription latine de ἄνεμος), *spiritus*, ψυχή, πνεῦμα, *atma*, âme (mot sanscrit allié au grec ἀτμὸς, vapeur), etc., impliquent tous l'idée de souffle ; et il n'est pas douteux que l'idée de l'âme et de l'esprit ne se réduisit à cette idée de souffle pour les psychologues de la première époque.

» Ces observateurs identifiant l'essence de la vie et de la pensée avec le phénomène de la respiration, et, d'autre part, ayant à concilier le fait patent, irrécusable de la décomposition du corps mort, du corps privé de souffle, privé d'âme, avec la croyance aux apparitions des morts, c'est-à-dire à la vie persistante de ceux dont le cadavre était là gisant inanimé, ou, qui plus est, dissous et réduit en un monceau de cendres, — ils imaginèrent que le souffle, que l'âme est un quelque chose qui abandonne le corps au moment du trépas pour s'en aller vivre ailleurs de sa vie propre. Ce quelque chose, cet esprit, cette âme était en quelque sorte un corps dans un autre corps, c'était même là le vrai corps, ce corps incorruptible et glorieux dont il est parlé dans saint Paul ; et le phénomène de la mort n'était autre chose, dans une telle conception, que la mise en liberté de ce corps subtil, de cet εἴδωλον (suivant le parler des Grecs) retenu durant la vie, véritable période de captivité, dans les liens du corps périssable, une vraie prison (1).

» Telle est, en deux mots, la notion religieuse de l'âme, telle est l'âme de l'eschatologie hiératique. Je le répète, dans cet ordre de conceptions, l'âme, c'est l'homme lui-même, l'homme tout entier, l'homme dans l'intégrité parfaite de ses facultés actives et passives, l'homme en pleine possession de son être sensoriel et mental, en possession de toute son économie d'organes et de fonctions, et conservant son visage et son entière figure de personne humaine. Ce que nous appelons le corps, ce que la mort détruit, ne constitue qu'une sorte de revêtement du corps perpétuel, une enveloppe où l'âme est passagèrement renfermée, telle que le papillon dans la chrysalide.

» Ainsi entendue, l'âme ne diffère donc du corps proprement dit qu'en ce qu'elle serait formée d'une autre sorte de matière ; au fond, son organisation serait la même. Séparée du corps périssable, cette âme vivrait dans un milieu et dans des conditions physiologiques analogues au milieu et aux conditions de vie de ce que nous appelons l'existence corporelle. Séparée, délivrée de son corps éphémère, l'âme boirait et mangerait, de même qu'elle continuerait à sentir, à penser, à se mouvoir et à agir ; seulement, ses aliments et ses boissons, bien que forcément matériels, seraient d'une matière subtile, homogène à celle de l'âme elle-même.... Et c'est dans le but de subtiliser les offrandes faites à ces âmes détachées de l'enveloppe mortelle, et d'approprier ces offrandes aux organes *spirituels*, que l'on imagina de les brûler sur l'autel. *Agni*, c'est-à-dire le feu (*ignis*),

---

(1) *Non est quod ad sepulchrum filii tui curras; pessima ejus et ipsi molestissima istic jacent, ossa cineresque : non magis illius partes, quam vestes, aliaque tegumenta corporum. Integer ille, nihilque in terris relinquens, fugit et totus excessit : polumque supra nos commoratus, dum expurgatus, et inhærentia vitia omnis mortalis ævi excutit, deinde ad excelsa sublatus, inter fœlices currit animas, excipitque illum cœtus sacer, Scipiones, Catonesque, utique contemptores vitæ, et mortis beneficio liberi.* SÉNÈQUE. (*De consolatione ad Marciam.* CAP. XXV.)

qui remplissait cet office, a obtenu, à cause de cela, le titre de *grand sacrificateur* dans les *mandalas* védiques.

» Cédons pour un moment la parole sur ce sujet à notre éminent collègue, si savant et si autorisé, M. Alfred Maury :

« Les Grecs pensaient, dit-il, qu'après que le cadavre avait
» été brûlé, l'ombre (εἴδωλον) survivait à la destruction de l'en-
» veloppe matérielle, et se rendait seule dans Hadès. Cet
» εἴδωλον était une simple apparence qui reproduisait la forme
» du corps vivant, mais qu'on supposait formée d'une matière
» subtile et déliée. » (*Histoire des Religions de la Grèce*, t. I, p. 333.)

» L'auteur ajoute en note :

« L'idée de cet εἴδωλον semble être suggérée par les fantômes
» du rêve (voy. à ce sujet Lucrèce, I, 121 ; Virgile, *Énéide*,
» VI, 654 ; Apulée, *Apologétique*, p. 315 ; Salluste, *de Diis et*
» *Mundo*, 19 ; Olympiodore, *Ap. Platon.*, édit. Bekk., t. V.,
» p. 248, note 1) ». (*Op. cit., ibid.*)

» L'auteur fait encore, à ce même propos, cette autre remarque :

« Dans le principe, on brûlait la totalité de la victime… la
» victime étant donnée en entier à la divinité, la flamme devait
» en consumer complètement la chair, afin que celle-ci pût en
» respirer la fumée et s'en nourrir d'une manière en quelque
» sorte invisible….. Le feu devenait le moyen par lequel la
» chair de la victime était transformée en un aliment que peut
» prendre un être céleste et invisible. Car telle est l'idée que les
» anciens se faisaient de la nourriture des dieux, et que l'on
» retrouve chez les Aryas, presque à chaque verset du Véda.
» Agni, le feu, dévore l'offrande, et la fait passer aux dieux,
» auxquels elle est destinée. » (*Op cit,*, t. II, pp. 83 et 84.)

» Cette physique hiératique de l'âme et d'un *autre monde* s'est formulée partout spontanément et a eu universellement cours, de même que le simple fait de croire aux esprits et à la vie future. Cette théorie qui fut, à n'en pas douter, le fond commun des doctrines proprement religieuses de l'Asie, de l'Egypte et de l'Europe, se retrouve dans tous ses développements didactiques, jusque chez les Peaux-Rouges de l'Amérique du Nord, et, on peut ajouter, jusque chez les fétichistes les plus sauvages des deux hémisphères. Nous trouvons sur ce sujet les détails les plus instructifs dans une conférence faite à l'Institut Royal d'Angleterre par M. Edward Burnet Tylord ; je crois pouvoir me permettre de vous en citer le passage le plus important, malgré la longueur de ce morceau.

« Nous savons tous », dit M. Burnet Tylor, « quelle terreur
» sincère et profonde les fantômes causent aux sauvages. Sou-
» vent on peut dire sans hyperbole qu'ils craignent plus un
» homme après sa mort que pendant sa vie. L'idée que le sau-
» vage se fait d'une ombre est à peu de chose près celle que s'en
» fait de nos jours même un paysan anglais : c'est un fantôme
» léger qui va de place en place ; il ressemble, quand on le peut
» voir, à la personne à qui il appartenait ; mais souvent il est
» invisible, bien qu'il soit capable de frapper et de faire entendre
» des sons. La notion de l'ombre se confond d'une manière
» presque inséparable avec celle de l'esprit ou âme, du souffle
» et du sang, de ces choses insaisissables qui suivent l'homme
» et lui ressemblent, une ombre, par exemple, et son visage
» reflété dans l'eau. Une telle idée de l'ombre conduit assez
» facilement à penser qu'en tuant un homme, vous pouvez
» affranchir son ombre et l'envoyer où il vous plaît. C'est ce que
» fait le roi de Dahomey, quand il envoie chaque jour un
» homme à son père dans la terre des ombres. Les Gètes, sui-
» vant Hérodote, envoyaient tous les cinq ans un homme à leur
» dieu Zamolxis et le chargeaient de leurs messages ; ils le
» lançaient en l'air et le recevaient sur la pointe de leurs lances.
» Dans l'Inde anglaise, il y a environ quatre-vingts ans, on
» rapporte que deux Brahmanes, croyant qu'un homme leur
» avait volé quarante roupies, prirent leur propre mère et lui
» coupèrent la tête, afin que son ombre pût tourmenter et pour-
» suivre jusqu'à la mort leur voleur et sa famille : la vieille
» femme elle-même se prêta à cette singulière vengeance. Ce

» n'est pas là un cas isolé ; il se rattache à des pratiques indien-
» nes bien connues.

» Nous rencontrons encore, dans presque tous les pays du
» monde, à des époques différentes, un usage qui s'accorde
» parfaitement avec cette opinion : c'est celui qui consiste à tuer
» des hommes et des femmes sur la tombe des morts. Dans une
» des îles de la mer du Sud, on passe une corde au cou de la
» femme lors de son mariage, et, quand elle perd son mari, on
» l'étrangle pour délivrer son âme, afin qu'elle puisse accompa-
» gner le mari dans la terre des ombres, prendre du poisson pour
» lui et lui faire cuire ses patates. Les Daïaks de Bornéo aiment
» par-dessus tout tendre des embûches à leurs ennemis et rap-
» porter leurs têtes sous leurs cabanes..... Leur intention, en
» agissant ainsi, est de s'assurer des esclaves dans l'autre monde.

» Ces usages sont l'application d'une théorie des esprits, qui,
» si elle est grossière et fausse, se comprend cependant. C'est
» par une raison analogue qu'on tue, non seulement les femmes
» et les esclaves du mort, mais aussi ses chiens et ses chevaux,
» pour les ensevelir avec lui ou les brûler sur son tombeau.
» L'ombre de l'homme montera l'ombre du cheval dans la terre
» des ombres, et l'ombre du chien poursuivra une ombre de
» gibier ; ou bien, comme au Mexique, le chien devait porter
» son maître au delà de la rivière qui sépare le monde des
» vivants du monde des morts. Au Groenland, on plaçait une
» tête de chien près de la tombe d'un petit enfant, afin que
» l'âme du chien, animal qui trouve toujours son chemin pour
» revenir au logis, pût guider dans la terre des esprits l'enfant
» abandonné.

» Mais quand on ensevelit ou qu'on brûle pour les morts des
» objets inanimés, et non pas des hommes ou des animaux
» seulement, quel est la raison de cet usage ? Quand les tribus
» de chasseurs de l'Amérique du Nord donnent au mort pour
» compagnon son cheval favori, et enterrent avec lui son arc et
» ses flèches ; quand les tribus de pêcheurs ensevelissent le
» mort dans son canot en mettant à côté de lui sa rame et son
» harpon, quelle différence pouvons-nous distinguer dans l'in-

» tention qui fait offrir les objets inanimés et les objets animés ?
» Ne doivent-ils pas également servir à leur propriétaire ? Quand
» les femmes d'un chef mort et ses esclaves, ses chevaux, ses
» armes, ses vêtements et ses ornements, sont sans distinction
» ensevelis avec lui ; quand on dépose des aliments à côté du
» mort et qu'on les renouvelle tous les mois ; quand on donne
» au petit enfant ses jouets ; quand on met le calumet dans la
» main du guerrier mort, afin qu'il puisse le présenter en signe
» de paix, tandis qu'on dépose à ses côtés une provision de
» couleurs pour qu'il puisse se peindre et se présenter avec une
» parure convenable aux guerriers ses frères ; dans ces cas-là,
» et dans une foule d'autres, on suppose que l'esprit des morts
» se servira des esprits des hommes, des animaux, et même des
» esprits des armes, des vêtements et des aliments enterrés avec
» lui.

» Nous devons donc supposer que les sauvages attribuent aux
» objets inanimés eux-mêmes quelque chose d'analogue aux
» esprits et aux ombres ; et c'est ce qui a lieu en effet. Il est
» reconnu que les habitants du Fidji attribuent des esprits aux
» objets dépourvus de vie. Ils pensent qu'on peut voir les âmes
» des canots, des maisons, des plantes, des vases brisés et des
» armes descendre la rivière de la mort et se diriger vers la
» terre des âmes. Si nous passons dans l'Amérique du Nord,
» nous y trouvons cette même idée : on y croit, non seulement
» que les âmes sont comme des ombres, et que tout dans l'uni-
» vers est animé, mais encore que les âmes des hachettes, des
» pots et de semblables objets doivent, aussi bien que celles des
» hommes et des animaux, franchir l'étendue d'eau qui sépare
» leur séjour dans cette vie du grand village où le soleil se
» couche à l'Occident lointain. Nous ne devons pas nous atten-
» dre à ce que les esprits des armes et des pots auront autant de
» vitalité et une existence aussi distincte, dans la philosophie
» sauvage, que les esprits des hommes et des chevaux. Les
» objets inanimés ne donnent pas ces signes d'existence que
» présentent chez les animaux et les hommes la respiration,
» les sens, l'activité libre et volontaire ; mais cependant ils ont

» aussi leur ombre, comme nous l'apprend le conte nouveau-
» zélandais de *Te-Kenawa* : cet homme offrit aux fées son
» collier et ses pendants d'oreilles; elles en prirent les ombres
» et lui en laissèrent la substance. Les objets ont aussi une
» propriété qui s'accorde avec ce que les sauvages pensent de
» la nature des ombres : leurs fantômes impalpables peuvent
» se montrer bien loin du lieu où demeure leur substance
» réelle; ils apparaissent dans les rêves et les hallucinations,
» que les sauvages regardent comme des événements réels.

» Une étude superficielle du spiritualisme des sauvages a
» souvent conduit à croire qu'il provenait d'une corruption des
» croyances de races plus cultivées; mais une étude plus appro-
» fondie des faits tend à montrer qu'une telle supposition inter-
» vertit l'ordre réel des faits..... L'histoire des offrandes funé-
» raires dont nous venons de parler montre de la façon la plus
» intéressante les transformations d'une cérémonie qui tire son
» origine d'une philosophie sauvage et grossière, et qui finit
» par devenir une pure formalité symbolique. Aux yeux des
» Aryas védiques, c'était une chose tout à fait raisonnable de
» brûler les instruments des sacrifices et du culte avec le corps
» du prêtre mort, afin qu'il pût s'en servir dans l'autre monde ;
» mais l'Hindou de notre temps se contente de jeter un fil de
» laine sur le gâteau funéraire qu'il offre à son père, en disant :
« Puisse ce vêtement tissé de laine être une offrande agréable
» à tes yeux! » Nous pouvons apprendre, dans Ovide, com-
» ment les offrandes d'aliments faites aux morts, qui n'étaient,
» aux époques primitives, qu'une pratique sauvage, s'étaient
» transformées de son temps en une simple cérémonie par
» laquelle s'exprimaient des sentiments d'affection.....

» Nous pouvons voir que les premiers chrétiens avaient
» conservé la coutume païenne d'ensevelir des ornements avec
» les morts, de mettre des jouets dans le tombeau des enfants,
» faisant justement la même chose qu'une Indienne peau-rouge.
» Les Chinois ont conservé la coutume antique d'honorer les
» morts par des présents de vêtements et d'argent; mais l'ar-
» gent que dépose le Chinois sur le corps de son père n'est

» qu'une monnaie de carton recouverte d'une feuille d'argent ; il
» brûle cette pièce, afin que son père puisse en recevoir l'ombre
» et la dépenser dans l'autre monde. Ce même Chinois pré-
» parera un festin pour les âmes de ses ancêtres morts ; il
» attendra avec ses amis, pendant un temps suffisant, que les
» ombres de ses aïeux aient consommé l'ombre des aliments.....
» Si nous voulons voir plus près de chez nous une coutume
» analogue, nous n'avons qu'à passer en Bretagne. Là, le soir
» de la fête des Morts, nous trouverons le feu allumé, le foyer
» balayé, et le souper servi, pour que les âmes des morts vien-
» nent en prendre leur part. Et quand nous voyons une cou-
» ronne d'immortelles déposée sur une tombe, ou un bouquet
» de fleurs fraîches jeté dans la fosse encore ouverte, l'histoire
» des offrandes funèbres nous permettra de reconnaître ce que
» nous n'aurions guère deviné sans un pareil secours, c'est-à-
» dire que nous voyons là un vestige des croyances des plus
» grossiers sauvages... » (*Revue des Cours Scientifiques* du 5 octobre 1867.)

» Après avoir essayé de faire comprendre, à l'aide de développements qui paraîtront peut-être démesurés, quelle fut l'idée
attachée primitivement au mot *âme* et restée la seule signification de ce mot dans toutes les doctrines religieuses où il n'a pas
perdu encore toute valeur, je vais indiquer les transformations
que la philosophie biologique et la psychologie métaphysique
ont fait subir depuis à cette conception.

» L'animisme physiologique des scolastiques, celui de Stahl
et de ses modernes disciples, M. Tissot et M. Bouillier, procède
immédiatement et intimement de cette théorie, naïve si l'on
veut, erronée peut-être, mais assurément conséquente, raisonnée, intelligible, que M. Tylor vient de nous exposer avec
de si intéressants détails. Stahl, ses prédécesseurs et ses successeurs, entendent par l'âme une forme virtuelle de l'organisme, ou plutôt un organisme composé d'une substance *pneu-
matique*, *spirituelle* au sens religieux, qui résiderait dans
l'organisme visible, lui donnerait sa structure et lui imprimerait

le mouvement de la vie végétative : *Anima forma corporis organici*, a dit saint Thomas.

» La filiation de ce corollaire physiologique de la théorie hiératique de l'âme, et sa métamorphose psychologique consécutive, ont été assez bien comprises par les philosophes de Port-Royal ; leur *Logique* contient sur ce sujet un passage remarquable que je crois devoir reproduire :

« L'homme », y est-il dit, « ayant reconnu qu'il y avait
» en lui quelque chose, quoique ce fût, qui faisait qu'il se
» nourrissait, et qu'il croissait, a appelé cela *âme*, et a étendu
» cette idée à ce qui est de semblable, non seulement dans les
» animaux, mais même dans les plantes. Et ayant vu encore
» qu'il pensait, il a encore appelé du nom d'âme ce qui était en
» lui le principe de la pensée. D'où il est arrivé que par cette
» ressemblance de nom, il a pris pour la même chose ce qui
» pensait et ce qui faisait que le corps se nourrissait et crois-
» sait. » (*Logique* de Port-Royal, 1ʳᵉ part., ch. xi.)

» Ces considérations nous indiquent le double passage du mot âme de son sens hiératique originel à sa signification psychologique et ontologique à travers la conception biologique de Stahl et de saint Thomas.

» L'âme de la psychologie métaphysique est à l'âme des doctrines religieuses ce que le Dieu de l'ontologie est au Dieu de ces mêmes doctrines : entre ces deux notions de l'âme, il y a un abîme. Et maintenant, comme l'équivoque du mot vient inévitablement mêler à l'idée de l'âme ontologique, c'est-à-dire à l'idée du *sujet*, du *moi*, les attributs disparates de l'âme hiératique, de là s'ensuit cette confusion, cette cacophonie désespérante dans laquelle les soi-disant spiritualistes et les soi-disant matérialistes crient à qui mieux mieux sans parvenir à s'entendre les uns les autres, sans réussir, qui pis est, à s'entendre eux-mêmes !

» Pour la psychologie d'observation pure, pour la psychologie de l'école anglaise, par exemple, l'âme, c'est le faisceau un et multiple des facultés de sentir et de penser envisagées dans leurs manifestations seulement. Allant au delà des simples phénomènes de la sensation et de la pensée, la psychologie ontologique, la psychologie des vrais métaphysiciens, des Descartes, des Leibniz, s'applique à pénétrer la cause et l'essence de ces phénomènes, à discerner et à déterminer la nature du pouvoir constant dont ils émanent ; elle arrive à se faire une conception intuitive de ce pouvoir, qu'elle appelle l'âme, et cette conception, saisie dans son expression irréductible, s'offre sous deux aspects complémentaires : l'idée du *sujet* ou du *moi*, et l'idée d'un *centre dynamique* inétendu. Les spéculations de cette psychologie ont dès lors pour but de déterminer les rapports dynamiques et géométriques qui rapprochent, dans un conflit incessant et nécessaire, ces deux termes opposés du dualisme ontologique : le *moi* et le *non-moi*, le *sujet* et l'*objet* ; la force simple, une, inétendue, et le composé étendu des forces multiples, — antithèse qui se résume encore dans ces deux mots : *esprit* et *matière*.

» N'est-il pas évident que la psychologie hiératique de l'εἴδωλον, pour qui l'âme est un corps véritable, un organisme, et qui, par esprit, *spiritus*, πνεῦμα, n'entend pas autre chose qu'une substance étendue, subtile autant qu'on voudra, gazéiforme, suivant l'expression de M. Maury, mais dans tous les cas matérielle, nécessairement matérielle, — et la psychologie des métaphysiciens, qui est une analyse mathématique transcendantale du principe de la conscience ou subjectivité, et pour laquelle ce principe, qui est aussi l'*âme* ou l'*esprit*, est un concept de l'immatériel ; — n'est-il pas, dis-je, évident que ces deux psychologies n'ont rien de commun entre elles, qu'elles n'ont rien, rien absolument, de commun que des mots ?

» Quelle sera donc cette âme qui fait le sujet du violent débat où la conscience publique se voit partagée et déchirée, pour ainsi dire, entre le prétendu spiritualisme et le prétendu matérialisme ? Quand les soi-disant spiritualistes font un si grand crime à leurs adversaires de nier la réalité ou l'immortalité de l'âme, n'auraient-ils donc, par hasard, aucune idée de ce qu'ils entendent reprocher aux matérialistes ? Et quand ceux-ci acceptent le reproche avec un si arrogant défi, ou bien se donnent tant de soins et font tant d'efforts pour s'en disculper, n'auraient-ils, eux non plus, aucune notion précise de ce qui est en cause dans la querelle à laquelle ils prennent si vivement part ?

» Si nous allons au fond de cette dispute passionnée où les deux partis se démènent à l'envi dans le galimatias, nous reconnaîtrons que l'âme dont le problème soulève tant d'obscures colères, ce n'est pas l'âme des philosophes, mais l'âme de la physique religieuse, l'âme de l'eschatologie hiératique, l'âme-εἴδωλον, l'âme du sauvage et du charbonnier. En elle-même, l'âme de l'ontologie n'est certes pas un sujet de nature à soulever de telles tempêtes. Ce dont il s'agit donc dans cette controverse furieuse, c'est de cette âme dont la question est en définitive d'un si souverain intérêt pour l'individu et pour la société, de cette âme qui assurerait à la personne de chacun de nous la continuation et la possession de soi-même en dépit de la mort, et permettrait à la justice distributive de lui faire récolter dans une autre vie le fruit légitime, doux ou amer, de ses œuvres d'ici-bas. En un mot, la discussion roule en réalité sur l'âme *matérielle*, qui est, je l'admets, un sujet légitime d'examen ; mais pour démontrer l'existence et l'éternité de cette *âme matérielle*, que fait-on ? On invoque les arguments dont les métaphysiciens se servent pour démontrer leur *âme immatérielle*, qui est tout autre chose ! et telle est la folie que je dénonce.

» Les métaphysiciens prêtent les mains à cet abus : l'eschatologie religieuse usurpe les titres de l'ontologie et s'en fait un faux passe-port, sans qu'ils protestent ; ils jugent sans doute que les intérêts de la religion et de la morale autorisent cette pieuse fraude. Mais combien ils se trompent ! ils perdent ce qu'ils veulent sauver, ils préparent la ruine de ce qu'ils croient consolider. En prêtant aux croyances religieuses et morales l'appui d'une démonstration de l'éternité de l'âme, qui n'a aucune valeur pour ces croyances si ce n'est grâce à une équivoque, la métaphysique donne à ces croyances une sécurité funeste ; elle les détourne de se chercher elles-mêmes leurs principes propres, de se creuser de fermes fondements, et par là elle condamne l'édifice à crouler tout d'un coup le jour inévitable où la critique fera disparaître l'illusion sur laquelle était étayé cet édifice.

» Qu'on le sache bien : les vérités établies par la psychologie ontologique n'apportent ni preuve ni présomption en faveur de la doctrine de l'immortalité de l'âme au sens que la religion et les moralistes attachent à cette formule. Permettez-moi d'entrer dans quelques explications à ce sujet.

» Au point de vue de l'analyse métaphysique, l'âme, autrement dit le pouvoir conscient, le pouvoir de sensation et de pensée (1), nous est représentée objectivement, c'est-à-dire en tant qu'objet de conception considéré dans ses relations avec l'espace, par la notion de la *monade* ou atome absolu. Cette assimilation entre l'âme et la monade une fois admise, il est évident que l'âme est indestructible, l'atome absolu, la monade ne pouvant être détruite, puisqu'elle ne peut être divisée.

» Cependant, si ce pouvoir individuel de conscience constitue une individualité et une identité indéfectibles, il n'est dans cette condition que comme *substance*; en tant que *forme*, il est assujetti au contraire à des altérations continuelles et sans limite. Je vais tâcher de me faire comprendre en me servant d'une comparaison.

» Soit une certaine molécule d'eau individuelle, une goutte d'eau que j'ai là sous les yeux. Cette goutte d'eau est sans doute identique à elle-même, c'est-à-dire qu'elle constitue une certaine portion de la matière absolue, qu'elle sera toujours, et quoi qu'il arrive, cette certaine partie de la matière absolue, et qu'elle n'en sera jamais *une autre* partie. Bref, cette goutte d'eau, que voilà, est une certaine goutte d'eau, et elle ne sera jamais *une autre goutte d'eau qu'elle-même*, c'est de toute évidence.

» Mais nous faisons baisser la température jusqu'au-dessous de zéro, et notre goutte d'eau devient une perle de glace ; est-ce donc toujours là notre même goutte d'eau ?

» Non ; de goutte d'eau, il n'en existe même plus ; nous n'avons plus d'eau, nous avons de la glace. Et pourtant je suis

(1) « J'appelle âme ce qui est en nous le principe de la pensée. » PORT-ROYAL. (*Logique*, I, xij.)

encore en droit de dire que c'est toujours *la même* partie de la matière absolue que nous avions et avons là devant nous !

» La goutte d'eau individuelle dont il s'agit a cessé d'être comme goutte d'eau, mais elle continue à être, et à être *elle-même*, identique à soi, en tant que portion donnée de la matière absolue, en tant que matière pure. N'est-ce pas vrai ? Oui, sans doute, cela est vrai et cela est clair ; et cette conclusion, techniquement exprimée, s'énonce en disant que la goutte d'eau, en devenant glace ou vapeur, perd son *identité formelle*, mais que son *identité substantielle* reste intacte.

» Pareillement de l'âme, de l'âme au sens ontologique, s'entend. Comme monade, c'est-à-dire comme partie infinitésime individuelle de la substance absolue, son identité est inamissible, elle est immuable dans son *identité substantielle ;* mais sera-t-elle donc également immuable dans son *identité formelle ?*

» Par l'identité formelle de l'âme, nous entendons cet ensemble, cette combinaison et ce concours actuels de dispositions sensorielles, intellectuelles et morales, de connaissances, de souvenirs et d'affections particuliers qui font que notre être psychique a une autre forme, une autre physionomie, une autre manière d'être actuelle que celle qui caractérise notre voisin. Or, quoi de plus instable, Messieurs, que cette identité formelle du moi ? Ne se modifie-t-elle pas, ne se détruit-elle pas à tous les instants ? suis-je donc à l'âge de quarante ans celui que j'étais à l'âge de quarante mois ?

» L'état actuel de l'âme, son identité formelle, est le produit, est le reflet des conditions mouvantes de son milieu, surtout de ce milieu prochain que nous nommons l'*organisme*.

» Oui, c'est ce milieu qui détermine tous les états, toutes les formes variables de l'âme, tout comme les conditions actuelles de la température ambiante déterminent inévitablement l'un ou l'autre des trois états physiques — solide, liquide et gazeux — dans l'identité chimique constante exprimée par le symbole HO.

» Ainsi, ce sont les dispositions du milieu, du milieu prochain ou le corps, et du milieu médiat ou monde ambiant, qui impriment à toute âme individuelle son cachet propre, qui font qu'elle est présentement âme humaine et non âme de bête, qu'elle est âme d'un Washington et non point âme d'un Napoléon ; âme d'un Newton, d'un Leibniz, d'un Charles Fourier, et non âme de ce qu'on appelle aujourd'hui « un petit-crevé », et *vice versa*.

» Or, Messieurs, je vous le demande, quel changement plus grand, plus radical que celui qui, tout à coup, fait passer une âme du corps d'un homme bien constitué et bien sain dans le chaos de la matière inorganique ! quel changement de milieu plus profond pour l'âme que celui que lui apporte la catastrophe de la mort ! Une altération relativement nulle survenue dans l'arrangement normal des molécules du cerveau suffit souvent pour changer la *forme* de notre âme au point de lui ôter tout caractère humain et de la faire descendre jusqu'à ces plus bas échelons de l'animalité, où la vie psychique semble être un continuel sommeil : que restera-t-il donc à cette âme, dites-le moi, que lui restera-t-il de sa présente identité formelle, de ses traits caractéristiques actuels, quand le corps actuel tout entier se sera dissous (1) ?

(1) L'âme ou monade, considérée abstraction faite du corps, abstraction faite de la matière ambiante, c'est-à-dire de l'agglomération des autres monades qui l'entourent, se présente à notre conception comme illimitée dans l'exercice de ses virtualités, dans l'expansion de ses forces, comme dans un *état formel* parfait. Jamais elle ne saurait atteindre à cette condition toutefois, sans doute parce qu'elle ne peut pas plus être isolée réellement de la matière que le point mathématique ne peut être réellement isolé de tout autre point. Mais, bien que condamnée à ne devoir parvenir jamais à cette perfection absolue, l'âme s'en rapproche de plus en plus, et à l'infini, à mesure que l'organisation de *son corps* se perfectionne, c'est-à-dire à mesure que les monades environnantes se groupent, *s'organisent* de façon à la limiter de moins en moins. Cette vue sur les rapports élémentaires de l'âme et de la matière paraît ne pas avoir été étrangère aux premiers métaphysiciens, et je présume qu'ils y ont puisé la doctrine célèbre, de nos jours fort mal comprise, qui condamne la matière ou le multiple, ou, autrement dit, la confusion, comme étant l'origine de tout mal, et qui exalte l'âme, l'esprit, *le simple,* comme l'unique source de toute perfection et de tout bien.

» Bref, ces considérations nous le font voir clairement, le dogme religieux de l'immortalité de l'âme n'a aucun secours à attendre de la démonstration métaphysique de l'éternité de l'âme, car, je le répète encore une fois, il ne s'agit point de part et d'autre de la même chose sous ce commun et même nom d'âme. Le principe de l'éternité et de l'indestructibilité de *la force*, qui est aujourd'hui un axiome de haute physique admis par tous les savants, est une vérité qui se confond, bien qu'obtenue par une voie différente, avec le principe de l'éternité et de l'indestructibilité de l'âme établi par l'ontologie psychologique. Le spiritualisme religieux et moraliste songerait-il à se réclamer du premier de ces deux résultats ? Non, on peut l'affirmer ; qu'il renonce donc à se faire une arme du second, car ces deux résultats n'en font en réalité qu'un seul.

» Nous voici donc maintenant face à face avec le dogme de la psychologie religieuse dépouillé de son travertissement ontologique, c'est-à-dire avec cette théorie antique d'une autre vie et d'un autre monde, qui est le fond dogmatique et pratique de toutes les religions, et la véritable thèse du spiritualisme vulgaire, devenu celui de nos philosophes, à leur insu. Ramenée à ses termes propres, formulée franchement, sans fausse honte et sans équivoques, cette thèse doit être soumise à la critique scientifique. L'importance du sujet n'est pas douteuse ; et d'ailleurs il y va du repos et de la dignité des hommes de science, harcelés aujourd'hui plus que jamais par les accusations de matérialisme, que tout malentendu cesse entre eux et leurs dénonciateurs.

» Diverses considérations d'un caractère rigoureusement scientifique peuvent jeter, dès à présent, un premier jour sur cette question ; je vais en indiquer rapidement deux des principales. Je ferai connaître d'abord une objection nouvelle contre les dogmes eschatologiques, et la plus redoutable, à mon avis, que ces croyances aient jusqu'ici rencontrée.

» Notre savant et très autorisé collègue M. Baillarger avait signalé depuis longtemps, je me plais à lui rendre cette justice, un grand fait de psychologie qu'il a nommé, si je me souviens bien, l'*automatisme de la pensée;* j'ai aussi étudié ce fait avec attention, et je crois, qui plus est, avoir été assez heureux pour l'expliquer (1).

» Ce n'est pas dans *notre* moi, ce n'est pas dans la monade où se concentre notre personnalité mentale, que sont contenues, à vrai dire, toutes les notions dont l'éducation et l'expérience nous ont approvisionnés et dont nous faisons usage à toute heure ; la presque totalité de ces notions se trouve, pour ainsi dire, emmagasinée dans les centres psychiques subalternes qui se confondent pour le physiologiste avec les centres nerveux de second ordre subordonnés au centre cérébral proprement dit. Ces notions, ces connaissances, ces souvenirs, que nous croyons puiser dans notre moi lui-même, ce sont en réalité des emprunts que nous faisons aux *moi* ou centres psychiques subalternes constituant pour notre moi comme une sorte de bureau de renseignements dont il reçoit les informations désirées avec une telle instantanéité qu'il est convaincu de ne les devoir qu'à lui-même. Permettez que j'explique ma pensée en citant un passage d'une étude sur l'Instinct et l'Habitude, qui fait partie de mes *Essais de Physiologie Philosophique :*

» Ce n'est pas seulement notre dynamisme musculaire qui peut être profondément affecté par l'habitude ; celle-ci n'a pas une moindre influence sur l'exercice des sens, de l'intelligence, des appétits et des sentiments. Et, ici comme là, nous trouvons sans peine le mot de l'énigme dans la théorie.

» Souvenons-nous qu'une dépendance mutuelle rattache nos différentes facultés psychiques, par leurs organes cérébraux, aux différents centres du système de la moelle et du système ganglionnaire. C'est ainsi que les divers états de notre âme réagissent sur les fonctions végétatives et que les modifications de celles-ci provoquent des modifications

(1) Voir mon ouvrage intitulé : *Electro-Dynamisme vital* (publié en 1855 sous le pseudonyme de J.-P. Philips) ; voir aussi mes *Essais de Physiologie Philosophique,* et ma brochure portant pour titre : *La Philosophie Physiologique et Médicale à l'Académie de Médecine.*

parallèles dans notre sensorium, dans notre intelligence, dans nos passions (1). Cela étant, je veux supposer que nous soumettions notre intelligence à une certaine série d'opérations, c'est-à-dire à certaines modifications, à certaines idées directement provoquées et renouvelées à de courts intervalles pendant une période assez longue : nous habituerons par là les centres correspondants de la vie végétative à réagir parallèlement contre ces modifications cérébrales.

» Or, les modifications primitives du cerveau se produisant sériellement et suivant un certain rhythme, c'est-à-dire dans un rapport de succession, de durée et d'intensité constant, de sorte que telle modification soit toujours suivie de telle autre modification, l'enchaînement est naturellement le même entre les modifications consécutives correspondantes du système médullaire ; il doit en résulter que, une modification cérébrale se produisant, la modification médullaire corrélative qui s'ensuit tend à déterminer, à elle seule, toutes les modifications médullaires suivantes de la même série.

» Maintenant, comme toutes ces modifications médullaires consécutives ont une contre-réaction dans le cerveau et y renouvellent, dans leur ordre exact, les modifications primitives dont elles sont issues, il est aisé de concevoir qu'il suffira de susciter directement dans l'âme le terme initial d'une *série habituelle* de modifications (émotions, idées, sensations), pour que toutes les autres s'y reproduisent, chacune à son tour, par le seul ressort de l'excitation sympathique de la moelle ou des ganglions.

» Appliquons ces principes à un exemple très simple. Quand j'étudiais la table de Pythagore, je répétais avec attention, et je m'efforçais de graver dans ma pensée des séries de mots telles que les suivantes : *deux et deux font quatre ; sept fois neuf font soixante-trois*, etc. Au début, et pendant nombre de journées, je ne pouvais arriver que par un effort soutenu de la pensée, le premier membre d'une de ces équations étant donné, à me rappeler le second. Aujourd'hui, je ne puis dire en moi-même :

(1) Voir mes *Essais*, pp. 26, 53, 54 et 62.

sept fois neuf font… sans que aussitôt, et sans aucun effort de mémoire ni d'attention, les mots *soixante-trois* arrivent tout formés sur ma langue, pour ainsi dire.

» De réfléchie, d'attentive, d'active qu'elle était, ma mémoire est devenue passive, *automatique*. Elle était telle qu'un écrivain pauvre obligé d'user la majeure partie de son temps et de ses forces à courir les bibliothèques, à compulser et à déchiffrer péniblement les auteurs, à transcrire longuement et laborieusement des documents indispensables ; maintenant, elle n'a plus qu'un signe à faire : de mystérieux secrétaires qui ont fait d'avance toutes les recherches, s'empressent et pourvoient sur-le-champ à toutes ses nécessités.

» Je viens d'indiquer, dans ce qu'il a d'essentiel, le mécanisme de l'*automatisme de la pensée ;* une expérience, familière sans doute à beaucoup de ceux qui me liront, met en relief d'une façon saisissante l'action de ce mécanisme. Si j'oublie l'orthographe d'un mot, et si le dictionnaire ne se trouve pas là pour venir en aide à ma mémoire défaillante, eh bien, je prends le parti de consulter ces secrétaires intimes dont il vient d'être question ; je consulte des *mémoires* qui ont leur siège, non dans le cerveau, mais dans les centres nerveux de la moelle animant les mouvements de ma main. Pour ce faire, je prends la plume ; ensuite, j'exprime mentalement la volonté que le mot douteux soit tracé tel qu'il doit être ; et, après cela, j'éloigne mon attention de ce qui va se passer afin de laisser toute leur spontanéité aux intelligences consultées : aussitôt la plume court sur le papier, et le mot désiré se trouve écrit en toutes et bonnes lettres, comme par enchantement… » (*Op. cit.*, p. 427.)

» Bref, ce mécanisme de la mémoire, au moyen duquel nous rassemblons et mettons en réserve les idées et les rappelons à volonté à notre esprit, ce mécanisme mental est fondé sur un mécanisme organique consistant dans une combinaison de centres nerveux distincts, lesquels sont le siège d'autant de centres de pensée, d'autant de *moi* distincts. Maintenant, la destruction des organes n'entraînera-t-elle pas inévitablement la dissolution de cette société de coopération psychique, par la dispersion de ses membres? Et que restera-t-il alors de notre caractéristique personnelle, si le faisceau de nos connaissances, de nos attachements, de nos aversions et de nos souvenirs est pour toujours détruit?

» Le spiritualisme physique nous répondra peut-être que la hiérarchie des centres psychiques survit à l'anéantissement du système nerveux, et que cette hiérarchie, conservant intacte la constitution qui lui est propre, reste groupée autour du centre psychique suprême, autour de notre moi, et accompagne ce moi dans sa nouvelle sphère d'existence.

» Fort bien, mais cette solution rencontre, dans la physiologie expérimentale, une difficulté singulièrement grave ; la voici :

» Une vérité d'observation aujourd'hui mise hors de doute, c'est que les centres nerveux métacéphaliques (c'est-à-dire qui sont situés au-dessous ou en arrière du centre cérébral, et lui sont subordonnés) peuvent continuer à vivre et à manifester les attributs du sentiment et de la volonté après leur entière séparation d'avec la tête, cette tête continuant de son côté à vivre isolément et à accuser l'exercice non interrompu de la pensée. Les centres psychiques reliés ensemble par le système nerveux au grand centre constituant notre moi, ne sont donc pas inséparables de ce moi : la division de leurs segments nerveux respectifs suffit pour faire cesser leur union ; comment cette union serait-elle respectée par la mort, qui divise l'organisme nerveux jusque dans ses dernières molécules (1) ?

» Le spiritualisme hiératique peut se prévaloir de son côté d'une autre considération biologique qui n'est pas sans force. La

---

(1) La difficulté s'offre encore sous un autre point de vue. La vie n'étant pour nous qu'une suite non interrompue de naissances et de morts partielles, en ce sens que nous dépouillons chaque jour une partie de nos caractères personnels pour en revêtir de nouveaux, et cette existence étant par conséquent une route jonchée d'un bout à l'autre des cadavres de nos éphémères personnalités successives, n'est-il pas légitime de se demander quel sera celui de ces cadavres sans nombre dont notre mort totale doit être la résurrection ?

biologie est obligée de reconnaître que tout l'ensemble, toutes les parties et jusqu'aux plus minimes détails de l'organisme parvenu à son complet développement, préexistaient en puissance dans le germe. Or, l'organisation de ce germe ne présente aucune analogie appréciable de forme ni de complexité avec l'organisation de l'animal ou du végétal parvenu à son état parfait.

« On ne peut plus mettre en doute aujourd'hui », dit J. Mueller, « que le germe n'est point une simple miniature des
» organes futurs, comme le croyaient Bonnet et Haller, car les
» rudiments des organes ne deviennent pas visibles par l'effet
» seul du grossissement ; ils ont un assez grand volume dès leur
» première apparition ; mais ils sont simples, de sorte que nous
» voyons les organes complexes naître peu à peu d'un organe
» primitivement simple. » *(Manuel de Physiol.*, édit. Jourdan et Littré, t. I, p. 21.)

» Si le germe de l'homme recèle et contient potentiellement la forme et la structure entières de l'organisme humain développé, sans que rien dans la forme et la structure visibles de ce germe puisse y déceler la présence de cette virtualité, pourquoi, peut-on se demander, une telle virtualité n'échapperait-elle pas à la destruction du corps, elle qui en a précédé la formation ? Et pourquoi cette virtualité, dont les attributs, d'une réalité incontestable cette fois, sont si analogues aux attributs supposés de l'âme-εἴδωλον de la foi religieuse, et à ceux de l'*anima forma corporis* de la biologie scolastique et stahlienne, ne pourrait-elle pas survivre à ce corps, bien qu'invisible, de même qu'elle lui avait préexisté invisiblement (1) ?

» Qu'on ne se fasse pas d'illusions de part ni d'autre : l'immortalité de la personne humaine est une hypothèse qu'aucun raisonnement tiré de nos connaissances positives proprement dites ne peut faire passer à l'état de vérité prouvée ni faire con-

---

(1) Ce n'est pas seulement le spermatozoïde ou l'ovule, qui renferme virtuellement l'entière forme du produit futur de la conception, et la forme des ancêtres, en même temps ; c'est aussi la cellule dont est sorti le spermatozoïde ou l'ovule, et aussi le protoplasma antérieur, et aussi encore ce dont provient le protoplasma lui-même.

damner non plus en dernier ressort comme une erreur ; c'est une question qui, jusqu'à présent, reste ouverte, et j'estime que ce n'est pas à moins d'une démonstration expérimentale directe que les croyants réussiront à transformer leur foi, plus ou moins aveugle, en une certitude scientifique, et à ôter toute raison au scepticisme, jusqu'ici légitime et respectable, des esprits critiques. Il est aujourd'hui quelques savants faisant profession de libres penseurs qui sont arrivés, sur l'imposant sujet dont il s'agit, à conclure dans le sens du vieux dogme eschatologique ; ils basent leur jugement sur de prétendus faits d'observation qui seraient inconnus de la science classique, et ces faits leur semblent décisifs. Un pareil témoignage, qui tout d'abord excite nos défiances, mérite un autre accueil, nous venant d'hommes d'un savoir sérieux, d'un caractère honorable et d'une intelligence distinguée. »

L'Occultisme soulève les deux grands problèmes généraux de la Psychologie, celui de la psychologie ontologique, celui de la psychologie eschatologique. Ces deux sujets distincts ont été envisagés séparément dans la citation qui précède ; ce fragment, toutefois, ne donne qu'une idée incomplète de l'étude dont il est extrait, et laisse en dehors plusieurs questions majeures de la science de l'Ame qui se trouvent traitées dans le mémoire. J'ai considéré ailleurs, dans mes *Essais de Physiologie philosophique*, un autre point capital de la psychologie. Il s'agit d'une tentative hardie assurément, et heureuse peut-être, de résoudre l'énorme question ainsi énoncée par le grand physiologiste et naturaliste allemand Jean Müller : « Mais quand on cherche
» à expliquer la formation dans la monade mentale d'idées
» d'objets qui occupent de l'étendue dans l'espace, en consé-
» quence de changements survenus dans des parties de l'orga-
» nisme, et l'action de cette même monade sur des sommes
» entières de fibres organiques, on rencontre des difficultés
» insolubles. » (*Manuel de Physiologie*, traduction française de Littré, IIe vol., p. 538.) Ce sont ces difficultés, portant sur

les rapports géométriques de l'Esprit et de la Matière, ramenés à ceux de l'Etendu et de l'Inétendu, auxquelles je me suis attaqué dans mon livre susdésigné (page 534); j'invite à s'y référer les lecteurs que n'effraye pas l'ascension des hauts sommets de la science.

Enfin, il me reste à faire connaître mon écrit spécial de 1863 signalé plus haut. Quoique ayant trente ans de publication, il n'a aucunement vieilli; le sujet en est aujourd'hui plus actuel que jamais, et la façon dont il y est traité n'a rien perdu non plus de sa fraîcheur, par la raison que la petite brochure est passée jusqu'ici complètement inaperçue. Je vais reproduire ci-après ces quelques pages sans en rien retrancher; si je ne m'abuse, elles constituent un document notable pour l'histoire de la haute psychologie et de la philosophie religieuse à notre époque, et jettent un jour nouveau sur l'immense et éternel problème de la vie.

Mon factum, in-8° de 31 pages, fut imprimé chez *A. Mertens et fils*, à Bruxelles, et mis en vente, dans cette ville, à la Librairie universelle de *J.-J. Rozez*, 87, rue de la Madeleine, et à Paris, chez *Chaumerot*, libraire, Palais-Royal, 4, Galerie d'Orléans. Il porte le millésime de 1863, et voici son titre, avec épigraphe :

DIEU, LES MIRACLES ET LA SCIENCE. — *Lettre à M. Adolphe* GUÉROULT *à propos de la discussion religieuse engagée entre lui et M.* RENAN, *par le D*r *J.-P.* PHILIPS.

> Il me semble que ce qui retient surtout l'humanité dans les limites devenues trop étroites des dogmes anciens, c'est la crainte de l'abîme effrayant que la philosophie négative a creusé sous ses pas.
>
> AD. GUÉROULT.

DIEU
LES MIRACLES ET LA SCIENCE

LETTRE A M. AD. GUÉROULT

« Ce petit travail avait été écrit à l'occasion du débat philosophique et religieux que l'*Opinion nationale* ouvrait, au mois d'août dernier, en tête de ses colonnes, et auquel toutes les doctrines étaient libéralement conviées à prendre part. Mais cette discussion, si solennellement inaugurée et qui promettait d'être si intéressante, a été interrompue brusquement dès le début par des motifs dont ce journal n'a pas jugé à propos d'instruire ses lecteurs, et qu'il ne nous appartient pas de rechercher. Cependant quelques personnes, à qui l'auteur avait communiqué sa lettre, ayant exprimé le désir qu'elle fût publiée, nous avons cru devoir déférer à ce vœu.

*
* *

» Monsieur,

» En invitant vos lecteurs à méditer sur le sujet du grave et savant débat qui vient de s'engager entre vous et M. Renan, peut-être leur avez-vous accordé d'une façon implicite le droit de vous faire part de leurs réflexions. Dans cet espoir, j'ose, Monsieur, vous soumettre les lignes suivantes, en vous laissant juge de l'accueil qui leur est dû.

» Permettez-moi d'abord de me faire l'interprète officieux de votre public en vous remerciant d'avoir assez compté sur son intelligence pour ne point craindre de donner une fois la place d'honneur, dans l'*Opinion nationale*, à une question dont les journaux du parti libéral ont pour règle de ne s'occuper que d'une manière très accessoire, purement superficielle, et, j'ajouterai, fort peu sérieuse. Vous l'avez compris, Monsieur, la question religieuse est étroitement liée à la question politique, et disons plus, toutes les questions en dépendent, car elle embrasse et domine tous les intérêts.

» Toutes les fois qu'on veut se rendre fidèlement compte d'une chose, que l'on veut arriver à une détermination sûre et précise de la vérité, dans quelque ordre d'idées que l'on se place, le bon sens nous dit assez, je crois, que c'est le jugement, le discernement, l'intelligence, la raison, en un mot, et non pas le sentiment, c'est-à-dire le cœur, les passions, les désirs, que nous devons prendre pour conseillers et pour guides. L'intervention du sentiment serait donc hors de propos quand il s'agit de résoudre un problème qui réclame, à un plus haut degré qu'aucun autre peut-être, toute l'indépendance de notre esprit, tout son calme, toute sa clarté, et toute la rigueur de méthode à laquelle il est susceptible d'être assujetti. Si donc la solution apportée par M. Renan s'appuie sur une juste observation et sur une rigoureuse déduction des faits constatés, saluons avec respect la vérité, quelle qu'elle soit, et si elle nous paraît trop peu consolante, bornons-nous, tout en l'acceptant, à dire d'elle ce qui fut dit de certaine loi : *dura lex, sed lex*. Mais la science, la science positive, cette autorité suprême et irrécusable au nom de laquelle se présente M. Renan, lui confère-t-elle en réalité le droit de conclure, sur tous les points, ainsi qu'il l'a fait ? Je crois, au contraire, qu'à plus d'un égard la science se prononce dans un sens entièrement opposé, et je vais essayer de le démontrer, car il siérait mal à ma plume trop peu autorisée d'imiter la forme affirmative, je dirais presque dogmatique, du célèbre professeur.

» Après une vigoureuse défense des droits de l'esprit humain à faire la lumière partout où règnent les ténèbres, et après avoir fait bonne et facile justice de cette doctrine odieusement absurde qui, après avoir partagé l'empire de l'univers à sa fantaisie, prétend en abandonner une partie aux lois de la nature, c'est-à-dire à ce qui est rationnel et possible, et attribue l'autre partie, et la meilleure, au surnaturel, c'est-à-dire à une antithèse de

l'ordre naturel et de la logique, M. Renan nous affirme « qu'Il
» n'y a pas d'être libre supérieur à l'homme auquel on puisse
» attribuer une part appréciable dans la conduite morale non
» plus que dans la conduite matérielle de l'univers ».

» Une telle proposition, à vrai dire, ne peut être ni établie ni
réfutée d'une manière péremptoire au moyen des données
actuelles de la science expérimentale, qui, d'ailleurs, il importe
de le noter, n'a jamais dirigé ses investigations de ce côté.
Cependant, si les faits scientifiques se trouvent ici insuffisants
pour créer une entière certitude, notre jugement peut, et il le
doit, se prononcer, entre l'hypothèse de M. Renan et l'hypothèse
contraire, d'après les plus fortes probabilités. Or, est-il raisonnable d'admettre *à priori* que les obscurs et tristes habitants de
cette planète microscopique possèdent le monopole du don le
plus glorieux, du plus noble de tous les attributs dont l'être le
plus parfait de l'univers puisse être orné, le monopole absolu de
la pensée, de l'intelligence, de la volonté, et que les grossières
ébauches sorties de leurs mains soient l'unique travail, dans la
nature entière, auquel président le discernement et le vouloir ?
Je me demande s'il ne serait pas bien plus philosophique de
supposer que, le seul agent créateur dont nous puissions pénétrer l'être intime étant la pensée, c'est dans la pensée qu'il faudrait voir la source unique d'où découlerait primitivement toute
création...

» Nous savons de science certaine que des globes sans nombre
peuplent l'infinité de l'espace, et qu'ils offrent entre eux une
incalculable diversité dans leurs dimensions, dans leurs rapports
de position et dans l'importance de leur rôle cosmique. Or, quel
est le rang de notre Terre dans cette immense armée du ciel ? Le
rang qu'elle y occupe est des plus modestes, et l'on peut dire
qu'il est inversement proportionnel aux orgueilleuses prétentions
de ses habitants. Dès lors, affirmer *à priori* que, de tous ces
corps célestes innombrables, dont la plupart sont à la terre
comme une montagne est à une simple taupinière, et qui lui
sont non moins supérieurs par l'élévation de leur fonction, par
l'étendue de leur influence dans l'ordre sidéral, il n'en est pas

un, pas un seul qui partage avec ce globe, relativement infime, le privilège de porter des êtres qui pensent, qui aiment, qui veulent, qui philosophent, qui aspirent à la connaissance de l'infini et à la communion universelle des intelligences, n'est-ce point là, je le demande, un des paradoxes les plus hardis qui jamais soient venus se heurter contre la logique ?

» En l'absence d'une démonstration expérimentale et d'une démonstration rationnelle déductive, la raison nous prescrit, ce me semble, de nous rattacher, faute de mieux, à l'induction ; nous sommes donc tenus d'admettre, et cela jusqu'à preuve du contraire, que les globes supérieurs par leur importance astronomique à celui que nous habitons *peuvent* être peuplés par une race également supérieure à la nôtre, supérieure en puissance physique, en puissance intellectuelle et en puissance morale. S'il convenait à M. Renan de soutenir le contraire, je ne pourrais voir en vérité aucune différence sérieuse entre lui et ses orthodoxes adversaires, pour qui les millions de milliards de soleils scintillant au-dessus de nos têtes sont tout bonnement une illumination préparée à l'intention de l'homme terrestre, seulement en son honneur et pour son unique agrément.

» Si la science, donnant à M. Renan un démenti auquel il est moins excusable qu'un autre de s'être exposé, nous affirme qu'il *peut* exister « des êtres libres supérieurs à l'homme », pourquoi ces êtres libres, c'est-à-dire qui pensent, qui jugent, qui aiment, qui veulent et qui peuvent, ne répandraient-ils pas, jusque sur notre race débile, l'influence tutélaire de leurs âmes d'un ordre plus élevé, de même qu'un astre supérieur éclaire et vivifie notre planète de ses indispensables rayons ?

» Mais une intervention pareille constituerait précisément ce qu'il plaît à M. Renan et à ses amis d'appeler *miracle* ; or M. Littré, dont la haute autorité est invoquée sur ce point par M. Renan, nous assure que « quelque recherche qu'on ait faite,
» aucun miracle ne s'est jamais produit là où il pouvait être
» constaté ».

» Certes, si par ce mot « miracle » l'on ne doit pas cesser d'entendre une dérogation quelconque aux lois mathématiques de la nature, ce mot implique contradiction, et la possibilité du miracle est dès lors tout aussi inadmissible qu'il est inadmissible que le blanc puisse être noir, que deux et deux puissent faire trois, que des triangles égaux puissent ne pas être semblables. Mais des actions intelligentes et volontaires émanant des corps célestes dont nous sommes entourés ne pourraient-elles point s'exercer d'une manière effective à la modification des phénomènes naturels, physiques ou moraux, qui se passent sur ce globe, sans pour cela porter plus d'atteinte aux lois rationnelles auxquelles ils sont soumis que ne lui en porte l'action volontaire de l'homme en modifiant ces mêmes phénomènes à tout instant ? La pierre détachée du rocher, soit par l'effort des eaux et des vents, soit par l'effort du bras de l'homme, n'a obéi, dans un cas comme dans l'autre, qu'aux lois rationnelles de la mécanique ; et, par conséquent, bien que, dans le deuxième cas, l'impulsion ait été volontaire, elle n'a pourtant pas été miraculeuse. Maintenant, de quel droit serait-elle déclarée miraculeuse, cette impulsion, c'est-à-dire contraire aux lois absolues de la nature, c'est-à-dire impossible, parce qu'au lieu d'avoir été imprimée par une volonté humaine, elle serait partie d'une volonté d'origine différente et supérieure ?

» En attendant que quelqu'un me réponde, je crois pouvoir conclure ainsi de ce qui précède : La signification du mot *miracle* étant restreinte à la première partie de la définition donnée par M. Renan, c'est-à-dire en entendant simplement par miracle *une modification des phénomènes terrestres opérée par l'intervention d'une volonté étrangère à la terre*, le miracle peut être un fait extraordinaire, plus ou moins rare, plus ou moins exceptionnel, et par suite plus ou moins merveilleux ; il peut même se faire qu'en réalité il n'existe aucunement ; mais le miracle, ainsi défini, reste, jusqu'à la démonstration de sa non existence, un fait rationnellement admissible et même probable.

» Cependant, comment s'expliquer qu'aucun miracle n'ait jamais été constaté, « quelque recherche qu'on ait faite » ?

» Cette objection n'est pas sérieuse et est trop peu digne du penseur éminent que je me vois forcé de contredire. Je lui ferai d'abord observer que les vérités les plus simples et les plus palpables, comme les plus obscures et les plus subtiles, peuvent échapper longtemps aux efforts des meilleurs investigateurs. C'est ainsi que les hommes ont mis des milliers d'années à découvrir qu'ils sont sur une sphère, et, il y a environ deux cents ans, ils ignoraient encore que le sang circule dans leurs veines. Mais, s'il est parfois si difficile de découvrir, même quand on cherche, il n'est guère permis de s'étonner qu'on ne puisse rencontrer ce qu'on ne cherche point. Or, j'en appelle à sa bonne foi, M. Littré n'a point cherché. Il parle de recherches sur l'insuccès desquelles serait fondée sa conviction, mais évidemment il ne tient compte que de celles dont les résultats sont conformes à une conviction déjà faite d'avance, et toutes les autres sont entachées à ses yeux de nullité par cela même et par cela seul qu'elles donnent tort à cette opinion systématique et préconçue.

» En regard de ces négations *a priori* dictées par l'esprit de système, négations dénuées de preuves et toutes dogmatiques, l'histoire ancienne et moderne, les écrits de savants recommandables, et ceux des pères de la science eux-mêmes, et jusqu'aux annales officielles de la science contemporaine, nous présentent en foule des témoignages affirmatifs et circonstanciés qui paraissent revêtus de toute l'authenticité, de toute l'autorité que puisse exiger une critique sévère. MM. Littré et Renan ont cru pouvoir se soustraire à ces démentis, pourtant si formels, si graves, si imposants, en récusant d'une façon sommaire et en bloc les faits innombrables qu'on leur oppose, par la raison, disent-ils, que ces faits ne sont point « scientifiques », ce qui, j'imagine, veut dire qu'il leur manque d'avoir reçu la sanction de l'Académie des sciences de Paris. Mais à pareil compte, je prie mes illustres maîtres d'y réfléchir, un fait peut ne pas être « scientifique » sans qu'il y ait pourtant de sa faute et sans qu'il doive désespérer de le devenir un jour. Nous savons, en effet, que bon nombre de découvertes, après avoir été pendant longtemps répudiées par la savante compagnie comme des

« légendes », jouissent aujourd'hui d'une réparation éclatante, et sont mises par tout le monde au rang des plus précieuses conquêtes de l'esprit humain. Ne pourrait-il donc pas advenir que les faits prétendus miraculeux relégués par M. Renan et par M. Littré parmi « les fables les plus absurdes » en appelassent un jour, avec succès, de la science qui condamne sans examen, à une science plus équitable et mieux informée ?...

* *
*

» Comme vous, Monsieur, j'admire le rare savoir de M. Renan, et, comme tous les amis sincères du vrai et du juste, je lui suis reconnaissant de la haute indépendance de son esprit, de la noble liberté de sa parole ; mais, en raison même de l'autorité qu'il s'est acquise, l'erreur lui est moins permise qu'à d'autres, et la critique doit se montrer d'autant plus exigeante à son égard. Permettez donc, Monsieur, que je continue de m'exprimer avec franchise sur les doctrines de notre éminent professeur.

» M. Renan a entrepris de nous faire connaître son Dieu, après avoir prononcé la déchéance du Dieu de ses adversaires, lequel, dit-il, n'est pas scientifique. Cependant, il est peut-être une chose encore moins scientifique, M. Renan souffrira que je l'en fasse apercevoir : cette chose, c'est d'élever sur un vain mot, comme sur une donnée précise et positive, des théories condamnées à crouler faute de base ; c'est d'admettre comme l'expression d'un fait déterminé un terme dont le sens est essentiellement indéfini, qui se prête aux acceptions les plus capricieuses, les plus variables et les plus contradictoires, et qui, par conséquent, ne peut servir qu'à jeter le trouble et l'obscurité dans le discours, qu'à embarrasser la discussion dans une inextricable logomachie, qu'à égarer les esprits dans un dédale d'énigmes et de confusions. Or, tel est incontestablement le mot Dieu, un mot qui sans doute occupe une grande place dans l'histoire et dans le cœur humain, mais qui, bien loin d'être un organe utile dans le mécanisme du langage philosophique et d'être pour les penseurs un moyen efficace de s'expliquer et de s'entendre, a été de tout temps la source des plus profondes divisions parmi les hommes, une source inépuisable de disputes stériles et de discordes sanglantes. En faisant servir le mot Dieu à la définition de son Dieu, M. Renan nous met dans l'impossibilité absolue d'arriver à comprendre ce qu'il veut dire, et l'énergique profession de foi religieuse par laquelle il repousse l'accusation d'athéisme, après avoir fait une exécution sommaire de toutes les théologies existantes, nous semble aussi peu sérieuse que la profession de foi politique de quelqu'un qui se proclamerait royaliste, fidèle et fervent royaliste, mais avec cette facétieuse restriction que pour lui, la royauté, la seule vraie royauté, c'est la république.

» M. Renan a donc gravement péché contre la méthode. Sa faute, il est vrai, est traditionnelle chez les philosophes ; mais, excusable à une époque où la menace de la ciguë, de la croix ou du bûcher, continuellement suspendue sur la tête des libres-penseurs, leur faisait un devoir de prudence d'étendre sur leur pensée les voiles de la métaphore, aujourd'hui elle a droit à moins d'indulgence, et surtout elle est digne d'étonner de la part d'un écrivain courageux qui fait profession de parler sur toutes choses avec la rigoureuse et inaltérable sincérité de la science.

» Il y a deux choses dans le Dieu anthropomorphique ou personnel si vivement stigmatisé par M. Renan, deux choses que ce savant critique a confondues et qu'il importe de distinguer avec soin pour être juste. J'y trouve d'abord l'idée de l'existence, en dehors et au-dessus de ce globe, de personnalités vivantes douées, comme l'homme, de la sensibilité, de l'intelligence et des affections, et pouvant, de même que l'homme, mais à un degré indéfiniment supérieur, appliquer leurs facultés à la modification des phénomènes physiques et moraux compris dans le rayon de leur influence. Le suffrage de la science positive est acquis à cette hypothèse, je crois l'avoir déjà démontré. Il y a, en second lieu, l'idée de la création, de la conservation et de la direction de l'univers par la volonté d'une individualité antérieure et supérieure à tout ce qui n'est pas elle, par un grand architecte, par un suprême créateur, par un souverain arbitre, par un maître absolu des hommes et des choses.

» Cette dernière conception, pour tous ceux du moins qui l'acceptent autrement que dans un sens purement figuré, est bien certes, de toutes les conceptions cosmogoniques, la plus naïve, celle qui trahit l'état le plus primitif et le plus obscur de l'esprit humain. Mais, tandis que cette croyance, d'une grossièreté toute barbare, constitue encore la foi religieuse officielle commune à tous les peuples civilisés, il faut dire à l'honneur des anciens que pas un de leurs philosophes ne semble l'avoir prise au sérieux ; et, pour mon compte, je partage l'étonnement et la tristesse de M. Renan, quand je considère que, malgré les lumières et la maturité de l'esprit moderne, tant d'intelligences d'élite parmi nous n'ont pu se soustraire au prestige de cette fiction. Est-il, en effet, un seul homme parvenu à un certain degré d'initiation scientifique, qui ne soit révolté, dans sa raison et sa conscience, à s'entendre dire que les vérités évidentes et évidemment nécessaires constituant la loi fondamentale de la logique, de l'arithmétique, de la géométrie, et aussi, d'après quelques physiciens éminents, de la physique tout entière, n'ont pas toujours existé, et qu'il a appartenu à une volonté de décider leur existence ? Et d'ailleurs, ce *deus ex machinâ*, si naïvement conçu par l'ignorance et la paresse pour dispenser de toute recherche et tenir lieu de toute solution, n'est-il pas mille fois plus inexplicable lui-même que tous les mystères qu'il a pour but d'expliquer ?

» L'ensemble des conceptions produites jusqu'à ce jour sur le thème de Dieu se partage en deux classes bien tranchées, deux classes de tentatives de l'esprit humain ayant respectivement pour but de donner satisfaction à l'un ou à l'autre de deux grands besoins qui lui sont innés. Le premier est un besoin moral, le besoin d'*adorer*, c'est-à-dire de cultiver en soi un idéal de perfection et de puissance surhumaines fournissant un objet et un motif aux plus grands élans dont l'âme soit capable, au déploiement le plus vaste, aux aspirations les plus ardentes, aux transports les plus sublimes de ses sentiments divers ; c'est le besoin de croire qu'il existe, au-dessus de nous et de nos semblables, des êtres possédant plus d'intelligence, plus de science, plus de justice, plus de sagesse, plus de bonté, plus de beauté, plus de puissance, plus d'autorité ; autrement dit, des êtres dignes d'une plus grande admiration, d'une plus grande confiance, d'un plus grand amour. — Le second, est un besoin intellectuel, le besoin de pénétrer le secret de l'existence de l'homme et de l'univers, de percer le mystère de leur origine et de leur destinée, le besoin de savoir quels sont le principe, la fin et la loi générale des choses.

» Sur le premier de ces deux points, l'hypothèse du sentiment se trouve d'accord avec les indications de la science ; mais cette hypothèse, même dans ses formules les moins incomplètes, restait encore imparfaitement dégagée et insuffisante pour les exigences morales qu'elle est destinée à satisfaire et pour les données positives sur lesquelles il lui est permis de s'appuyer. Représentons-nous donc le Dieu personnel, non comme une individualité isolée, ou comme des individualités n'ayant entre elles aucun lien logique, mais bien comme une hiérarchie infinie continuant au-dessus de l'homme terrestre la chaîne progressive des êtres vivants, et offrant, non dans des catégories purement abstraites, mais dans des personnalités palpitantes, tous les degrés et toutes les nuances concevables et inconcevables de la perfection.

» Sur le deuxième point, la doctrine des anciens, autant du moins qu'il nous est possible de la juger à travers les voiles de l'exposition exotérique, était bien moins éloignée de la vérité que la plupart des élucubrations de la philosophie moderne ; mais, en revanche, la science moderne était seule capable de donner tout le développement, toute la consistance et toute l'élucidation nécessaires aux vagues aperçus de ces hommes d'intuition. Or, l'analyse expérimentale nous apprend que les phénomènes naturels sont tous engendrés par des actions parties du sein même de la matière, c'est-à-dire par des forces qui lui sont intrinsèques et non qui résideraient en dehors d'elle. En outre, une étude approfondie de la génération des effets physiques, chimiques et physiologiques, étude dont les résultats nous sont offerts depuis quelque temps dans des écrits très autorisés, paraît aboutir à cette vérité immense, à savoir que toutes les forces manifestées dans la nature ne seraient pas autre chose que des modes d'action divers d'une même force, ou, pour être plus clair, d'une même et unique espèce de forces qui devraient être considérées par conséquent comme les composantes similaires et irréductibles de la matière.

» Après avoir ramené ainsi, à l'aide de considérations positives, la variété infinie des manifestations de la matière à la conception d'un seul mode élémentaire de force, ne serait-ce point pour l'homme un objet de recherche tout à la fois très important et très légitime que de déterminer la relation qui existe entre lui-même et l'élément dynamique primordial? Une telle entreprise ne me semble point illusoire et irrationnelle, comme tant de bons esprits sont disposés aujourd'hui à l'affirmer ; car ici il ne s'agit plus, ainsi que la métaphysique avait eu le tort de le tenter, de dégager une inconnue au moyen de données purement fictives ; mais de résoudre une sorte d'équation établie sur des rapports constatés. Au surplus, je vais essayer de donner un aperçu des diverses voies d'argumentation qui me paraissent conduire vers la solution désirée.

» I. La matière étant conçue comme le produit de certaines forces, il est évident qu'on ne peut supposer à celles-ci, prises individuellement, l'ensemble des qualités essentielles dont le concours constitue celle-là ; car autrement, le facteur serait égal au produit, et le tout serait contenu dans la partie, ce qui est absurde. Donc, puisqu'il nous est permis de concevoir la matière comme constituée par des éléments qui eux-mêmes, par cette raison, ne peuvent pas être assimilés à la matière, à quoi pouvons-nous comparer ces éléments pour arriver, s'il est possible, à nous former une idée de leur nature? Aucun objet, nous venons de le voir, ne peut nous servir de terme de comparaison, car tout objet est portion intégrante de la matière. Or, avec les objets, une seule chose appartient à la connaissance :

c'est le sujet, c'est le moi ; c'est donc au moi seul, c'est donc à la seule force consciente, que nous pouvons assimiler notre inconnue.

» II. L'existence, et à plus forte raison les qualités intrinsèques de toute chose autre que le moi conscient, sont radicalement indémontrables. En effet, tous les phénomènes que nous constatons et que nous croyons exister autour et en dehors de nous, se réduisent, en dernière et rigoureuse analyse, à des sensations, et tous les phénomènes objectifs sont ainsi réductibles à des phénomènes subjectifs, c'est-à dire à des manifestations réfléchies du sensorium, de la conscience. Dès lors, toute la question est de savoir si ces phénomènes sont l'expression spontanée de la conscience — car il n'est pas plus difficile d'admettre que la conscience sente et pense entièrement par elle-même, en vertu de ses énergies intrinsèques, qu'il ne l'est d'admettre son existence, — ou bien s'ils sont provoqués par l'action d'une force extérieure, d'un « non-moi », comme on dit en philosophie. Déterminer l'existence et la nature du « non-moi », c'est donc matière à hypothèse, et rien de plus. Mais, si l'on veut conjecturer, il faut, à défaut de preuves, peser les probabilités. Eh bien ! comment pourrions-nous nous figurer les propriétés de ce que nous supposons exister en dehors de la seule chose que nous connaissions et que nous puissions jamais arriver à connaître avec certitude, c'est-à-dire de notre conscience, si ce n'est comme étant absolument semblables aux propriétés de cette conscience elle-même, c'est-à-dire comme ayant pour essence de sentir et de penser ?

» III. L'expérience démontre que tous les mouvements dits involontaires, c'est-à-dire qui se produisent en dehors de l'action volontaire de l'homme ou des animaux, peuvent tous être ramenés, sans en excepter un seul, à un mode unique et général d'impulsion, c'est-à-dire qu'ils doivent être considérés comme les effets prochains ou consécutifs d'un mode d'action radical uniforme connu sous le nom d'*attraction*, et dont les manifestations immédiates sont désignées par les mots de gravitation, cohésion, adhésion, affinité chimique, magnétisme, électricité, etc. Or, il se trouve que la chaîne d'actions successives qui se termine par le mouvement volontaire de nos membres, s'attache aussi au même anneau initial, l'attraction. En effet, l'action nerveuse, qui, dans cette série, vient immédiatement entre la volition et la contraction musculaire, est une action de même ordre, si toutefois elle ne lui est entièrement semblable, que l'action électro-magnétique : c'est l'attraction.

» Tous les mouvements de la matière, à quelque catégorie qu'ils appartiennent, procèdent donc uniformément, invariablement, de l'attraction ; mais l'attraction est-elle en réalité le point de départ extrême et absolument initial de l'impulsion qui les fait naître, et n'existe-t-il rien par delà ? Oui, il existe par delà une impulsion plus extrême, plus initiale, plus radicale encore, une action motrice véritablement première et autogène : il existe la *volition*. Maintenant observons bien que la volition est un fait dont la présence ne peut être établie directement que par l'analyse subjective. Ce n'est donc que par voie d'induction, par voie d'analogie, que nous pouvons nous former une opinion sur l'existence ou la non existence de l'acte de volition en dehors de nous-mêmes. Or, la logique inductive nous dit que, la volition étant trouvée invariablement au delà de l'attraction dans tous les cas où l'observation directe a le pouvoir de remonter aussi haut, c'est-à-dire dans la production des mouvements « volontaires », la seule supposition dès lors admissible (dans la nécessité que nous impose la nature du problème de nous contenter de suppositions), c'est que dans la génération des mouvements « involontaires » l'attraction est également précédée et déterminée par la volition (1).

---

(1) Voir, pour plus de détails sur ce sujet, un chapitre sur la théorie de l'instinct, dans l'ouvrage intitulé : *Electrodynamisme Vital ou les relations physiologiques de l'esprit et de la matière*, etc. Chez J.-B. Baillière et chez Félix Alcan, à Paris.

» On m'objectera sans doute que la constance et l'uniformité qui caractérisent les modes d'action particuliers à la matière dite inerte, démontrent que le moteur de ces actions fatales n'a rien de commun avec le principe libre des actes humains. Sans avoir à me prononcer ici sur la question de la fatalité et du libre arbitre, une question assez claire en elle-même, mais posée jusqu'à présent dans des termes mal définis, ce qui la rend incompréhensible et insoluble, je me bornerai à répondre par l'explication suivante : La variété et la mobilité, quelque excessives qu'elles soient, des actes volontaires, chez l'homme, doivent faire supposer, non pas que notre volonté se détermine de différentes manières sans y être sollicitée par autant de différents motifs, c'est-à-dire sans être soumise à autant de causes déterminantes distinctes, ce que la raison ne saurait admettre, mais que, grâce au dévelopement très complexe et très raffiné de notre organisme, elle est accessible à une infinité d'influences modificatrices, et pourvue en même temps de tous les moyens matériels nécessaires pour réagir à son tour sur le monde extérieur et le modifier. D'autre part, la simplicité extrême et la fixité relativement immuable des modes d'action de l'activité inorganique ou végétative ne prouvent en aucune façon que cette activité ne soit pas de nature volitive, car cette activité se manifeste absolument comme se manifesterait une volonté quelconque que des organes excessivement simples et fixes mettraient invariablement en rapport avec un nombre restreint et rigoureusement circonscrit d'agents extérieurs. On peut donc s'expliquer entièrement, par la différence de constitution des organismes, depuis le plus développé et le plus souple, celui de l'homme, jusqu'au plus réduit et le plus rigide, celui de l'atome minéral, ce contraste dès lors plus apparent que réel dont on a voulu se faire un argument contre la doctrine lumineuse et féconde qui ramène à l'unité toutes les espèces dynamiques du monde physique et du monde moral (1).

(1) J'ai donné ailleurs à cette doctrine le nom de *pampsychisme* (Voir ONTOLOGIE ET PSYCHOLOGIE PHYSIOLOGIQUE, chapitre *Le Panthéisme*, p. 333). Elle est monistique, c'est-à-dire rapporte tout à un

» Une grande école philosophique, mais dont les arrêts ne sont pas néanmoins sans appel, a posé en fait l'existence exclusive de la matière, et a nié l'esprit. Si je ne m'abuse, il résulte, au contraire, des arguments divers dont je viens de donner une simple esquisse, que la seule réalité qui soit démontrable, c'est l'esprit ; que l'existence de quoi que ce soit en dehors de l'esprit est une pure hypothèse, et une hypothèse à jamais impossible à vérifier ; et qu'enfin, si la matière existe, elle ne peut être supposée d'une autre essence que l'esprit, et autrement que comme sa manifestation objective. Il n'y a donc pas lieu de se trop alarmer quand nous entendons M. Renan nous déclarer sur un ton magistral et péremptoire que sentir, comprendre, aimer, vouloir, sont des produits éphémères et contingents de la matière, et que la pensée n'est autre qu'une sécrétion du cerveau ; car, pour peu que le poids de toutes les données de l'expérience, de toutes les inductions de l'analogie et de toutes les probabilités réunies doive l'emporter dans la balance de notre jugement sur une affirmation de cet écrivain, il faut reconnaître qu'il est tombé dans la plus grave de toutes les méprises, qu'il a pris la fin pour le principe, le mobile pour le moteur, la résultante pour la composante, l'effet pour la cause !

» Mais n'est-il pas une synthèse à constituer des deux résultats théoriques généraux auxquels cette dissertation nous a conduits ? Je le croirais presque, Monsieur, et voici comment je l'indiquerais en quelques traits :

» I. Il n'existe qu'une première essence, qu'un principe et qu'un moteur premiers dans l'univers, c'est la force consciente ;

principe formateur unique, mais elle est également opposée au monisme matérialiste et au dualisme des spiritualistes. Ma grande thèse ontologique a été reprise en sous-œuvre dans plusieurs publications ultérieures, et appuyée de considérations nouvelles. Voir notamment ESSAIS DE PHYSIOLOGIE PHILOSOPHIQUE, p. 531, et ONTOLOGIE ET PSYCHOLOGIE PHYSIOLOGIQUE, aux chapitres : *La métaphysique dans les sciences ; Une erreur spiritualiste ; L'ontologie de M. Taine ; La psychologie de Fourier ; L'Ame devant la science ; Le Panthéisme ; Création et finalité.*

c'est une force constituée par les propriétés de sentir, de penser et de vouloir, et, pour employer un terme consacré par l'usage, c'est l'âme, ce sont les âmes, et tout ce qui se manifeste en est, ou en est formé ;

» II. L'âme, élément et moteur universels, est elle-même sa loi, et cette loi, adéquate à la raison, est une loi absolue et inviolable des choses, c'est la loi rationnelle, c'est la mathématique, c'est le logos « qui était au commencement, qui était en Dieu et qui était Dieu, suivant la remarquable formule de saint Jean :

Ἐν τῇ ἀρχῇ ἦν ὁ λόγος, καὶ ὁ λόγος ἦν πρὸς τόν Θεόν, καὶ ὁ λόγος ἦν ὁ Θεός ;

» III. Toutes les âmes sont *essentiellement* égales : elles diffèrent seulement dans leurs manifestations actuelles, et cette différence extrinsèque tient tout entière au mode d'agrégation et à l'importance fonctionnelle des agglomérations organiques ou organismes dont elles sont respectivement, et pour le temps actuel, les centres directeurs ;

» IV. Les organismes, distribués par ordres progressifs d'après leur développement et leur importance, forment une hiérarchie qui s'étend à l'infini, et dont toute âme est appelée à occuper successivement tous les degrés.

» J'ai trop de respect pour la dignité des sciences certaines, que je m'honore de cultiver, pour présenter ces propositions autrement qu'à titre d'hypothèse ; mais j'ai cru devoir appeler les méditations des penseurs sur cette hypothèse, parce qu'elle m'a semblé posséder à un plus haut degré qu'aucune autre l'avantage de s'accorder tout à la fois avec l'universalité des connaissances acquises, avec la raison et avec le sentiment. On peut la résumer avec une heureuse concision dans un bel aphorisme que j'ai déjà eu le plaisir de citer ailleurs : « Tout

» A MÊME ORIGINE ET MÊME DESTINÉE ; QUI SORT DE LA, SORT
» DE LA LOGIQUE (1). »

         *
     * *

» La position de la science dans la question religieuse étant l'un des points principaux de ce débat, permettez, Monsieur, que je termine ma longue lettre par un mot sur ce sujet.

» Pour obtenir la satisfaction de ses légitimes besoins, l'animal est tenu de conformer son activité aux rapports naturels établis entre lui et le monde ambiant. Mais, tandis que les espèces inférieures, dirigées par une sorte de savoir inné, se placent spontanément dans ces conditions, l'homme, faiblement éclairé par l'instinct et d'une organisation d'autant plus exigeante qu'elle est plus riche, ne peut atteindre le même résultat que par un long et laborieux apprentissage, que par un immense travail préparatoire. Ainsi, avant de pouvoir adapter sa conduite aux lois de la nature, c'est-à-dire avant de pouvoir réaliser pleinement son état normal, son état de bonheur, il doit découvrir ces lois, les préciser, les formuler, les systématiser ; il faut, en un mot, qu'il constitue la *science pure*. Mais ce n'est pas tout : pour tirer de ces notions préalables les conséquences pratiques qui en sont le fruit, il lui reste encore à créer un ensemble de procédés artificiels appropriés à cette fin, il doit faire la *science appliquée*.

» Or, dès le principe, l'homme se trouva, à tort ou à raison

(1) Cette sentence, qui figure comme épigraphe dans le titre de mon premier grand ouvrage, l'Electrodynamisme Vital, fut empruntée par moi à J.-A. Durand, mon père. Cet homme, que ses collègues de la Société impériale et centrale d'Agriculture de France qualifièrent de *grand agriculteur*, en recevant la nouvelle de sa mort (voir *Bulletin des séances de la Société,* année 1869, p. 670), aurait conquis le titre de grand savant et de grand penseur si au lieu de se confiner dans l'agriculture ses hautes facultés avaient pu s'exercer sur un autre théâtre.

profondément imbu de la croyance en son immortalité et en l'existence de volontés surhumaines ayant pouvoir et mission d'influer sur ses destinées, non seulement durant la courte période de « cette vie », mais pendant la durée sans bornes d'une vie future. On comprend dès lors que sa préoccupation la plus vive et la plus constante ait été de connaître et de déterminer sa véritable condition vis-à-vis de ces puissances supérieures et vis-à-vis du mystérieux avenir qui l'attendait, afin de se mettre à même de régler ses actions en conséquence.

» Ainsi se présente la question religieuse dans ses termes primitifs et les plus simples, sous le double aspect de l'intérêt spéculatif et de l'intérêt pratique, et tel est le problème capital dans lequel l'importance de la science dut se concentrer presque en entier. Quels prodigieux efforts l'esprit humain n'a-t-il pas faits pour le résoudre ! Mais ici comme partout, et bien plus qu'ailleurs, l'observation ne fournissait d'abord que des données insuffisantes. Cependant la société humaine avait un besoin urgent à satisfaire : elle ne pouvait se passer d'une foi, car elle ne pouvait se passer d'une règle de conduite, car, en un mot, elle ne pouvait se passer de vivre ; et cette foi, renonçant à obtenir de l'expérience et du raisonnement une base de certitude, se donna pour base l'hypothèse. Une religion conjecturale fut donc constituée, et ses enseignements imprimèrent leur type à tous les autres enseignements, à toutes les opinions, à toutes les mœurs, à toutes les pratiques, à toutes les institutions, à l'organisation sociale toute entière.

» Mais, tandis que la science positive, entièrement formée de vérités démontrables, possède une vie propre et indestructible, une doctrine qui est un amas d'hypothèses et de prescriptions arbitraires ou empiriques, a une existence purement factice et précaire ; par conséquent, le système religieux, et avec lui le système social dont il est l'âme, étant formés de ces éléments sans cohésion et sans consistance, l'intervention d'une force étrangère pouvait seule empêcher leur dissolution. La démonstration refusant son appui, on s'appuya donc sur *l'autorité;* l'axiome et le théorème faisant défaut, on mit à leur place le *dogme*. Bientôt la masse des esprits, façonnée à donner son adhésion implicite à tout ce qui lui était affirmé comme certain, apprit à se passer de convictions raisonnées, et dès lors toutes les croyances, aveugles et passives, devinrent des superstitions.

» Cependant l'esprit philosophique ou scientifique, c'est-à-dire l'esprit d'examen critique, l'esprit de recherche expérimentale et rationnelle, ne tarda pas à combattre le dogmatisme sur ses domaines ; après une lutte longue et acharnée, la science règne aujourd'hui sans partage et sans conteste sur toutes les provinces de la physique générale, et l'on sait à quel point son heureuse influence les a fécondées. Mais jusqu'ici la philosophie positive a vainement tenté de pousser plus loin ses conquêtes, et son obscur adversaire, fortement retranché dans l'ordre moral, brave tous les assauts et semble devoir rester le maître de ce dernier joyau de sa couronne, qui en est en même temps le plus beau, le plus précieux.

» Est-ce à dire que la vérité soit scindée en deux parts, dont l'une, et celle précisément qui nous intéresse et nous importe le plus, serait de sa nature inaccessible à l'intelligence ? Non, l'échec de la philosophie n'atteste aucune incapacité radicale, aucune incompétence naturelle de l'esprit humain ; car l'esprit étant lui-même le moule de tout ce qui existe, il n'est rien qu'il ne soit capable de contenir, d'embrasser, il n'est aucune question qui ne soit justiciable de son tribunal. Où sont donc les écueils auxquels ont échoué de si nombreuses et de si puissantes tentatives ? Je crois pouvoir signaler les principaux.

» On compare souvent l'ensemble des connaissances humaines à un édifice. C'est effectivement un édifice, et il est formé en outre de plusieurs étages superposés dans un ordre logique qu'il n'est pas possible d'intervertir. Or, les philosophes avaient à peine jeté les premiers fondements de la science, qu'ils entreprenaient d'en élever les combles. En effet, s'il nous eût paru absurde qu'on eût voulu construire la mécanique, la physique et la chimie avant d'avoir fondé les mathématiques, et ériger la physiologie avant d'avoir constitué toutes ces connaissances élémentaires, devons-nous juger avec moins de sévérité la prétention d'édifier les sciences morales avant d'avoir solidement établi tous les degrés intermédiaires de la physique inorganique et de la physique des corps vivants ?

» Cependant, ce grand travail préliminaire a été fort avancé par les découvertes faites depuis un siècle, et bien qu'il doive se poursuivre encore, il peut offrir déjà de nombreux et solides points d'appui aux connaissances de l'ordre supérieur destinées à former le couronnement de l'œuvre. Une nouvelle situation est donc faite à la philosophie ; mais elle montre trop peu d'empressement à en profiter. D'une part, les philosophes littérateurs continuent de suivre les errements des anciens, comme si la physique et l'histoire naturelle n'avaient pas fait un pas depuis Aristote et Platon. S'exagérant la merveilleuse puissance de la logique, dont il est juste de dire qu'eux seuls ont approfondi les secrets, ils semblent chercher dans cet instrument lui-même les matériaux qu'il est seulement destiné à mettre en œuvre. Ils s'évertuent donc à travailler dans le vide, bâtissant, démolissant et reconstruisant sans cesse les mêmes systèmes de chimères. Que dis-je ? la plupart d'entre eux semblent même ne pas se douter qu'une dépendance, qu'une connexion quelconque rattache l'objet de leurs investigations aux connaissances déjà constituées. D'un autre côté, les adeptes de la philosophie scientifique ou positive ne se montrent guère plus sages ni plus heureux.

» Sans doute, ceux-ci professent les principes d'une méthode beaucoup plus sûre ; mais, habitués jusqu'ici à n'appliquer les procédés analytiques qu'aux faits de l'ordre matériel, c'est-à-dire à des faits susceptibles d'être appréciés par les sens, ils se trouvent tout déroutés en présence des phénomènes de la nature intangible. Alors, comme s'ils ne pouvaient se résoudre à confesser leur inexpérience en face de ces problèmes nouveaux, ils prennent le parti de les déclarer « extra-scientifiques », c'est-à-dire nuls et non avenus, et ils n'hésitent pas à demander l'ordre du jour pur et simple sur tout un monde de questions qui ont eu jusqu'ici le privilège de passionner les plus fortes intelligences et de tenir en suspens la conscience de l'humanité entière.

» Je le répète, par les progrès immenses qu'elle a effectués dans l'exploration de la matière, la science certaine se trouve portée dès à présent sur les confins du monde moral : l'abîme qui la séparait de cette région mystérieuse est maintenant comblé, et elle n'a plus qu'un pas à faire en avant pour entrer dans ce champ de merveilleuses découvertes dont elle se croyait à jamais exclue. Que les savants se décident donc à attaquer les problèmes qu'ils ont maintenant devant eux ; car ces problèmes, tout étranges et tout inabordables qu'ils semblent au premier abord, ne sont en réalité que la continuation naturelle et non interrompue des derniers problèmes résolus, et leurs solutions, préparées d'avance par toutes les solutions antérieures, sont destinées à former avec celles-ci une grande et unique chaîne de vérités.

» Oui, que les savants cessent de s'obstiner à n'ouvrir les yeux que sur une des deux grandes faces de la nature; que leur programme, jusqu'ici incomplet de moitié, s'étende, pour le remplir, sur le cadre tout entier de la science intégrale ; que dans chacun des casiers une vérité positive, une vérité réelle et féconde, prenne la place de l'erreur usurpatrice, et alors le dogmatisme et la superstition, privés de leur dernier refuge, seront bien forcés de disparaître. Mais, tant qu'on se contentera d'attaquer le faux sans produire le vrai, de récuser les questions qu'on ne peut résoudre, de nier les difficultés qu'on ne peut vaincre, de condamner les besoins qu'on ne peut satisfaire, et de se retrancher dans un système de stériles diatribes qui sont une preuve d'impuissance, le dogmatisme et la superstition continueront à vivre et à fleurir, car la masse des esprits aimera toujours mieux être trompée par l'illusion que d'être désespérée par le néant.

» Un résultat assurément bien triste ! Cependant, vous l'avouerai-je ? le résultat contraire m'attristerait encore plus. Ne nous y trompons pas, et surtout ne vous y trompez pas, vous, Monsieur, dont la haute influence entraîne une si grave responsabilité : la superstition n'est pas seulement dans la religion, la superstition est encore à la base de la société civile, comme elle a été longtemps et comme elle est toujours plus ou moins au fond de l'organisation de la plupart de nos grands Etats civilisés.

» En effet, Monsieur, osons nous demander ce que c'est que la morale courante, la morale reconnue, devant laquelle M. Renan s'est incliné avec le respect qu'il professe d'accorder exclusivement aux choses marquées du sceau de l'autorité scientifique. Oui, nous devons le reconnaître et le confesser ouvertement, cette morale est encore une superstition, c'est-à-dire une foi qui n'est pas raisonnée, une aveugle routine, aveuglément acceptée, aveuglément respectée, aveuglément transmise. Est-il donc un seul de nos préceptes moraux les plus incontestés qui ne fût contestable ? En est-il un seul que M. Renan fût capable d'étayer d'une démonstration scientifique ?

» Or, qu'il y songe, cette superstition morale, qui est le ciment de notre société, tire elle-même toute sa force de la superstition religieuse. M. Renan, il est vrai, nie avec énergie cette filiation et cette dépendance ; vaines négations, vains efforts ! Il en est réduit à nous citer, pour preuve, le serment, consacré, nous dit-il, par les lois civiles indépendantes et purgées de tout dogmatisme religieux. Oui, M. Renan veut que le serment soit honoré par l'Etat, et cela après avoir mis au rebut, « parmi les fables les plus absurdes », la croyance à l'immortalité, et à l'existence dans l'univers « d'une volonté supérieure à celle de l'homme » ! Comment ce critique si sagace n'a-t-il donc pas vu que s'il pouvait réussir à nous convaincre, le serment cesserait, dès cet instant, d'avoir pour nous aucune valeur, et ne serait plus qu'un contre-sens ou une dérisoire simagrée ?

» Je le répète avec la certitude de ne pouvoir être réfuté, l'enseignement moral sur lequel reposent toutes les lois de notre civilisation, n'est fondé ni sur la démonstration, ni sur l'évidence ; il n'a donc jusqu'ici aucune sanction rationnelle, et mise à part la sanction factice, précaire, toujours révocable, qu'il puise dans les conventions et les habitudes, il n'a, dans la conscience humaine, d'autre point d'appui que l'autorité de la doctrine théologique dont il dérive. De là je conclus que, si les attaques purement négatives que l'éminent professeur du Collège de France dirige avec tant d'ardeur contre le dogmatisme religieux parvenaient à ruiner cette puissance dans le cœur des hommes, M. Renan aurait ruiné du même coup le prestige de la morale et rompu le lien des sociétés.

» Cependant, à côté de cet écueil, il s'en trouve un autre que je ne me dissimule pas davantage. Si le dogmatisme et la superstition théologiques sont l'appui qui maintient debout la société, ils sont en même temps une barrière qui arrête sa marche en avant ; et cette barrière, qui ne veut plus reculer, doit être brisée, sinon tout viendra se briser contre elle. En effet, Monsieur, convenez-en, entreprendre d'enraciner dans le cœur des hommes et dans les entrailles de nos institutions terrestres le respect du bon sens, du droit, de la liberté, de la dignité, les principes de la solidarité et de la réciprocité universelles, tant que la conscience populaire continue à livrer le gouvernement des cieux à des principes tout différents... c'est une chimère !

» Les esprits qui, dominés par l'instinct de conservation, ont pris parmi nous la tâche de léguer intactes à l'avenir les choses du passé, et de les défendre contre toute influence modificatrice, ont bien compris qu'une logique inexorable enchaîne toutes les questions qui agitent l'humanité à une question radicale et suprême ; et alors, avec le sens pratique le plus judicieux, ils ont fait des murailles de l'Eglise un rempart à leur société. Partisans du progrès, cessons de faire preuve d'une moindre intelligence pour les intérêts d'une cause meilleure, et, en face de la devise de nos antagonistes, écrivons sur notre drapeau :

» HORS DE LA MORALE ET DE LA RELIGION SCIENTIFIQUES,
PAS DE SALUT ! »

Ne pouvant, faute de loisir, comme je m'en suis excusé plus haut, donner à ce chapitre toute l'étendue que comporterait l'importance spéciale du sujet, je vais tâcher de condenser en quelques lignes ce qui me reste d'essentiel à dire.

Ceux qui prennent les noms, plus ou moins synonymes, plus ou moins contraires, d'Occultistes et de Spirites, affichent tous l'ambition de moderniser et de *scientifier* le vieux spiritualisme religieux en lui donnant pour base la démonstration expérimentale. Mais en réalité ils pratiquent une méthode qui relève moins de la science que de la religion. Ils professent en effet des *croyances* qui sont loin de se limiter à ce qui est actuellement prouvé. Séduits par l'hypothèse, ils la convertissent trop volontiers en articles de foi, et tombent ainsi, peut-être à leur insu, à l'état de sectaires ayant un credo à l'endroit duquel le croyant se montre d'autant plus intraitable qu'il l'a plus aveuglément adopté.

D'un autre côté, des savants, ou prétendus tels, qui se flattent d'avoir le monopole du véritable esprit scientifique, justifient tout aussi mal leur prétention en niant de parti pris et les yeux obstinément fermés tout ce qui est mis en avant par les adeptes de l'occulto-spiritisme.

En matière de merveilleux, les premiers croient trop, ou du moins avec trop peu de critique, et les seconds s'enferment dans une incrédulité têtue qui n'est pas moins contraire à la saine raison et à la manifestation de la vérité.

Entre ces deux partis, adversaires inconciliables, un troisième se place, qui seul, il me semble, représente fidèlement l'esprit de la science et sert intelligemment ses intérêts. Le noyau en est formé de ces quelques physiologistes, pathologistes, physiciens et psychologues de marque, non moins distingués par leur savoir reconnu que par leur courage, qui principalement en France et en Angleterre, en Italie et en Allemagne, se sont donné la mission de *tirer au clair* les choses réputées miraculeuses, et cela en les soumettant à un examen sérieux, patient, approfondi, et entouré enfin de toutes les garanties d'un contrôle rigoureusement scientifique.

Ces contrôleurs sévères et en même temps impartiaux devaient se préoccuper sans doute avant tout, et par-dessus tout, de vérifier les faits signalés ; cependant, malgré leurs tendances trop exclusivement expérimentalistes peut-être, il leur était difficile de ne pas considérer les théories de ces faits ayant cours parmi les adeptes, et de ne pas au besoin en proposer de nouvelles qui seraient jugées par eux préférables.

Or, il est arrivé ceci : c'est que nos enquêteurs ayant commencé leurs recherches, comme il était logique, par ce que l'occulto-spiritisme nous offre en fait de prodiges de moins inacceptable et de plus simple, les conclusions théoriques qu'ils ont tirées de ces premières observations se sont montrées de plus en plus inadéquates à mesure que l'observateur s'élevait, en montant l'échelle du merveilleux, d'un ordre de phénomènes relativement compréhensible et naturel, à un ordre plus extraordinaire, plus prodigieux, plus ouvertement en désaccord avec les lois reconnues de la nature. Mais les savants explorateurs ont promis de s'incliner jusqu'au bout devant la souveraineté du Fait, et en conséquence de *proclamer vrai tout ce qui leur aura été démontré vrai*, sans réserve, sans restriction aucune, quelque violence qu'ils aient à faire pour cela aux préjugés de leur éducation scientifique et autre. Ils tiendront parole, n'en doutons pas !

Le phénomène spirite de l'écriture automatique a concentré d'abord toute l'attention de nos scrutateurs. La main d'un médium, armée d'un crayon ou d'une plume, est posée sur une feuille de papier blanc. Bientôt elle se met en mouvement, elle écrit, et la page est remplie. L'écrit ainsi obtenu a un sens, il est lisible et intelligible. Cependant le médium assure — et on peut avoir la preuve qu'il dit vrai — que pendant toute la durée de cet exercice graphique sa main a été insensible, qu'elle n'a pas été actionnée par sa volonté, et que les pensées ainsi rendues n'émanaient pas de son esprit ; que, en un mot, il est resté, depuis le commencement jusqu'à la fin, totalement inconscient de l'opération en apparence intelligente et volontaire dont sa main a été l'instrument. Un tel phénomène est tombé aujourd'hui dans le domaine public, pour ainsi dire, tant il se produit avec facilité, et en contester la réalité n'est plus possible.

Pour les tenants du spiritisme, ce fait atteste l'intervention d'un *esprit*, c'est-à-dire de l'âme d'un défunt revenant de l'*autre monde* (qui peut bien n'être pas situé fort loin de celui-ci), lequel s'est momentanément substitué à l'âme du vivant pour animer sa main et s'en servir à sa place.

Cette hypothèse spirite a été tout d'abord déclarée absurde, et écartée avec un profond dédain, par des physiologistes d'un matérialisme radical comme MM. les professeurs Ch. Richet, de la Faculté de médecine de Paris, et Lombroso, de la Faculté de médecine de Turin ; et par des philosophes rationalistes tels que MM. les professeurs Pierre Janet, de l'Université de France, Gurney, Podmore, Myers, de l'Université de Cambridge, etc. Ces savants sont tombés tous d'accord pour s'expliquer l'étrange phénomène physio-psychologique en le ramenant à la loi des actes réflexes ordinaires, dont il ne serait qu'une expression exagérée. De là sont nées les doctrines de l'inconscient, du subconscient, et de la conscience subliminaire, dont il a été longuement question dans un autre chapitre. Le prodige de l'écriture automatique perdait ainsi de son merveilleux, et rentrait tant bien que mal dans la physiologie et la psychologie naturelles.

Mais bientôt M. Charles Richet se voit en présence d'une forme du phénomène toute nouvelle : la plume inconsciente du médium révèle les plus secrètes pensées des assistants ; et ces assistants, d'autre part, font écrire cette même plume — toujours tenue par le médium — *sous leur dictée tacite;* c'est-à-dire qu'ils lui font écrire ce qu'ils veulent, rien qu'en *pensant les idées* qu'ils désirent lui faire exprimer, et bien que ces idées et cette intention ne se soient préalablement manifestées par aucune parole, par aucun geste, par aucun signe sensible quelconque.

Devant cette nouvelle propriété de l'état « médianimique », la physiologie des mouvements réflexes, même avec le renfort de l'inconscient, du subconscient, et du conscient subliminaire, doit se reconnaître incompétente, absolument incompétente ; et alors il faut bien recourir à une autre hypothèse, celle d'un agent invisible de communication intercérébrale, c'est-à-dire d'une force nouvelle, mystérieuse, occulte, que chacun baptise à sa manière, l'un la nommant « psychique », un autre « ecténéique », un troisième « télépathique ».

Cependant, nos savants n'étaient pas au bout de leurs étonnements et de leurs embarras. Voici maintenant que la main du médium s'avise d'écrire au nom de prétendus décédés, qui donnent au bas leur signature, avec leur dernière adresse dans ce monde. Ils entrent dans des détails circonstanciés et précis sur leur personne, leur vie, leur famille, et, vérification faite, tous ces détails se trouvent exacts, *bien qu'ils fussent ignorés du médium et de toutes les personnes présentes !*

La force psychique, ecténéique, télépathique, etc., est sans doute une hypothèse nécessaire et légitime pour se représenter le mécanisme des étranges communications dont il s'agit. Mais si par là on peut s'expliquer vaguement la *transmission* de la pensée, c'est tout : vouloir attribuer à cet hypothétique agent physique la *conception* de la pensée, serait tout aussi peu raisonnable que d'envisager l'électricité télégraphique comme le rédacteur même du télégramme. Donc les messages écrits par la main du médium, qui relatent exactement tout un enchaînement de faits particuliers ignorés de lui et de son entourage, et dont aucun vivant connu ne se reconnaît l'envoyeur, supposent inéluctablement, ce semble, un correspondant occulte dont il reste à établir la *qualité*.....

Mais arrivons sans plus attendre aux articles qui constituent le comble du stupéfiant et du renversant, c'est-à-dire de *l'absurdité* et de *l'insanité*, dans cette inconcevable et inimaginable exposition de la thaumaturgie spirite.

Ici nous laisserons parler nos maîtres eux-mêmes. Le document qu'on va lire est extrait des *Annales des sciences psychiques* du docteur Dariex, n° de janvier-février 1893 ; il a une portée tellement considérable au point de vue de la question qui nous occupe, qu'on ne peut hésiter à lui donner place ici, malgré sa longueur :

RAPPORT DE LA COMMISSION

Réunie à Milan pour l'étude des Phénomènes psychiques.

Prenant en considération le témoignage du professeur Cesare Lombroso au sujet des phénomènes médianimiques qui se produisent par l'intermédiaire de Mme Eusapia Paladino, les soussignés se sont réunis ici, à Milan, pour faire avec elle une série d'études en vue de vérifier ces phénomènes, en la soumettant à des expériences et à des observations aussi rigoureuses que possible. Il y a eu en tout dix-sept séances, qui se sont tenues dans l'appartement de M. Finzi (rue du Mont-de-Piété) entre 9 heures du soir et minuit.

Le médium invité à ces séances par M. Aksakof fut présenté par le chevalier Chiaia, qui assista seulement à un tiers des séances, et presque uniquement aux premières et aux moins importantes.

Vu l'émotion produite dans le monde de la Presse par l'annonce de ces séances, et les diverses appréciations qui y furent émises à l'égard de Mme Eusapia et du chevalier Chiaia, nous croyons devoir publier sans retard ce court compte rendu de toutes nos observations et expériences.

Avant d'entrer en matière, nous devons faire immédiatement remarquer que les résultats obtenus ne correspondent pas toujours à notre attente. Non pas que nous n'ayons en grande quantité des faits, en apparence ou réellement importants et merveilleux ; mais, dans la plupart des cas, nous n'avons pu appliquer les règles de l'art expérimental qui, dans d'autres champs d'observation, sont regardées comme nécessaires pour arriver à des résultats certains et incontestables.

La plus importante de ces règles consiste à changer l'un après l'autre les modes d'expérimentation, de façon à dégager la vraie cause, ou au moins les vraies conditions de tous les faits. Or, c'est précisément à ce point de vue que nos expériences nous semblent encore trop incomplètes.

Il est bien vrai que souvent le médium, pour prouver sa bonne foi, proposa spontanément de changer quelque particularité de l'une ou de l'autre expérience, et bien des fois prit lui-même l'initiative de ces changements. Mais cela se rapportait surtout à des circonstances indifférentes en apparence, d'après notre manière de voir. Les changements, au contraire, qui nous semblaient nécessaires pour mettre hors de doute le vrai caractère des résultats, ou ne furent pas acceptés comme possibles par le médium, ou, s'ils furent réalisés, réussirent la plupart du temps à rendre l'expérience nulle, ou au moins aboutirent à des résultats obscurs.

Nous ne nous croyons pas en droit d'expliquer ces faits à l'aide de ces suppositions injurieuses que beaucoup trouvent encore les plus simples, et dont les journaux se sont faits les champions.

Nous pensons, au contraire, qu'il s'agit ici de phénomènes d'une nature inconnue, et nous avouons ne pas connaître les conditions nécessaires pour qu'ils se produisent. Vouloir fixer ces conditions de notre propre chef serait donc aussi extravagant que de prétendre faire l'expérience du baromètre de Torricelli avec un tube fermé en bas, ou des expériences électrostatiques dans une atmosphère saturée d'humidité, ou encore de faire de la photographie en exposant la plaque sensible à la pleine lumière, avant de la placer dans la chambre obscure. Mais pourtant, en admettant tout cela (et pas un homme raisonnable n'en peut douter), il n'en reste pas moins vrai que l'impossibilité bien marquée de varier les expériences, à notre guise, a singulièrement diminué la valeur et l'intérêt des résultats obtenus, en leur enlevant, dans bien des cas, cette rigueur de démonstration qu'on est en droit d'exiger pour des faits de cette nature, ou plutôt à laquelle on doit aspirer.

Pour ces raisons, parmi les innombrables expériences effectuées, nous passerons sous silence ou nous mentionnerons rapidement celles qui nous paraîtront peu probantes, et à l'égard desquelles les conclusions ont pu facilement varier chez les divers expérimentateurs. Nous noterons, au contraire, avec plus de détails, les circonstances dans lesquelles, malgré l'obstacle que nous venons d'indiquer, il nous semble avoir atteint un degré suffisant de probabilité.

1. — Phénomènes observés a la lumière

. . . .

3. Mouvements d'objets à distance, sans aucun contact avec une des personnes présentes.

a) Mouvements spontanés d'objets.

Ces phénomènes ont été observés à plusieurs reprises pendant nos séances ; fréquemment une chaise placée dans ce but non loin de la table, entre le médium et un de ses voisins, se mit en mouvement et quelquefois s'approcha de la table. Un exemple remarquable se produisit dans la seconde séance, *toujours en pleine lumière* ; une lourde chaise (10 kilog.), qui se trouvait à 1 mètre de la table et derrière le médium, s'approcha de M. Schiaparelli, qui se trouvait assis près du médium ; il se leva pour la remettre en place, mais à peine s'était-il rassis que la chaise s'avança une seconde fois vers lui.

b) Mouvements de la table sans contact.

Il était désirable d'obtenir ce phénomène par voie d'expérience.

Pour cela, la table fut placée sur des roulettes, les pieds du médium furent surveillés et tous les assistants firent la chaîne avec les mains, y compris celles du médium. Quand la table se mit en mouvement, nous soulevâmes tous les mains sans rompre la chaîne, et la table, ainsi isolée, fit plusieurs mouvements, comme dans la seconde expérience. Cette expérience fut renouvelée plusieurs fois.

c) Mouvement du levier de la balance à bascule.

Cette expérience fut faite pour la première fois dans la séance du 21 septembre.

Après avoir constaté l'influence que le corps du médium exerçait sur la balance, pendant qu'il s'y tenait assis, il était intéressant de voir si cette expérience pouvait réussir à distance.. Pour cela, la balance fut placée derrière le dos du médium assis à la table, de telle sorte que la plate-forme fût à 10 centimètres de sa chaise. On mit en premier lieu le bord de sa robe en contact avec la plate-forme ; le levier commença à se mouvoir. Alors, M. Brofferio se mit à terre et tint le bord avec la main ; il constata qu'il n'était pas tout à fait droit, puis il reprit sa place.

Les mouvements continuant avec assez de force, M. Aksakof se mit à terre, derrière le médium, isola complètement la plate-forme du bord de sa robe, replia celui-ci sous la chaise et s'assura avec la main que l'espace était bien libre entre la plate-forme et la chaise, ce qu'il nous fit connaître aussitôt.

Pendant qu'il restait dans cette position, le levier continuait à se mouvoir et à battre contre la barre d'arrêt, ce que nous avons tous vu et entendu. Une seconde fois, la même expérience fut faite dans la séance du 27 septembre, devant le professeur Richet. Quand, après une certaine attente, le mouvement du levier se produisit à la vue de tous, battant contre l'arrêt, M. Richet quitta aussitôt sa place auprès du médium et s'assura, en passant la main en l'air et par terre, entre le médium et la plate-forme, que cet espace était libre de toute communication, de toute ficelle ou artifice.

4. Coups et reproductions de sons dans la table.

Ces coups se sont toujours produits pendant nos séances, pour exprimer *oui* ou *non*; quelquefois ils étaient forts et nets, et semblaient résonner dans le bois de la table ; mais, comme on l'a remarqué, la localisation du son n'est pas chose facile, et nous n'avons pu essayer, sur ce point, aucune expérience, à l'exception des coups rythmés ou des divers frottements que nous faisions sur la table et qui semblaient se reproduire ensuite *dans l'intérieur de la table*, mais faiblement.

II. — Phénomènes observés dans l'obscurité

Les phénomènes observés dans l'obscurité complète se produisirent pendant que nous étions tous assis autour de la table, faisant la chaîne (au moins pendant les premières minutes). Les mains et les pieds du médium étaient tenus par ses deux voisins. Invariablement, les choses étant en cet état, ne tardèrent pas à se produire les faits les plus variés et les plus singuliers, que dans la pleine lumière nous aurions en vain désirés, l'obscurité augmentant évidemment la facilité de ces manifestations, que l'on peut classer comme il suit :

1. Coups sur la table sensiblement plus forts que ceux que l'on entendait en pleine lumière sous ou dans la table; fracas terrible, comme celui d'un coup de poing ou d'un fort soufflet donné sur la table.

2. Chocs et coups frappés contre les chaises des voisins du médium, parfois assez forts pour faire tourner la chaise avec la personne. Quelquefois cette personne se soulevant, sa chaise était retirée.

3. Transport sur les tables d'objets divers, tels que des chaises, des vêtements et d'autres choses, quelquefois « éloignés de plusieurs mètres » et pesant « plusieurs kilogrammes. »

4. Transport dans l'air d'objets divers, d'instruments de musique, par exemple ; percussions et sons produits par ces objets.

5. Transport, sur la table, du médium avec la chaise sur laquelle il était assis.

6. Apparitions de points phosphorescents de très courte durée (une fraction de seconde), et de lueurs, notamment de disques lumineux, qui souvent se dédoublaient, d'une durée également très courte.

7. Bruit de deux mains qui frappaient en l'air l'une contre l'autre.

8. *Souffles d'air sensibles, comme un léger vent limité à un petit espace.*

9. *Attouchements produits par une main mystérieuse, soit sur les parties vêtues de notre corps, soit sur les parties nues (visage et mains), et, dans ce dernier cas, on éprouve exactement cette sensation de contact et de chaleur que produit une main humaine. Parfois on perçoit réellement de ces attouchements, qui produisent un bruit correspondant.*

10. *Vision d'une ou deux mains projetées sur un papier phosphorescent, ou une fenêtre faiblement éclairée.*

11. *Divers ouvrages effectués par ces mains; nœuds faits et défaits, traces de crayon (selon toute apparence) laissées sur une feuille de papier ou autre part. Empreintes de ces mains sur une feuille de papier noircie.*

12. *Contact de nos mains avec une figure mystérieuse « qui n'est certainement pas celle du médium ».*

Tous ceux qui nient la possibilité des phénomènes médianimiques essaient d'expliquer ces faits en supposant que le médium a la faculté (déclarée impossible par le professeur Richet) de voir dans l'obscurité complète où se faisaient les expériences, et que celui-ci, par un habile artifice, en s'agitant de mille manières dans l'obscurité, finit par faire tenir la même main par ses deux voisins, en rendant l'autre libre pour produire les attouchements. Ceux d'entre nous qui ont eu l'occasion d'avoir en garde les mains d'Eusapia, sont obligés d'avouer que celle-ci ne se prêtait assurément pas à faciliter leur surveillance et à les rendre à tout instant sûrs de leur fait.

Au moment où allait se produire quelque phénomène important, elle commençait à s'agiter de tout son corps, se tordant et essayant de délivrer ses mains, surtout la droite, comme d'un contact gênant. Pour rendre leur surveillance continue, ses voisins étaient obligés de suivre tous les mouvements de la main fugitive, opération pendant laquelle il n'était pas rare de perdre son contact pendant quelques instants, juste au moment où il était le plus désirable de s'en bien assurer. Il n'était pas toujours facile de savoir si l'on tenait la main droite ou la main gauche du médium.

Pour cette raison, beaucoup des manifestations très nombreuses, observées dans l'obscurité, ont été considérées comme d'une valeur démonstrative insuffisante, quoiqu'en réalité probable; aussi les passerons-nous sous silence, exposant seulement quelques cas sur lesquels on ne peut avoir aucun doute, soit à cause de la certitude du contrôle exercé, soit par *l'impossibilité manifeste* qu'ils fussent l'œuvre du médium.

a) Apports de différents objets, pendant que les mains du médium étaient attachées à celles de ses voisins.

Pour nous assurer que nous n'étions pas victimes d'une illusion, nous attachâmes les mains du médium à celles de ses deux voisins, au moyen d'une simple ficelle de 3 millim. de diamètre, de façon que les mouvements des quatre mains se contrôlassent réciproquement... L'attache fut faite de la façon suivante : autour de chaque poignet du médium on fit trois tours de ficelle, sans laisser de jeu, serrés presque au point de lui faire mal, et ensuite on fit deux fois un nœud simple. Ceci fait, une sonnette fut placée sur une chaise, à droite du médium. On fit la chaîne et les mains du médium furent, en outre, tenues comme d'habitude, ainsi que ses pieds. On fit l'obscurité, en exprimant le désir que la sonnette tintât immédiatement, après quoi nous aurions détaché le médium. *Immédiatement*, nous entendîmes la chaise se renverser, décrire une courbe sur le sol, s'approcher de la table, et bientôt se placer sur celle-ci. La sonnette tinta, puis fut projetée sur la table. Ayant fait brusquement la lumière, on constata que les nœuds étaient dans un ordre parfait. Il est clair que l'apport de la chaise n'a pu être produit par l'action des mains du médium, pendant cette expérience, qui ne dura en tout que dix minutes.

b) Empreintes de doigts obtenues sur du papier enfumé.

Pour nous assurer que nous avions bien affaire à une main humaine, nous fixâmes sur la table, du côté opposé à celui du médium, une feuille de papier noirci avec du noir de fumée, en exprimant le désir que la main y laissât une empreinte, que la main du médium restât propre, et que le noir de fumée fût transporté sur l'une de nos mains. Les mains du médium étaient tenues par celles de MM. Schiaparelli et Du Prel. On fit la chaîne et l'obscurité ; nous entendîmes alors une main frapper légèrement sur la table, et bientôt M. Du Prel annonça que sa main gauche, qu'il tenait sur la main droite de M. Finzi, avait senti des doigts qui la frottaient.

Ayant fait la lumière, nous trouvâmes sur le papier plusieurs empreintes de doigts, et le dos de la main de M. Du Prel teint de noir de fumée ; les mains du médium, examinées immédiatement, ne portaient aucune trace. Cette expérience fut répétée trois fois, en insistant pour avoir une empreinte complète : sur une seconde feuille on obtint cinq doigts, et sur une troisième, l'empreinte d'une main gauche presque entière. Après cela, le dos de la main de M. Du Prel était complètement noirci, et les mains du médium parfaitement nettes.

c) Apparition de mains sur un fond légèrement éclairé.

Nous plaçâmes sur la table un carton enduit d'une substance phosphorescente (sulfure de calcium), et nous en plaçâmes d'autres sur des chaises, en différents points de la chambre. Dans ces conditions nous vîmes très bien le profil d'une main qui se posait sur le carton de la table et sur le fond formé par les autres cartons; on vit l'ombre de la main passer et repasser autour de nous.

Le soir du 21 septembre, l'un de nous vit, à plusieurs reprises, non pas une, mais *deux mains à la fois* se projeter sur la faible lumière d'une fenêtre, fermée seulement par des carreaux (au dehors il faisait nuit, mais ce n'était pas l'obscurité absolue); les mains s'agitaient rapidement, pas assez pourtant pour que nous n'en pussions distinguer nettement le profil. Elles étaient complètement opaques et se projetaient sur la fenêtre en silhouettes absolument noires. Il ne fut pas possible aux observateurs de porter un jugement sur les bras auxquels ces mains étaient attachées, parce qu'une petite partie seulement de ces bras, voisine du poignet, s'interposait devant la faible clarté de la fenêtre, dans l'endroit où l'on pouvait l'observer.

Ces phénomènes d'apparition simultanée de deux mains sont très significatifs, parce que l'on ne peut les expliquer par l'hypothèse d'une supercherie du médium, qui n'aurait pu, en aucune façon, en rendre libre plus d'une seule, grâce à la surveillance de ses voisins. La même conclusion s'applique au battement des *deux mains* l'une contre l'autre, qui fut entendu plusieurs fois dans l'air pendant le cours de nos expériences.

d) Enlèvement du médium sur la table.

Nous plaçons parmi les faits les plus importants et les plus significatifs cet enlèvement qui s'est effectué deux fois, le 23 septembre et le 3 octobre : le médium, qui était assis à un bout de la table, faisant entendre de grands gémissements, fut soulevé avec sa chaise et placé avec elle sur la table, assis dans la même position, ayant toujours les mains tenues et accompagnées par ses voisins.

Le soir du 28 septembre, le médium, tandis que ses deux mains étaient tenues par MM. Richet et Lombroso, se plaignit de mains qui le saisissaient sous le bras; puis, dans un état de transe, il dit, d'une voix changée qui est ordinaire dans cet état : « Maintenant, j'apporte mon médium sur la table. » Au bout de deux ou trois secondes, la chaise avec le médium qui y était assis fut, non pas jetée, mais soulevée avec précaution et déposée sur la table, tandis que MM. Richet et Lombroso sont sûrs de n'avoir aidé en rien à cette ascension par leurs propres efforts. Après avoir parlé, toujours en état de *transe*, le médium annonça sa descente, et M. Finzi s'étant substitué à M. Lombroso, le médium fut déposé à terre avec autant de sûreté et de précision, tandis que MM. Richet et Finzi accompagnaient, sans les aider en rien, les mouvements des mains et du corps, et s'interrogeaient à chaque instant sur la position des mains.

En outre, pendant la descente, tous deux sentirent, à plusieurs reprises, une main qui les touchait légèrement sur la tête. Le soir du 3 octobre, le même phénomène se renouvela dans des circonstances assez analogues, MM. Du Prel et Finzi se tenant à côté du médium.

e) Attouchements. Quelques-uns méritent d'être notés particulièrement, à cause d'une circonstance capable de fournir quelque notion intéressante sur leur origine possible ; et d'abord il faut noter les attouchements qui furent sentis par les personnes placées hors de la portée des mains du médium.

Ainsi, le 6 octobre, M. Gerosa, qui se trouvait à la distance de trois places du médium (environ 1 mètre), ayant élevé la main pour qu'elle fût touchée, sentit plusieurs fois une main qui frappait la sienne pour l'abaisser, et comme il persistait, il fut frappé avec une trompette, qui un peu auparavant avait rendu des sons en l'air...

En second lieu, il faut noter les attouchements qui constituent des opérations délicates, qu'on ne peut faire dans l'obscurité avec la précision que nous leur avons remarquée.

Deux fois (16 et 21 septembre), M. Schiaparelli eut ses lunettes enlevées et placées devant une autre personne sur la table. Ces lunettes sont fixées aux oreilles au moyen de deux ressorts, et il faut une certaine attention pour les enlever, même pour celui qui opère en pleine lumière. Elles furent pourtant enlevées, dans l'obscurité complète, avec tant de délicatesse et de promptitude, que ledit expérimentateur ne s'en aperçut seulement qu'en ne sentant plus le contact habituel de ses lunettes sur son nez, sur les tempes et sur les oreilles, et il dut se tâter avec les mains pour s'assurer qu'elles ne se trouvaient plus à leur place habituelle.

Des effets analogues résultèrent de beaucoup d'autres attouchements, exécutés avec une excessive délicatesse, par exemple lorsqu'un des assistants se sentit caresser les cheveux et la barbe. Dans toutes les innombrables manœuvres exécutées par les mains mystérieuses, il n'y eut jamais à noter une maladresse ou un choc, ce qui est ordinairement inévitable pour qui opère dans l'obscurité.. . . . .

f) Contacts avec une figure humaine.

L'un de nous ayant exprimé le désir d'être embrassé, sentit devant sa propre bouche le bruit rapide d'un baiser, mais non accompagné d'un contact de lèvres : cela se produisit deux fois

(21 septembre et 1ᵉʳ octobre). En trois occasions différentes, il arriva à l'un des assistants de toucher une figure humaine ayant des cheveux et de la barbe ; le contact de la peau était absolument celui d'une figure d'homme vivant, les cheveux étaient beaucoup plus rudes et hérissés que ceux du médium, et la barbe, au contraire, paraissait très fine (1ᵉʳ, 5 et 6 octobre).

. . . .

h) Expériences de Zœllner sur la pénétration d'un solide à travers un autre solide.

On connaît les célèbres expériences par lesquelles l'astronome Zœllner a tenté de prouver expérimentalement l'existence d'une quatrième dimension de l'espace, laquelle, d'après sa manière de voir, aurait pu servir de base à une théorie acceptable de beaucoup de phénomènes médianimiques.

Quoique nous sachions bien que, d'après une opinion très répandue, Zœllner a pu être victime d'une mystification fort habile, nous avons cru très important d'essayer une partie de ses expériences avec l'aide de Mᵐᵉ Eusapia. Une seule d'entre elles qui aurait réussi, avec les précautions voulues, nous aurait récompensés avec usure de toutes nos peines et nous aurait donné une preuve évidente de la réalité des faits médianimiques, même aux yeux des contradicteurs les plus obstinés. Nous avons essayé successivement trois des expériences de Zœllner, savoir :

1° L'entrecroisement de deux anneaux solides (de bois ou de carton) auparavant séparés ;

2° La formation d'un nœud simple sur une corde sans fin ;

3° La pénétration d'un objet solide de l'extérieur à l'intérieur d'une boîte fermée, dont la clef était gardée en main sûre (1).

Aucune de ces tentatives n'a réussi. Il en fut de même d'une autre expérience qui aurait été non moins probante, celle du moulage de la main mystérieuse dans de la paraffine fondue....

III. — Phénomènes précédemment observés dans l'obscurité, obtenus enfin a la lumière, avec le médium en vue

Il restait, pour arriver à une entière conviction, à essayer d'obtenir les phénomènes importants de l'obscurité, sans cependant perdre de vue le médium. Puisque l'obscurité est, à ce qu'il semble, assez favorable à leur manifestation, il fallait laisser l'obscurité aux phénomènes et maintenir la lumière pour

---

(1) « On trouvera, dans le livre de M. Crookes (p. 172 et suiv.), un fait à peu près analogue : en présence de plusieurs personnes, et de M. Crookes lui-même, *une tige d'herbe de Chine* traversa une table... » (Note du Dʳ A. Coste, dans son ouvrage, où le même passage est cité.)

nous et le médium. Pour cela, voici comment nous procédâmes dans la séance du 6 octobre : une portion d'une chambre fut séparée de l'autre par une tenture, pour qu'elle restât dans l'obscurité, et le médium fut placé, assis sur une chaise, devant l'ouverture de la tenture, ayant le dos dans la partie obscure ; les bras, les mains, le visage et les pieds dans la partie éclairée de la chambre.

Derrière la tenture, on plaça une petite chaise avec une sonnette, à un demi-mètre à peu près de la chaise du médium, et sur une autre chaise plus éloignée, on plaça un vase plein d'argile humide, parfaitement uni à la surface. Dans la partie éclairée, nous fîmes cercle autour de la table, qui fut placée devant le médium. Les mains de celui-ci furent toujours tenues par ses voisins, MM. Schiaparelli et Du Prel. La chambre était éclairée par une lanterne à verres rouges, placée sur une autre table. *C'était la première fois que le médium était soumis à ces conditions.*

Bientôt les phénomènes commencèrent. Alors, à la lumière d'une bougie sans verres rouges, nous vîmes la tenture se gonfler vers nous ; les voisins du médium, opposant leurs mains à la tenture, sentirent une résistance ; la chaise de l'un d'eux fut tirée avec violence, puis cinq coups y furent frappés, ce qui signifiait que l'on demandait moins de lumière. Alors nous allumâmes *à la place* la lanterne rouge, en la protégeant, en outre, en partie avec un écran ; mais peu après nous pûmes enlever cet objet, et auparavant, la lanterne fut placée sur notre table, devant le médium. Les bords de l'orifice de la tenture furent fixés aux angles de la table, et, à la demande du médium, repliés au-dessous de sa tête et fixés avec des épingles : alors, sur la tête du médium, quelque chose commença à apparaître à plusieurs reprises. M. Aksakof se leva, mit la main dans la fente de la tenture, au-dessus de la tête du médium, et annonça bientôt que des doigts le touchaient à plusieurs reprises, puis sa main fut attirée à travers la tenture ; enfin il sentit que quelque chose venait lui repousser la main ; c'était la petite chaise ; il la tint, puis la chaise fut de nouveau reprise, et tomba à terre. *Tous les assistants mirent la main dans l'ouverture et sentirent le contact des mains.* Dans le fond noir de cette ouverture, au-dessus de la tête du médium, les lueurs bleuâtres habituelles apparurent plusieurs fois ; M. Schiaparelli fut touché fortement, à travers la tenture, sur le dos et au côté ; sa tête fut recouverte et attirée dans la partie obscure, tandis que, de la main gauche, il tenait toujours la droite du médium et, *de la main droite,* la gauche de Finzi.

Dans cette position, il se sentit toucher par des doigts nus et chauds, vit des lueurs décrivant des courbes dans l'air, et éclairant un peu la main ou le corps dont ils dépendaient. Puis il reprit sa place, et alors une main commença à apparaître à l'ouverture, sans être retirée aussi rapidement, et, par conséquent, plus distinctement. Le médium n'ayant encore jamais vu cela, leva la tête pour regarder, et aussitôt la main lui toucha le visage. M. Du Prel, sans lâcher la main du médium, passa la tête dans l'ouverture, au-dessus de la tête du médium, et aussitôt il se sentit touché fortement en différentes parties et par plusieurs doigts. Entre les deux têtes, la main se montra encore.

M. Du Prel reprit sa place, et M. Aksakof présenta un crayon dans l'ouverture; le crayon fut attiré par la main, et ne tomba pas ; puis, un peu après, il fut lancé à travers la fente, sur la table. Une fois apparut un poing fermé sur la tête du médium ; puis après, la main ouverte se fit voir lentement, tenant les doigts écartés.

Il est impossible de compter le nombre de fois que cette main apparut et fut touchée par l'un de nous ; il suffit de dire qu'aucun doute n'était plus possible : *c'était véritablement une main humaine et vivante que nous voyions et touchions, pendant qu'en même temps le buste et les bras du médium demeuraient visibles et que ses mains étaient tenues par ses deux voisins.* A la fin de la séance, M. Du Prel passa le premier dans la partie obscure, et nous annonça une empreinte dans l'argile ; en effet, nous constatâmes que celle-ci était déformée par une profonde éraflure de cinq doigts appartenant à la main droite (ce qui expliqua ce fait, qu'un morceau d'argile avait été jeté sur la table, à travers l'orifice de la tenture, vers la fin de la séance), preuve permanente que nous n'avions pas été hallucinés.

Ces faits se répétèrent plusieurs fois, sous la même forme ou sous une forme très peu différente, dans les soirées des 9, 13, 15, 17 et 18 octobre.

. . . .

Conclusion

Ainsi donc, tous les phénomènes merveilleux que nous avons observés dans l'obscurité complète ou presque complète, nous les avons obtenus aussi sans perdre de vue le médium, même un instant. En cela, la séance du 6 octobre fut pour nous la constatation évidente et absolue de la justesse de nos observations antérieures dans l'obscurité ; ce fut la preuve incontestable que, pour expliquer les phénomènes de la complète obscurité, il n'est pas absolument nécessaire de supposer une supercherie du médium, ni une illusion de notre part ; ce fut pour nous la preuve que ces phénomènes peuvent résulter d'une cause identique à celle qui les produit quand le médium est visible, avec une lumière suffisante pour contrôler sa position et ses mouvements.

En publiant ce court et incomplet compte rendu de nos expériences, nous avons aussi le devoir de dire que nos convictions sont les suivantes :

1° Que, dans les circonstances données, aucun des phénomènes obtenus à la lumière plus ou moins intense, n'aurait pu être produit à l'aide d'un artifice quelconque;

2° Que la même opinion peut être affirmée en grande partie pour les phénomènes de l'obscurité complète. Pour un certain nombre de ceux-ci, nous pouvons bien reconnaître, *à l'extrême rigueur*, la possibilité de les imiter au moyen de quelque adroit artifice du médium ; toutefois, d'après ce que nous avons dit, il est évident que cette hypothèse serait non seulement *improbable*, mais encore *inutile* dans le cas actuel, puisque, même en l'admettant, l'ensemble des faits nettement prouvés ne s'en trouverait nullement atteint.

Nous reconnaissons d'ailleurs que, au point de vue de la science exacte, nos expériences laissent encore à désirer ; elles ont été entreprises sans que nous puissions savoir ce dont nous avions besoin, et les divers appareils que nous avons employés ont dû être préparés et improvisés par les soins de MM. Finzi, Gerosa et Ermacora.

Toutefois, ce que nous avons vu et constaté suffit, à nos yeux, pour prouver que ces phénomènes sont bien dignes de l'attention des savants.

Nous considérons comme notre devoir d'exprimer publiquement notre reconnaissance pour M. D. Ercole Chiaia, qui a poursuivi pendant de longues années, avec tant de zèle et de patience, en dépit des clameurs et des dénigrements, le développement de la faculté médianimique de ce sujet remarquable, en appelant sur lui l'attention des hommes d'étude, et n'ayant en vue qu'un seul but : le triomphe d'une vérité impopulaire.

> ALEXANDRE AKSAKOF, directeur du journal les *Etudes psychiques*, à Leipzig ; conseiller d'Etat de S. M. l'Empereur de Russie.
>
> GIOVANNI SCHIAPARELLI, directeur de l'Observatoire astronomique de Milan.
>
> CARL DU PREL, docteur en philosophie de Munich.
>
> ANGELO BROFFERIO, professeur de philosophie.
>
> GIUSEPPE GEROSA, professeur de physique à l'Ecole royale supérieure d'agriculture de Portici.
>
> G.-B. ERMACORA, docteur en physique.
>
> GIORGIO FINZI, docteur en physique.

A une partie de nos séances ont assisté quelques autres personnes, parmi lesquelles nous mentionnerons :

> MM. Charles Richet, professeur à la Faculté de médecine de Paris, directeur de la *Revue Scientifique* (5 séances).
> Cesare Lombroso, professeur à la Faculté de médecine de Turin (2 séances).

M. le professeur Charles Richet ne s'est pas borné à apporter son témoignage à l'appui du Rapport qui précède, il y a joint une relation personnelle très détaillée, et accompagnée de figures explicatives, publiée dans le même numéro (janvier-février 1893) des *Annales des sciences psychiques*. Je me contenterai de présenter à mes lecteurs les conclusions par lesquelles se termine ce document, que je n'hésite pas à qualifier d'extraordinairement grave :

« Et maintenant, se demande M. Richet, que peut-on conclure ? Car il ne suffit pas d'énumérer des expériences ; il faut dégager ou essayer de dégager le résultat final qu'elles apportent.

» Si, comme ce n'est pas tout à fait le cas, nous avions obtenu un résultat tout absolument décisif, je n'aurais pas hésité un instant à dire hautement mon opinion. La défaveur publique ne m'inquiète guère, et ce ne serait pas la première fois que je me serais trouvé en désaccord avec la majorité, voire même la presque unanimité de mes confrères ; les doutes que je ne crains pas d'avouer sont donc des doutes réels, non des doutes de timidité, ou d'hésitation de ma pensée.

» Certes, s'il s'agissait de prouver quelque fait simple et naturel, à peu près évident *a priori*, ou ne contredisant pas les données scientifiques vulgaires, je m'estimerais pleinement satisfait : les preuves seraient largement suffisantes ; et il me paraîtrait presque inutile de continuer, tant les faits accumulés dans ces séances paraissent éclatants et conclusifs ; mais il s'agit de démontrer des phénomènes vraiment absurdes, contraires à tout ce que les hommes, le vulgaire ou les savants, ont admis depuis quelques milliers d'années. C'est un bouleversement radical de toute la pensée humaine, de toute l'expérience humaine ; c'est un monde nouveau ouvert à nous, et, par conséquent, il n'est pas possible d'être trop réservé dans l'affirmation de ces étranges et stupéfiants phénomènes. . . .

. . . .

» Pour ma part, je n'admets pas du tout qu'Eusapia trompe de propos délibéré ; et je crois que, si elle trompe, c'est sans le savoir elle-même... car il y a, dans la production de ces phénomènes, même s'ils ne sont pas sincères, une part d'inconscience qui est certainement très grande...

» Quant à l'opinion des personnes qui ont suivi Eusapia pendant longtemps, elle serait d'un grand poids s'il s'agissait de phénomènes vulgaires et ordinaires ; mais les faits dont il s'agit sont trop surprenants pour que la croyance d'une personne non habituée à l'expérimentation, détermine ma propre croyance. Je suis bien certain de la bonne foi de M. Chiaia et des autres hommes distingués qui ont pendant des mois et des années observé Eusapia ; mais leur perspicacité ne m'est pas démontrée, et je puis parler ainsi sans les froisser ; car je me défie de ma propre perspicacité... »

Pour ce qui est des expériences elles-mêmes :

« Il faut, avant tout, poursuit M. le professeur Richet, écarter l'hypothèse d'un compère... et s'il y a une supercherie, c'est Eusapia seule qui la commet, sans être aidée par personne, et sans que personne s'en doute. De plus, si cette supercherie existe, elle se fait sans appareil, par des moyens très simples, presque enfantins. Eusapia... n'a aucun objet dans sa poche ou ses vêtements.

» Reste alors la seule hypothèse possible, c'est qu'Eusapia trompe, en remuant les objets avec ses pieds, ou avec ses mains, après avoir réussi à dégager ses mains ou ses pieds des mains et des pieds de ceux qui sont chargés de la surveiller.

» Si ce n'est pas cela qui est l'explication, la réalité des phénomènes donnés par elle me paraît tout à fait certaine. Eh bien ! je l'avoue, cette explication par des mouvements de ses pieds et de ses mains est peu satisfaisante. Dans quelques expériences..., celle par exemple de la chaise qui est venue derrière le rideau se placer sur le bras de M. Finzi, en demi-lumière... je ne vois pas du tout comment la main d'Eusapia a pu se dégager, et comment, s'étant dégagée, cette main a pu accomplir le mouvement en question. Je me déclare donc incapable de comprendre.

» Mais, d'autre part, il s'agit de faits si absurdes, qu'il ne faut pas se satisfaire à trop bon compte. Les preuves que je donne seraient bien suffisantes pour une expérience de chimie. Elles ne suffisent pas pour une expérience de spiritisme. . . .
. . . .
» En définitive : *Quelque absurde et inepte que soient les expériences faites par Eusapia, il me paraît bien difficile d'attribuer les phénomènes produits à une supercherie soit consciente, soit inconsciente, ou à une série de supercheries.*

Toutefois, la preuve formelle, irrécusable, que ce n'est pas une fraude de la part d'Eusapia et une illusion de notre part, cette preuve formelle fait défaut.

» *Il faut donc chercher de nouveau une preuve irrécusable.* »

Charles Richet.

Le Dr Albert Costes, qui cite ce même passage dans son beau livre *Les Phénomènes psychiques occultes*, le fait suivre des réflexions ci-après, auxquelles je déclare m'associer de tout cœur :

« On a pu s'en convaincre, il serait difficile d'être, plus que M. Richet, pénétré du véritable esprit scientifique, de se montrer d'une exigence plus scrupuleuse en fait de méthode et de preuves. Pareilles qualités intellectuelles, jointes à un *philonéisme* aussi éclairé qu'ardent, nous sont de sûres garanties que la cause de la Psychologie occulte ne saurait être en de meilleures mains. Avec une telle intellectualité, l'écueil — s'il pouvait y en avoir un — serait précisément, par un ironique retour, une suspicion trop tenace, une exigence poussée trop loin en fait de preuves... »

Plaçons ici une remarque qui se recommande spécialement à l'attention des théoriciens du phénomène occulte, si multiple, si divers. C'est que les explications rivales proposées par eux ne s'excluent pas absolument les unes les autres, à les bien considérer, et qu'au contraire elles peuvent toutes être plus ou moins valables, mais à la condition bien expresse qu'on les appliquera uniquement, et dans la juste mesure, aux cas spéciaux de leur compétence respective.

Pour remplir jusqu'au bout le programme de ce chapitre, il serait nécessaire de faire connaître les origines de l'occulto-spiritisme et les différentes phases de son évolution jusqu'à ce jour ; de donner un aperçu de ses doctrines diverses, de montrer celles qui l'unissent et celles qui le divisent, de marquer notamment les nuances plus ou moins tranchées qui séparent entre eux les Occultistes et les Spirites, et les différences secondaires qui scindent à leur tour chacun de ces deux groupes principaux. Ce travail, heureusement pour l'auteur, que le temps presse, a été fait, et bien fait, par d'autres; au lieu de les copier, et de les gâter peut-être, je vais me borner à leur adresser mes lecteurs.

Sous le titre *Le Spiritualisme contemporain*, M. Pierre Janet a donné, dans la *Revue Philosophique* (1892, I, 413) un exposé critique du sujet, qui me paraît suffisamment complet, et qui en tout cas est fort intéressant et fort instructif. Nous pouvons en dire autant du dernier livre de M. Eugène Nus, *A la recherche des destinées* (1 vol. gr. in-18, Paris), dans lequel l'aimable écrivain a mis tout son esprit, tout son cœur et tout son bon sens, ce qui est beaucoup dire, certes ! J'ai déjà cité la thèse de M. le Dr Albert Costes, *Les Phénomènes psychiques occultes, état actuel de la question*, un coup d'essai qui est un coup de maître. Dans une étude intitulée *Le nouveau mysticisme* (in *Revue Philosophique*, 1890, II, 494), une analyse profonde de l'état psychologique actuel de la société, M. Paulhan a trouvé l'occasion de caractériser le rôle du spiritisme dans la grande crise des mœurs, des croyances et des institutions sociales qui semble s'ouvrir.

Une mine de renseignements sur la question, sorte de répertoire officiel du spiritisme, est *Le Compte rendu du Congrès spirite et spiritualiste international de 1889, tenu à Paris du 9 au 16 septembre* (1 vol. gr. in-8°, Paris 1890, Librairie spirite). En outre des nombreux discours où les diverses opinions occultistes et spirites ont été exposées et controversées, le volume nous offre de longues listes d'ouvrages français et étrangers traitant du spiritisme et de ses congénères. Il nous énumère en même temps les périodiques, en nombre surprenant, publiés sur le même sujet dans tous les pays d'Europe et d'Amérique.

Aux ouvrages traitant des mêmes matières d'après la méthode de l'expérimentation exacte et du doute philosophique, et déjà mentionnés dans cet écrit, bien d'autres mériteraient sans doute d'être ajoutés. Faute de les connaître tous, je me contente de rappeler les nombreux travaux spéciaux de M. le professeur Charles Richet, le livre du Dr Paul Gibier, aide-naturaliste au Muséum d'histoire naturelle, *Spiritisme ou Fakirisme occidental* (1 vol. in-18, Paris, 1886), et les ouvrages du Dr Encausse, chef de clinique à l'hôpital de la Charité, sous le pseudonyme célèbre de *Papus*.

———

O bons Spirites, je voudrais avoir votre foi et votre espérance. Alors, ce livre terminé, et la tâche de ma vie touchant à sa fin, ce n'est pas sans quelque plaisir que j'entreverrais le moment de *changer d'air* pour tout à fait. — Eh quoi! l'atmosphère morale que nous avons le bonheur de respirer ici-bas n'est-elle pas pure et suave, embaumée de tous les parfums de la vertu, et illuminée de toutes les lumières de la raison ? — Affaire d'appréciation. Pour moi, avec un transport sincère je m'unirais à ce cri d'un ancien (quoique un peu ambitieux dans la forme peut-être) :

O præclarum diem, quum ad illud divinum animorum concilium cœtumque proficiscar, quumque ex hac turba et colluvie excedam.

CICER. *De senect.*

TABLE

	Pages.
Un bout de préface	1
Aperçu général	16
Le Mesmérisme (Magnétisme animal, Biomagnétisme, Agent télépathique, etc., etc)	41
Le Braidisme (Hypotaxie ou fascination sensorielle)	72
Le Fario-Grimisme (Suggestion exprimée, Idéoplastie)	107
Occultisme et Spiritisme	263

Kenneth Shreve's work is unique because it is original research on the theology of partnership in missions, undertaken in the context of a specific Creative Access Region (CAR). The data collection process includes a survey on attendees of the CAR Consultation and archival study of the biblical and theological material on partnership. The five theological issues explored as they inform partnership are: the Trinity, the Purpose of God (*missio Dei*), the Body of Christ, the Gifts of the Spirit, and the Church – both local and universal.

The readers of this book are informed that partnership is not just a trendy approach in Christian mission; it is biblically based, theologically sound, contextually feasible in CARs and practically advisable elsewhere.

It is the author's desire to motivate Christian leaders to practice partnership with a kingdom-orientation and to mobilize practitioners to be good stewards by maximizing resources and opportunities in carrying out the Great Commission.

Dr Enoch Wan
Research Professor of Intercultural Studies
Director, Doctor of Intercultural Studies Program,
Western Seminary, Portland, USA

I highly recommend Kenneth Shreve's work. His study is vital to the nature of ministry in the current mission context for two reasons: First, ministry collaboration is a visible, tangible expression of Christ's redemptive work restoring the *God-nature quality of community in creation* (cf. John 17:21–23). Then, the truly global nature of the church (cf. Acts 1:8) and the dynamism of its non-Western elements make new structures such as ministry networks and partnerships essential. It is true that "secular" sectors such as business, science, and education value and utilize a collaborative approach for today's most challenging issues. Yet, all truth is God's truth. Effective community and their trusting relationships and their essential elements were severely damaged, if not destroyed, at the fall. A theological understanding is essential regarding the why and how of partnership's role in releasing Christ's redemptive work in the world today. Shreve's work is a must read for any serious church or mission leader.

Phill Butler
Senior Advisor, visionSynergy
Author of *Well Connected: Releasing Power, Restoring Hope through Kingdom Partnerships*

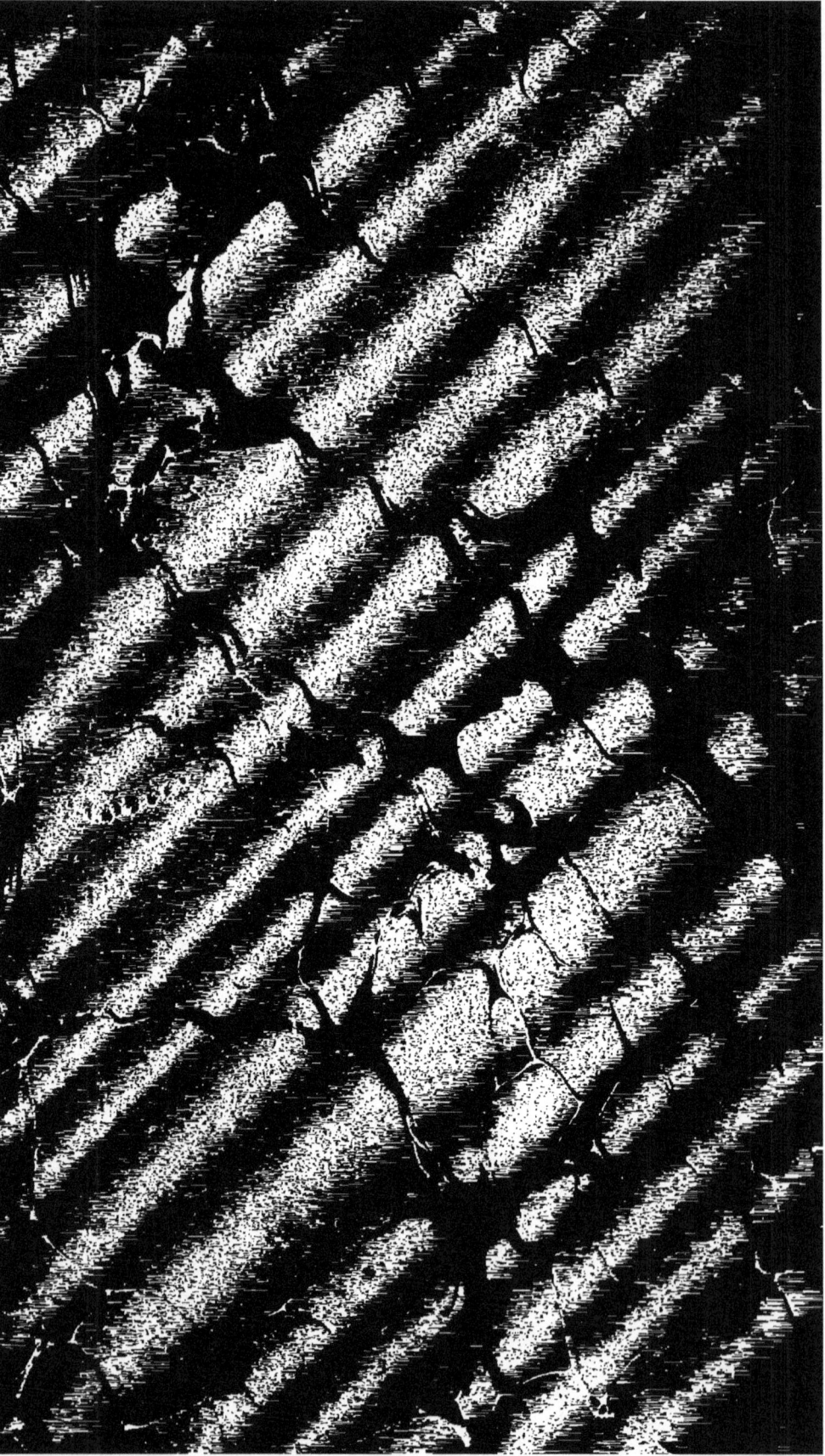

www.ingramcontent.com/pod-product-compliance
Lightning Source LLC
Chambersburg PA
CBHW070851170426
43202CB00012B/2030